帝国之后

近代中国国家观念的转型（1885—1924）

After Empire

the Conceptual Transformation of the Chinese State, 1885-1924

[美] 沙培德 著

刘 芳 译

江苏人民出版社

图书在版编目(CIP)数据

帝国之后：近代中国国家观念的转型：1885—1924/
(美)沙培德著；刘芳译. -- 南京：江苏人民出版社，
2023.10(2024.3 重印)
(海外中国研究丛书 / 刘东主编)
书名原文：After Empire：the Conceptual
Transformation of the Chinese State, 1885 - 1924
ISBN 978 - 7 - 214 - 28326 - 9

Ⅰ. ①帝… Ⅱ. ①沙… ②刘… Ⅲ. ①政治制度-研
究-中国-近代 Ⅳ. ①D693.2

中国版本图书馆 CIP 数据核字(2023)第 173349 号

After Empire：the Conceptual Transformation of the Chinese State，1885 - 1924 by Peter
Zarrow，published in English by Stanford University Press.
Copyright © 2012 by the Board of Trustees of the Leland Stanford Jr. University.
This translation is published by arrangement with Stanford University Press，www.
sup. org.

江苏省版权局著作权合同登记号：图字 10 - 2017 - 168 号

书　　　名　帝国之后:近代中国国家观念的转型(1885—1924)
著　　　者　[美]沙培德
译　　　者　刘　芳
责 任 编 辑　李　旭
装 帧 设 计　陈　婕
责 任 监 制　王　娟
出 版 发 行　江苏人民出版社
地　　　址　南京市湖南路 1 号 A 楼,邮编:210009
照　　　排　江苏凤凰制版有限公司
印　　　刷　江苏凤凰扬州鑫华印刷有限公司
开　　　本　652 毫米×960 毫米　1/16
印　　　张　28.5　插页 4
字　　　数　320 千字
版　　　次　2023 年 10 月第 1 版
印　　　次　2024 年 3 月第 2 次印刷
标 准 书 号　ISBN 978 - 7 - 214 - 28326 - 9
定　　　价　88.00 元

(江苏人民出版社图书凡印装错误可向承印厂调换)

序"海外中国研究丛书"

中国曾经遗忘过世界，但世界却并未因此而遗忘中国。令人嗟讶的是，20 世纪 60 年代以后，就在中国越来越闭锁的同时，世界各国的中国研究却得到了越来越富于成果的发展。而到了中国门户重开的今天，这种发展就把国内学界逼到了如此的窘境：我们不仅必须放眼海外去认识世界，还必须放眼海外来重新认识中国；不仅必须向国内读者迻译海外的西学，还必须向他们系统地介绍海外的中学。

这个系列不可避免地会加深我们 150 年以来一直怀有的危机感和失落感，因为单是它的学术水准也足以提醒我们，中国文明在现时代所面对的绝不再是某个粗蛮不文的、很快就将被自己同化的、马背上的战胜者，而是一个高度发展了的、必将对自己的根本价值取向大大触动的文明。可正因为这样，借别人的眼光去获得自知之明，又正是摆在我们面前的紧迫历史使命，因为只要不跳出自家的文化圈子去透过强烈的反差反观自身，中华文明就找不到进入其现代形态的入口。

当然，既是本着这样的目的，我们就不能只从各家学说中筛选那些我们可以或者乐于接受的东西，否则我们的"筛子"本身就可能使读者失去选择、挑剔和批判的广阔天地。我们的译介毕竟还只是初步的尝试，而我们所努力去做的，毕竟也只是和读者一起去反复思索这些奉献给大家的东西。

刘　东

目 录

译　序

　　沙培德的专著《帝国之后：近代中国国家观念的转型（1885—1924）》英文版问世后，随即在海内外中国史学界取得广泛关注，不仅获得了"（台湾）'中央研究院'人文及社会科学学术性专书奖"等奖项，而且公开发表在各学术期刊上的"书评"就有 10 多篇，讨论者不乏罗威廉（William T. Rowe）、柯娇燕（Pamela Kyle Crossley）、科大卫（David Faure）、王国斌（R. Bin Wong）等知名学者，以及慕唯仁（Viren Murthy）等中青年学者。其中虽有商榷与建议，但更多的是肯定与推崇，而且对于学术日益专精化的今天来说，能够吸引如此众多的历史研究者精读并撰写书评，这本身确实颇能说明该书的影响力。

　　沙培德（Peter Gue Zarrow）是美国康涅狄格大学（University of Connecticut）历史系教授。他出生于美国的印第安纳州，在哥伦比亚大学获得中国历史博士学位之后，曾任教于范德比尔特大学（Vanderbilt University）和新南威尔士大学（University of New South Wales），此后自 2001 年至 2013 年长达 12 年间担任台湾"中央研究院"近代史研究所研究员兼副所长。可见沙培德既接受过西方的学术训练，又深受中国的学术影响，此种兼采中外学术的优势突出表现在了《帝国之后》中，让这本学术专著极富特色。

沙培德提出并集中力量解决的是一个中外史学界都普遍关注的关键问题：清末的中国人为何会将在中国延续了两千多年的帝制推翻，而且为何民初任何试图复辟帝制的努力都失败了？沙培德从其最擅长的思想文化史中寻找答案，落脚于近代中国人对国家的看法与观念的思想转变上。此路径也并非无前人走过，许多中外近代史研究者都不同程度探究或涉足过这个问题，而沙培德的独特之处就在于：一方面，他并不急于像许多研究者那样直接从正面回答近代国家观念中的领土、人民、主权如何进入中国人的视野，而是反过来发问，中国人是如何停止相信皇帝的？他们如何开始想象一个没有君主存在的国家？另一方面，他的探究也并没有停止在近代国家概念进入中国人思想之后，而是进一步发问，在辛亥革命之后的后帝制时期，共和政体如何试图取代原本体现帝制的日常秩序与政治仪式？

关于前者，沙培德认为最重要的是那些著名思想家们的思想，他通过他在思想史研究中擅长的传记的研究取径（biographical approach），分析了康有为、梁启超具有开创性的思想，并在观念发展流变的整体脉络中将其与张之洞、谭嗣同、章炳麟、严复、杨度等人的思想比照分析，兼顾概念史、翻译史的方法细致分析外来词汇、概念在这些人物思想中的吸收与转化。关于后者，沙培德则由政治思想史扩展到政治文化史的范畴，他饶有兴致地白描了有关政治文化的各个方面——旗帜、歌曲、邮票等以及民国政治生活的新事物——和公共纪念活动的众多历史细节,以向读者呈现,"政治文化深处的一些东西"在 1911 年被永远地改变了。故而,颇具传统严肃意味的思想史与较为新鲜有趣的文化史研究被有机巧妙地融合在了一个主题中,它们共同揭示的不是一个静态的国家概念,而是按照时间顺序依次生动呈现了清末民初国家概念在知识分子中的动态变化及其从开创到传播、普及的演变过程。

为了实现这一目标,作者旁征博引,不仅深入品读咀嚼意思精深、文字佶聱的思想家经典文本,也大量引用和分析普及读物、学校教科书乃至近代公共传播媒介,结果是他为研究者们熟知的文本提供了许多新的视角,他对人物思想的解读"总是具有原创性并令人耳目一新的"(罗威廉语)。按照作者的设想,这本书不仅是为中国相关研究领域的专家而写的,也是为那些"从未听说过袁世凯或梁启超"的人而写的。虽然这种设定让历史学者们有时会对书中时而铺陈开来的事实陈述缺乏耐心,却不得不承认,正是如此作者才有可能在频繁引用原始典籍和术语的同时,还是非常成功地将一个容易被写得抽象而乏味的课题呈现得具体贯通、内容丰富且逸趣横生。对此,沙培德的中文阅读能力功不可没。他曾指出,中国学者偏重于考证,却往往缺乏自己的论点;西方学者有时候论点很清楚,但可能支持的资料不知在何处。曾经长期在中文学界学习与工作的经历,让沙培德具有比许多西方学者更多的对中文原始资料的敬意,史料与论点的结合才让他向中外史学界贡献了一部既旁征博引又视野开阔的作品。

能够翻译这样一部优秀且富有启发性的著作,对于译者而言是一件幸运的事情。自 2019 年开始译书,几易寒暑,时光飞逝,而不觉辛劳,反而趣味盎然、意犹未尽。在教学科研之余,通过译订工作畅想与原书作者及未来读者对话是一件令人惬意的事情。

当然,任何作品都有其可商榷或未尽之处,尤其是思想史研究,解读有误或不通之处亦时常有之。为在译文中更清楚连贯地呈现作者解读的思路与精髓,译者在面对本书翻译中的最大难处——如何处理书中对大量中文原始史料的引用时,并不是简单回溯原文(仅有几处现代白话文因表述习惯差异进行了回溯),而是主要采用了回译法,即将作者译为英文的中文材料再回译成中文,以方便读者能够比较清楚地将中文原文(绝大多数是我们熟悉并容易查找到的)与作者的翻译解读进行对照,品味其中的精妙或毫厘之别。对于书名的处理,也是根据作者在引言中对书名的专门解释进行了直译,以确保书名翻译与书中内容的一致性。在核对中文资料的过程中,几处作者引用版本或页码有误的地方,都直接在译文中进行了修改,并不另外出注,一并说明。最后,当译稿即将付梓之时,仍不免担忧因个人才疏学浅,难以完全领悟作者的解读深意及方法术语,对于书中丰富多样的原始文本也未必能完全把握。因此中译本中若有不尽如人意之处,祈请方家斧正。

刘芳

2023 年 9 月于北师大丽泽

序

本书主要是关于政治思想的研究。先来看一组简单的问题。vii
中国人为什么在清朝末期不再信奉皇帝了，并决定推翻有着两千
多年、甚至某种程度超过三千年历史的君主制？是外来源头削弱
了清朝 260 余年（1644—1912 年）的统治吗？是什么使人们开始
想象建立一个没有皇帝的中国？也就是说，在 19 世纪末出现了
什么政治条件创造了这样的可能性？几千年来，君主制在中国的
政治文化概念里都居于核心地位：它能如何被取代？不管取代它
的是什么，君主制的概念是否会就此崩塌并消亡，抑或它们会继
续影响后帝国时期的政治秩序？随着君主制的制度基础崩塌，它
又如何在人们的日常生活中显现？皇帝采取了什么措施来凸显
其存在并强调其不可或缺的地位？最重要的是，这些主张受到了
怎样的攻击？1912 年之后，新的共和理念又是如何取代了旧的
帝国理念？

这些问题其实并不简单，而是引向了更深远的问题。当人们
都知道皇帝也是会犯错的凡人时，再谈"信奉"皇帝，即所谓的"天

子"和拥有天命的人，意味着什么？是清政府的政策或者整个皇帝制度同19世纪末20世纪初中国发生的变化不相容吗？如果清朝是汉人统治而非满人政权，它会以某种形式幸存吗？换句话说，问题不在于清朝是如何灭亡的，而在于民众的态度发生了怎样的变化致使清王朝的覆灭合于情理？新的政治制度能否取代皇帝（或皇帝的概念）所履行的众多职能？一旦皇帝不复存在，这会造成突然的真空吗？还是君主制已经过时，它的倒台反而为建立更好的制度清除了障碍？

我相信这些都是重要的问题，或许不是有关20世纪初期中国的全部重要问题，但它们肯定在其中。我不敢肯定我在本书中都做了很好的回答。但至少，我关注到中国人是如何提出重建国体的，而这为人们熟悉的近代故事提供了新的视角：从臣民到公民，从奴隶到自由，从无知到启蒙。对另一个更老的故事版本来说，是从殖民主义压迫到民族独立。这是与美国有着强烈共鸣的故事，它广为人知；这是所有的革命和殖民地人民宣扬的故事。一直以来，它为我们展现着近代性：从不假思索的传统到理性的转变，从迷信到科学和世俗主义的转变；或者用不那么乐观的话说，是到世界和冷酷功利主义的瓦解、到纪律化和政府化的社会制度的转变。

这些都是众所周知的"故事"，我无意否认它们的真实性，而是指出它们并未完全抓住中国近代性的散乱框架。1911年的辛亥革命以共和制取代了君主制。共和国充满了军事独裁的味道，并很快陷入军阀制，但是共和主义的理想不断激励着知识分子和活动家们。与此同时，围绕皇权的一系列概念在革命中留存了下来：人们仍保有对开明的统治者、贤哲的力量、受教育阶级的家长式责任以及道德化的宇宙论的需求。要不是许多人都做好了接受一个没有皇帝的世界的准备,辛亥革命根本不可能发生,但这场革命不仅推翻了根深蒂固的观念,它还建立在这些观念之上。

正如当时中国的知识分子所强调的,中国对几千年王朝统治的抛弃是世界历史发展的产物,但它的发展道路是曲折的。这条道路从关于神、政治合法性和文本权威间关系的一套理念,最终转变为一套新的共同信仰或一套新的理念。我们可以称这些理念为故事、神话或对理性的探索,而20世纪中国的革命都强烈地表明要以文明和理性之名发动变革。19世纪末20世纪初,仅用了两代人的时间,中国的精英阶层和平民百姓就从信奉皇帝宇宙性的特殊角色转变为信仰根深蒂固的怀疑主义。传统的皇帝制保证了整个社会保有共同的道德价值观;而君主制的崩塌就是普遍的文化危机的重要组成部分。最后一个王朝清朝的灭亡,不仅代表了单个王朝的崩塌,而且是整个帝王制度的崩塌,尽管人们在革命初期并没有意识到这一点。整个帝国系统的文化体系开始衰落,包括:第一,朝廷相对地方社会的强权;第二,旨在招聘官僚和强化士绅阶层控制文化中心的科举考试制度;第三,考试所依据的庞大的传统(神圣)学习体系。

用一个"故事"来描述本书无疑具有误导性。在撰写的过程中,我找寻不同的切入点,并从不同的角度进行探索,至少是这样开始的:一个问题会指向另一问题,然后再引出另一个问题。尽管如此,本研究始终围绕中国人对皇帝制的观念转变。这种转变始自19世纪80年代康有为(1858—1927)撰写的从根本上挑战君主制的早期文章,终于1924年最后一位清朝皇帝在浓浓的反崇拜气氛下被驱逐出紫禁城。我将在本书中讨论其他知识分子和康有为的创新之处,尤其会谈到他的弟子梁启超(1873—1929)。在我看来,梁启超是一位长于雄辩且思维敏锐的时代先锋,他发现了这个时代的关键思想,同时也引领了时代思想的发展。但这本书不是报人学者梁启超的个人传记。相反,除了这些主要人物,我还引用了学生、匿名评论家和教科书里的言论,并着眼于政治运动和政治仪式,以更好地理解这一时期发生的巨大变革。

君主制的神权本质——皇帝既是天地之间的枢纽,同时也是人与人之间和平与秩序的维护者——不仅在极少数的激进分子,而且在广大的市民阶层当中迅速衰退。进化主义、功利主义和民主观念等激进的新思想模式取代了所谓"帝国儒学"的神权思想模式。这一转变首先发生在知识分子和学生身上,他们都在教育改良派们于 19 世纪 90 年代建立的新式学校上学;之后,商人、华侨和普通市民阶层的思想开始转变;最后,传播到部分农村地区的小地主和农民群体当中。起初,这些新的思维方式仅动摇了君主制的基础,并没有取代它们。然而,情况很快发生了变化。中国君主制的垮台给人们带来的痛苦显然远小于 17 世纪和 18 世纪的英、法大革命。确实,我们都知道,新的、稳固的政权不可能建立在旧制度的废墟之上。但值得注意的是,伴随皇权运动的政治力量维持到了 20 世纪 20 年代,特别是在中国北方。最后,本研究还对君主制的消亡对中国文化产生的影响略有谈及。

对这一主题的研究我无法穷尽。至少,我不能说我读过所有的相关文献,我只读过一小部分该时期的政治宣传册、官方纪念物、回忆录、报纸和当时有关政治哲学的杂文。未来更深入的研究肯定会丰富我们对那个年代的了解,并提出一些新的观点。我们可以把本书中讨论的一些新闻文章看作晚清的博客:它们有广度但不一定很有深度,它们的报道迅速且吸睛,但并未完全理解新读物;它们只是回应朋友或敌人的文章;它们充斥着针对个人的辱骂和指责。但是这些资料很重要,它们反映了当时的人们为理解革命环境所做的不懈努力。

• • • •

奇怪的是,多年来我一直在研究这个主题,但从来没有人问过我对君主制的个人感受。我是一个隐秘的君主主义者吗?这听起来似乎很荒谬,但我们生活在一个对君主制充满渴望的社会里。哪怕历史悠久的民主社会也渴望有一个能够解决所有问题的领导人。在大众文化里,《王者归来》(托尔金的《魔戒》系列第三部)因其"好国王"的意识形态在 21 世纪初备受观众欢迎。许多基督徒庆祝基督普世君王节。现今世界上的很多地方都还很好地延续着君主制。神权、转轮圣王、圣人统治者、太阳女神后裔等古老的观念已经渐渐失去了魔力。王权和窃盗统治之间只有一层窗户纸。但与此同时,世界各地还有人以各种方式延续着王权,包括那些工业强大和石油丰富的君主国。也就是说,在很大程度上人们认可父死子继的王权继承或统治权力。仅欧洲就有几个王国和公国,更不用说教皇(一种选举的君主制)了。东南亚有 4 个君主制国家,非洲至少有 3 个君主制国家(不包括君主制地区),中东、大洋洲和东亚亦有君主制国家,比如日本。

然而事实是君主制已不复当年模样,其宇宙学基础已在法国大革命中消亡。大约一个多世纪后的 1905 年至 1912 年间,民主革命席卷了奥斯曼帝国、伊朗、墨西哥、葡萄牙、俄国以及中国。(其他国家也开展了民主运动,只是运动进展程度不同。)万一王权在这些运动中得以幸存或复兴,它也被重塑了。自此,君主制与保守主义及反动捆绑在了一起。这为法国大革命的兴起提供了反动意识形态的基础,或许其产生还早于大革命。然而,正是由于这个原因,我们可以把君主制当成一种抵制的基础——首要

的是抵制成为资本主义世界体系中的近代民族国家。当然,这种
抵制情绪不仅存在于患有梅毒的老贵族群体,还经常引起民众反
抗,因为当权者承诺给民众一个更稳定和所谓更公平的世界。在
动荡的时期,君主制一直是人们归属感的来源,不仅贵族需要,民
众也需要。但它不再代表宇宙的力量,而是与集体意识联系在一
起,并服务于民族主义。

从新石器时代农业起源到工业革命伊始,人类的大多数历史
都由国王书写。与千年的王权统治相比,民主社会的历程何其短
暂。因此,选择无国王社会是一个重大决定。尼泊尔是 21 世纪
第一个从王国变为共和国的国家,其王国约建于 250 年前。2008
年,通过特别会议投票,尼泊尔皇室正式退位,结束了其多年的游
击抵抗。尼泊尔的国内战争夺去一万多人的生命,引起人民的普
遍不满,导致国家经济崩溃、家庭离散(被迫退位的国王贾南德拉
是于 2001 年继承其哥哥比兰德拉国王的皇位,因为当时的王储
杀死了比兰德拉和大部分王室成员后又开枪自杀)。尼泊尔走向
共和主义之路确实坎坷。近代中国的历史也是如此。

致　谢

在本书的多年研究过程中，我要感谢许多机构与个人。中国 ^xiii
台湾科学委员会、澳大利亚研究委员会、中国研究中心（中国台
湾）、高等研究院（普林斯顿）、国家人文基金会（美国）、范德比尔
特大学研究委员会、美国哲学会和学术交流基金会（富布赖特-海
斯交流计划）都对我的研究给予了支持。我感谢曾为我提供资金
支持的人，也感谢曾给予我鼓励的、好心的同事（有时是同一个
人）。我已经在太多场合谈论过这项研究的内容，特别感谢近代
史研究所（台湾"中央研究院"）、新南威尔士大学、印第安纳大学、
加利福尼亚大学圣芭芭拉分校、哈佛大学、海德堡大学、四川大
学、莱顿大学、北京大学、复旦大学、华东师范大学、近代史研究所
（中国社会科学院）以及澳大利亚中国研究协会、二十世纪中国历
史学会和亚洲研究协会（美国）举办的巡回研讨会曾对本书提出
评论和修改意见。我有幸在中国台湾"中央研究院"近代史研究
所完成本研究，对于本书的研究内容来说，"中研院"的同事是最
好的帮手。很多学者在各个方面给我提供了相关信息，并在一些

观点上带给我启示。此处无法列出他们所有人的名字。同时，出版社的匿名评审们非常细心和周到，我也对此深表感谢。康豹(Paul Katz)曾纠正我关于宗教的表述。一个特设的阅读小组仔细研究了本书的倒数第二稿，并给我提出许多很好的修改建议，其中一些我已在书中做了相应修改，而有些并未完成。感谢我的同事邱澎生、陈熙远、黄克武、吕妙芬、沈松侨和林志宏等为我完善本书提供的帮助和启示。也很感谢理查德·贡德(Richard Gunde)的仔细编辑。最后，如果没有我的长期研究助理洪静宜小姐和我的新研究助理叶毅均先生(他整理了参考文献并修正了注释中的许多错误)的帮助，这本书也不可能成功付梓。但书中的表述有误或内容遗漏仍属我的责任。

2

引　言

1914 年冬至,冒着北京黎明前的严寒,袁世凯总统离开总统
府前往天坛,在那里他代表国家主持了祭天仪式。美国公使芮恩
施(Paul Reinsch)记道,袁世凯"被保镖围护着乘车经过铺满黄土
的街道,前一天晚上三排士兵已驻守在那里"。[1] (黄色在传统宇
宙观中代表宇宙的衍生原理,长期以来与皇室密切相关。)许多部
长、高级官员和将军陪同在侧,袁世凯到天坛后,又增加了祭拜专
家:"持肉者、持丝绸玉器者,持酒杯者和高呼祝文者。"袁世凯在
地上搭起的一间帐篷里换上祭祀袍,洗了手。然后,他用朱笔在
祝板上写下了祝文。("天"既是一种至尊神灵,又是一种描绘宇
宙过程的方式。)袁世凯亲自走上祭坛,在第二级祭台上朝北跪拜
了四次。他的随从携带祭品来到第一级祭台。祭拜的火炬被点
燃,袁世凯走到第一级祭台,端起丝绸托盘,然后将其放在桌子
上。他回到第二级祭台再次鞠躬,然后以同样的方式献祭肉食和
诵读祝文。仪式过程一直伴着祭乐、祭舞(或者说是特定的姿势)
和熏香。袁世凯进行了几次祷告,祈盼"天"接受进献之物,保护
国家,兴复世界。之后,总统品尝了进献的葡萄酒和肉,象征着他

---

[1] Reinsch(芮恩施),*An American Diplomat in China*, pp. 25 - 26. 参见《专电》,《申报》1914 年 12 月 24 日;《北京日报》1914 年 12 月 24 日。

代表人民获得了"天"给予的祝福。最后，玉被献给"天"，所有的祭品都被烧掉。

　　总统的祭天举动，令人联想到古代帝王的做法，自此谣言四起，称他密谋建立新王朝并成为皇帝。第二年，袁世凯的确打算建立新王朝，他坚称自己将成为新式皇帝，实行君主立宪制，建立一个适应不断变化的民族国家的王朝。然而，袁世凯的皇帝梦以失败告终，还受人诟病。鉴于袁氏拥有绝对的权威——他控制着军事和政治官僚机构，扼杀异己分子——其称帝之路怎会半路夭折呢？换句话说，像袁氏这样精明（无情）的领导人怎么会误解当时的政治局势以至于自我毁灭呢？建立新王朝究竟有什么问题？换一种问法：为什么辛亥革命并未成功，袁氏却仍旧无法复辟？

　　针对这些问题，我们可以给出许多侧重不同方面的解答。袁世凯政府当时已经摇摇欲坠。自诩共和党的人们对袁氏最终背离共和制甚为恼火。甚至在那些政治上活跃并接受了总统专制统治的中国人里面，也很少有人能够容忍建立新王朝的企图。尽管袁氏已经架空了议会和地方政府机构，但连空壳都不保留似乎还是后退了一大步。此外，1911 年的革命像加热水来制作方便面一样产生了许多临时选民，政客们负责保护他们的选民。同理，那些忠于袁世凯的高级军官并不愿意看到他们和袁的关系单方面地改变，也不愿袁的儿子最终成为皇帝。当时确实仍然有支持君主制的人，但他们都忠于清王朝。包括一些在北京相当有影响力的人物，他们可以容忍共和国，但如果要恢复君主制，那必须光复清王朝。最后，外国势力，尤其是日本，反对袁氏君主专制，并向他的对手提供了援助。

　　然而，从更深层次上讲，这些问题的答案实际上都围绕着君主制时代已经过去这一事实。虽然社会反对袁世凯的力量千差万别,甚至并非都是自由思想,却都趋于同一认知:辛亥革命本质上是不可逆转的。袁氏的祭天行为让受过教育的中国人难以理解,其吃惊程度甚至超过了美国大使。诚然,相比当时,回顾历史更容易明白这位君主之死:这是历史学家的优势。袁氏并非企图复兴君主制的最后一个人。尽管彻头彻尾的复古主义极少——尽管它存在了整个世纪,但我们称为"帝国儒学"的复杂思想影响了直到21世纪新的政治体系建设。

同样,政治文化当中一些根深蒂固的东西也在1911年发生了根本变化。将中国人民紧密联系在一起的帝国系统已经在近几十年感到了压力,最终在迅速而激烈的革命中崩塌。在中国悠久的帝国历史进程中,清王朝的陨落不是王朝第一次被推翻,却是第一次建立共和国。袁世凯去天坛祭拜,显然是试图重建王朝。天坛是首都周边的几座神庙之一,清朝的皇帝们曾在天坛向"天"献祭过很多祭品。但是,"天"的意义已经发生了转变——虽然并非和以往完全不同,转变也并非发生在一夜之间——这是一种不可逆转的改变。多年来,天坛一直被美国海军陆战队占用进行足球比赛。自20世纪初,美国海军陆战队镇压义和团运动后就一直驻扎在北京。袁氏本人也做过亵渎帝王圣区之事。1913年,他在紫禁城的太和殿宣誓就职,而这里是清朝皇帝在紫禁城高墙后上朝的主要地点。现在,普通市民也可以买票进入皇城,在殿内乱逛,参观曾经只有官员和外国使节才有机会到达的地方。这暗示着皇帝—臣民关系的终结,这是任何外国入侵者都未曾做到的。1914年,共和国成立三周年之际,袁世凯建立了一家博物馆(如今北京故宫博物院和台北故宫博物院的前身),陈列清朝皇帝收集的艺术品和文物,这再次表明帝国秩序俨然已成为历史。

本书描述了在 20 世纪初这一时间拐点,中国的政治文化发生了哪些变化。这里的"政治文化"指影响权力的体制、意识形态和观念。后面的章节更细致地定义了"帝国儒学"思想,从理性维度分析了立宪运动和辛亥革命,研究了使新政治秩序合法化的一些尝试,还讨论了共和主义是如何形成的。不管有无革命,传统的帝国体制都将覆灭。并非特指某位皇帝或某个王朝的帝国体制被认为是独裁的和专制的,自然无法应对时代的挑战,而是帝国体制的本质就同近代公民的产生相悖。因为人们认为,中国要想成为一个能够在弱肉强食的世界中存活下去的理性的、多样的和文明的民族国家,就必须将帝国形制连根拔除。支持和反对暴力革命的人都认同这种观点。从某种意义上说,这项任务不亚于在行将灭亡的帝国中创建一个新的中国。革命一旦发生,就没有回头路了,而袁世凯摔了跟头才懂得这个道理。

中国的民族主义和国家主义的熊熊之火在 19 世纪末开始燃烧,并延续到 20 世纪。我所说的"国家主义"指的是,国家——统治机构——是主权、自我合法化和最高利益的核心。国家主义与共和制兼容,但也可以为独裁制辩护。无论哪种情况,它都着眼于国家与个人公民之间的关系,公民是"权利和义务"的集合体。这是清末新的政治话语的关键。公民身份与民族身份密不可分,这是晚清话语的第二大关键。民族主义是关于创造"中国人"的,而不是"清人"的。帝国是多民族的,与这样的"人民"概念不同,即"人民"或多或少地拥有共同的血统和文化,并共同成为历史的主体。按照这种观点,顺应历史的做法不是王朝的更迭,而是建立一个可以与世界其他民族平等共存的中华民族。没有国家,人民无法站起来。因此,民族主义的逻辑形成了国家主义,并最终将主权国家视为历史的主体。

"帝国之后"

本书的书名是"帝国之后"（*After Empire*），但我并不是说今天的中国与旧帝国没有任何共同之处。我的意思是 19 世纪 90 年代之前，中国的精英就开始思考帝国之后会是什么样。"帝国"指传统的王朝国家。我打算将帝国与近代国家区分开来，因为帝国在某种意义上倾向于主张普遍统治法则，实际上却统治着忠于君主制的多个民族，并同时存在王权世袭制与文官的法定官僚体系。自然，那些由帝国转变而成的国家，即使拒绝帝国体系，也会遗留很多帝国的因素。[①] 我并不是说晚清的知识分子放弃了儒家文化的教导使命（教化），很明显，中华民国在 20 世纪建立了一个多民族国家，尽管它是如何建成的有待进一步阐释。我强调的是，晚清的知识分子已无法接受中国未来的国家形式是君主制，抑或是用普遍统治法则治理的。相反，他们开始想象一个由公民组成的国家。因此，这是一本关于政治近代性的书。辛亥革命标志着一场巨大的政治断裂，是一代又一代人进行的社会、文化、经济和体制变革的成果。它引发的问题和矛盾仍然困扰着后来的中国人；政治近代化还未完成。

所有的历史书写都是在不约而同地试图了解事物的历史，也是历史学家之间不停对话的一种形式。本书面向有些许中国研究背景，但可能对 20 世纪初的世界状况了解不多的普通读者。希望从未听说过袁世凯或梁启超的读者能够理解这里讨论的人和思想。我始终按照中国的学术传统撰写本书。在接下来的内

[①] Anderson（安德森），*Imagined Communities*.

容里,我也将不时评论历史学家先前的发现。我研究的问题不是新问题。在20世纪60年代,约瑟夫·列文森(Joseph Levenson)就注意到,传统的中国作为一个普世帝国或"天下"("普天之下")与对特定身份有要求的近代民族国家之间是严重脱节的。[1] 列文森在《儒教中国及其现代命运》一书中的解释或许过于简略,但它对之后的研究具有启发作用。要想解答它抛出的问题,可以聚焦主权概念。正如列文森又指出的,从文化主义转向民族主义意味着传统必须改变:无论近代中国人如何看待古典文本,都不能再将传统视作理所当然。激进分子以迄今无法使用的理由攻击儒家道德;保守派以新论点为之辩护;所有人都有了存在替代品的新认识。当然,后文会展开详细的阐述,从来没有一个统一且不变的"传统";中国传统长期以来保有很大的自我批评空间,这在20世纪初的思想生活中起了重要作用。我认为,对知识分子而言,重新思考中国的过去与学习西方成就一样重要。

列文森的著作发表50年后,中国学者汪晖完成了同样具有重要价值的《现代中国思想的兴起》。[2] 我们可以将汪晖的乐观"兴起"一词和列文森的严峻"命运"一词相对比,尽管这并不完全是汪晖的意思。在某种程度上,我们还可以将今天的近代性范式与过去的近代化理论相提并论。后者是关于所有国家最好都加入的单一计划;前者,尤其是对汪晖来说,更是我们可选的一系列

---

[1] Levenson(列文森),*Confucian China and Its Modern Fate*. 尽管我很欣赏列文森的著作,我认为半个世纪后的写作已经有了本质的不同;历史同其他文化产品一样都是它们时代的人工制品。

[2] 汪晖:《现代中国思想的兴起》。我很欣赏汪晖的著作,不过他关心的许多问题并非我关心的,他作为中国知识分子同他那个时代的辩论密切相关的立场也不是我的立场。

可能性。如果说列文森是在冷战的背景下写作,那么汪晖的写作就是在共产主义运动低潮的背景之下,伴随着全球资本主义的危机和中国的财富增长。汪晖以 10 至 11 世纪的宋代知识分子革命开始他的近代中国思想故事。他的观点认为,宋代出现了许多近代特征,这并不奇怪。许多学者曾经指出宋代政治集权、官僚主义的近代性和土地贵族的相应衰落,以及经济的商业化、民族主义情绪、知识创新。汪晖认为宋朝重要,不仅是因为宋朝和后来的明朝的思想家们在一定程度上涉及近代性,还因为他们提出"天理"(自然的模式和逻辑)这一超验概念,进而产生了自我批评的新能力。他主张,这个概念是清末知识分子追求改革的重要工具之一。这固然是正确的,但这一论断可能会削弱晚清知识分子提出的对传统思维的坚决抛弃。同样,汪晖还注意发掘中国对全球资本主义批判的历史进程。这里的问题显然是,宋代批评商人和商业化并不是在批评全球资本主义,而是完全不同的东西。晚清知识分子尽管对我称之为帝国资本主义的东西持批判态度,但也没有对经济近代化持有许多保留意见。

汪晖和列文森都认为,近代中国历史的主要问题是从帝国转变为国家。用列文森的话来说,这相当于是从普遍文化向特定传统转变。然而在汪晖看来,普遍主义并没有被遗忘,而是在"普遍原理"(公理)的概念中被重塑,这类似于天理的近代科学形式。我会在后文继续探讨公理和公("公共")的多种含义,同时,重点关注它们对独特的中国国家的贡献。

列文森和汪晖的研究中隐含但没有明确讨论的一个重要主题是,在从帝国到国家的转变过程中君主制与文化之间的确切关系。更确切地说,君主制的瓦解对中国文化的重要意义。鉴于君主制长期以来一直是儒家思想的中心,林毓生和张灏曾指出,君主制的崩溃导致了涵盖整个"原始秩序"的文化危机。[1] 也就是说,由于皇帝是天地之间的一种普遍的调解力量,没有皇帝的存在,伦理政治价值与宇宙秩序背道而驰,从而导致了一种集体的精神混乱。但是,这个有趣的理论从未得到过系统的分析,我的研究表明其需要审慎使用。确实曾经发生过文化危机,但是它对每个人的影响并不一样,甚至是那些受其影响最大的人们都找到了适应新世界的方法。正如我们将看到的,对于许多人来说,文化危机是值得欢迎的,因为它是寻求包容性的过程。君主制的衰落确实与性别平等和世代反叛有关。公民话语的兴起确实与创建一个更加开放的公共空间有关。辛亥革命之后,除了那些忠实信徒,没有人怀念那不可挽救的腐败政治机构。尽管许多人对该机构的文化基础还保留一定程度的尊重和喜爱,但传统道德受到了沉重打击。市民阶级正在制定新的、在瞬息万变的世界中讲得通的术语和概念,这些新术语和新概念是对儒学、佛教以及西方的科学和商业(尤其是功利主义)的有选择的融合。在辛亥革命之前,构建权威和权力的新方法就已经出现了。

我在此列出后文讨论的重点内容。第一章讨论康有为的政治改良主义。康有为既畅想乌托邦式的激进变革,又相信某种意义上来说皇帝是政治合法性的唯一来源。他还提出了一系列建议,成为1898年维新运动的思想灵感。当改革派于1898年夏天赢得皇帝的首肯,他们颁布了一系列帝国法令,从根本上改变传统的官僚治理体系。然而,仍然掌权的皇太后不久就突然强硬地宣布改革终止。第二章介绍康有为的门徒梁启超,梁启超于

---

[1] Yu-Sheng Lin(林毓生), *The Crisis of Chinese Consciousness*, pp. 11 - 18; Hao Chang(张灏), *Chinese Intellectuals in Crisis*, pp. 5 - 8.

1898 年宣布放弃儒教,并开始主张采取更加有力的方法将中国变成一个由其公民组成的民族国家。第三章拓宽视野,对清末法律和其他文本中有关国家主权和立宪主义的概念进行溯源研究,同时介绍梁启超不断发展的国家主义。但要记住,有权力的人反对任何可能会挑战儒家道德秩序的改革,第四章对他们进行了剖析。第五章和第六章转向革命运动,该运动基于共和主义和国家认同理念,这种认同感是种族和历史的双重作用下形成的。第七章和第八章介绍了辛亥革命的影响,重点阐述通过提出新理念和合法意识形态建立共和制国家的建设过程。然而,在开始进行政治讨论之前,本引言以对清政府的简要介绍结束,这也是我的研究起点。

清朝君主制

清朝在 17 世纪中叶上台执政,一个满人王室率领的多民族军队从中国东北地区打败了正在崩溃的明朝,也占领了蒙古和中亚大部分地区。清王朝以非汉人的统治阶层征服了广袤地区,所以从某种程度上说它是一个新的帝国。满人从法律和社会层面上将自己与汉人区分开来,汉人大多是中原汉地(即明朝时期的长城以南、高原以东和中亚沙漠地区)的农业人口和士绅精英。①诸多空前强大且意志坚定的皇帝创建了清帝国,并使其走向稳定与繁荣,但许多汉人从来没有摆脱过被打败的耻辱感——尽管与此同时,大多数人普遍理解了清朝的合法性。"外来性"本就是权

① 关于满人的形成及 18 世纪的满汉关系,参见 Grossley(柯娇燕),*A Translucent Mirror*;Elliott(欧立德),*The Manchu Way*。

力巩固的次要因素,自清朝肯定了儒家的正统观念,汉人精英进入官僚机构高层后,更是如此。乾隆皇帝提倡通过文化掌控达到普世统治,他是历史上最坚定、系统地支持这一观点的人。①

从旧明朝的中国精英和农民的角度来看,清朝只是众多统治王朝的最近一个王朝。自上古以来,中国的王权一直处于国家和社会的中心,从某种意义上说,它也是宇宙的中心。君主制的意识形态不断被修改,但是它从来没有认可过非皇室政见的合法性。中国历史上的王权建立在极其强大的社会和意识形态基础之上。它与儒家长期纠缠在一起,但其起源是古代商周的萨满教,商朝是公元前第二个千年中形成的第一个王朝。在随后的几个世纪中,儒家采用了一些古老的理念和宇宙论,既提出王权新的合法性解释,又对其进行激进的批判。最终,军事精英都接受了儒家思想,至少使用了儒家顾问,随之,儒学经典的学术理念普遍倾向于高度保守性。但是儒学的巨大批判潜力仍然存在。本质上,儒学通过宣称帝国权威建立在"德"之上,儒学家们就可以自行准确地判断现有政治制度践行"德"的程度。皇帝及其官僚机构也就在普通大众的心中处于核心地位。的确,皇帝不仅立足于官方意识形态、修辞和礼仪,其在有关社会和宇宙的正统(儒家)观念以及大众信仰中亦居中心地位。帝国制度的优势之一就在于它的适应性,它几乎具备成为所有人的所有事物的能力。

通过将王权立足于德之上,儒家赋予了皇帝在政治和宗教中发挥作用的角色。中国的皇帝既代表官僚政治和军事领导者(世俗的),又代表神圣的宇宙领导者(宗教的),但他也只是一个人。从这个意义上说,"德"并不是内在的善良,更不是超凡脱俗的善

---

① Grossley，*A Translucent Mirror*.

良,而是对人民利益的有远见的奉献,即维护稳定的社会秩序。如果皇帝不具备德,他可能会受到批评,而实际上一个合法的体制中没有一个具备德的皇帝是难以想象的。首先,无论"天"被视为拟人化的高级神还是宇宙的进程,皇帝都是"天子",并拥有"天命"。其次,在牢固的父权制社会中,一家之主经常与帝国的首领相类比。国家其实就是一个大的家庭;而家庭是国家的堡垒,遵循着类似的道德准则。最重要的德,即孝道,处于家庭乃至国家内部的主体核心。儒家由此提出了涵盖国家结构和社会的一系列信仰和道德要求。"三纲"的绝对道德要求规定了君与臣、父与子、夫与妻之间的等级义务。家庭和帝国不是平行的,而是相互交融的。皇帝体现了父权理想,譬如他妻妾成群。皇帝也是践行孝道的典范,他全心全意地为"天"及其祖先服务。

中国的王权立足于一个有序且其基本秩序可以被理解的宇宙。如果宇宙没有秩序,君主制就会失去基础。通常,中国皇帝通过将天、地和人性相联系来保证秩序。在史学传统中,皇帝站在令人恐惧的"乱"的另一极。近代皇帝们将之前帝王们的巨大成就概括为黄金时代或"三朝"(夏商周)有德的君主们设定的模式。人们认为,像生火、建屋、捕鱼、耕种以及帝国统治——或文明本身——之类的成就,来自对宇宙运作的超卓而有德的见识。*11* 秩序由第一个圣贤之王(圣王)发明,并由后世皇帝维护。王朝合法化或"正统继承"取决于周期性的时间。若没有注意到植根于宇宙的德,新王朝便会崛起,以纠正这一错误,并重塑平衡。

君主制具有固有的等级制度,地位差异由此产生。一位国王有许多臣民,但是臣民的地位并不平等。人与人之间的差异体现在与国王的远近或想象中的亲密关系的差异上。在中国,正式的贵族或血脉的重要性相对较小,尤其在汉朝之后,但社会等级制度已深深地融入了生活体验。后来的帝国法令规定：家长的地位高于一般家庭成员，男人的地位高于女人，士绅的地位高于平民。同时，科举考试制度的思想是精英制的，法律规定考试成功便可成为"士绅"。[1] 也就是说，无论家庭出身如何（有一些例外），是（男性）人才就可进入官僚体制。精英主义的逻辑对中国的王权没有威胁，正因为它被牢固地包含在宇宙和社会等级制度的意识形态之中。

令人惊奇的是，随着时间的流逝，王权的合法性大多没有被抛弃，而是被新的合法性所取代。[2] 古代王权据称统治"普天之下"，因此具有普遍性。这实际上意味着一个不受约束的中心，所有其他中心都从这个中心螺旋上升，以形成力量和威望逐级下降的同心圆。（当然，这是从皇帝的角度来看的。）后来，皇帝声称自己是一个"圣人"，具有如此神秘的力量，他内在的德会散发出来，改变整个世界。相比之下，中国皇帝的显著特征是他们本身连接着神圣和世俗的权力。皇帝既担任祭司长（本身就是一位有号召力或超凡魅力的人物），又是包括军队在内的官僚机构的负责人。[3] 中国皇帝的概念需要有号召力或超凡魅力的资质。皇帝从未被当作神明来祭拜——在中国语境中，这意味着对其祭祀进

---

[1] Elman（艾尔曼），*A Cultural History of Civil Examinations in Late Imperial China*，pp. 230 - 231，246 - 249. 亦见 Woodside（伍思德）关于精英领导体制的精彩讨论，*Lost Modernities*。

[2] 当然，这并不是要否认朝代更替和皇位继承在仪式上的巨大变化。甘怀真的《皇权、礼仪与经典诠释》追溯了早期帝国中皇权的命运及其同礼仪和经典的关系。在周绍明（McDermott）编辑的《中国的国家与宫廷礼仪》（*State and Court Ritual in China*）一书中的论文提供了截然不同的合法化技术的例子。柯娇燕（Grossley）的《评论文章：中国的统治》（"Review Article：The Rulerships of China"）提供了一种对中国王权概念的连续性问题叙述的建议性概论。

[3] 与格尔茨（Geertz）在《尼加拉》（*Negara*）中提出的功能类别相比较，许多政体将神权和政治角色分开给两位统治者。

献。然而,皇帝既体现了传统权威又体现了个人魅力。[①]　中华帝
国的魅力不在于建立一个新的社会,而是重建统一的和社会
的——最终是宇宙的——秩序。皇帝声称其有管理宇宙力量的
能力,并进行了许多仪式,因此具有一定的魅力,从某种意义上
说,他们的权威既不来自传统也并非来自法律。他们从未声称要
停止改变,而是努力规范变化。

在某种程度上,中国皇帝一直是权力的象征。许多民间宗教
都围绕着皇帝的代表及其阐释。地方寺庙甚至家庭的祭坛将社
区与无数神灵的精神等级联系在一起,这些等级就像帝国官僚机
构的官员等级一样。[②]　在人们的普遍想象中,就像半历史性质的
故事和歌剧中塑造的一样,皇帝是龙魂、战斗英雄、文明创建者的
后代。他的名字在其继位后成为禁忌。时代本身是以王朝和皇
室所使用的年号来命名。然而,人们几乎看不到皇帝本人,代表
他的诸神对大多数人来说并不是最重要的神。皇帝住在一堵又
一堵墙的后面。也许这种围困的存在彰显了他的中心地位,他的
力量因被束缚(直到需要使用这一力量)而变得更加可怕——就
像能带来给养和洪水的河龙一样隐藏着(皇帝声称自己与河龙相
关联)。宫廷仪式被严格限制使用,直到 1908 年皇太后和光绪皇
帝被葬于清朝陵墓时依然如此。[③]

这就是说皇帝以不出现为特点,这听起来很矛盾。很少有人

---

① 参见 Weber(韦伯), "The Sociology of Chrismatic Authority" and "The Meaning of Discipline", in Gerth and Mills, trans. and eds., *From Max Weber*, pp. 245 – 264; Weber, "The Nature of Charismatic Authority and Its Routinization"。另见 Wallis, "Charisma and Explanation", pp. 167 – 169。王斯福(Feuchtwang)和王铭铭在《基层卡里斯玛》(*Grassroots Charisma*)第 10—21 页中强调了附在条款上的跨文化问题的清晰讨论。

② Feuchtwang, *The Imperial Metaphor*.

③ Bastid(巴斯蒂), "Sacrifices d'État et légitimité à la fin des Qing".

能进到皇宫内部，皇帝被帝国象征主义的仪式和护卫包围着，这种不出现使人们产生想象。尽管欧洲的王权传统倾向于将权力体现为知名度，但中国皇帝的形象并未普及。[1] 欧洲国王出现在硬币上，并进行多次的公众巡游，中国皇帝则被笼罩着。最重要的是，他们被想象成诸如龙、神灵（如玉皇大帝）和"天"本身之类的符号和神话。官员的仪式活动会刻意模仿皇帝，这仅限于郡和县，而不是在首都。故而一个地区就是整个帝国的缩影。当然，皇帝接见他的大臣们和带有贡品的外国使臣。他执行的许多仪式都有特定的观众，他的许多举止都被特定官员记录于《起居注》中。[2] 清朝的康熙皇帝和乾隆皇帝甚至在其统治期间做了一些改进，但普通平民还是无法看到他们。尽管如此，正是由于中国皇帝的不出现，使他与宇宙力量产生了联系，也与其地位的公共象征联系在一起。

清朝皇帝举行过无数次"各式各样"和"中等规模"的祭祀，但只有四种"大祭"：春分秋分在太庙祭拜皇室祖先；二月和八月的头十天在先农坛面朝西祭拜土地和粮食二神；夏至时在地坛面朝北祭拜"地"；冬至时在天坛面朝南祭拜"天"。[3] 因此，帝国的存在

---

[1] 在罗马帝国、中世纪欧洲、近代欧洲，皇室的存在是直接的。"只要君主和统治阶级'本身就是'国家，而不仅仅是它的代表，他们就可以在特定的意义上代表它。他们在民众'面前'代表的是其统治权，而非民众。"［Habermas（哈贝马斯），*Structural Transformation of the Public Sphere*，pp. 5-10.］这种趋势在法国尤为明显。路易十四——太阳王一生都在公众视野中度过，通过艺术、学术、宗教和文字宣传工作创造了一个作为权力化身的角色以及一个勤奋的行政人员。（Marin，*Portrait of the King*.）事实上，早期的法国国王几乎不那么注意展示，这可以巩固支持者，震慑反对者，甚至混淆王朝更迭。（Browm，*The Monarchy of Capetian France and Royal Ceremonial*.）

[2] 清朝的《起居注》保存在相应的档案部门里，以给官方史家使用。

[3] 至少在康熙统治结束（1722）之前就如此，见 Rawski（罗友枝），*The Last Emperors*，pp. 211-212.

标志着四个方向,也涵盖了微观世界。① 司徒安(Angela Zito)在研究乾隆皇帝时期的大祭祀时,认为先农坛上的祭品是帝权的象征:皇帝在北京祭祀,与此同时各省、地、县三级的官员也会用同样的祭品祭祀。② 然而,其他的重大祭祀仪式仅由皇帝(或其代表)执行。大神庙的祖先祭祀与皇宫内的私人祭祀不同,它将皇帝"展现"为孝顺的典范,是极其关键的继承正统。在皇帝所有的仪式活动中,人们往往认为最重要的是冬至的祭天。正是皇帝对"天"的祭拜,凸显了其作为天、地、人及其孝亲之间唯一不可替代的纽带的重要形象。祭祀仪式的核心在于向神灵供奉,平民与皇帝一样供奉。但是平民祭拜的是他们的祖先、当地的神灵或其他神灵,如果他们是在拜"天",就会被视为叛徒或篡权者。

尽管国家努力控制领土内的无数家庭,但家庭与国家之间一直存在着一定的矛盾。尽管如此,国家努力做到维护家庭的自然状态。在由满人贵族统治的广袤清帝国中,其领土内的不同地区使用不同的通用语言。③ 在西藏和蒙古地区,佛教语言取代了汉地的儒家官僚规范,清朝皇帝们便让当地人视皇帝自己为菩萨。即使这样,帝国恩典的概念(恩、泽、宠)让我们又回到了家庭。无论蒙古王子、满人仆人还是汉人官员,他们都是沐浴皇恩的人,而皇恩是接受恩泽的人无法偿还的,所以人们应该用自己毕生的努力去感念皇恩。对皇恩的亏欠不就像对父亲的崇敬一样吗?蒙古诗人克什巴图(Kheshigbatu,1849—1917)曾说:"皇帝的国家与领土带来的仁慈的和正义的恩典,就像给予你生命的父母的伟

14

---

① 从地理上看,清代太庙和先农坛就在紫禁城的南边,前者在东边,后者在西边;而地坛在郊外(即紫禁城城墙外面)的东北,天坛在郊外的西南。

② Zito(司徒安),*Of Body and Brush*.

③ Atwood(艾鹜德),"'Worshiping Grace'".

大善良。"①似乎这种恩赐话语再次仰赖于皇帝父亲和生身父亲的类比上，因为一个人的生存同时取决于这两者。

这类话语在清朝的最后几十年开始引起了争议，但这不是人们第一次对帝国政治传统进行根本性的重新思考了。晚清知识分子们重新发掘王朝最初几十年的著作——明朝的灭亡催生了它们。伟大的学者、儒学大师黄宗羲(1610—1695)与顾炎武(1613—1682)对明朝保持"忠诚"，但他们传播改革建议，也知道这些建议对清朝有利。他们的政治著作在19世纪被重新发掘。吕留良(1629—1683)和王夫之(1619—1692)的"反满"著作坚决反对无知的野蛮人带来的污染，也给后来的激进派以思想冲击。

清朝末年重构国家概念的最重要努力来自黄宗羲关于王权性质的著作《明夷待访录》，清朝将其列为禁书。② 黄氏对君主专制制度的据实审查让该制度完全地暴露在大众面前，并在其批评的寒风下不停颤抖。我们固然应该在当时的时代背景以及新儒学的不断发展中看待黄氏的思想，而不是视其为民主思想的先驱。③ 但对王权制度幻想破灭的人不只他一个。因此，我们可以把《明夷待访录》当作那个时代的典范或者儒家宇宙怀疑主义的一个例子来阅读。黄宗羲谴责秦朝作为王权历史的转折点，因为秦朝在公元前221年统一了"战国"。在那以前，圣贤之王生而为人民服务。在那以后，独裁者将王国视为私有财产，并视人民为

15

---

① Atwood，"'Worshiping Grace'"，p. 103.

② "给君王的方案"("Plan for the Prince")是对黄宗羲建立在一些复杂经典典故上的《明夷待访录》题目的一种意译。见 de Bary(狄培理)，*Waiting for the Dawn*；关于翻译黄氏著作题目的不可能性，见狄培理该书"Introduction"，pp. 5 - 8。另见 Grieder(贾祖麟)，*Intellectuals and the State in Modern China*，p. 35.

③ Struve(司徒琳)，"Huang Zongxi in Context"；de Bary，*The Liberal Tradition in China*，pp. 67 - 90.

奴隶。黄氏的公共服务理念并不新鲜。但是，正如狄培理（Theodore de Bary）所强调的那样，黄氏的独创性在于他努力描述超越任何特定朝代实践的法律、制度和模式（法），这些制度基于圣贤之王的理想，但为他那个时代的不同世界而设计。① 黄宗羲在该书的开头，描述了一个更接近霍布斯式噩梦而非卢梭式美梦的原始世界。然后，圣贤之王们付出巨大努力与个人牺牲，创建了可以实现共同生活和互惠互利的制度。

但是，对于那些后来成为君王（人君）的人来说，情况就不同了。他们认为，既然他们拥有掌控利弊的权力，那么把所有利益都归于己有，并把所有的损害都强加给别人是没有错的。他们这样做是为了使人们都不敢敢只为自己生活或追求自己的利益。因此，君王的极大的个人利益取代了王国的共同利益……他将这个世界视为一个将传给他的后代的、以使他们永恒享乐的巨大遗产……

这只能作如下解释：在远古时期，[王国里的人们]被认为是主人（主），君王是房客。君王一生都在为这个王国工作。现在君王是主人，人民是他的房客。没有人能在任何地方找到和平与幸福，因为所有一切都是君王的。为了得到他想要的任何东西，他屠杀人民并破坏他们的家庭——都是为了增加个人的财富。②

并非只有黄宗羲有这样的想法。不如黄氏有名的地方学者

---

① de Bary，"Introduction"，*Waiting for the Dawn*，pp. 20 - 24.
② 黄宗羲：《明夷待访录》，第 27—28 页。转引自 de Bary，*Waiting for the Dawn*，pp. 91 - 92。

唐甄(1630—1704)表达了更强烈的思想。① 唐氏记录了一段他跟妻子的对话：

> 唐子曰："自秦以来,凡为帝王者皆贼也。……杀一人而取其匹布斗粟,犹谓之贼;杀天下之人而尽有其布粟之富,而反不谓之贼乎?"
>
> 妻曰:"当大乱之时,岂能不杀一人而定天下?"
>
> 唐子曰:"定乱岂能不杀乎? ……若过里而墟其里,过市而窜其市,入城而屠其城,此何为者? ……暴骨未收,哭声未绝,目眦未干,于是乃服衮冕,乘法驾,坐前殿,受朝贺。"②

尽管黄宗羲的语言更加委婉,但他毫不犹豫地抨击了忠诚这一观念。大臣的真正使命应该是对国家负责,而不是对皇帝负责。黄氏取得了两个重要进展。首先,他对"法律"或制度的强调打破了宋明思想。其次,他清楚地将统治者与其职务描述区分开来。故而他最终批判了世袭君主制,它神圣的光环所剩无几。没错,尽管这一体制已被世俗化并变成了一个社会正常运转的政治体制之一,黄氏的君主制可以说扎根于圣王理想。但在黄氏看来,现在中国需要自下而上的体制、权力的下放以及像学校这样的舆论发展的场所。正如晚清知识分子有时认为的那样,这当然不是民主,但这反映了对专制主义的恐惧,也是知识分子的恐惧和关心。黄氏还重塑了他们的历史命运感:对自己和对中国的高度忠诚。

---

① Ping-chen Hsiung(熊秉真), "T'ang Chen and the Works in Obscurity".
② Ping-chen Hsiung, "T'ang Chen and the Works in Obscurity", pp. 118 – 119.

清末背景

19 世纪末期,清朝存在三大缺陷。第一,皇室、贵族和精锐
的军事将领都是满人,与汉人不同,他们享受法律和政治特权。 *17*
在整个 18 世纪,清朝以相当高的技巧维护着满汉关系,但到 19
世纪曾经的"反满"情绪再次出现了。第二,慈禧太后(1835—
1908)自 19 世纪 60 年代起直到其去世,都掌握着全国最高的政
治权力,但作为妇女,当时她并无资格掌权。这导致在政治上很
难把这一情况融合进正统的仪式或道德。① 第三,也是最根本的
一点,事实证明,清军无法保护中国免受外国攻击。这使我们想
起了历史的偶然性。如果清政府能够更好地抵抗外国的压力,或
者更现实点来说,如果它更善于与外国人合作并进行国内改革,
它可能会以宪政形态得以幸存。或者,如果有一个汉人朝廷,有
着能够更好地满足民众期望的领导者,那么这个王朝可能会做出
妥协,保持君主立宪制。如果革命共和主义不是不可避免的,那么
国家结构和意识形态的根本转变就是可以避免的。我们还应注
意,早在 18 世纪,一些思想发展趋势——文本研究(考证学)、实质
性学习(实学)和治国实用主义(经世)的兴起——都在废除君主制
方面发挥了作用。经典文本的真实性,如果不是其本意,则会受到
攻击。② 同样,之前对"正统继承"的关注也消失了,这可能是因为
清朝作为征服者,这一话题令其感到不安。

---

① Bastid, "Official Conceptions of Imperial Authority at the End of the Qing Dynasty", pp. 147 - 186; Bastid, "La 'position' dans le ceremonial d'État *à* la fin de l'Empire".
② Elman, *From Philosophy to Philology*.

尽管如此,19世纪沿海地区西方商人的数量不断增加,甚至1839年至1842年爆发的鸦片战争都没有对清朝造成真正的威胁。19世纪50年代至1864年间席卷中国南部和中部的太平天国运动才是真正的威胁。然而,这只是农民军队对首都的威胁,而不是对执政意识形态的理念层面的重要改变。清军在士绅阶层的支持下,最终击败了太平天国起义兵。这里的"士绅"指省级精英群体,他们利用土地所有权和商业利益,最重要的是通过科举考试成了朝廷命官。与此同时,外国的威胁仍在逼近。19世纪60年代由一些官员领导的自强运动试图捍卫清朝,以对抗国内外的危险,并为士绅参与政治和向西方学习创造基础条件。因篇幅有限无法详细阐述它所涉及的变化,但我将着重介绍一些19世纪90年代激进分子所依赖的新体制。① 在内忧外患的压力下,对西方军事技术的兴趣使中国人对该技术得以生成的科学和经济基础也产生了兴趣,并最终变成了对西方社会和政治制度的兴趣。在19世纪80年代,各省与皇室的精英们都在不改变中国的文化价值和社会体系的前提下,试图引进西方的技术。

但是,北京的高官和地方士绅们之间的差距越来越大,因为士绅们处理当地的问题,他们为此感到担忧。"言语之路"(言路)更通俗来讲是与皇帝的沟通渠道,是一种历史悠久的政治价值。经典著作中的皇帝往往是理想化的,但他们也会犯错,这些著作强调了有益且坦率建议的重要性。其寓意是帝国不仅是皇帝的

---

① 最近的著作和新的视角复杂化了一个曾经被简化成"失败"和"保守主义"的故事,建议更详细的故事,并非厚脸皮的成功而是坚持不懈的制度建设。参见熊月之:《西学东渐与晚清社会》;黄爱平、黄兴涛编著:《西学与清代文化》;Grieder, *Intellectuals and the State*, chps. 3 - 4。仍旧值得阅读的学术著作是 Wright(芮玛丽),*The Last Stand of Chinese Conservatism*。

责任,也是有才能的斡旋者(mediator)的责任。斡旋者要告诉皇帝关于这个世界他需要了解什么,还要告诉世界皇帝的命令是什么。19 世纪初,学者王柏心(1799—1873)回顾了在古代三朝(三代)时期,"统治者和大臣们"与"贤哲和有价值的人"之间直言不讳,毫无隐藏。[①] 到 19 世纪末,他的论文在该时代的治国纲要中被重印。对王氏来说,比给皇帝的建议更重要的是那些将其命令形成书面谕旨的官员,因为这些谕旨会激发他的官员、士兵和人民。若帝王的谕旨拟的合理,就具有近乎神秘的力量——就像自然之力——可以澄清合法秩序、消除怀疑、保持有效统治并传播美德。

因此,"言路"是双向的,康有为对帝国魅力的欣赏与王柏心对帝国话语力量的评价是一致的,我将在下一章对此加以论述。晚清的改良派敦促开言路,这样才能保证统治者与被统治者之间的联系畅通无阻。梅嘉乐(Barbara Mittler)向人们展示了在 19 世纪 90 年代,为了强调言路的重要性,一些人呼吁设立报纸。[②] 19 正如易劳逸(Lloyd Eastman)所建议的那样,19 世纪 70 年代和 80 年代的意识形态斗争围绕言路展开。当时,低级官员和非官方士绅经常这样做,他们大声批评当时的改良派,并寻求更为激进的反西方政策。[③] 然而,1885 年中国与法国进行了短暂而有争议的战争,慈禧太后最终决定求和后,她关闭了言路。未经批准撰写奏折的作者都受到了惩罚。

但这维持了没多久。19 世纪 90 年代的激进改革派坚持要求官方听取其意见,我将在后面介绍这些改良派。前一代的改良派

---

① 王柏心:《王言》,盛康编:《皇朝经世文续编》卷十,第 3—4 页。
② Mittler(梅嘉乐), *A Newspaper for China？*, pp. 28-30.
③ Eastman(易劳逸), "Ch'ing and Chinese Policy Formation during the Sino-French Controversy, 1880-1885", pp. 596-597, 608-610.

和不满的人们已经为这些改良派做了很多工作，尽管这是他们不愿承认的。中法战争结束 10 年后的 1895 年，清军在甲午战争中被日军轻而易举地击败。对于激进的改良派来说，这次失败标志着过去 30 年自强改革的失败。[①] 1898 年，光绪皇帝再次开辟了言路。当年慈禧镇压改良运动时，这条道路被禁封了。但是现在，想象中的新国家的隐喻不再是"言路"，而是"广泛的权利"（民权）。从某种意义上说，这整本书就是在讲述从言路到民权的转变。

19 世纪的最后几十年，出现了旨在促进西学的奇妙混合机构。最早，报纸是由西方人为西方人及其华裔同事创办的。《申报》于 1872 年由英国创办，最初是一家完全商业化的企业，但基本上都是用中文编写的。[②] 甚至早在 19 世纪 60 年代，传教出版物就开始——尝试性地——不限于传播福音，同时还向读者介绍这个世界。[③] 鸦片战争时期产生了第一个翻译项目。总督林则徐(1785—1850)于 1839 年进驻广州，负责解决鸦片这一不可能完成的任务。无论出于好奇心还是智力需求，他赞助翻译了一些基础著作，例如慕瑞(Hugh Murray，1779—1846)的《地理百科全书》。[④] 1843 年至 1860 年间，新的通商口岸产生了 434 部西方作品的译本，约有四分之三为宣传基督教，其余大部分是科学著

---

① 近期的学术研究否认了像康、梁所指控的断断续续的自强改革的成果。见 Yue Meng, "Hybrid Science versus Modernity"; Elman, "Naval Warfare and the Refraction of China's Self-strengthening Reforms into Scientific and Technological Failure, 1865 - 1895"。尽管如此，并没有否认失败的事实。

② Mittler, *A Newspaper for China?*; Wagner(瓦格纳), "The Early Chinese Newspapers and the Chinese Public Sphere".

③ Bennett(贝奈特), *Missionary Journalist in China.*

④《四洲志》。见熊月之：《西学东渐与晚清社会》，第 221—266 页。中国人的世界地理学包括魏源的《海国图志》(1842)，见 Leonard(李欧娜), *Wei Yuan and China's Rediscovery of the Maritime World*；徐继畬的《瀛寰志略》，见 Drake(龙夫威), *China Charts the World*。

作。[1] 1860 年至 1900 年间,传教士、清政府和私人学者创作的有 [20]
关西方的作品数量激增。这些著作的性质开始改变。例如,在约
555 部翻译作品中,科学和技术仍然占主导地位(387 部作品),但
是大约 123 部作品的主题可归类为人文和社会科学。上海成为
中国知识分子活动的中心,这不仅是因为它免于太平天国和乡村
其他问题的干扰,而且,外国租界也提供了一定的安全性,使他们
免受清朝的审查。[2] 江南制造局于 1866 年建于上海,不仅雇用
外国工程师教授武器制造知识,而且还成立了一个科学翻
译馆。[3]

根据西方列强的要求,处理外交事务的部门于 1861 年成立,
称为总理衙门。相应地,总理衙门成立了同文馆(翻译学院)作为
外语学校。[4] 最初,学校只允许满人进入,但是很快就变了。其
他的同文馆分别于 1863 年的上海、1864 年的广州和 1866 年的
福州成立。同文馆无法吸引最优秀的学生,因为它们无法保证学
生日后能进入仕途。尽管如此,仍有许多毕业生进入中国最初的
外交使团,而奖学金吸引了一些聪明却贫穷的男孩。1867 年增
加了科学知识的学习,同文馆开始由外国海关总署直接资助。课
程逐渐增加了数学、化学、天文学、物理学、生理学和国际法,以及
英语、法语、俄语、德语和日语。因此,同文馆为世纪之交后建立
更全面的近代化高等学校奠定了基础。同时,像江南制造局一
样,它也赞助翻译项目,以引发中国学者对西方著作的关注。跟

---

[1] 熊月之:《西学东渐与晚清社会》,第 8—9、11—12 页。
[2] 结果是出现了一种新的出版工业,见 Reed(芮哲非),*Gutenberg in Shanghai*。
[3] 熊月之:《西学东渐与晚清社会》,第 12 章。另见 Rudolph(陆德芙),*John Fryer*。
[4] Biggerstaff(毕乃德),*The Earliest Modern Government Schools in China*.
Rudolph, *Negotiated Power in Late Imperial China*.

这些国家项目至少同样重要的还有重要官员的私人幕僚,因为重要官员们都需要有自己的秘书们。由于慈禧太后和皇室对改革的热情不高,大多数自强人士就在李鸿章(1823—1901)和张之洞(1837—1909)等督抚处寻得职位,李鸿章和张之洞也经常直接或间接支持报纸、武器库和推行西学的学校。

21　　　接触到西学后,许多晚清知识分子声称其起源于古代中国。有人说,从数学到民主等古代中国的知识传播到西方,西方人以中国未知的方式将这些知识加以应用。的确,19 世纪已经出现了古老"非正统"学派的复兴,这些学派融合了西方知识。(这是文本研究兴起的副产品。)中国起源论也许是西方帝国主义者造成的受害者心理补偿;[1]也许是便于理解根本不了解的概念的一种方法,即作对比分析;也许是一种经过精心设计的、让外国思想被人们接受的手段。无论如何,正如熊月之指出的那样,该理论是通向西学的桥梁。[2]

在中国古代寻找西方观念的起源是一种将西学本土化的方式,这其实不一定得到认可。晚清知识分子经常说,基督教的学说和神话起源于佛教(这种观点早在 19 世纪中叶就已广泛流传)或墨子(公元前 4 世纪一种思想流派的创始人,据说他的反儒学学说未被国人接受,而后传到了西方)。[3] 外交官、诗人和改革家黄遵宪(1848—1905)就是一个很好的例子,他在中国起源论的鼎

---

[1] 这是约瑟夫·列文森(Joseph R. Levenson)在对历史的情感投入和对价值的智力投入之间做出区分的一种表现,见他的 *Liang Ch'i-ch'ao and the Mind of Modern China*, esp. 1-5,以及 *Confucian China and Its Modern Fate*, I;75-78。

[2] 熊月之:《西学东渐与晚清社会》,第 723 页。

[3] 关于概述,参见《西学东渐与晚清社会》,第 716—723 页;Hsi-yuan Chen(陈熙远), "The Revelations of the Sacred Scriptures";还有雷中行的《明清的西学中源论争议》关于起源问题长期"争论"的近期研究。

盛时期——19 世纪 80 年代后期撰写了著作。他认为基督教从本质上讲,大致约有 70％ 的内容取自墨子。[①] 个人自主权(人人有自主权利)的概念来自墨子。唯一的上帝的概念来自墨子,就像"爱你的邻居"一样。黄氏认为这些概念不是特别好,但是认可其优势。他认为西方社会已经利用这些概念实现了一定的稳定,西方相对平等的政治促进了其在竞争世界中不断进步。同时,对上帝的敬畏使他们的人民守法。但根据黄氏的说法,中国所需要的只是西方技术,而且由于西方技术最初是中国人发明的,因此很容易引入。[②] 当时的高官张之洞寄希望于此,他说过一句著名的话:"中学为体,西学为用。"

除了教会学校、同文馆和武器库外,西学也开始渗透到传统 [22] 的私塾里。李鸿章在 19 世纪 70 和 80 年代创立了几家专门从事西方学习的机构,张之洞在 19 世纪 80 和 90 年代也成立了这样的机构。这些机构侧重专业培训,例如工程学,尤其是军事科学,但逐渐增加了数学、自然科学、物理科学以及语言和其他人文学科的课程。更重要的是,作为改变主流舆论的晴雨表,士绅们还在一些地区建立了具有西化课程的学校——据统计,到 1900 年,共有 107 所这样的私立学校。[③] 教会学校的发展更为迅速,到 1890 年,学校总数达到近 2000 所(包括 300 所女子学校),约有 40000 名学生。[④] 最终,在 1902 年,朝廷自己正式创建了国立学校系统,尽管规模很小,但它通过同时教授儒学和科学,致力于定义清朝末年的"学习"。

---

① 《黄遵宪全集》卷二,第 1399—1400 页。
② 《黄遵宪全集》卷二,第 1415 页。
③ 李华兴主编:《民国教育史》,第 55 页。这种私立学校可能得到了当地官员的支持。
④ Bastid, "Servitude or Liberation", p. 9.

　　与此同时，到 19 世纪 90 年代后期，研究会已经变得很普遍。① 康有为和许多官员一起于 1895 年成立了"为了富强（国家）的研究会"，即强学会。这是中国的第一个研究会，但到了 1898 年，有数百个志同道合的团体，共约 10000 名成员。清末，这些学会数跃升至 700 多个，多达 50000 名成员。尽管许多学会只是短暂存在（如强学会），也不一定是政治性质的，但大多数学会都提倡至少让士绅参与地方事务。研究会强调成员之间要平等、话语要文明。清末，许多研究会已由学生主导。最繁荣的研究会拥有自己的出版社和图书馆。

　　研究会、公立和私立学校、武器库、官员秘书处、新媒体等机构为对政治感兴趣的学生和士绅提供住所。在本书中，我称这些人为知识分子。尽管该术语当时未使用，但它包含了我所认为的思想家会保有的探索和独立立场。② 这并不是说他们总是将自己视为对立人物，也不是说他们认为自己是一个有共同利益的团体，而是他们在清末的新媒体和新学校中有新的社会基础。他23们活动于新开放的公共领域，总体上都没有正式职业。自 19 世纪 60 年代以来，所谓的西学传播得虽然缓慢，但是广泛而深入。它改变了受教育者与国家之间的关系，所以传统的中国无法延续。

---

① 规范的研究是桑兵的《清末新知识界的社团与活动》。另见 Wakeman，"The Price of Autonomy"。
② 在西方，近代意义的"知识分子"名词出现在德雷福斯事件（Dreyfus affair）期间，不同的"知识阶层"概念在 20 世纪 10 年代前广泛传播。见 Eddy U，"Reification of the Chinese Intellectual"。

第一章　康有为的权力哲学与戊戌变法

1898 年 9 月 28 日,6 名男子在北京被处决。他们被称为六君子或烈士,象征着无私奉献的改革精神。他们被捕后等待接受审判,但由于皇室担心这是一场针对清朝的阴谋,至少是针对支持慈禧太后的朝廷派系的阴谋,他们的审判期被缩短。至少一名烈士——谭嗣同——没有选择逃亡,而是故意放弃生命以鼓舞他的同胞。1898 年的百日维新就这样结束了。慈禧把光绪皇帝(1875—1908 年在位)——她不幸的外甥——软禁在了皇城里的一个湖心岛上。

其他的改革领导者都流亡国外了。其中最著名的是维新运动的知识分子教父康有为(1858—1927)和他的门徒梁启超(1873—1929)。他们随即撰写了这次维新运动的情况,在此后的中国思想斗争中,这次改革变成了有效的政治武器。[1] 对我们来说,更重要的是以下问题:维新运动如何体现已经发酵了 10 年甚或更久的思想问题? 为什么这次运动让慈禧感到恐慌? 这次运动会将中国引向何方? 自 19 世纪 90 年代初以来,部分人士受到清朝在朝鲜同日本竞争影响力上失败的刺激,而致力于从根本上

---

[1] 这些当然是片面说法,但历史学家已经做了很多工作来追溯档案中运动的政治和知识背景。关于康的活动,参见孔祥吉的著作《康有为变法奏议研究》《戊戌维新运动新探》及其编写的《救亡图存的蓝图:康有为变法奏议辑证》。

进行制度变革,1898 年的百日维新就是这场变革运动的高潮。[1] 百日维新震撼了中国政治体制的核心,但这并不是因为这次改良运动本身,而是这次运动所承载的新理念。

1898 年春天,由康有为领导的改革派赢得了光绪皇帝及其高级顾问的认可,他们起草了多项法令,包括:建立支持农业、工业和商业的政府部门;建设邮政系统;建设近代化的军队;建立一所新大学;确立更加透明的财政制度。尽管对教育和考试制度进行近代化改革的提议得到了毕生都在学习儒家经典的人们的关注,但并没有太多具体的改革举措。8 月下旬,皇帝重组了中央政府并废除了一些职位。就法令本身而言,即便在这里满人的至上政治权利和皇室的地位都是无法撼动的,然而,在紧张的气氛中——派系密谋、秘密决策、满汉矛盾、军事战败和屈辱——危险一触即发。光绪扩大了向皇帝建言的权利。一方面,这几乎不算是改革举措,儒家长久以来就有保持开放的“言路”的传统。但是,另一方面,这对皇帝的重臣们是个打击,传统上清朝法律仅赋予这些重臣向皇帝建言的权利。这一改变将扩大皇帝的权威,对控制他获取知识的大臣们加以限制——这是中国治国理论中一个久远的问题。但这也反映了人们呼吁皇室倾听年轻的改良派士绅的声音,下文将对此加以阐述。无论如何,在 1898 年的改革

---

[1] 1898 年改革运动的背景受到了相当多的关注,这里我不打算撰写参考书目。特别影响我认识的著作包括 Hao Chang, "Intellectual Change and the Reform Movement, 1890 - 1898";李泽厚:《康有为谭嗣同思想研究》;汤志钧:《戊戌变法史论丛》;汪荣祖:《晚清变法思想论丛》。用英文写作的最好的整体研究(可能某些方面有偏见)是 Luke S. K. Kwong(邝兆江), *A Mosaic of the Hundred Days*。最近的学术研究并没有尝试对运动进行根本性的全面重新评价,但它的各个方面都得以在王晓秋和尚小明编《戊戌维新与清末新政》、王晓秋《戊戌维新与近代中国的改革》以及柯瑞佳(Rebecca Karl)和沙培德(Zarrow)编 *Rethinking the 1898 Reform Period* 中的文章中获得了新的认识。

中,没有任何关于宪法或建立地方议会的改革,更没有提及国民议会。改革代表了许多温和派长期以来所支持的思想。但是,的确,光绪在夏末做了更激进的改变,宣布他打算在未来进行政治变革。① 同样,广为人知的是,康有为支持宪法和议会,反对"祖先的制度"。当光绪帝任命重要的改革派担任堂官时,保守派们都果断地反对他。

慈禧的政变确保了她的人将在朝廷、各省和军队中继续担任最高职务。由此,改革完全失败了。慈禧于 1889 年放弃日常的行政管理,交由光绪负责,但她仍然是政策和任命的最终仲裁者。现在,她恢复了全部的权力。即使是温和的改革声音也被遏制了。慈禧和她的顾问们是否真的相信有人正在策划一场反清的阴谋,不得而知,但他们应该对未来感到紧张。1895 年后,开放和公开政治化的文人社团、期刊以及学术机构(各种学习社团)爆炸性地增长,维新运动以此为基础。这些团体与官僚机构只有极少的往来,而其存在挑战了朝廷限制社会力量与封闭决策的权利。但是慈禧对改革的压制体现了其短视。1898 年之后,满人皇室不得不努力证明其合法性。1898 年之后,中国的市民与青年文人都认为,政治参与的新形式和新的国家—社会关系标准是合情合理的。

改良派们抛头颅或流离失所,但赢得了论战。1898 年以来,领导人不得不以代表国家的名义为其统治正名。在整个 20 世纪,即使是最独裁的政权也声称以人民的名义统治。1898 年以前,当改良派问到是什么使西方强大时,他们将重点放在了民权和富裕的政府这一或许自相矛盾的组合上。民权不一定意味着

①　汤志钧:《戊戌变法史论丛》,第 154—221 页。

要赋予无知的群众以特权,但这是一种在西方和日本所见的谈论民主思想和宪政的宽松方式。正如熊月之指出的那样,它是为维护重建清政府提议的合法性而产生的。①

维新运动对他们有限的西方知识进行了儒家道德目标的创造性运用,如民族国家、大众公民、宪政和代表制以及商业发展。不论从实践上还是理论上考虑,改良派都没有要求改变中国世袭的宗族统治。从实际考量,他们希望能得到皇室的支持以重塑官僚机构,并且无权挑战其权威。从理论上讲,他们倾向于像彼得大帝和明治天皇一样利用皇帝的所有专制权力。但是,"民权"通过将"人民"(民)作为活跃的政治代理人与国家基础联系起来,改变了话语。无论如何定义"民权",在激进文人的眼中,随着主权从君主制转向平民,"民权"意义的不明确是一个重构合法国家的强有力因素。换句话说,政体的话语中心从王朝的殿堂转移到了国家。1898 年的维新运动标志着独特的中国民族身份得以建立的关键时刻,从政治层面讲,这一身份意味着未来成熟的政治权利和公民的参与。皇帝与国家,特别是与民族的关系,成为改革议程中紧迫和棘手的问题。

人们选择进行彻底改革有着很深的根源。政治体系中长期存在的结构性压力促使一些文人开始质疑朝廷与地方、中央政府与文人之间的权力平衡。自 18 世纪末开始,一种危机感就开始累积,远在国外势力借军事优势在 19 世纪 40 年代削弱中国主权之前。② 当时的一些问题看似是灾难性的,却并非根深蒂固:年

---

① 参见熊月之:《中国近代民主思想史》,第 233—243 页。
② 关于最近的概述,参见 Kuln(孔飞力), *Origins of the Modern Chinese State*, pp. 2 - 26。最好的详细且简洁的讨论见 Jones(曼素恩) and Kuhn, "Dynastic Decline and the Roots of Rebellion"。

迈的乾隆皇帝允许皇室的亲贵们进行大规模的腐败。还有一些更大范围的危机——白莲教起义始于 18 世纪 90 年代后期,在中国中西北部地区爆发了 8 年之久。普遍的腐败削弱了清军的力量,但新皇帝一旦登基并掌握了实权后,叛乱就被成功平息了。然而当时只有少数学者意识到危机是结构性的。最重要的是,始于 18 世纪的人口激增使太多农民在少量的土地上挣扎着生存。同时,政府的规模也跟不上人口的增长。[①] 这使维持有效的行政管理变得愈发困难,并催生了正式官僚体系之外的地方"官僚制度"的发展。常规的官僚体系也无法解决过剩的受教育者。许多下层士绅去从事经商或是管理如学校、灌溉工程这样的公共项目。孔飞力(Philip Kuhn)敏锐地注意到,他们共同成为一个早期的民族精英团体,与官方圈子保持着联系。[②] 清朝反对派系主义的禁令迅速瓦解了。

　　然而,这些问题的发展很缓慢,尽管 19 世纪面临诸多威胁,清朝还是幸存了下来。19 世纪 90 年代,政治结构最终失去了稳定,原因有 4 个。第一,慈禧的崛起创造了两个权力焦点,即皇太后和年轻的皇帝,但正如巴斯蒂(Marianne Bastid)指出的,这两个人的合法性都不完全。[③] 第二,1894—1895 年的甲午战争不仅 *28*

---

① 人口从 1644 年清朝建立时的大约 1 亿增加到 1800 年的超过 3 亿。这对土地持有造成了严重压力,尽管更多的土地被用于生产,并且由于 16 世纪引入美洲粮食作物(玉米、红薯)和新的经济作物,农业生产力至少在一段时间内有所提高。在很大程度上由国际贸易带来的农村经济的持续商业化,促使农民家庭从事兼职(或有时是全职)的手工业生产。经济在扩张,却是不堪重负的。

② Kuhn, *Origins of the Modern Chinese State*, pp. 19 - 21;关于 19 世纪的派系主义,另见 Polachek(波拉切克),*The Inner Opium War*。太平天国起义之后,还有越来越多的非官方工作,见 Rankin(冉玫烁),*Elite Activism and Political Transformation in China*。

③ Bastid, "Official Conceptions of Imperial Authority at the End of the Qing Dynasty".

是令人震惊的失败,而且造成了前所未有的赔款和领土损失——不仅失去了沿海岛屿和对毗邻国家的宗主权,而且失去了一些清朝省级政府管辖的土地。① 《马关条约》将台湾岛和辽东半岛割让给日本,同时赔偿 2 亿两白银(是清朝被迫向鸦片战争中的西方国家所付赔偿的 10 倍)。俄国担心日本在中国东北存在的威胁,并得到德国和法国的支持(三国干涉还辽),迫使日本放弃了辽东半岛,清朝同意再支付 3000 万银两。但这个数额大大超过清朝的年收入,日本便提供了一个有着很高利息的借款计划。到 20 世纪初,政府收入的四分之一到三分之一都用于偿还外债。每年的外债足以削弱清政府希望进行的没有尽力的自强改革。辽东地区的丢失虽然得以避免,但这直接导致了外国需求进入新的阶段——图谋瓜分中国——要求对战略沿海地区进行直接和间接控制,以及享有建矿山和修铁路的权利。换句话说,不仅仅是失败的事实,而是持续的危机削弱了清政府在 19 世纪 90 年代后期的地位,并为彻底改革开辟了道路。

第三,到 1898 年,围绕皇帝和皇太后的派系已经扩展到宫廷政治之外,而且代表了士绅群体中不同意识形态的阵营。这场派系斗争是 1898 年改革的诱因,因为帝党接纳了像康有为这样的政治边缘学人。

第四,1898 年倡导的改革标志着试图重构国家的根本矛盾。一方面,皇帝是万能的和明智的,不顾蒙昧主义的反对,推动完成

---

① 尽管不应该低估战败带来的绝对震撼。参见 Samuel C. Chu(朱昌峻),"China's Attitudes toward Japan at the Time of the Sino-Japanese War"。赫兰德(Douglas R. Howland)认为,中日战争之所以对中国产生如此重大的影响,是因为它代表了"文明"(日本传统上是其中的一员)本身的失败,见 *Borders of Chinese Civilization*, p. 241。正如我们将在下文看到的,对激进改革者而言,"保教"表明他们的关注并非仅限于中国的国家建设。

了改革。另一方面,他实际上是在自我毁灭,创建将以文人政府代替朝廷的新的权力结构,并最终承认主权在于人民。这种精神压力的逻辑后果是,如果皇帝被证明无力实施改革,那么他就是可有可无的。1898 年维新运动的失败导致了革命运动的兴起。[29]尽管康有为从来没有动摇过君主立宪制的信念,但其他人不太确定宪法体系是否真的需要一位君主。

圣人康有为

康有为是广东省人,他是一个早熟的学生,也是一个视拯救中国为自身使命的人。[①] 广东由于在清朝的国际贸易和热带农田中占据关键地位而长期繁荣,但直到 19 世纪,它一直是清朝文化和学术的外围地区。[②] 也许这是产生政治激进分子的良好基础。康有为也许是 19 世纪 90 年代中国最有影响力的政治哲学作家,他是创造近代中国思想的重要人物之一。康氏出生于当地一个卓越的家庭,该家庭培养了数名成功考取功名的人。他是兼收并蓄的新儒家思想的继承人。鉴于康有为的早熟,他敬爱的祖父以及祖父去世后的一家人都希望他考取功名。重要的是要记住,中国的科举考试体系不是一次考试,而是一连串的地方、省级和中央考试,对大多数人来说,这可能要花上半生的时间才能考过,还有人根本考不过。康氏非常年轻就通过了初级考试,这使他正式获得了秀才或低等士绅的地位,但是直到 1893 年,他才考

---

① 康有为的生平和思想在萧公权的《近代中国与新世界》中有着无与伦比的描述。另见 Jung-pang Lo(罗荣邦), ed., *K'ang Yu-wei*; Hao Chang, *Chinese Intellectuals in Crisis*, pp. 21 - 65; Wang Rongzu(汪荣祖), *Kang Youwei*。
② Miles(麦哲维), *The Sea of Learning*.

中省级的举人。然后，他于1895年考中中央的进士，而颇具讽刺意味的是，当时他正在抗议清廷签署丧权辱国的《马关条约》。康的老师朱次琦(1807—1881)强调个人的道德正直和与世界的互动。康氏认同朱氏对真正——道德的——学习的重视，而不是对科举考试的应试学习。朱次琦对各主要的学问采取了兼收并蓄的态度。18世纪最主要的新学派是汉学(Han Learning)，这一学派尝试以语言学方法为基础，去剥离后世的解读，来准确地判定经典的真正含义。① 汉学学者往往鄙视宋代的新儒家对文本的误读以及泛道德化。他们严重依赖汉代的解读，毕竟那个时代离经典著作的写作时间更近。汉学因而反对宋学。但是语言学很危险。汉学学者的研究产生了两个出乎意料的结果。第一，它揭示了经典中的许多段落都是伪造的，也就是说，显然是直到汉代才写作的。这一怀疑并非凭空产生，但也不足以挑战这类经典作品的基本真实性。然而，第二个出乎意料的结果因康有为产生了重大影响。今文经学重新发现了一个久经遗忘的儒家思想学派，其最初是在像董仲舒(公元前179—前104年)这样的汉代学者群中兴盛流行的。我将在下文讨论今文经学的基本趋势；在这里，需要注意，19世纪中期甚至更早的许多政治改革家都是该学派的信奉者。它似乎证明了激进主义的正当性。

无论如何，对朱次琦而言，汉学是一种有用的文本分析技术，但它面临着消亡的危险。宋学的道德原则只要不空谈的话，对于过好生活还是很有帮助的。因此对朱氏而言，18世纪的汉宋辩论毫无意义，关键是要采取切实可行的措施来改善世界。朱氏的治

---

① Elman, *From Philosophy to Philology*；Elman, *Classicism, Politics, and Kinship*.

国观是将学术与现实世界的行动主义联系起来。(18 世纪初出现了一个治国之道的思想流派,虽然这一学派与今文经学者有关,但是它既不关注哲学问题,也不关注文本问题,而是聚焦官僚政府的实际政策,例如灌溉、税收、货币政策等。)考试内容仍然十分强调宋代新儒学的完整知识。但无须多言,一位正在崭露头角的学者既要懂汉学又要懂语言学分析,故而康有为接受了文本训诂的训练。

1901 年,梁启超称康有为乃儒家的马丁·路德,即把儒学推回正道的人。[①] 康有为自己也如是说。康有为对他的使命充满信心,关于他傲慢自大的故事很多,以至于我们可以说他有弥赛亚情结。说得更中国化一些,他坦承想要成为"圣人",而且认为自己成功了,他试图拯救世界。戊戌变法失败后,康有为为此付出了被流放的代价。1899 年,他成立了保皇会,致力于恢复光绪帝成为中国的正当统治者。在接下来的几年中,他周游世界,从华人社区筹集资金,大量写作,甚至成为国际名人。

康有为的动力源自哪里? 康氏的贤哲信念在他的"编年体自传"中得到了体现。他时不时地写这部自传,就像偶尔记日记一样,一直记到 1898 年,1927 年又增加了部分内容。[②] 显然,康有为的圣人形象赋予了他才智上的自信和政治上的勇气。他说他出生于母亲怀孕的第 11 个月(分娩延后是别具一格之人的典型特征)。他强调说,在求学朱次琦的过程中,他发现了一位兼具学术与道德的榜样。朱氏强调要帮助人类,且个人必须遵循 4 个道德标准:孝顺、正直、克制和内省。[③] 在年仅 20 岁的时候,康有为

---

① 梁启超:《康南海之中国政策》,《饮冰室合集》文集第 6 册,第 87—88 页。

② 康有为:《康南海自订年谱》。该年谱的背景参见 Jung-pang Lo, ed., *K'ang Yu-wei*, pp. 17‑20;中文译本第 21—174 页。

③ 康有为:《康南海自订年谱》,第 8 页。Jung-pang Lo, ed., *K'ang Yu-wei*, p. 30.

就下定决心要成为圣人,或者至少构想出可能实现的目标。他受到朱氏的启发,养成了崇高的心态,超越了世俗世界,活在过去的伟人当中。作为长子,康氏宣布放弃对世俗学术的追求,即立志奋发读书和写朱氏认可的文章。这时刚好康有为结婚了,对此他鲜有记录,除了他假道学地拒绝了调戏新娘的传统。康氏的第一位老师是他的祖父,老人的去世让他十分伤心。康氏按旧时的仪式沉痛悼念他的祖父。同时,他祖父的死也是一种解脱。^① 康氏现在可以放弃他的传统学习。他自信地将伟大的儒家学者韩愈(768—824)的所有言语视为肤浅。他练习冥想并研究佛教。当他的叔叔扬言要中断给他的资助时,他回到了家。康氏以一种彰显儒家圣人本性的方式将崇高与世俗相融合,一只脚踏在精神操练中,另一只脚则牢牢地根植于这个世界。

32　　　　除了不愿将学习重点放在应试上,康有为继续保持着最大的孝。他幻想在美国教书,或是在巴西通过殖民手段建立"新中国",但由于缺乏资源和无法离开母亲的现实而不得成行。^② 然而,他还是在1895年离开了母亲投身政治生涯,他的政治又迫使他在1898年开始流亡。他从未告诉过母亲,他的弟弟于1898年殉难了。舍弃生命是被视为不孝的,而在康有为的眼中,对人类的热爱是一种更高级的孝。据其回忆录记载,康有为曾于1887年和1888年批评慈禧使用公共资金重修1860年被西方军队摧毁的颐和园。为此他曾担心自己的生命安全。"但我当时以为,生与死都是注定的。如果我是为了拯救世界,我现在怎么能退缩呢?"^③

––––––––––––

① 康有为:《康南海自订年谱》,第9—11页。Jung-pang Lo, ed., *K'ang Yu-wei*, pp. 32 - 34.
② 康有为:《康南海自订年谱》,第21页。Jung-pang Lo, ed., *K'ang Yu-wei*, p. 51.
③ 康有为:《康南海自订年谱》,第18页。Jung-pang Lo, ed., *K'ang Yu-wei*, p. 47.

　　在接下来的几年中,康氏继续通过阅读拓宽了视野,包括许许多多的西方翻译作品,他还与传教士会面,访问香港和上海,以及开办自己的学校。他仍然强烈地认为自己是救世主。到 19 世纪 80 年代中期,他开始写作。他与广州当地官员保持着良好的关系,但是他对国家人物的批评有潜在的危险。他的书在 19 世纪 90 年代被禁。康氏有几次记录下,他相信命运或天意会让他克服所有的挫折和危险。1893 年他写道,他同当地土匪及其士绅保护者展开了战斗。① 其他人都死了,但他没有死。康有为的自信是他宿命论的反映。他的使命不仅要求他冒生命危险,而且他对命运的信赖意味着更大的风险。② 康氏写道,他因同情心和人性而参与公共事务。然而,他对自己生命的记录还谈不上是纯粹地关注公众事务。他有几项爱好,最主要的似乎是旅游。1898年末,他成为世界上最伟大的旅行者之一,而即便在更早的时候,他似乎也从未错过任何参观寺庙或湖泊的机会。

皇帝:权力与制约

　　康有为在 19 世纪 80 年代中期首次系统地对他的政治与哲学思想进行了综合。③ 他在《实理公法全书》中用科学公理描绘了绝对的道德真理,提出了证明其观点的几何学证据。④ 这是对

_____

① 康有为:《康南海自订年谱》,第 27—28 页。Jung-pang Lo, ed., *K'ang Yu-wei*, pp. 60 - 61.

② 康有为:《康南海自订年谱》,第 18 页;Jung-pang Lo, ed., *K'ang Yu-wei*, p. 47.

③ San-pao Li(李三宝), "K'ang Yu-wei's *Shihli kung-fa chuan-shu*";汪荣祖:《"吾学卅岁已成"》。

④ 康有为:《实理公法全书》,《康有为全集》第 1 册,第 245—306 页。参见汪荣祖:《"吾学卅岁已成"》,第 53—54 页。

公益的普遍看法。他用儒家的仁爱价值(仁)强调人性平等以及个人自治的观念(各有自主之权)。这已经对传统规范提出了挑战。他还指出,婚姻应该自由缔结,并且可以离婚。孩子应由没有孝顺义务的公共托儿所来抚养(父母对子女也没有义务);圣贤和老师没有特别的权威。[1] 康氏认为皇帝的角色就是调解员(中保),是人民为保护自己而选择的,就像两个人在争执中选择调解员一样。[2] 康氏批评民主,但总体上支持人民选举产生行使行政职能的官员。授予君主无限的权力(君主威权无限),不仅是在构建人为系统,还违反了几何公理。换句话说,专制是人为的机制,也缺乏司法基础。在高级系统中,民选官员要将自己当作统治者,这意味着任何人都有可能成为国王。康氏认为"权力属于所有人"(权归于众),我们可以据此推断他已经在政治平等方面进行了思考。

　　然而与此同时,在《康子内外篇》中,康有为提出了君主立宪制。[3] 他将圣人定义为具有变革能力的人。也就是说,明智的统治者可以操纵和控制人们去做他们想做的事情。同时,他们必须了解周围的情况和趋势(势),才能进行领导和及时纠正错误。中国非常适合实施这种形式:

> 不是因为中国幅员辽阔,人口众多或自然资源丰富,而是因为帝国权力至高无上(君权独尊)。这种霸权的确不是从环境中窃取的,也不是出于牟取暴利,而是通过积累开国皇帝的仁慈(仁),汉朝、唐朝、宋代和明朝的公义(义)以及数

---

[1] San-pao Li, "K'ang Yu-wei's *Shihli kung-fa chuan-shu*", pp. 696 – 708.

[2] 康有为:《实理公法全书》,《康有为全集》第1册,第708页。选择皇帝的想法可能与"社会契约"相呼应。卢梭的《社会契约论》于19世纪70年代后期在日本被翻译成文言文。调解的概念似乎与传统的王权概念无关,但与地方士绅的非正式权威产生了共鸣。

[3] 康有为:《康子内外篇》,《康有为全集》第1册,第165—200页。

百万年以来数以百万计的圣贤和有才之士提供的荣光来实现的。①

康有为并非为了自己的利益而高举皇帝的最高权力，而是 [34] 指出它可以用来补充官僚机构、民众或军队的不足。同样要指明的是，皇帝应该牢记人民的利益最大化，他不应该只为自己的利益行事。但是他究竟能怎样行动呢？《康子内外篇》的第一章题为"阖辟"，援引自《易经》，它将智慧、力量、行动与人民的需要和变革的本质联系起来。② 根据孔子撰写的评论，"阖辟"在字面上是指门的打开和关闭，这与接受（坤）和创造（乾）的基本宇宙原理有关，也就是原始生成的能量。它们的相互作用，或休息和运动的交替，定义了"变化"（一阖一辟谓之变）。但是"阖辟"的深层含义也意味着神奇的力量以及奖励美德和惩罚邪恶的技巧。康有为追随古老的"宗派主义"思想家管子和商鞅，说"圣人之道，就是照顾人民，纠正人民的美德"，创造繁荣。③ 此外，这不仅仅是君主要做的事，这就是君王的本质："霸权与真正的君王之间的区别仅在于心智。当全心全意地为人民着想并带领人民获得财富和权力时，这是善政；当思想沉迷于自我，将自我引向财富和权力时，这就是霸权。"

同时，君王举止的根源并不神秘，而仅仅是"不能忍受苦难发生"。痛苦需要采取行动来治愈。烂旧的习俗根深蒂固，君王必须使用权力。康有为认为人民绝不会天然地跟随君王，相反，君

---

① 康有为：《康子内外篇》，《康有为全集》第 1 册，第 165—166 页。
② 《易经·系辞》第一章第 2 条；我正在关注 Wilhelm（卫礼贤），*I Ching：The Book of Change*，pp. 317–318。
③ 康有为：《康子内外篇》，《康有为全集》第 1 册，第 166 页。

王必须使用"奖惩方法"（开塞之术）进行胁迫。① 这也定义了圣人，在这一点上康氏提到了儒家经典："用礼节约束人们，用音乐抚慰人心"（为礼以束之，为乐以乐之），使他们变得幸福和快乐，甚至不知道这是怎么实现的。"因此有人说，'可以使人们遵循它〔道路〕，而不是理解它。'"② 治理源自惩罚邪恶和回报善良。群众的忠诚源于使人民受益。康氏列举了许多历史上的君王案例，不仅通过"奖惩"，还通过改变人民来获得和保持君主的权力，例如梁武帝让人民信奉佛教，明治天皇使人民习惯西方习俗，明朝的马皇后甚至只是让人民改换了新的服装和发型。因此，康氏谈论的远远超出了我们通常所说的政治权力。

统治者需要了解过去的历史和模式，善于行政管理，具备优越感，并具有评估当前状况的能力。康有为在这里提倡一种激进主义的统治风格，它违背了清朝的正统。尽管"不能忍受苦难的思想"是政府的根基，但统治者不能对邪恶的人仁慈。先前的学者批评明太祖（1368—1398 年在位）的严厉行径，康氏则认为太祖对不法行为的严厉惩罚恰表明了他对人民的热爱。当时的教训是，只有在体制改革之后，人们才能"以宽容的心来滋养人民"。③ 然后平民将遵守法律，有才华的人争先恐后证明自己的功绩，然后文化蓬勃发展。统治者的权力几乎是无限的，他可以鼓励和滋养人才，建立学校，传播知识，发展基础设施、工业、商业和农业，训练军队，并澄清"礼乐"（即改革政府）。当国家富裕强盛时，国内习俗将得到提升，对外也能征服异邦。现在是时候"洗

---

① "开塞"一词与章名"阖辟"相呼应应该并非偶然。
② 康有为：《康子内外篇》，《康有为全集》第 1 册，第 166 页；引用《论语》8.9（民可使由之，不可使知之——译者注）。
③ 康有为：《康子内外篇》，《康有为全集》第 1 册，第 169 页。

刷祖先的愤怒和耻辱,恢复中国的文化(或儒家思想,点燃'神圣的教义'),保护神圣的伦理关系(圣伦)免遭破坏,并拯救王权(王教)免于解体"。①

　　类似这样的段落可以像张灏建议的那样,以儒家治国传统来理解,也可以像李三宝所说的那样,理解为法家的影响。② 二者都存在。然而这里的要点是,康氏并没有像推崇权力——更确切地说,是可转变的权力——那样推崇君主制。他确实有将这种力量与传统的王权联系起来,而传统的王权以圣王理想和历史王朝为代表。这使康有为主张君主是至高无上的,他的文章归根结底与儒家的"王道"理想密切联系,康氏曾用这一理想来美化权力。③36但是,像主流儒家一样,他最后关心的是人民的福利和统治的道德。好的结果使野蛮的手段变得正当,从这一角度来看,康氏也许将统治领域视为不道德的,但实际上,他并不认为政治领域是自治的。这些结果取决于社会的道德原则。从这个意义上说,王权是有帮助的。它是历史确定的,在这些段落中几乎没有迹象表明康氏认为它根植于宇宙的本质。他保留了万能的、具有魔力的王权,但将其与旧的意义区分开来。"康大师"后来著作中的一篇文章澄清了这一点。康有为借用了董仲舒对"仁"(关于他人)和"义"(关于自己)的区分。③ 但是康氏有别于董氏,他强调了两种美德矛盾的方面:"仁"代表对他人的尊重、无私和平均主义,而"义"代表了自我尊重和等级制度。传统意义上,中国人对统治者

---

① 康有为:《康子内外篇》,《康有为全集》第 1 册,第 170 页。"神圣关系"是指三纲(君臣、父子、夫妻)或五亲(君臣、亲子、夫妻、兄弟、朋友)。

② Hao Chang, *Chinese Intellectuals in Crisis*, pp. 26 - 27;李三宝:《〈康子内外篇〉初步分析》,《(台湾)清华学报》1975 年第 12 号,第 217 页。

③ 李三宝:《〈康子内外篇〉初步分析》,第 187—188 页。

的崇敬大过平民，对男性的崇敬大过女人，对权贵的崇敬大过底层，这都代表着"义"，但更重要的是，这种"义"应该被更为平等的态度取代。因此，与传统儒家对义的看法相比，康氏显然更偏爱仁慈和佛教平等主义，甚至是墨家"普遍的爱"（兼爱）。关于君主制，他得出结论，即使人民自私自利，君王也应表现出普遍的爱心。① 因此，统治者道德方面的责任要求其行政上做到完美。同样，统治被注入了道德意义。

康有为一直关心执政的历史，因为它提供了帝国决定性的模式。他对体制没有兴趣。君主必须致力于国家的福祉，而这反过来又需要彻底的根本性变革。变革再反过来，则是由形势和趋势决定的，还必须与其保持一致，即便这是对领导力的考验。康氏同时建议在某种意义上说君主和人民是平等的，而且君王暂时是远高于国家的。康有为所说的激进的皇帝具有超凡的几乎是拥
37 有魔力的魅力。康氏将诸如尧、舜的神话般的圣贤之王或诸如明太祖这样后来的君王们视为一般人来讨论，不过因为这些人"可以理解趋势并理解人们的思想"，而且因为他们知道"权力的方法"，所以他们可以做任何事情。② 圣贤之王跟其他人一样，是真实的，也是真正的人。历史认可他们的真实，即使遥远且有些模糊。在这个世系中，最后的圣王禹建立了第一个真正的朝代夏朝，而夏朝是黄金时代伟大的"三朝"（夏商周）中的第一个。圣贤们共同创建了文明和国家。

归根到底，康氏认为的领导仍然是道德甚至精神层面的领导，因为他将君主制牢固地植于仁慈和无私的土壤中。相当传统

---

① 李三宝：《〈康子内外篇〉初步分析》，第 189 页。
② 李三宝：《〈康子内外篇〉初步分析》，第 165 页。

的君主制概念和康氏提出的强烈的平等主义之间似乎有矛盾,但对康氏来说,他对君主提出了严格的道德要求,而不是对君主制提出了严格的要求,这就解决了这一问题。

然而,在康氏所赋予职责的重压下,君主的帝国主义人格的感觉消失了。如前所述,如果说帝国魅力对康有为来说是源于某种难以置信的人类技能,那么另一部分则植根于仁爱的心灵。康氏像代理顾问或总理一样向君主进言,他在形式和内容上都具有很浓的儒家血统。他用最崇高的语言谈论统治者。康氏口中的统治者不只是碰巧担任了某项职务的普通人,同时他也被剥夺了普通人的欲望并被要求戒除日常的享乐。普通人可以自私自利,但统治者不可以。也许康氏在暗示统治者的魅力来自他的无私。然而,统治者仍然是统治者,他不代表人民。康氏崇尚的皇帝是主权国家唯一的、个人的焦点。

在这些早期的文章中,康有为并没有将国家与统治者分离开来,也没有多么尊重人民,尽管他提倡平等主义。康氏认为被转变是人民的责任。在那之后,他们可能会组建一个国家。康氏的思想在两个不同的平面上移动。他希望进行根本的改革,包括对君主制的改革,尽管他会加强这一体制,尤其是通过回顾其文化渊源。正如萧公权所言,康有为"对现行的政治秩序或多或少抱有和解的态度"。① 康氏通过综合儒家治国手法和法家思想来证明他对清朝君主制的重视。然而,康氏的最终目标以及他激进主义的附带后果是颠覆性的。对康氏来说,只要他将不同的目标归于未来的不同部分,保守倾向和激进倾向之间就不会产生矛盾。

---

① Kung-chuan Hsiao(萧公权),*A Modern China and a New World*, pp. 80 - 81.

康氏思想的真正矛盾在于手段与目的。① 在不久的将来，他无法想象一个没有皇帝的中国。然而，正如汪荣祖指出的那样，康氏在他早期著作中的最终目标不是要抬高统治者，而是要自上而下进行改革。②

康氏实际上是在以一种新的方式促进改革。他没有为了权力而称赞帝国权力。的确，他采用了一种用抒情语言描述的富有魅力的转变方式。这已经不同于儒家渐进主义的主流。康氏对魅力的坚信以及对改变根本制度的主张，都偏离了汉学、新儒家的形而上学和道德原则、治国方略这些主要的思想流派，它们对皇帝的主动性都没有什么要求。康氏对专制主义的谴责与他对人格魅力的信念并不矛盾，反而使其明确了。康氏提倡的皇帝也保留了两个经典的核心价值：仁与义。

康氏对行动主义和全面变革的强调是对现状的深刻挑战。康氏声称自己的思想是有历史先例的，但康氏的思想不仅只是有点异端的法治传统，他对儒家文本的解释具有很高的创新性（正如我们将在下文看到的），实际上，他敦促中国采用外国体制。同样，康氏重新阐释中国皇帝角色的一个并非刻意但必要的结果是表明：统治方式可以被有意识地重新修订。对君主专制主义根源

---

① 因此，我不同意张灏(*Chinese Intellectuals in Crisis*，pp. 29 - 34)强调康的激进主义和保守主义之间的二分法，但我确实发现张灏对康的思想的政治和道德层面的区分是有用的。当然，康氏的思想中存在张力，我们将在下面依据他的乌托邦主义进一步研究。

② 参见汪荣祖：《"吾学卅岁已成"》，第 58 页；汪荣祖：《康有为》，第 63—90 页。张灏和理查德·霍华德(Richard C. Howard)强调康氏的"保守主义"，而汪荣祖认为这是他改良主义的纯粹工具性方面。霍华德说，康认为君主制是有效的，皇帝是神奇的，见"K'ang Yu-wei [1858 - 1927]"，pp. 308 - 309。另见 Hao Chang, *Chinese Intellectuals in Crisis*，p. 29，其中说康氏"不仅大肆宣扬中国传统的文化荣耀，而且大肆宣扬中国皇帝不可抗拒的绝对道德权威"。

的探索不仅促使其发展,也引发了对其道德和功利主义两方面目的的质疑。不道德的君主制是不合法的这一观点不能被忽视。 *39* 康氏能够将儒家思想、治国思想、法制思想、甚至是墨家思想融合在理想的王权之内,但他对其他可能支持改革的体制没有多说。① 因此,康氏倡导的统治在于应对挑战,建立(不受定义的)制度以及克服危险。②

　　康氏通过赋予能够进行体制改革的皇帝超凡魅力来对国家观念进行重塑。从 19 世纪初开始,今文经学派与治国方略产生联系,康有为就是在这一传统中成长起来的,这实际上保证了康氏将对体制给予极大的关注。从 1888 年开始,康氏在给皇帝的奏折中写下他的建议。根据清朝的法令,只有高级官员可以向皇帝上奏,但康有为在官僚中利用他朋友间的渠道,因此并未完全违背法令。直到 1898 年,慈禧和光绪似乎都没有见过康氏的任何奏折,但这些奏折揭示了激进改革派的一些具体建议。康氏的早期奏折竟然敦促成立国会。他不是唯一倡导建立使审议机构、行政管理人员和司法官员权力分立的宪政体制的人,但他的想法影响深远。这些想法以儒家逻辑为基础。康氏向皇帝保证,国会将允许君主和人民在一起商议,促进沟通并达成共识,而不是时不时地敦促人民缴税。康氏认为,民主(以这种方式被松散地定义)增强了国家,而专制削弱了国家,因为专制政府本质上是分裂的,例如,法国陷入革命,波兰瓦解,而西方国家和日本则日趋强大。如果说康氏的具体改革思想并没有超越许多他同时代人的

---

① 康氏当然对改革广泛的机构提出了许多建议。这些在 Kung-chuan Hsiao, *A Modern China and a New World*(pp. 193 - 207)、孔祥吉《康有为变法奏议研究》(第 1—116 页)、汪荣祖《康有为》(第 41—81 页)中有充分的讨论。

② 李三宝:《〈康子内外篇〉初步分析》,第 218 页。

思想,他对独裁的谴责则比他们尖锐得多。

康氏在19世纪90年代中后期对国家的看法与他以前的看法形成了鲜明对比。像其他改革派思想家一样,他把议会视为促进民族团结、联结统治者与人民的方式,康氏也指出了皇帝在政治和行政之外的形象,但皇帝已不在国家之上了。用康氏的话来说,议会制的实质是"统治者和公民一起讨论国家的政治和法律"。① 如果按照权力分立,议会制定法律,法律官员对法律进行裁定,而政府则由政府管理,那么皇帝会做什么?"统治者仍掌管大局"(人主总之)。因此,康氏不仅宣扬了西方式的君主立宪制学说,而且他还明确指出,皇帝虽然制定了宪法,但也要服从该宪法。在这样的制度下,政府"代表"了皇帝,他是神圣的,但没有责任,并且(因此?)②与所有公民组成"一个整体"。

这里的统治权被削弱了,逐渐趋向象征性而非实用性。尽管如此,康氏称这是使中国变强的秘诀。在1895年5月的著名请愿书中,康有为反对与日本达成和平协定,抱怨统治者与官员之间以及官员与人民之间的差距日益扩大。③ 这种指控长期以来一直是改革派立场的基础,但康氏在此进行了阐述:一个统一的国家强大而有序,而在专制国家中,人民不参与统治,只是相互斗争,并谋求自己的利益。④ 康氏得出的另一个教训是,在慈善的庇护下形成的团结与同化,至少在政治层面可以防止种族差异。因此,康有为努力减轻满人对改革的恐惧,同时他还暗示,建立议会制(或通称宪政体制)不仅可以使统治者和人民团结起来,而且

---

① 康有为:《请定立宪开国会折》,翦伯赞主编:《戊戌变法》第2册,第236—237页。
② 原文如此。——译者注
③ 康有为:《上清帝第二书》,翦伯赞主编:《戊戌变法》第2册,第152页。
④ 康有为:《请君民合治满汉不分折》,翦伯赞主编:《戊戌变法》第2册,第238页。

可以使人民自己团结起来。

康氏引用神话中的圣贤尧王和舜王的话来表明,古代中国是由民主精神统治的,但也明确指出,古代的国王缺乏议会制度来确保统治者和人民之间的合作。同时,康氏向光绪许诺,他的神圣统治将超越前朝的统治,甚至扩展到中国本身的统治之外。[①] 19 世纪 90 年代康氏的改良主义模式延续了其长期激进倡议的模式,这些提议是以三朝制度和"先王"美德的名义提出的。[②] 但是它的内容是空前的。康氏实际上认为,三朝制度并非历史事实,而是亟待实现的儒家预言。这将在下文进行阐述。真正的悖论是,在 1898 年变法运动的高峰期,康氏除了强调君主制而没有其他政治选择。例如,在 6 月的奏折中,康氏重申了他在《阖辟》一章所提的观点,使光绪想起了皇帝"取之不尽的力量"、采取行动的义务以及改变风俗和唤醒人民的能力。[③] 康氏在国外发现了两个改革君主的好榜样,现在我们来看看。

中国改良主义者想象中的明治天皇

1898 年夏,康有为敦促光绪皇帝以俄国彼得大帝(Peter the Great)和日本明治天皇为榜样。彼得大帝展示了想要将落后的国家近代化,强大的皇帝可以做什么。[④] 他无所畏惧地出国旅行,广泛学习各学科的最新技术和理论,然后回国镇压了保守派

---

① 康有为:《请定立宪开国会折》,翦伯赞主编:《戊戌变法》第 2 册,第 237 页。

② 参见汪晖:《现代中国思想的兴起》第 2 部上卷,第 932 页。

③ 康有为:《敬谢天恩并统筹全局折》,《康有为政论集》第 1 册,第 277 页;参见 Kung-chuan Hsiao, *A Modern China and a New World*, p. 208。

④ Price(普莱斯), *Russia and the Roots of the Chinese Revolution*, 1896 – 1911, pp. 29 – 61.

的反对。但是,俄国毋庸置疑地重回了独裁统治,或者甚至从未离开过独裁统治。明治日本是成功实现政治近代化的更好典范,1868 年维新的细节无疑更为人所共知。诚然,中国的改良派认为皇帝在领导 19 世纪 70 和 80 年代的改革中实际发挥了更多更大的作用,但改良派们很好地掌握了这些改革包含哪些内容。他们追踪了明治末年颂扬日本天皇的报道,吸取如何灌输爱国主义身份、发展工业化经济、建立强大的军事力量以及实现宪政秩序的经验教训。由于在 19 世纪 90 年代几乎没有中国人掌握日本的直接经验,因此,在某种程度上,日本的经验——甚至可以说是发明出来的经验,是对中国的政治和社会现状进行更大批判的乌托邦式映射。[①]

也就是说,明治日本既实现了行政效率和自上而下的改革,又使"自治"和"民意"相协调。明治天皇将官僚和民族团结起来支持进步政策,标志着民族和解。日本天皇制保留了帝王传统、众神起源论和其他的神性本质,中国改良派看到这些熟悉的东西得以保留难免惊讶。但是通过皇帝延续民族和文化的认同极大地吸引了中国早期的观察者们。明治天皇似乎在同时适应了变化,也保持了连续性。明治的胜利证明了在保守派坚持反对的情况下进行改革是可能成功的。

直到 19 世纪 90 年代,中国人对日本的具体了解还很有限。中国的激进改良派甚至都没有去过那里。最重要的信息来源是

---

① 中国的改革者当然受到了明治模式的启发,但明治模式并没有像林明德所说的那样成为中国改革者自己提议的"蓝图"。参见林明德:《清末民初日本政制对中国的影响》,第 187—191 页。关于明治维新对中国改革者的"影响"的更平实观点,参见彭泽周:《中国の近代化と明治维新》,第 1—79、252—256 页;王晓秋:《近代中日启示录》,第 69—118 页。

清朝外交官黄遵宪对当时日本社会、政治和文化的大量叙述,黄遵宪还与改革领导者们保持着广泛的私人联系。① 从 1877 年到 1882 年,黄遵宪在清朝驻东京公使馆任职,他与许多日本著名知识分子及文人结识。他们可以通过书面的"笔刷对话"(笔谈)来分享对诗歌和其他事物的兴趣,受过教育的日本人即使不会说中文也接受过中国古典素养的培训。黄氏本人对任何激进的改革和西方思想都提出过严厉的批评。他于 1879 年出版了一部有关日本事务的诗集,中国人读这些诗是为获取信息,其实在日本这些诗只被当作文学作品。黄遵宪于 1890 年完成了关于日本的专著,尽管语气上不太激进,但还是遭到清廷的反对,甚至连李鸿章这样的改良派官员也反对其出版。但是,该书于 1895 年甲午战争后的危急关头得以出版,并于 1898 年再版。确实,到了 19 世纪 90 年代,中国已经有数十本有关日本的中文著述和译书了。

1898 年春天,康有为向光绪呈递了他的长篇著作《日本变政考》。② 早在 1888 年,他的第一份奏折就提到了明治维新,后来他说中国可以在 10 年内效仿日本。③ 他认为,日本已经使西方文明的本质适应了自己的目的,而中国可以通过日本对西方了解很多。但是,康氏的新书比他以前的观察更加系统。它采用年表的形式,涵盖了明治时期的前 24 年(从维新到宪法),在此期间,康有为插入了他的解释性和劝告性的注释。康氏对日本的兴趣 43

---

① Noriko Kamachi(蒲地典子),*Reform in China*;Howland,*Borders of Chinese Civilization*.

② 康有为:《日本变政考》,《康南海先生遗著汇刊》第 10 册。

③ 康有为:《日本书目志》,《康有为全集》第 3 册,第 585—586 页。参见孔祥吉:《康有为变法奏议研究》,第 371—374 页;村田雄二郎:《康有为的日本研究及其特点》;村田雄二郎:《康有为的"东学"》。

和对明治维新的研究受到了学术界的广泛关注。① 在这里,我只是想强调明治维新对康有为重新思考国家的启示。判断康氏著作的一种方法是根据其对中国皇帝的吸引力,而这份研究的确给光绪留下了深刻印象。总体而言,《日本变政考》提出了许多中心主题。或许最根本的前提,就是其反复明确指出的,世界进入了国际竞争时代。在如此残酷的环境中,国家需要选择最合适的人为其工作,并向皇帝提出广泛的建议,划分政府部门以提高效率,加强地方政府,规范社会秩序和治安,以及改进学校并鼓励通过翻译来获得奖学金。毫不奇怪,康氏在改革过程和改革后的新秩序中赋予了皇帝一个重要的角色。但是,他还沿着更被动和更神化的道路构想君主制,由皇帝来选择最合适的人选,并在很大程度上听取他们的建议。皇帝绝不仅仅是一个象征:他保留了最终的主权和权力,但他下放了权力。通过站在政治斗争之上,皇帝可以与人民团结起来,从而统一整个国家。

如上所述,康有为对专制制度的主要反对意见是它在统治者与被统治者之间造成的鸿沟,这种鸿沟导致了国家瘫痪。康氏在《日本变政考》中反复描述了明治维新之前日本的两个面相:一方面是差异、距离和鸿沟;另一方面是封闭、关闭和孤立。明治天皇的伟大成就是弥合了日本人之间的鸿沟,并结束了日本的孤立状态。明治天皇还可以象征并维护民族共同体。康有为向光绪保证,由于中国的政治传统与日本类似,故而中国可以比较容易地从日本的成就和错误中吸取经验,以使改革进程更加轻松:就像

---

① 可参见王晓秋:《近代中日启示录》,第 192—210 页;Howard, "Japan's Role in the Reform Program";彭泽周:《中国の近代化と明治维新》,第 1—158 页。作品上呈皇帝的情况,参见孔祥吉:《康有为变法奏议研究》,第 342—350 页。

翻手一样容易。①

　　康有为在序言中指出,世界各地的守旧国家都在失败,因为君主将自己与人民隔离开来。② 然而,由于君主能够开辟自己与人民之间的渠道(君主能与民通),以日本为代表的一些国家还是通过改革繁荣了起来。在列强的压力下,幕府将军篡夺了权力,封建主义猖獗,统治者沦为有名无实,但日本还是取得了成功。通过将政治制度开放给有识之士并进行广泛的讨论,派遣日本人前往世界各地考察,引进外国顾问,并建立国有学校制度,明治维新带来了巨大的进步。然而,康氏认为,只要阶级保持分裂,改革就仍然很有限(尊卑有隔)。康氏考虑的不是对社会经济阶级的近代理解,而是统治者与被统治者之间的鸿沟。解决的办法是彻底打破"封建制度",并授权地方官员在上层和下层官员之间充当能够传递"大众情绪"的中间人。

　　对于康有为来说,明治维新的"五条誓文"(康有为将其视为皇帝登基时做出的一系列承诺)是理解明治国家成功的关键。③ 为了吸引其听众——光绪——的兴趣,康有为说,明治天皇为了展示他的严肃性而牺牲了"天"。誓文不仅宣告了新政府所有打算采取措施的总体方向,而且还促进了民族团结。它使国家受到了所有人的关注,谴责了保守派的阻挠战术,举起了改革的旗帜,废除了旧的阶级形式和"高低层级之间的鸿沟",将公民变成了一个"整体",从世界各地选择了最佳的做事方式。康氏认为,明治

44

---

① 康有为:《日本变政考》序,《康南海先生遗著汇刊》第 10 册,第 2 页。

② 康有为:《日本变政考》序,《康南海先生遗著汇刊》第 10 册,第 1 页。

③ 康有为:《日本变政考》卷 1,《康南海先生遗著汇刊》第 10 册,第 4、6—7 页。1868年的"五条誓文"规划了复兴的基本计划。按照康氏的说法,日本人从西方的授职仪式中学习了这样的誓言,尽管古代中国也有类似的誓言。

天皇的诚意影响了整个社会。最高的目标不亚于将皇权进行分享(上之一共天位)。康氏发现，实际上，誓文是向所有人才开放政府并扩大舆论的成功承诺。他还认为，皇帝后来颁布的政令鼓励了忠诚和公义。① 相比之下，康氏却担心中国皇帝一直处于孤立的危险之中，无法跟上正在发生的事情，换句话说就是被保守派官员困住了。② 因此，康氏赞扬明治天皇的出国之旅以及与日本社会各个阶层的见面。这等于是传统社会价值观念的转变。这种转变只能由皇帝来领导。③

但是，康有为并不敦促中国立即采取日本花了 30 年实施的所有改革措施。他指出，尽管日本通过一般性讨论和投票解决事务，但中国人还没有为此做好准备。④ 经过一段时间，由于皇帝对他的人民的热爱，他会通过学校教育来启发他们，而一旦受到启蒙，他们就会学习如何管理地方议会以及最终建立国民议会。⑤ 自治是日本的强项之一，但日本的榜样也增强了康氏对君主制的信念。不管他的官员们多么有能力和有进取心，上下两层之间的差距如何缩小，皇帝都保留着两个基本功能：团结人民和控制人民。⑥ 皇帝通过惩恶扬善以及教导和滋养来做到这一点。反过来，人们会像爱父母一样爱他，并像尊重老师一样尊重他。

---

① 康有为：《日本变政考》卷 1,《康南海先生遗著汇刊》第 10 册,第 37 页。
② 康有为：《日本变政考》卷 4,《康南海先生遗著汇刊》第 10 册,第 99 页;卷 7,第 187 页;卷 10,第 244 页。
③ 康有为：《日本变政考》卷 1,《康南海先生遗著汇刊》第 10 册,第 10—11、19、39—40 页;卷 7,第 198 页。
④ 康有为：《日本变政考》卷 1,《康南海先生遗著汇刊》第 10 册,第 25 页。
⑤ 康有为：《日本变政考》卷 7,《康南海先生遗著汇刊》第 10 册,第 196—197 页;卷 8,第 211 页;卷 11,第 306 页。
⑥ 康有为：《日本变政考》卷 1,《康南海先生遗著汇刊》第 10 册,第 13 页;卷 2a,第 66 页;卷 7,第 118 页。

正如王晓秋指出的那样,这样的皇帝必须是一个坚定且积极的领导人。[①] 然而,康氏的方法基于这样一个假设:实际上,皇帝的权力始终是有限的,而不是不受限制的。皇帝需要在全国巡游进行解释和说服,通过教育逐步将人民带入政治进程,最重要的是找到贤人来担任官僚。因此,认为康氏只支持君主制而不支持宪制的观点是一种误读。[②] 在重新构想国家的过程中,康氏认为至少需要采取两个步骤:第一,建立近代的改良主义专制制度;第二,逐渐过渡到议会制。为了在一个濒临灭绝的朝廷上建立有活力的领导,康氏利用了所有可用的资源,包括中国黄金时代的资源。彭泽周强调了康氏对明治政治结构的描述与中国古代政治形式之间的共鸣,康氏本人也没有忽略这一点。[③] 康有为不仅参考了所有前代皇帝们更优的治理方式,他还研究了英国、德国、俄国尤其日本的近代君主制。

国家的今文经愿景

46

康有为是如何激发 1895 年至 1898 年改革派能量的爆炸式增长的? 部分是由于他的才华和魅力,部分是由于他对神圣经典

[①] 王晓秋:《近代中日启示录》,第 200—201 页。
[②] 参见黄彰健:《康有为戊戌真奏议》,第 98 页。王晓秋指出,康氏希望以加强皇权来作为促进民主化进程的一部分,这种民主化康氏至少在很大程度上是以儒家术语理解的——这也体现了康氏对统一的强调。参见王晓秋:《近代中日启示录》,第 202—207 页。然而,王晓秋并没有讨论这个方案中的潜在矛盾;尚不清楚康氏是否了解明治领导人在 1890 年代引入宪政后对日本民主化的前景是多么震惊,也不知道他们在多大程度上决心约束政治言论和限制国会的权力。
[③] 彭泽周:《中国の近代化と明治維新》,第 19、111 页。

的强行的甚至是任意的重读。① 尽管会引起巨大的反响，但正如
我们将看到的那样，康氏的古典阐释学启发了他的门徒，并使改
革努力具有某种宗教上的合法性，没有它，改革就没有落脚之地。
同样，康有为是在现有政治体制边缘玩政治的大师。他拒绝为任
何有改革意识的督抚工作，他们经常雇用进步主义者担任幕僚。
尽管他举止古怪以及试图摆脱当今的政治渠道，他还是同一些官
员建立了成功的友谊。1895 年，他通过给皇帝的又一份奏折的
形式组织了请愿活动，以抗议《马关条约》。这份请愿书由大约
1000 名参加考试的、有抱负的进士候选人共同签署。这就是说，
它是由有所成就之人签署的。简而言之，这是一次基于儒家士绅
道德地位的精英抗议活动。

但是，康氏的大部分时间都用于儒家经典的文本解释，他创
造了一种独特的经文诠释学，证明了他对渐进式改革的信念是正
确的。康氏以孔子学说的名义提出了改革王朝制度的所有建议。
他同时在为乌托邦的未来制定一个详细的计划，尽管没有了能被
认为是儒家的任何东西，但仍然根植于他对儒家的独特见解。例
如，康有为设想了一个没有家庭的未来，而他坚持认为自己正确
地解释了孔子的预言。康有为认为，他是孔子真正的门徒，而孔
子是圣人——来自上天的神圣领袖与馈赠，"素王"——他为未来
留下了秘密的蓝图。实际上，康有为才是先知。

学术界讨论了康有为对儒家思想的重新诠释，其在今文经诠

---

① 当代批评家对他的学术批评并不迟疑，他自己的弟子很快就意识到了他的局限性。
梁启超最终在 20 世纪 20 年代得出结论，康有为压制和歪曲证据，得出完全主观武
断的结论，无视"客观事实"，因此没能创立一个新的思想学派。参见梁启超：《清代
学术概论》，第 126—137 页。早在 1901 年，当梁氏作为其表面上的弟子为此人写
下传记时，梁氏就暗示了康氏的学术傲慢，见《康南海之中国政策》，《饮冰室合集》
文集第 6 册，第 87—88 页。

释学中的根源及其政治主旨。^① 这里需要强调的是,康氏信仰体系的核心仅仅是对进步的信仰,这不是在 19 世纪末征服了中国人思想的达尔文社会主义竞争论。相反,它整体上源于西方,尤其是传教士、乐观主义以及康氏对香港和上海等地近代化的欣赏。他看到了它们神奇的工厂之外的新体制,甚至是一种精神上的近代性。然后,康氏将这种进步的一般概念附加到一种历史是如何经历离散阶段的感觉上,他还从儒家经典中汲取了其特定特征。在遥远的将来,他预见到了"大同"或乌托邦式的联邦。他感觉中国人(和其他国家的人)还没准备好听说"大同"这个他可能早在 19 世纪 80 年代中期就开始谋划的东西。而他是直到 19 世纪 90 年代中期才告诉弟子们他的想法,并且他的《大同书》大约写于 20 世纪初。下文我们将谈到"大同";在这里,关键是康有为敏锐地意识到,每个历史时代都需要制定适合自己的制度和社会安排。

自 19 世纪初以来,不同时代各有其适当的体制这一观念一直是今文经儒学流派倡导的。^② 简而言之,今文经学派回到了一个古老的争论中。在秦统治者公元前 221 年上台执政后企图销毁儒家文本之后,汉代出现了两套经典著作。今文经是根据学者们的记忆,用当代文字写的。古文经据说是在它们隐藏的地方被

① 最充分的表述参见 Kung-chuan Hsiao, *A Modern China and a New World*, pp. 41 – 189;王汎森:《古史辨运动的兴起》,第 61—208 页。也参见 Hao Chang, *Chinese Intellectuals in Crisis*, pp. 25 – 55;汤志钧:《康有为与戊戌变法》,第 19—79 页;汪晖:《现代中国思想的兴起》第 1 部下卷,第 793—820 页和第 2 部上卷,第 929—935 页;Young-tsu Wong(汪荣祖),"Philosophical Hermeneutics and Political Reform".

② Elman, *Classicism, Politics, and Kinship*;Anne Cheng(程艾兰),"Nationalism, Citizenship, and the Old Text/New Text Controversy in Late Nineteenth-Century China". 我在下面的总结性评论来自本注释和前面注释中引用的论著。

发现的,例如孔府的老宅,是用汉朝之前的文字写成的。文本上的差别绝不是巨大的,许多汉代学者同时使用这两种文本,而古文经往往占主导地位。今文经的传统跟对孔子的神秘诠释以及挖掘经典隐藏含义的努力有着更紧密的联系。按照这种观点,这些经典著作是由孔子撰写的,其中包含了给后代的深奥信息。相反,古文经的解释是假定孔子主要是"传播"而非写作了这些古代留存下来的经典著作:这些经典是神圣的,却没有神秘的意义。正如我们已经指出的,随着18世纪文献学研究的兴起,有可能系统地精确显示出有许多传统经典写于后古典时代之后,也就是说这些都不是孔子写的。

48　　在整个清朝大部分时间里,这种学术活动并没有取代经典传统。然而,康有为在1891年出版的《新学伪经考》一书中猛烈地抨击了整个古文经。他声称,历代中国文人传颂了两千多年的知识经典只是汉代学者设计的伪造品,以支持王莽夺权建立新王朝(公元9—23年),而这一王朝仅存在很短暂的时间。这一观点尽管不是康有为最早提出的,但是他首次系统地进行了分析批判。①当然,这意味着经典必须被完全重新诠释,这是康有为的工作。1897年,康氏发表了《孔子改制考》,其论题从书名中就可以看出。对于康氏来说,孔子当然不仅仅是一个改良派,甚至是一个像明治天皇那样的伟人。孔子是"素王"。而这到底意味着什么呢?

　　这意味着孔子已经接受了天命以改革他的时代制度,为新朝代做准备。他是真正的圣贤之王中的最后一个,也是唯一没有真正成为君王的人。康氏的观点是,如果正确解读,这些经典将揭

---

① 甚至康氏的这种说法也不是原创的。他是从另一位学者廖平(1852—1932)那里借鉴来的,只是廖平没有公开地将他的历史推测与当代政治问题联系起来。参见 Kung-chuan Hsiao, *A Modern China and a New World*, pp. 65 - 69。

示未来。它们描述了人类进步的 3 个基本阶段：原始的混乱阶
段、更加有序但仍然脆弱的政治控制阶段、诸如乌托邦的共识性
民主阶段。康氏秉承西方的基本进步观，但他是根据两本古老的
文献来理解这一点的。一是今文经的核心，即注释《春秋》的《公
羊传》。古籍学者普遍认为《春秋》乃孔子所作，故其一直被奉为
经典之一。就其本身而言，它是鲁国和其他王国在公元前 772 年
至前 481 年间活动的极为稀疏而简洁的编年史。它得到许多注
解，这些注解阐释了"年鉴"中的内容如何反映了孔子的道德和政
治判断。在这些注解中，《公羊传》被今文经学派所接受，因为它
对孔子的意图进行了更多哲学上的或者至少是更深奥的解读。 *49*
《公羊传》的含义只有专家才能理解。

　　到 19 世纪初，今文经成为治国方略的中心思想，譬如它为
复兴基础设施和改革税制提供了实用思想，一个哲学甚至是形
而上学的基础。《公羊传》"深奥的辞典和崇高的意义"（微言大
义）留下了创造性的解释空间。然而，注解中的判断通常也表
现出对政治现实的敏锐意识和一种道德相对主义：人们期望领
导人了解自己时代的趋势并采取相应的行动。例如，在动荡时
期，如果能让王国留存，大臣可能会合法地出卖其统治者。《公
羊传》还谈到了一系列制度变迁（改制），成为康氏提出改革建
议的经典依据，而不只是从怪诞视角解读孔子。因此，康有为
得益于董仲舒所阐述的"三统"概念。① "三统"将宇宙学力量与
历史制度联系在一起，并把强大的象征与其适应的时代与王朝
联系在一起。所有人都遵循天的运作规律，因此每个朝代都有

---

① "三统"，指的是董仲舒提出的强调先代圣王受命更嬗，遵循黑、白、赤三统循环更
　替规律运行的历史观。——译者注

其自己的适合体制。

然而，《公羊传》对康有为最有用的方面是其"三世说"的概念，据称《春秋》被划分为"三世"。在汉代的话语中，对"三世"的一种解释强调了孔子如此划分时代：只有记录的古老的过去；有目击证人的近代；他亲眼看见的近代。在公羊派的历史学理论中，事件是被传播、被听到或被看到的。然而，公羊思想的另一种说法是，孔子将历史事件归结于不同的时期或时代。第一个时代是乱世时期(据乱世)，第二个时代是新兴和平时期(升平世)，第三个时代是大和平时期(太平世)。这不一定是进步的愿景，19 世纪的今文经信奉者继续将其很大程度上置于周期乃至权力下放的总体历史框架内。康有为则坚称三个时代描述了缓慢但永无止境的线性发展过程。或并非是无止境的，因为最终将达到完美。

康氏思想的另一部关键经典著作是《礼记》中的《礼运》一章，其中谈到两个系统中礼的"运动"，可以想象成两个时代：小康和大同，分别对应升平世和太平世。"小康"描述了一个需要把美德灌输给人民并加以管理的世界，换句话说，是一个有着残酷的统治者与僵硬的仪式和规则的世界，与我们的世界没什么不同。"大同"描述了一个"伟大盛行"的时代：所有人和平相处，统治者贤惠，强者照顾弱者，没有犯罪。大多数学者认为大同可能存在于更美好的过去，而康有为认为大同在未来。

就康氏而言，孔子在讨论古代圣贤时奠定了通往理想政治体制的道路。① 这里的重点不是说康氏的古典解释学是武断的。②

---

① 康有为：《孔子改制考》。
② 王也扬：《康、梁与史学致用》，《近代史研究》1994 年第 2 期，第 204—208 页。

相反,他将严格的历史发展计划与对孔子先知的信仰相结合。康氏本质上为人类文明史设定了一个新的起源时刻。孔子之前曾有一段古老而阴暗的时代,但这是一个半组织的社会(仍处于混乱的时代)。孔子本人创造了秩序,即"升平世",尽管这仍然不是理想的制度。对于康有为和早期中国学者而言,政治和社会组织都以秩序为标志。假设这些经典是孔子设计的,未来进行改革,康氏并没有将它们视为历史数据的来源。至少,他认为在孔子时代已经无法恢复关于夏朝和商朝的制度细节。① 因此,康氏认为,所谓的早先的尧和舜只是代表了尚未实现的太平世或民主。② 的确,康氏准备将禹和夏朝作为历史的原点,那是传说中大洪水过后的时代。③ 孔子出现在一千年之后,他通过展示如何建立适当的体制而成为事实上的皇帝。这样,康氏选择无视传统的"黄金时代"(三朝),以孔子一人代替尧、舜、周公和其他圣贤。*51* 从这个意义上来说,中国文明始于孔子,孔子的性格确实是高度神秘的:

> 天既哀大地生人之多艰,黑帝乃降精而为救民患,为神明,为圣王,为当世作师,为万民作保,为大地教主。生于乱世,乃据乱而立三世之法,而垂精太平。④

关于时下是"据乱世"还是"升平世",康有为想法不定,但他对未来做了详尽的构想。康有为的《大同书》也许是中国唯一的

---

① 康有为:《孔子改制考》卷 1,第 1—2 页。
② 康有为:《孔子改制考》卷 12,第 283 页。
③ 康有为:《孔子改制考》卷 2,第 9 页。
④ 康有为:《孔子改制考》序,第 7 页。参阅 Kung-chuan Hsiao, *A Modern China and a New World*, pp. 107-108。

成熟的乌托邦作品。① 当然,这是基于第一原则构想平等社会如何运作的第一次尝试。② 很难说他的乌托邦主义与他的政治改良主义有何关系,他的乌托邦主义思想也只同弟子们分享。③ 尽管如此,至少可以确定的是,康氏的线性历史观和他对宇宙仁慈的基本信念,为乌托邦主义创造了空间。张灏指出了康氏"仁"的道德观的根源,特别是将"仁"与"天"等同的一系列儒学主义。④康氏的《大同书》描述了稳定的社会秩序。尽管他对清朝一如既往地忠诚,但康氏畅想了一个没有君王的未来。大同从本质上说是一种宗教观,因为康氏认为这一进步已被孔子预言了,也因为它充满了仁的美德。对于康氏来说,宇宙本身就是道德的,因此如果将进步视为自然过程,那么它就趋向于道德完美。

我们可以将"仁"简单地看作是人类对众生抱有同情心的天生能力或倾向。因为所有的生命都由有机宇宙产生,都是上天的孩子。因此,在政治领域中,平等主义,或者正如康氏曾经说过的

---

① 康有为:《大同书》。Thompson(汤普森),*Ta T'ung Shu*. 参见汤志钧:《康有为与戊戌变法》,第108—133页。

② Bauer(鲍吾刚),*China and the Search for Happiness*. 他在传统文学叙述中引用了许多乌托邦式的愿景,但很少进行详细阐述。

③ 对"大同"的反应大概显示出跟对康有为一样多的观察者。萧公权单纯地认为这部作品很有影响力:*A Modern China and a New World*, pp. 497 - 513. 汤志钧认为它是反动的(《康有为与戊戌变法》,第96—107、134—171页),而李泽厚则发现其价值在于它对封建社会的揭露,以及在其历史背景下对资产阶级理想的进步反映(《中国近代思想史论》,第127—160页)。钱穆认为康有为深刻的激进主义意义不大(《中国近三百年学术史》第2册,第644页)。最近,汪晖对康氏的乌托邦主义给予了惊人的同情,不仅指出康氏对线性进步的信念以及他的乌托邦主义与他的民族主义之间的辩证关系,而且指出他的乌托邦是如何否定曾经必要的国家状态。但汪晖也认为康氏的"大同"概念是矛盾的:反映了"近代性逻辑"(即资本主义世界体系中实际的国家建设改革)与"超越近代性"逻辑(即乌托邦理想和世界管理)之间的冲突,见汪晖:《现代中国思想的兴起》第2部上卷,第747页。

④ Hao Chang, *Chinese Intellectuals in Crisis*, pp. 35 - 41. 正如张灏承认的那样,康氏的思想中也有佛教和西方的元素。

公理,是第一原则。《大同书》的开头描述了人类遭受的苦难,从洪水之类的偶然事件到贫困之类的社会状况以及年迈之类的生存状况。康氏认为,苦难的根源在于"界限",国家和阶级的界限、物种的界限以及苦难的传播。取消这些界限将会带来团结、平等、独立、生产力、和平与欢乐。大同的组织及其社会观念的合理性和逻辑性令人震惊:康氏从个人谈到家庭、民族、种族和地球,不懈地遵循同样的逻辑,界限造成苦难是基本前提,废除界限是愿景。

进化是进步的魔毯。康有为说:"国家边界从分裂到统一的演变是自然的趋势。"①中国传说时代的无数国家在商代之初已缩减至 3000 个,到春秋战国时期已缩减至 200 个左右,依此类推。未来,随着民主制度在全球范围内的传播,各国可能会结成同盟,西欧将变为联盟,北美和南美也会结盟,俄国将统治东欧。随之而来的是民主和联邦制的世界政府。康氏还指出,由于飞机等新型运输方式的出现,世界将会变小。

因此,康有为解释了大同将如何从目前的状况中脱颖而出,尽管这一过程是漫长而艰巨的。他并没有简单地勾勒出一个理想的世界。但是,在他的方案中没有讨论现在。康氏非常详细地讨论了过去和未来,但似乎现在的发展太快了,无法加以讨论。同时,未来当然不是永无止境的。实现大同的时刻将会到来。那时,时间将会停止,因为根据定义,不可能再有进一步的"演变"。这是因为"仁"对康氏来说是一个超然的理想,因而是永恒的。在最后的大同中,尽管存在个体差异,但发生事故或改变的空间很小。然而,这并非完全正确。康氏还宣称,有一天人们还会超越

---

① 康有为:《大同书》,第 104 页。Thompson, *Ta T'ung Shu*, p. 84.

大同,人们可以抛弃自己的人道去追求达到永生、成佛和最终漫游天堂。[1] 在这一点上,康氏不再谈论人类社会。

53 　　康有为的仁学不仅在儒家社会取得了巨大突破,也将他与儒家的普遍主义假设联系起来。他毫不怀疑植根于宇宙的道德价值观适用于所有人。然而,康氏虽然在时间轴上将道德相对化,尽管这导致了身份的同质化或废除了群体的"边界"。正如费约翰(John Fitzgerald)指出的那样,这一理念只允许整个世界具有主体性,所以才得以实现。[2] 个人、国家和阶级作为历史偶然主体仅具有暂时的有效性。的确,对康氏来说,具有主体性的世界可能还没有出现。正如张灏指出的,对康氏来说,宇宙是一种活生生物体,因而自然而然会发生演进和生长。[3] 康氏认为,物质和道德两方面都在进步。关于物质进步,19世纪的奇迹之后,很少有人对物质进步有所怀疑,而道德进步问题仍然悬而未决。但是,将康氏的思想视为"两个层次"而不是一个连续体,仍然很有用。[4] 康氏的乌托邦主义是对他所处当时社会的批判,也是对进步的鞭策;而他的渐进主义是如此循序渐进,使他成为中国近代保守主义的奠基人之一。

　　康氏的君主观与他对儒家的普遍理解之间存在联系。正如汪晖指出的,在康氏的今文经学解释中,"皇帝"超越了种族、国籍

---

① 康有为:《大同书》,第452—453页。Thompson, *Ta T'ung Shu*, pp. 275 - 276.

② Fitzgerald(费约翰), *Awakening China*, pp. 67 - 76.

③ Hao Chang, *Chinese Intellectuals in Crisis*, pp. 53 - 54:"从这个角度来看,康氏的进化史观显然不仅仅是为他的政治改良主义辩护的意识形态工具。……相反,这是他经过多年的智力探索最终发现的一个概念框架,使他能够将这种思想的所有主要元素编织在一起并整合成一个统一综合体。"

④ Kung-chuan Hsiao, *A Modern China and a New World*, p. 409.

甚至领土,这增强了清朝时期的多元"中国"身份。[1] 也许我们可以补充一点,就是在原则上,尽管他知道时机还不成熟,康氏已经准备好从尚有君主制的儒家普遍主义转向更为超越的普遍主义。换句话说,康氏的今文经普遍主义暗示着在世界范围内乃至最终在宇宙层面上的进一步发展。从这个意义上说,康氏的君主观和他的大同思想存在于平行的宇宙中,而它们在时间上也相互联系。通过以普遍的方式证明改革的合理性,康氏暗示了君主制权力可能是无限的,并且实际上植根于宇宙力量。然而,他对大同的看法无非是对各种形式权力的完整批判。

• • •

　　康氏激进的儒家改良主义在 1898 年做了最终抗争:尽管君主制又延续了十几年,但很少有帝国主义魅力的概念得以幸存。⁵⁴ 改良派和革命者越来越多地转向各种世俗的大众组织,以建立更加开放和具有对抗性的政治,将主权交予"人民"。今文经儒学似乎是无关紧要的。康氏将古典传统推入了崩溃的境地,对文本传统真实性的怀疑最终使孔子暴露了出来。帝国也同样处于暴露状态,因为康氏超凡的今文经语言声称发现了源于宇宙本身的进步力量。他将这些内在力量从皇帝那里夺走,将其重新安置于历史上神圣的孔子身上。这是扩大"公共"(公)范围的关键一步,因为孔子从来不是国家的唯一财产。正如我们将在下一章中看到的,"公共"已经深深地植根于改革话语中。康氏接下来将政体与

---

[1] 对康有为来说,真正王权的终极代表不是历史上的任何皇帝,而是通过预言创造了趋于完善制度的孔子。康有为眼中的孔子同时是普世宗教的创始人、普遍主义者和中国的"圣王"。参见汪晖:《现代中国思想的兴起》第 1 部下卷,第 782—793、810—820 页。然而,我怀疑康有为以普遍而非个别的眼光看待中国的圣王;或者说,他真正的主体是人类本身。

皇帝分离。然后，其他人将主权与皇帝分离，并将其给予人民、国家或民族，这是一个相对较小的步骤。这些都属于"公共"领域。

19世纪90年代的维新运动与建设一个富强的中华民族有部分关系，但也只是部分关系。根本上，这是对国家的重新定义。改良派们鼓吹强大的帝国统治，同时也怀疑中国人民自我统治的能力。但是，同样可以肯定的是，他们反对专制。他们预见并促进了民主化。改良派抓住了圣王的理想与平民形象之间的长期联系，这是孟子倡导的国家的基础(民本)。孟子是公元前4世纪儒家学派的领导者，他教导说，统治者应该在实践和道德上为人民服务。尽管民本思想不能代替王权，但它可能是批评独裁统治的武器。而对于激进的改革派来说，历史上的王权也象征着整个文明的衰落和消亡。改良派通过对王权进行历史化改造，使其脱离了其传统魅力基础之一的贤哲基础。他们开始摆脱传统的宇宙学。

55 然而，如果皇帝成为一个衰落国家的委员会主席，那么合法性的基础是什么呢？戊戌变法的失败因而具有精神层面的意义。除了官僚集团的政治反对、满人贵族的怀疑以及改良派本身的天真外，改革知识分子还面临着根本矛盾：他们想利用皇帝的"私人"权力来创造"公共"。康有为在19世纪80年代提倡的强大的圣王，到19世纪90年代后期的维新运动之时，已经缩小为一个相对微弱的象征。我们将在下一章进一步了解皇帝，他被剥夺了使用古老的儒家政治语言的圣贤能力。政治新词和翻译概念这些新语言的使用，使国家主权变为围绕人民和国家。废除君主制的政治含义也许在1898年并不清晰，但很快就明晰起来。新的政治环境并没有"允许"更广泛的政策讨论，而是"命令"更广泛的讨论。

第二章　梁启超与公民国家

康有为最杰出的弟子很快就在名声和影响力上超过了他。
梁启超出生于广东一个有着良好教育但相对贫困的家庭。① 在
接受了正统的早期教育之后,梁启超在 17 岁时考取了举人,并成
为康有为的弟子。康氏的教导充满热情,为梁启超开辟了新世
界。从那时到 20 世纪初期,两个人一直合作。梁启超某些方面
的早熟以及随之而来的肤浅,在他曲折的思想生涯中始终伴随着
他。正如他不止一次提到的那样,人们很容易用他的新观点来反
驳他的旧观念。然而,即便他喜欢尝试新的想法,他也并没有转
变努力方向。相反,他克服困难达成了一个一致的目标:通过在
宪法框架下建立强大的公民国家来增强中国。康有为教了梁启

① 梁启超的生平和思想是中国近代史上研究最多的课题之一,尽管他在马克思主义
史学中或多或少被斥为资产阶级反动分子。他在中国近代知识分子中独树一帜,
成为 4 个英文全面研究的对象。其中,对我而言,最有用的仍然是张灏的《梁启超
与中国思想的过渡》(Hao Chang, *Liang Ch'i-ch'ao and Intellectual Transition in
Modern China*)。在中文中,张朋园的《梁启超与清季革命》也仍旧必不可少。20
世纪 80 年代,中国大陆学者重新发现梁启超,创作了许多学术专著,以及像黄敏兰
的《中国知识分子第一人:梁启超》、陈鹏鸣的《梁启超学术思想评传》和董方奎的
《清末政体变革与国情之论争:梁启超与立宪政治》等一般知识传记。值得一提的
还有李喜所主编《梁启超与近代中国社会文化》、傅佛果(Fogel)主编《日本在梁启
超向中国介绍近代西方文明中的作用》(*The Role of Japan in Liang Qichao's
Introduction of Modern Western Civilization to China*)、狭间直树主编《共同研究
梁启超》的文集。

超今文经学说、王阳明学派的行动道德规则①以及美好的大同未来。康氏的教导是梁启超不断发展的政治哲学的首个基础，但不是最后一个。

19 世纪 90 年代激进的儒学人士倡导"保卫国家，保卫种族，保卫教义"(保国，保种，保教)。这些是有些模糊不清甚至相互矛盾的目标。在传统用法中，"国"的意思最不明晰，可指国家、民族、政府以及最常指代的朝代。改良派开始将国视为一种集体身份，在慈禧看来，这暗示了中国人和清朝之间的冲突。改良派声称没有冲突，因为王朝和国的利益是相同的。这时，"种"的基本含义(种族、种类)似乎是最普遍意义上讲的"中国人"，即清帝国的臣民，尽管这也牵涉了汉人与满人之间的鸿沟。在慈禧看来，无论如何，重要的是对王朝的忠诚，而不是任何形式的集体身份。最后，改良派所说的"教"就是儒学——但这是新儒学还是旧的家国儒学呢？

"保国，保种，保教"这个明显无害的口号代表了 1898 年激进的具有争议的要求。4 年后，梁启超否定了这一口号。更确切地说，他将它们归结为保卫国家这一唯一的要求。② 到 1902 年，梁启超认为"保卫儒学"已不再必要：宗教或教义是保护人们的东西，不是人们要去保护的东西。更重要的是，梁启超了解到，"保教"是对基督教的一种回应，它试图使儒家更像是一种西方宗教。此时他表示反对，认为这对宗教毫无用处。这个口号在历史上是

---

① 王阳明(1472—1529)是明代政治家和哲学家。他的学说强调"与生俱来的良好知识"或道德直觉，而不是文本研究和"知识与行动的统一"，这可以证明政治激进主义是正当的。他的学说在晚明学术上占主导地位，但在清代的大部分时间里都黯然失色。
② 梁启超：《保教非所以尊孔论》，《饮冰室合集》文集第 9 册，第 50—59 页。

退步的,因为它们导致了不必要的斗争以及对真理追求的教条式的拒绝。在阅读西方历史时,梁启超看到了一个历史过程,其中随着科学和自由力量的传播,基督教的迷信随之下降。[①] 那么,中国显然不需要这种迷信。此外,梁启超宣称,文明进步的原因之一是自文艺复兴以来出现的知识自由。因此,儒家的宗教化既没有必要也不值得提倡,特别是如果要使用孔子的形象来压制异议的话。这也并不是说要完全放弃儒学。梁启超称,如果正确理解,儒学思想便是伦理哲学和治国之道的核心(这与康有为的立场似乎没有太大差异)。

梁启超以更简单的理由声称,"保种"也没有必要。因为"种族"概念非常模糊:它是指黄种人还是中国人(华种)? 如果是前者,那么它包括日本人和其他种族,并不等于保护中国。如果说假定一个中国种族,那它的确遭受着剥削和压迫,但是中国人在什么意义上是"种族"呢? 保护他们不是种族意识的问题。相反,重要的只有强大的状态。因此,说保护种族是多余的,因为保护(加强)国家就是保护了种族。

就这样,梁启超摆脱了儒家的诠释学,甚至摆脱了今文经的 [58] 英雄主义。"我爱孔子,但我更爱真理。我爱我的长辈,但我更爱我的国家。我爱我的朋友,但我更爱自由。"他又退一步补充道:"我也知道孔子热爱真理,我的长辈和朋友比我更爱我们的国家和自由。因此,我充满信心,也很后悔。"[②]通过使"真理"和"儒学"相互对立,它表明梁启超正在寻求一种新的认识论。的确,尽管他仍能从经典中发现许多智慧,不过他不会再通过引用经典来

---

① 梁启超:《保教非所以尊孔论》,《饮冰室合集》文集第 9 册,第 53 页。
② 梁启超:《保教非所以尊孔论》,《饮冰室合集》文集第 9 册,第 59 页。

进行佐证。但是梁启超以如此多的原因来反击其明显的反对者,我们至少可以得出以下结论,即他对今文经的反对并不是认识论的重大转变,而是整个改革一代正在经历的转变中的众多时刻之一。从今以后,关于应该做什么的争论必须基于其他逻辑,而不是根据经典。

根据梁启超的《三十自述》,他在从北京参加完会试途经上海的返乡途中,对中国以外的世界有了第一次认识。[1] 他买了世界地图册《瀛寰志略》,并遇到了康有为。康氏向梁启超保证,他的所有旧知识都是无用的。这个经历就像冷水泼到了他的头上。梁氏失去了方向,无法入眠。在正式成为康有为的弟子后,梁启超集中学习王阳明的心学、历史和一些西学。[2] 直到那时,梁氏才"最终了解了什么是学习"。他广泛阅读,从佛教到西方翻译作品,并有了一个新的目标:成为一名记者。在改革派元老张之洞的支持下,梁启超于 1896 年开始为《时务报》撰稿,这是梁启超长期从事新闻事业的开始,随后他又加入了湖南长沙的时务学堂。在那里,他与谭嗣同(1865—1898)成为朋友,我们将在下文谈到谭嗣同。他们讨论谭氏的《仁学》,一起研究佛教。

梁启超的自传揭示了改良派面临的某些心理压力。同康有为一样,梁氏发现对孝道的要求——一直以来被理解为个人品德的最完整表达——很难与公共职责相适应。康氏在不知疲倦的旅行中寻求慰藉,梁氏却经常幻想逃跑。他过着介于政治行动主义和学术之间的生活。可以说,梁启超在这两个方面都不是很成

[1] 梁启超:《三十自述》,《饮冰室合集》文集第 11 册,第 15—21 页。
[2] 梁启超:《三十自述》,《饮冰室合集》文集第 11 册,第 16—17 页。

功,但是他确实带领了一代人进入西学丛林。不管怎样,梁启超虽公开宣称忠于清朝,但在时务学堂时,他教他的学生们汉人和满人之间存在种族差异。[1] 这等于说清朝是一个不合法的王朝。梁氏还进一步支持民主,称皇帝为叛徒(民贼)和凶手。在这种心情下,梁启超说,中国的整个历史并没有产生一个孔学意义上的"真正的国王",只有几个霸主(也就是说,强大的领导人至少能够保卫边疆和维护和平)。但就在不久前,甲午战争结束后,梁启超写了一首诗:"帝阍呼不闻,高谭复何益。"[2]这是不被重视的忠诚改良派的呼声。

通过 1898 年的维新运动,梁启超继续肯定了儒家思想(保教),并坚持认同了康氏的世界大同愿景。他满怀热情地阅读了康有为《大同书》的早期版本,他深受佛教及其普世救赎思想的影响。[3] 然而到了 1902 年,正如我们看到的那样,梁启超不仅拒绝了儒家认识论,而且以民族主义的名义大力抨击普遍主义。1898 年惨败之后,梁启超逃亡日本,随着他对日本学术界的进一步了解以及阅读西方作品的日译本,他的整个世界观开始转变。我们将在下文中详细看到,梁启超的儒家思想只剩下个人道德标准。梁启超本人并不知道这一切将走向何方,但是至少可以清楚地看出,他对儒家道德的使用与帝国体制完全脱节了。

---

[1] 丁文江编:《梁任公先生年谱长编初稿》第 1 册,第 43—44 页。
[2] 丁文江编:《梁任公先生年谱长编初稿》第 1 册,第 20 页。
[3] 丁文江编:《梁任公先生年谱长编初稿》第 1 册,第 34—35、22 页。参见王俊中:《救国、宗教抑哲学?——梁启超早年的佛学观及其转折》,《中国历史学会史学集刊》1999 年第 3 期,第 103—106 页。

关于帝国的必要性

19世纪90年代中后期,梁启超利用康有为的三世演变概念来解释君主制的历史作用。他也开始在西方历史和政治领域广泛阅读,但尚未接受社会达尔文主义。[①] 在梁启超看来,进化论解释了君主制的发展。梁氏认为,中国王权的起源并非康有为所说的在据乱世,而是在随后的升平世,而到太平世才会产生民主。[②] 最早的据乱世以"多个领主"为特征:部落和封建贵族制。君主制代表了比封建制度更高的文明阶段。梁启超完全摒弃了创造文明的圣王,以一种更为自然的方式叙述了部落首领、残酷的领主、严厉的惩罚、高额的税费、种姓制度甚至奴隶制。然而,孔子的出现引导中国进入了文明的下一个阶段,即君主制。按照梁启超的说法,孔子批评了世袭领主,提倡自耕农,并传播了他关于太平世的未来愿景。梁启超认为,由于统治者鼓励人民相互斗争来追求私利,不团结导致了软弱。这就是为什么统一王权至少是产生于战争和其他动乱相对较少的升平世。

由此,梁启超遵循了今文经学派对孔子的赞美,称赞"素王"从贵族政府的管理不善中将中国解救出来,展示了如何通过招募人才进入行政官僚机构来使国家强大,并鼓励与之相适应的小农经济的发展。梁氏将像孔子一样的贤哲与保有平凡目的的王权

[①] Hao Chang, *Liang Ch'i-ch'ao and Intellectual Transition in Modern China*, pp. 59 - 72.

[②] 梁启超:《论君政民政相嬗之理》,《饮冰室合集》文集第2册,第7—11页。梁氏对通过固定阶段进步的信念是来自今文经学,但这让他在世纪之交接受了社会达尔文主义(下文进一步讨论)。

进行了区分。尽管如此,前者创造秩序的能力是服务于后者的。[1] 按照梁启超的说法,孔子试图"执行皇帝的事务",尽管也可以说孔子在利用皇帝。[2] 皇帝扮演了特定的历史角色,成为中国统一的焦点。通过将君主制等同于升平世,梁启超将中国推入了进化的体系。下一步是太平世,即民主世,尽管很难说何时会到来。[3] 梁氏认为,君主立宪制是二者之间的过渡阶段,如果中国距太平世太遥远,它也许已经准备好朝这个方向开始新的过渡。

显然,对三世的进化解释为梁启超在 19 世纪 90 年代后期的 *61* 改良主义提供了基本的运行框架。跟康有为一样,他相信历史决定论:超越现实地加快推进历史发展是无用的,而在应当推进的时候,试图阻止进步亦是徒劳的。梁氏已经在建立统治者与人民之间的新型关系。本质上,民主是统一的较高阶段,既与公有财产(共产)有关,又与群众的团结(合众)有关。这可能需要模糊种族或民族的差异。梁氏在 1897 年发表的文章《〈说群〉序》中首先强调了统治者应该是"与人民属于同一团体的成员"。[4] 尽管如此,梁启超的主要观点仍然是,一旦达到特定阶段,任何国家都无法恢复为更简单、更不先进的政治制度。那么,当代的政治制度是什么? 它有没有可能确定中国和世界目前所处的历史阶段? 梁启超强调说,历史规律是普遍的,故而具备中国以外世界的视野很重要。从广义上讲,世界的不同地区在不同的阶段共存是没

---

[1] 梁启超:《读〈春秋〉界说》,《梁启超哲学思想论文选》,第 19—28 页。

[2] 梁启超:《论中国宜讲求法律之学》,《饮冰室合集》文集第 1 册,第 93—94 页。

[3] 梁启超:《论君政民政相嬗之理》,《饮冰室合集》文集第 2 册,第 7—11 页。

[4] 梁启超:《〈说群〉序》,《饮冰室合集》文集第 2 册,第 3—4 页。Hao Chang, *Liang Ch'i-ch'ao and Intellectual Transition in Modern China*, pp. 95‑107.

有意义的。因此，梁氏认为，事实上，即使是像美国和法国这样的共和国，实际上也还没有进入太平世，因为像英国和俄国这样的大国仍然是君主制，全球大部分地区仍然是部落。因而以国家间自私的斗争为标志的整个世界仍是一个混乱的世界。太平世可能还在遥遥无期的将来。① 西方人在一定程度上意识到了"公共"的美德，但他们仍然深陷于国家、家庭和个人之间的斗争中。梁启超得出结论：中国需要西方的法律知识，但是西方需要（中国的）"圣人法"，这样才能最终使整个世界文明。②

然而与此同时，中国的君主制又是什么呢？何时会被民主取代？ 在 1898 年的前几年，梁启超不愿意直接回答这些问题。实际上，他一方面尖锐批评君主制，呼吁民众参与政府管理；另一方面欣赏君王的特殊力量，担心人民无法驾驭民主。跟康有为一样，梁启超根据终极标准或道德标准来判断统治权，但梁启超强调了"公"，它在概念上与实际的群体问题有关，而不是与"仁"有关，这还需要进一步的阐释。在整个 19 世纪 90 年代，梁启超一直忠于君主制，特别是对清朝和儒学（保教）的忠诚，但他对政治的批评变得越来越尖锐，甚至是挖苦。

梁启超对君主制的支持主要体现在他的第一篇文章《变法通议》中，该文章于 1896 年和 1897 年连载出版。③ 这里，梁启超安排皇帝扮演重要角色。梁启超反对想要改变"不容侵犯"的先王们的保守偏见，他这样说："不能制定法律的人不是圣贤，不能顺

---

① 梁启超引用了康有为的观点，即西方的文明率为 80%—90%，而中国的文明率为 10%—20%；两者都没有完成进化轨迹（《与严幼陵先生书》，《饮冰室合集》文集第 1 册，第 109 页）。参见 Xiaobing Tang（唐小兵），*Global Space and the Nationalist Discourse of Modernity*；Karl，"Creating Asia"。

② 梁启超：《论中国宜讲求法律之学》，《饮冰室合集》文集第 1 册，第 93—94 页。

③ 梁启超：《变法通议》，《饮冰室合集》文集第 1 册，第 1—92 页。

应时代行动的人不是圣贤。"确实,这条规则不仅适用于新王朝的创建者,而且适用于所有统治者。没有任何改变的惯性必将带来衰落,但是如果领导人考虑到自己的过错并做出改变,"这就是王权的更新"(斯为新王也)。① 同康有为一样,梁启超强调了历代至清朝的历史创新——以响应当今的潮流。梁氏认为这种反应是圣人的本质,如果康有为称明太祖为圣人,梁启超也会将康熙和雍正皇帝列入名单。实际上,在回应改良派是西方的盲目模仿者的保守指责时,梁启超宣称圣人的特征是,他们在向别人学习时不感到羞耻。

梁启超的想法仍然是一个自上而下的愿景。值得一提的是,康有为的另一个弟子麦孟华(1875—1915)更明确地主张建立纪律国家。在一篇有关"中国应该选择君主制还是民主制"的文章中,麦氏赞扬君主制是实现改革的最佳方式。② 麦氏是最积极的改革支持者之一,他认为大权的实质在于"建立政治体制,建立新的先例,杀害人民或让人民生活的能力"。对麦氏来说,权力是不可分割的。关键不在于中国人民的落后,当然这也是要考虑的因素,而在于(合法的)权力来自最高层,以满足人民的需求。麦氏的类比就像是个人过他想要的生活方式,除非他失去控制;或家族首领经营家庭,除非他们允许仆人接管。当君王统治帝国时, _63_ 人民依靠他们,但是如果他们失去了权力,那么就会出现腐败的官员,国家将失去继续存在所需的(主权)权力。麦氏说,"民主"描述了叛军崛起并全面夺权的情况。当国王疏忽职权、失去或放弃权力时,就会发生这样的灾难。

---

① 梁启超:《商会议》,《饮冰室合集》文集第 4 册,第 1 页。
② 麦孟华:《论中国宜尊君权抑民权》,翦伯赞主编:《戊戌变法》第 3 册,第 111—113 页。

麦氏并没有排除民主可行的可能性,但这要求全体人民首先有能力管理自己的事务。同时,至少中国需要有像人口登记、有效的税收制度、义务教育、健康与安全法规、精英公务员制度以及稳定的货币这样的西方国家的规诫准则。麦氏看向西方,看到的不是自由,而是效率、秩序和团结。他看向中国,看到的不是专制,而是懈怠、腐败和偏颇。儒家政府的家庭模式仍然是麦氏政治思想的核心。与当代西方一样,"前朝君王们统治时,将自己看作父母,把人民当作他们的孩子;将自己看作老师,把人民当作学生"。这是麦氏为近代中国开的药方。

麦氏的论点是针对那些担心西方的民主会削弱国家的改革评论家们的。但他通过强调西方国家结构的规诫性质,麦氏正将"君主制"变成了国家主权的概念,而不是任何与个人统治有关的东西。除了仅一次提及先王,麦氏并没有像康有为乃至梁启超那样运用术语来赞颂君主制。梁氏也支持规诫的和教育的国家,但将其关切扩大到更广泛的民族团结主题。梁氏要求合作,停止满人与汉人之间的歧视。这样做的必然结果是结束统治者和人民之间的分歧。这两个主张都基于"帝国公共化的正义"(公天下之大义)的假设。[①]

为了证明满人是没有什么可畏惧的,并且还能从改革中获得很多益处,梁启超并未将清朝皇帝视为满人君王。相反,皇帝是集团的一种体现或象征。对梁氏来说,"群体"(群)的含义更多地基于历史和文化,而不是"种族"。该群体是由国家而非种族定义的国家。梁氏赞扬了现任皇帝的改良主义倾向("睿智、仁慈、顽强和通畅"),并列举了英法之间在君主制方面的历史对比。在梁

---

① 梁启超:《变法通议》,《饮冰室合集》文集第 1 册,第 80 页。

氏看来,英国国王对大众需求妥协,因此帝国体系得以幸存,英格兰拥有了和平、繁荣和帝国。然而在法国,君主制和贵族制的统治导致了灾难。换句话说,中国的民族团结取决于改革而不是革命,取决于温和与妥协而不是极端主义,取决于君主制而不是共和主义。

尽管梁启超的政治主张保持谨慎,但他的世界观越来越激进。他对种族分析的兴趣日益浓厚,毫无疑问对梁启超来说,王权已经被削弱了。尽管他发表了所有夸夸其谈的言论,并且对中国人民的自身能力存有怀疑,但他仍然在君主制之外寻找改革的主要动力。特别是,梁氏似乎将大部分希望寄托在士绅活动家(志士)身上,而他的《变法通议》中有很大一部分集中在教育、官僚制度和士绅角色上的体制改革。这意味着自下而上以及自上而下的改革。尽管如此,梁启超仍然对君主制的魅力深感兴趣。他说,鉴于中国人口众多,矿产资源丰富,土壤肥沃,知识分子聪慧,"当君主力量统一(君权统一)时,皇帝想建立什么样的国家都不必担心任何障碍"。[1] 由于缺乏其他选择,梁启超也不得不支持君主制。考虑到中国人民的落后——梁氏称他们"无知"和"弱者",但可以教化,他认为民主或共和主义还为时过早。[2] 因此,在他的短文《古议院考》中,梁氏以维新运动中常用的表述称该机

---

[1] 梁启超:《变法通议》,《饮冰室合集》文集第1册,第4页。

[2] 梁启超:《变法通议》,《饮冰室合集》文集第1册,第80、110页。这种观点当然是符合三世说的。有时有人认为,这一时期论著中的"民主"或"民权"实际上是指所谓的"绅士民主",没有下层阶级的空间。然而,尽管1898年这代政论家们确实不提倡普选,也无法想象将投票权给搬运工和女佣,但改革派的"民权"愿景并不局限于法律意义上的绅士这个名词而只是对受过教育的人(士)的广义定义。到19世纪90年代,出现了一种强烈的、但尚不成熟的愿景,即民众(包括妇女)最终会在政治上活跃起来,只要他们受到适当的教育。参见李孝悌:《清末的下层社会启蒙运动(1901—1911)》;Judge(季家珍),*The Precious Raft of History*。

构:不是作为允许人民制定政策的机构,而是作为一种为集中力量而"统一"统治者和政府的手段。①

　　尽管如此,梁启超已经沉迷于对王权制度本身的尖锐攻击,他在 1897 年给严复的一封信中有最明显的表述。② 梁启超虽然否认中国的历史从根本上逊于西方的历史,但他认同严复的判断,即黄种人衰落的原因归结为统治(君主)。③ 此外,"一个国家的力量最终来自民主。这是民主的本质。君主制只有自私(私),而民主只有公共意识(公)。公共意识是治理的最终标准,而自私植根于人性"。④ 在将君主制等同于自私时,梁氏并不是说自私是完全错误的,而是说私人利益在公共领域中没有地位。除了表示自私,"私"还表示个人和隐私,这层意思也是梁启超所强调的。梁启超批评了儒家传统思想中强调自我控制或"自我压制"(克己)的道德价值的一小部分,他指出,自私毕竟是天生的。因此,他敦促在公与私之间寻求平衡。梁启超提出,中国人民仍然是愚昧无知并毫无目标的。要想团结中国人,就需要给他们一个共同的目标。梁启超说,皇帝提供了这样一个目标焦点,尽管其存在是一种制度上的危害。⑤ 但梁氏希望这一焦点能够逐渐扩大,最终人们学会信任改良派。这意味着统一的民众最终将信任并统治他们自己。问题是,在当前情况下,"君主制"是否具有改变人民的作用。

　　因此,公与私之间的古老二分法——普遍的公共与私人领

---

① 梁启超:《古议院考》,《饮冰室合集》文集第 1 册,第 95—96 页。
② 严复是一位改革者,那时他作为西方主要著作的杰出翻译,其职业生涯刚刚开始;我们将在下文讨论他。
③ 梁启超:《与严幼陵先生书》,《饮冰室合集》文集第 1 册,第 108 页。
④ 梁启超:《与严幼陵先生书》,《饮冰室合集》文集第 1 册,第 109 页;参照 Hao Chang, *Liang Ch'i-ch'ao and Intellectual Transition in Modern China*, pp. 104 - 105,我在这里追随他将"公"翻译为"公共意识"。
⑤ 梁启超:《与严幼陵先生书》,《饮冰室合集》文集第 1 册,第 108—109 页。

域——对梁启超的君主专制观点至关重要。但这也与另一个改良主义者的设想有关。改良派有时倾向于视中国在秦朝之后的整个历史是错误的转向,即走了两千年的错误路线。他们要利用古老的过去来攻击最近的过去,但也涉及了更多。贬低汉代、唐代以及传统上被鄙视的秦代,首先是要攻击王朝本身。如果儒家与君主制之间的关系从来没有完全契合过,那么改良派仍然在攻击帝国儒学,因为它已经发展了几个世纪。当然,这就是保守派乃至不那么激进的改革派都对康梁的倡议如此震惊的原因之一。世代相传的唯一王权岌岌可危。在谈到先秦时代时,梁启超称:"先王们把帝国作为公共的,因此他们管理事务。后来的几代人自私地对待帝国,因此他们(充其量)只是避免问题。"①

梁启超的意思,正如他在 1896 年的文章《论中国的积弱由于防弊》中所解释的那样,即统治者的职责乃是积极照顾人民,而不是简单地维护现状或"避免问题"。这种态度仅仅是出于自私。②当统治者变得孤立无知时,鸿沟不断扩大,以致统治者像对待动物一样对待他的官员,而官员们则认为统治者仅仅是平民。两千年来,法律变得更加严格,政治和教育却在式微,随着国家威望的消丧,"君主制变得更加崇高"(君权则日尊)。人们束手无策;压迫者(民贼)加剧了剥削。③ 在梁启超看来,整个制度变得越来越复杂,皇帝与人民隔绝了,官僚们相互牵绊。皇帝的孤立不仅导致他犯了错误,而且削弱了大众精神(民气)和国家,导致丧失了团结(群)。因此,梁启超鄙视宣称自己为"我一个人"或"我一个

---

① 梁启超:《论中国积弱由于防弊》,《饮冰室合集》文集第 1 册,第 96 页。
② 梁启超:《论中国积弱由于防弊》,《饮冰室合集》文集第 1 册,第 99 页。
③ 梁启超:《论中国积弱由于防弊》,《饮冰室合集》文集第 1 册,第 96 页。

孤独的人"而使其与人民隔绝的皇帝。① 但他坚信"黄金时代"，当时的先王们将帝国视为"公共领域"，各国的统治者与他们的人民紧密联系，也是在"天子"的统一治理之下(各亲其民而上统于天子)。② 梁启超说，今天应该恢复类似的东西。

自私的君主会产生弱国，但是根据梁启超的说法，当平民行使其权利和权力时，它就会生产强大的国家。③ 这种权力不能由一个人行使，因为没有一个人足够强大或足够明智到承担过这种责任。故而先王们明白平等是必需的。然而梁氏再次没有完全谴责自私：君主需要完全无私，而人民在坚持自己权利的意义上需要"自私"。梁氏从西方自治学说(自主治权)中引入了权利。④ 他承认，强调职责和收益的自治代表了一种自私。但是如果没有这种自私，公民将没有行使权利的依据。只要没人能夺取别人的权利，这些权利就会积累形成一个强大的国家。这些权利既不应被用于斗争伤害到他人，也不应被忽视而伤害到自身。如果皇帝和人民都不愿意承担责任，结果就是灾难。但是，如果一个政党将权力斗争变成最大的自私，那也将导致权力的丧失。

1898 年，康有为的另一位弟子欧榘甲(1870—1911)撰写了《论大地各国变法皆由民起》，对民众权利进行了更为尖锐的辩护。⑤

---

① 梁启超：《〈说群〉序》，《饮冰室合集》文集第 2 册，第 3—4 页。
② 梁启超：《论中国积弱由于防弊》，《饮冰室合集》文集第 1 册，第 96—97 页。
③ 梁启超：《论中国积弱由于防弊》，《饮冰室合集》文集第 1 册，第 99 页。"权"的这种用法有很多歧义，我将在下面进一步探讨。
④ 刘广京：《晚清人权论初探——兼论基督教思想之影响》，《新史学》1994 年第 5 卷第 3 期。
⑤ 欧榘甲：《论大地各国变法皆由民起》，翦伯赞主编：《戊戌变法》第 3 册，第 152—156 页。在 20 世纪初期，欧榘甲从康良改良主义转向革命阵营，在独立的广东支持以省为基础的共和主义，这也许并不令人惊讶。参见 Price, "Popular and Elite Heterodoxy toward the End of the Qing", pp. 442 - 444.

欧榘甲在不直接攻击儒家权威基础的情况下,提出了最清晰的捍卫人民权利的方法之一。就像梁启超和康有为一样,欧氏援引高低之间沟通和团结的优势。但是,这并不意味着欧榘甲认为中国实际上已经为民主做好了准备。实际上,他同样强调统治者在照顾人民和维护秩序方面的双重作用。他也遵循政府的老一套家庭模式。欧氏以统治者团结人民的能力来定义统治者(能群民谓之君)。统治者与人民形成"一体",代表集体,通过联合民众成为统治者(和众民而成君),就像物理学中的主体由粒子组成,政治国家通过联合团体形成。同时,欧氏对统治者和国王进行了区分。真正的国王并不会积极地去团结人民,而是吸引他们团结到自己身边:"人民所趋称为国王"(民所贵王谓之王)。①

欧氏的王权观点强调对国家"财富和权力"的融合,这与梁启超的立场很接近。欧氏超越其他改良派的地方是他从中国当前的严峻形势中汲取了教训。如果国王失去了权力,就像父亲无法再供养或教育自己的孩子一样,那么重振消逝多年的体制也无法解决问题,而要建立新的体制。通过适当的教育,并保有道德操守,人民自己就可以振兴民族。中国的改革是人民的责任,而不是领导人的责任。我们看到西方在政治上的成功,这取决于它的人民而不是统治者。故而欧氏理所当然地认为,改革失败应归咎于人民。欧氏眼中的前景很黯淡。他对西方人民曾经同样落后的历史事实抱有希望,但是他指出,中国正被西方强权奴役,想要复兴中国文化几乎是不可能的。

继康氏之后,像欧氏和梁氏这样的弟子们将圣贤与王权坚决地区分开来。只有孔子是"素王"和圣人。同时,圣贤仍然是好人

_68_

---

① 经典的出处来自《谷梁传》(庄公,三年):"其曰王者,民之所归往也。"

的目标,他们的作用是辅佐君主。梁启超赞扬孔子在社会衰落的时代尝试"为皇帝之所为",进行时代变革。① 现在,作为普通民众的孔子怎么会谈到礼仪和规章制度呢? 因为,作为一个圣人,孔子虽然以尊重的和间接的方式进行写作,但他明白要将世界从混乱中拯救出来以及要阐明普遍原则(公理)的必要性。② 据激进的改革派人士说,孔子试图影响和"利用"国王,但他并非为了自己而使王权荣耀。对孔子企图篡夺政权的指控是错误的,尽管他本来就是可以夺取政权的。如果改革派以孔子为榜样,那么他们将忠于王权,但是带有批判性的忠诚。

对于梁启超来说,国王和圣贤都是必要的,但只有孔子才拥有"教化创始人的伟大美德与辉煌成就"。梁氏还指出,孔子是立法者。康氏曾称赞一些皇帝为立法者,梁启超则宣称孔子自身的伟大之处在于他运用法律在据乱世建立了秩序,并展望了升平世与太平世的法则。③ 梁启超敦促说,今天的中国需要继续研究法律,因为通过法律,群体才得以联系在一起形成一个政治团体。在古代,聪明的皇帝已经意识到了这个道理,但秦朝以后这一智慧逐渐被遗忘。随着人口的增加,法律被简化,并且从未尝试去更新法律。梁启超称,《春秋》对"礼"的强调等同于普遍原则或真理(公理),这在西方是用来限制权力的。

69 　　因此对梁启超来说,中华文明的杰出之处不是君主制,而是

---

① 梁启超:《读〈春秋〉界说》,《梁启超哲学思想论文选》,第19—28页。
② 梁启超:《读〈春秋〉界说》,《梁启超哲学思想论文选》,第27页。正如我们在引言中所看到的,公理是晚清改良主义话语中的一个关键术语。参见金观涛、刘青峰:《观念史研究》第一章;汪晖:《现代中国思想的兴起》第2部上卷。然而在我看来,公理主要是对一系列围绕真理和正义的假设的修辞主张,而不是标志着一个新的认识论空间。换句话说,它很少被阐明为信仰体系的基础,但大多是在论证中被引入。
③ 梁启超:《论中国宜讲求法律之学》,《饮冰室合集》文集第1册,第93页。

完美的圣贤。圣人具有君主的许多特征。他是一名立法者,并保留了极大的超凡魅力,他能认识并响应当代潮流,影响着历史的发展。尽管如此,圣贤只能通过间接的方式工作,而梁启超从未想象过如此多的圣贤会取代真实的、历史上的或现有的君主。与康有为相比,梁启超更清楚地将中国皇帝与民族或"群体"联系在一起。二分法也发生了变化。如果说康有为提倡的皇帝是仁慈的而非正义的,梁启超提倡的皇帝则是具有公众思想的而非自私的,这是发生了怎样的变化呢?关键因素可能是康氏的普遍主义。一方面,尽管康氏强调必须进行改革以增强中国实力,但他仍在很大程度上谈到了普世的宇宙王权。另一方面,尽管梁氏在19世纪90年代仍然致力于最终实现全人类的普世视野,但他更清晰地描绘了一个皇帝。

梁启超、明治日本及其他

跟康有为一样,梁启超在日本于19世纪70和80年代进行的大规模维新运动中发现了近代君主的榜样。与康氏不同,梁启超在1899年至1911年的大部分时间都留在日本,学会了阅读日文,并与日本学者和政治人物结识。但他对日本的基本观点是在19世纪90年代中期形成的。在他的《变法通议》中,梁启超对比了两种国家:保守国家和进步国家。[①] 一方面,未能改变的国家——无论其文明多么古老,着眼于过去的成就或领土的扩张,都将因强大的力量而"灭亡"。这是印度、奥斯曼帝国、波兰以及非洲的故事。累积的邪恶——传统的重压——挫败了改革。另一方面,据梁氏

---

① 梁启超:《变法通议》,《饮冰室合集》文集第1册,第2—3页。

说,彼得大帝统治下的俄国在其出国旅行并将国外技术带回之后变得更加强大。德国在普鲁士军队的领导下获得统一。现在,自明治维新以来的 30 年间,日本甚至强占了琉球群岛和台湾。梁氏

70 实际上是在说,清政府的敌人应该成为清政府的老师。日本最近的历史遭遇跟中国一样:它在俄国人、德国人和美国人的手中面临亡国的危险。但是跟中国不同的是,日本通过彻底的改革得以恢复国力。[1] 变革是可以随心所欲的,但是只有当人们沿着正确的方向指导变革时,变革才能保国、保种和保教。[2]

明治维新不仅提出了实践改革的模式,而且提出了一种全新的有关皇权的思维方式。梁启超特别钦佩日本的近代教育制度,但他指出,政治修养是改革的真正基础。[3] 一方面,梁启超谴责专制,但另一方面,他将改革与王权的更新和权力的扩大联系在一起。[4] 梁启超呼吁皇帝团结全国人民。"鉴于使帝国公有化的正当性,全国人民都有爱国和为民族忧虑的责任,因此,满人和汉人之间以及统治者和人民(君民)之间的分裂是不允许的。"[5]当然,梁启超不是公开倡导民主,而是试图提醒皇帝他的职责。[6]

---

[1] 关于梁启超和明治维新的关系,参见彭泽周:《中国の近代化と明治维新》,第 193—264 页;Philip Huang(黄宗智),"Liang Ch'i-ch'ao"。在更一般的层面上,参见 Hao Chang, *Liang Ch'i-ch'ao and Intellectual Transition in Modern China*, pp. 73 - 120, esp. pp. 89 - 95;张朋园:《梁启超与清季革命》,第 11—80 页。

[2] 梁启超:《变法通议》,《饮冰室合集》文集第 1 册,第 8 页。

[3] 梁启超:《变法通议》,《饮冰室合集》文集第 1 册,第 62—63 页;第 21—64 页广泛讨论了教育问题。

[4] 梁启超:《变法通议》,《饮冰室合集》文集第 1 册,第 1、4 页。

[5] 梁启超:《变法通议》,《饮冰室合集》文集第 1 册,第 80 页。

[6] 张朋园强调了梁氏此时思想的民主(民权)性和激进性,见张朋园:《梁启超与清季革命》,第 48—50、53—58 页;也参见 Hao Chang, *Liang Ch'i-ch'ao and Intellectual Transition in Modern China*, pp. 103 - 106。然而我要指出的是,尽管他的反专制主义确实得到了很好的发展,但梁氏仍然赋予圣人皇帝在政治社会中有效且确实必要的角色。

梁启超对明治天皇的兴趣，既不在于他的政治权力，也不在于他的象征价值，而在于他为民族社会而改变的开放态度。梁氏在他的著作中仅有一个段落提及明治天皇，并将清朝的伟大皇帝康熙和雍正与近代化的君主等同，如俄国的彼得大帝、德国的威廉一世以及日本的明治天皇。① 在这一点上，日本偶然地符合了梁启超从康有为那里继承而来的伟大计划。圣人的本质是一种积极的灵活性。圣人根据时代行事，了解自己的时代趋势，并在必要时建立新的体制来应对。这是梁启超反对保守主义观点的核心。日本的德川幕府（1603—1868）就是对中国的警告，邪恶的蒙骗政策使政府与人民隔绝，导致政府垮台。② 相反，明治的特殊精神来自团结人民的天皇。

明治证明了改革根本没有西方的东西。然而，梁启超将中日两国对西方的反应做了对比。日本人前往欧洲直接调查情况，并在回到自己的祖国后运用他们所学到的知识；而中国人前往欧洲仅仅是为了购买现成的军事技术。③ 同样，当日本留学生到国外学习返回家乡时，他们得到了适合的职位；而在中国，留学生并没有得到特别的重视。④ 梁氏甚至对比了中日两国政府聘用外国专家的方法之间的差异。日本人开始时更多地利用外国顾问，但很快就将其淘汰，而中国人继续认为他们至关重要，没有认清重点其实是向他们学习然后摆脱他们。⑤ 关于政府的学问（政学），

71

---

① 梁启超：《变法通议》，《饮冰室合集》文集第 1 册，第 5 页。康熙（1661—1722 年在位）和他的儿子雍正（1722—1735 年在位）确实是创新且高度专制的统治者，他们巩固了清朝的权力。

② 梁启超：《变法通议》，《饮冰室合集》文集第 1 册，第 81 页。

③ 梁启超：《变法通议》，《饮冰室合集》文集第 1 册，第 8—9 页。

④ 梁启超：《变法通议》，《饮冰室合集》文集第 1 册，第 27—28 页。梁启超的更大论点是，只要科举考试和任用制度没有改变，这个问题就会一直存在。

⑤ 梁启超：《变法通议》，《饮冰室合集》文集第 1 册，第 9—10 页。

梁氏认为，一个拥有称职的通才管理人员的国家将能够充分地利用专业人才，而一个国家若拥有世界上所有的技术培训，但缺乏良好的管理人员，培训也是枉然。一方面，这可以理解为对 19 世纪 70 和 80 年代的旧式自强运动的攻击；另一方面，梁氏在捍卫经典、哲学和中国历史方面的传统教育。只要与西方的行政管理方法相结合，这些就可以产生良好的政府。他声称，这种方法正是日本成功的基础。日本领导人明白，由于改革依赖教育，因此需要教育反过来增强统治。换句话说，明治维新明确的前提是，政府和法律(政法)乃国家之基础(立国之本)。①

对梁氏和康氏来说，明治天皇的象征功能及其与民族团结的关系似乎同样清楚。他们赞赏明治天皇的公开活动——他的旅行、鼓励教育和进步的理想以及与官员和平民的会面——都有助于提高日本人的认同感，从而增强国力。同康有为一样，梁启超也认为政治是民族复兴的根本，皇帝是政治的核心。诚然，他们对活动家圣贤之王的追求使他们对明治天皇的理解更加深刻，这也受到明治官方事件的影响。此外，如果复位运动为中国 1898 年的改革形成了任何蓝图，那将是一个相当朦胧的蓝图。

只有在改良运动失败，改良派逃亡日本后，才可以说他们已经掌握了近代日本的扎实知识，而这时他们似乎已经失去了兴趣。实际上，19 世纪 90 年代的改良派构想出一种假想的明治：中国的改良派早已对明治式的改革趋之若鹜，在他们不了解明治之前，我们可以将其概括为行政效率和宪政主义。改良派在 1898 年的失败也是保守派的胜利，这为反对外国和反对基督教

---

① 梁启超：《变法通议》，《饮冰室合集》文集第 1 册，第 69 页。也参见 Hao Chang, *Liang Ch'i-ch'ao and Intellectual Transition in Modern China*, pp. 94 - 95。

的义和团运动奠定了基础。尽管义和团以农民起义为开端,但它得到了清廷的支持,并于 1899 年在中国北部蔓延开来。英军和包括日本人在内的外国势力于 1900 年镇压了起义并攻占了北京。清朝皇室的处境非常危险。然而,由于担心无政府状态,外国势力与慈禧达成了和解。清政府将支付 4.5 亿两白银的赔偿金,并屈服于更多的外国人。这是对王朝威望的重大打击,但慈禧本人这时将目光转向了改革。具有讽刺意味的是,1901 年开始实施的新政改革与 1898 年的提议非常相似:对学校和考试制度进行近代化改造,精简官僚机构,并鼓励工业和贸易。高级官员现在将目光投向了明治。① 到 1905 年,皇室废除了科举制度,并承诺颁布宪法和进行地方自治。我们将在后面的章节讨论这些清朝很缓慢实施的承诺。无论如何,官方的改良主义是局限的:慈禧太后没有撤销清朝在 1898 年对康有为和梁启超宣判的死刑。

移居日本后,梁启超广泛撰写有关意大利、波兰甚至雅典和斯巴达的文章,并且不停地写作关于中国和政治理论的文章,但不写关于日本的。梁启超显然对日本不感兴趣,一个主要的例外是他对日本对朝鲜的殖民统治进行了笼统分析。就梁启超而言,这对中国来说是一个客观的教训。当时,梁启超虽然很欣赏明治维新,但他发现近代日本的政策实在太令人厌恶,无法将其作为典范。然而,这种解释似乎还不够充分:梁启超的确钦佩日本的君主立宪制。也许他认为,清朝在 1901 年开始进行新政改革后,从理论中探索学到的东西要比对明治的探索收获多。

值得注意的是,1902 年梁启超对引用德国和日本的反民主 73 论点作了答复。根据这一论点,德国和日本的帝国政府在形式上

---

① Reynolds(任达),*China*,*1898 - 1912*.

与中国最接近,中国可以向他们学习镇压民主。[1] 梁氏的根本反应是否认对话者的前提,即那些政府正在镇压民主。他认为两者本质上都是君主立宪制。梁氏还指出,德国是联邦制帝国,主权在其各种国家贵族手中。的确,地方自治是德国民主(民权)的基础。[2] 由于普鲁士对联邦的统治,德国皇帝行使了一些权力。但是,梁启超强调,帝国制度没有古代的神权制度作基础。再一次,我们看到了梁氏对君主专制的纯粹务实态度。

至于日本,梁启超认为那里的权力也至少是在君主专制政府内部。[3] 日本体制的关键是政府大臣们尽管拥有真正的权力,却很容易遭到国会的反对。因为即使皇帝解散了原来的国会,连任的国会议员万一拒绝通过政府的提议,政府大臣们也必须辞职。梁氏得出结论说,日本人民相对落后,可能会崇拜其皇帝(君主),但日本不是(专制)君主制(君权)。他批评日本的观察者们,他们只侧重于宪法对天皇的特权和"不可侵犯性"的规定,而这些没有抓住日本法律的真正精神。日本的现实是由人民运动与君主制之间的"共同权力"所形成的。

最后,梁启超还驳斥了中国与德国、日本有很多共同点的前提。梁氏说,对中国国情的检视表明,它与德国的联邦制以及日本的不中断的帝国主义路线截然不同。梁启超批评民主的反对者们没有承认他们的真正榜样是俄国,那里君主专制是绝对的,但野蛮又不稳定。梁启超乐观地声称,中国的"国家形式"与英国非常相似。这似乎有些牵强,但梁启超只是在吹捧混合宪法,而不是进行比较政治。他认为,民主制虽然限制了君主专制政权,

---

[1] 梁启超:《答某君问德国日本裁抑民权事》,《饮冰室合集》文集第 2 册,第 48—57 页。
[2] 梁启超:《答某君问德国日本裁抑民权事》,《饮冰室合集》文集第 2 册,第 52、49 页。
[3] 梁启超:《答某君问德国日本裁抑民权事》,《饮冰室合集》文集第 2 册,第 53—54 页。

但也可以通过使其免受政治责任来稳定政权。① 不管国家的政
治形式如何,对梁氏来说至关重要的是"法治"。专制君主很少履
行自己的职责,他们的继承人也永远不会履行职责。但是在法治
体系下,所有人都具有政治权利(权),其作用是相互制衡,从而为
国家提供了坚实的基础。关键在于建设宪法制度。

政治秩序中的公与私

正如我们所看到的,公的概念(公共、公共思想、公正、普遍主
义)对清末文人至关重要。② 许多激进分子将(幻想的)西方视为
实现了中国联邦(天下为公)梦想的典范,在民主梦想中,民主实
践消除了上下层社会的阶级差异,社会得到了统一。在这个意义
上,"西方"是公价值观的代名词。即使对于那些憎恨或惧怕西方
的学者,上古的三代也提供了可以被称为民主的制度,因此三代
成为公价值观的另一个代名词。然而与此同时,进化史或线性时
间原理的应用表明,三代只能是原始时代。这就是康有为三世思
想的逻辑结论。在 19 世纪 90 年代中期,梁启超用普世的术语解
释了社会的演变,他认为三世的演变阶段不仅适用于中国,而且

① 梁启超:《答某君问德国日本裁抑民权事》,《饮冰室合集》文集第 2 册,第 55—56
页。梁氏有点绕口地辩称,既然在实践中即便是专制君主也必须与官员和太监等
人分享权力,他们与人民分享权力并不会输。限制其权力的国家(英国、日本)的君
主是幸运的人,因为政府的错误不能被归咎到他们。
② 关于梁启超,参见 Hao Chang, *Liang Ch'i-ch'ao and Intellectual Transition in
Modern China*, pp. 103 - 107; Hazama Naoki(狭间直树), "On Liang Qichao's
Conceptions of Gong and Si"。关于"公"在晚清政治话语中的中心地位,参见黄克
武:《从追求正道到认同国族——明末至清末中国公私观念的重整》,载于张哲嘉
编:《公与私:近代中国个体与群体之重建》;沟口雄三:《中国の公と私》;Rowe(罗
威廉),"The Public Sphere in Modern China"。

适用于西方。尽管古希腊和罗马可能实行了一些"议会"程序,但绝大多数人被剥夺了选举权,使这些社会实质上是贵族制。① 这就是为什么梁启超认为古代的西方社会,至少与先秦时代一样,仍旧停留在历史上的据乱世。因此,对梁启超来说,重点也不是思想(例如民主)的起源,而是遵循进步规律的历史必然性。梁启超关于普遍进步阶段的理论并未假定任何地方的进步都是同步的。古代西方和古代中国都有民主的要素,尽管这些要素在西方获得了进一步的发展。这种方法在 1903 年被激进分子刘师培(1884—1919)和林獬(1874—1926)采纳为逻辑上的结论。刘师培的《中国民约精义》是古籍学术研究的一环,对卢梭的社会契约论概念进行了宽松解释,并在许多关于统治者的职责以及统治者与平民之间的共同义务的中文论述中找到了它。② 刘氏和林氏并没有试图论证民主起源于中国,但指出它至少不是外国的。因此,鉴于民主思想的古老性和普遍性,它们可以在今天得到恢复。

在政治领域,私(私人、自私)标志着公(公共)的反面。梁启超是最早阐明这种对比的人之一,尽管这隐含在自强运动的著作中。自强不息的改革派,早在冯桂芬(1809—1874)、王韬(1828—1897)和郑观应(1842—1921)的时代就将西方的议会制度与公联系在一起,将中国的专制与私联系了起来。但是,直到 19 世纪 90 年代,公和私在政治上的明确映射似乎并没有成为主要的问题。梁启超将这种思想发展为对帝国制度的普遍谴责。如我们所见,在他 1896 年的文章《论近世国民竞争之大势及中国前途》

---

① 梁启超:《与严幼陵先生书》,《饮冰室合集》文集第 1 册,第 108 页。
② 刘师培:《中国民约精义》,《刘师培全集》第 1 册,第 560—596 页。将在第五章进一步讨论刘师培。

中,梁已经将自私(私)与君主制联系在一起,而君主制又与中国当前的问题联系在一起。① 当梁启超将"先王"与有公共思想(公)的统治联系起来,而其后代与自私(私)联系起来时,他肯定是在故意回应黄宗羲。梁启超追溯了一个历史进程,该进程崇尚皇权,加剧了对人民的压迫,统治者与本国大臣疏离。这就是帝国"私有化"的实质。② 梁氏认为,从西方的权利/权力理论(权)中可以看出,个人的自治权和利益权属于公的范畴。换句话说,梁氏在公共(民主)和私人(专制)之间进行了区分。个人可能与私人领域相关联,但是以公共身份形成社区,他们实现了公共价值观。在梁启超的术语中,公包括个人权利,只要这些权利仍在其适当的范围之内;而私本质上代表着相同的"权利"概念,但是以强化、垄断和掠夺性的方式操作。③ 同时,私是自然的,并且在其适当的领域内是完全可以接受的,只是在政治领域内不是。

梁启超认为政治是规范化的公众,基于这一认识,他在 1898 ⁷⁶年至 1902 年间发展了公民民族主义理论。这一点在对梁启超的学术研究中得到了很好的探索。④ 在这里,我将按时间顺序简化列如下:

1. 在 1896 年和 1898 年之间,梁启超追随康有为的脚

---

① 梁启超:《论中国积弱由于防弊》,《饮冰室合集》文集第 1 册,第 96 页。参见梁启超:《论近世国民竞争之大势及中国前途》,《饮冰室合集》文集第 4 册,第 56 页。
② 梁启超:《论中国积弱由于防弊》,《饮冰室合集》文集第 1 册,第 98—99 页。
③ 梁氏在几种情况下将职责、权力和利润或利益相互联系起来,包括他对权利或"道德上的合法利益"的讨论。见 Angle(安靖如),"Should We All Be More English?"。
④ Hao Chang, Liang *Ch'i-ch'ao and Intellectual Transition in Modern China*, esp. chap. 6; Xiaobing Tang, *Global Space and the Nationalist Discourse of Modernity*, esp. chap. 4.

步,同时致力于大部分通过儒家今文经理解的世界历史发展的愿景以及使中国变强;他也比康有为更加矛盾地倾向于反满主义和民主思想。

2. 1898 年变法失败后,流亡日本的梁启超的政治思想变得更加激进,也变得更加复杂,因为他通过日本对欧洲和英美的政治理论和历史有了更多的了解。至少短暂地,他与反满革命者亲近,并脱离了康有为的影响。但是,他也开始发展出一种"更大的中国"的民族主义形式,这种形式包含多元的种族,基于君主立宪制的公民参与的政治理念。梁氏因此拒绝了反满主义。社会达尔文主义已成为梁启超思想的关键,到 20 世纪初,他已将"民族国家"作为生存斗争的单元。对梁启超来说,"民族国家"并不是指一个仅包括一个民族或主要由一个民族组成的国家,而是一个以爱国和公民条款定义其民族身份的国家。

3. 到 1903 年,梁氏受到加藤弘之(1836—1916)著作的影响,加藤弘之应该是当时日本最重要的政治思想家,也是国家主义的拥护者(我将在第三章中讨论)。国家主义加强了他对革命者的反对,为梁启超提出君主立宪制优于共和制而提供了进一步的论点。但应该记住,梁启超的君主制绝不是基于君主的神圣性。相反,君主是为国家服务的。梁氏还试图将国家主义与基于个人参与公共事务的公民共和主义的愿景相结合。

我用"公民民族主义"一词来区分梁启超的观点和共和主义
77 革命者的反满"族群民族主义"。梁启超将帝国重新概念化为一个民族国家,而不是一个公民国家。他不仅试图从个人(私)与公

90

众(公)之间的二元关系出发,考虑政治权威的合法性,还试图将私的合法角色定义为公民参与的基础。

移居日本后,梁启超首次尝试综合自己的新政治知识,也许是对"新公民"的一系列延伸思考。《新民说》大部分是在 1902 年和 1903 年撰写的,是一系列松散的论文,本质上要求中国人变得更加积极、自信和负责任,能够为一个强大的国家做出贡献。[1]新民说提倡强烈的民族主义意识和热爱集体的理想。然而,除了梁启超对中华民族的持续关注,还有更多产生了影响。最长的一篇论文是关于"私"的道德的,或者最好称为"个人美德"(或私人道德、私德)。《论私德》一文出现在系列文章的后期,可能在某种意义上代表着对该问题的重新思考。该系列早期发表的另一篇文章《论公德》强调了他个人对政治社会的责任这一中心主题。

《论私德》并没有收回这些想法,而是强调了个人对自我而不是对社会的道德责任。[2] 在这篇论文(清末对私的最持久的冥想之一)中,梁氏证明了他所想到的道德过程本质上是一个私人过程。本质上,梁启超参与了一场反对当代衰败的浪潮(这当然是一个经典的保守主题),并发动了对革命者的攻击,这些革命者主张更激进和具有破坏性的变革,超出了他的意愿。然而,他还在

---

[1] 新民说也被很好地讨论,见 Hao Chang, *Liang Ch'i-ch'ao and Intellectual Transition in Modern China*, pp. 149-295;黄克武:《一个被放弃的选择:梁启超调适思想之研究》,第 41—60 页。

[2] 梁启超:《论私德》,载于《新民说》,《饮冰室合集》专集第 4 册,第 118—143 页。梁氏在美国游历了 8 个月,回到日本后出版了《论私德》。这标志着梁氏的"保守转变",这至少在一定程度上是由于他对美国的政治腐败以及那里的华人社区尽管拥有更大自由却落后的观察。对于这种保守的转变,从梁氏对"民主"的幻灭和对革命者的攻击的尖锐化中可以看出,参见 Hao Chang, *Liang Ch'i-ch'ao and Intellectual Transition in Modern China*, pp. 238-271;Levenson, *Liang Ch'i-ch'ao and the Mind of Modern China*, pp. 153-169;以及我在第三章的讨论。

探索人性中道德的根源，重点强调我们所谓的道德行为训练，该训练最终取决于不受外界世界干扰、不受他人判断影响的个人反省能力。

梁启超明确表达他对"先贤"的道德的"完美"理解没有任何补充，但他似乎觉得困难时期需要进行讨论，将永恒的真理与当代事件联系起来。他强调说，他并不是在将公民美德与作为对立面（即彼此冲突）的个人美德进行对比，而是强调它们是互补的。① 梁启超首先宣称，群体的道德不过是每个成员的集体美德。梁氏援引赫伯特·斯宾塞（Herbert Spencer）的话，继续声称群体的基础是个人。梁氏的观点并不是说个人比团体重要，而是说团体只能和成员一样强大。描述该群体的属性全部来自个人，描述个人成员的任何属性也都描述群体。相反，群体无法弥补其个人成员所缺乏的特性。在这一点上，梁氏所说的抽象的"群体"指的是国家。因此，他对"公共道德"作为一般命题的关注较少，较多关注公民美德作为公民的正当行为。可以得出结论，他对公民美德的关注使他陷入了个人美德的问题，但是他发现个人美德并不是次要问题。相反，私德不仅仅是公德的基础：从整体上讲，私德就是公民美德。

> 因此，如果个人［私人］缺乏自己的个人道德性［私人道德性、私有之德性］，那么即使是由数百万个人组成的群体也不可能具有公共道德性。这很容易理解。盲人就算聚集在一起，也不会突然变得能看到。聋哑人，如果聚集在一起，也不会突然能听到声音。如果懦夫聚集在一起，也不会突然变得勇敢。因此，如果个人没有自我信任，他们如何能信任他

---

① 梁启超：《新民说》，《饮冰室合集》专集第 4 册，第 118—119 页。

人？如果个人对自己不忠,那么他们如何对群体忠诚？这也很清楚。①

为了将这一观点带回国内当前的政治局势,梁启超强调说,如果目标是创造公民,那么首要条件就是"滋养他们的个人美德"——这对那些要培育公民的人同样适用。正如黄克武指出的那样:"对梁启超来说,个人价值观和群体价值观的相互依存在很大程度上是个人道德问题。"② 从某种意义上说,个人是道德的唯一来源,由此最终构成梁启超政治体系的基础。但是个人永远是群体的一个成员。

对梁氏来说,道德本身是相关的:它是通过个体之间的相互作用而产生的。鼓励公共和平与公共利益的是道德,而伤害公共和平与利益的是不道德。在一个岛上孤立的人不可避免地缺乏道德:道德问题根本不适用于这种情况下的行为。然而对梁氏来说,私人仍然是道德行为的唯一来源。公民美德仅仅是私人道德的延伸。的确,考虑到群体的需要,梁氏得出结论,一个社会可能缺乏公民美德,但是如果能够大量发现个人美德,那么,创建公民美德将花费很少的精力。相反,一个缺乏个人品德的社会永远不可能形成普遍的道德。纵观中国,梁启超非常悲观。

梁氏得出结论,中国人民缺乏个人品德,他将其归于5个基本原因:传统专制、近代专制、屡屡战败、经济不景气和知识资源匮乏。③ 这5种现象都表明了梁启超关注个人如何建构自身道

---

① 梁启超:《新民说》,《饮冰室合集》专集第4册,第119页。
② 黄克武:《一个被放弃的选择:梁启超调适思想之研究》,第66页。
③ 梁启超:《新民说》,《饮冰室合集》专集第4册,第120—130页。

德的问题。梁氏在这里想到了各种问题。第一种是落后的中国人民的悲哀状态。第二种是清朝发展的儒家传统处于事实上的有罪状态。第三种是他那个时代的革命者,他声称,他们的行动将使中国最终沦落给外国人。在梁氏看来,革命者在采用西学方面已经落伍了。他们的自由、平等和竞争理论正在破坏公共秩序。他们否定了"民族精华"(国粹),而梁氏认为国粹可以缓和西方政治理论的过度渗透。的确,对梁启超来说,所有这些可怕的事情的终极原因是专制,这就是彼时的帝国状态。尽管如此,梁氏的新保守主义再清楚不过了。虽然他鄙视旧社会,但他钦佩儒家的道德观并无法找到其替代物。他说,西方理论的拥护者(意思是在革命阵营当中的他的敌人)是不道德的,即便他们自欺欺人地认为自己表现得很光荣。自我修养这一主题——以及道德的实质——构成了梁启超论文的后半部分。

80　　梁氏大量借助王阳明的观点,他强调道德是个人的孤独追求。但这并不是完全主观的。因此,他在该部分开头即提出道德对于每个人都是绝对必要的。这里的意思是,革命者声称(梁启超这样表述),尽管他们致力于最终的建设,但他们的首要任务是破坏——而这并不需要道德。梁氏也许有意或无意地误解了革命的方向,但心智成熟的他指出,破坏和建设实际上是密切相关的。他暗示即使在推翻旧系统的愿望中,也存在建设性观念的根源,但他也认为,破坏对建立新的更好的系统来说是必要的,但不是简单为了破坏而进行的破坏。然而梁氏特别指出,革命事业需要它自己的统一性和标准,这是另一个建设性的概念。最大的敌人并非来自国外,而是来自内部:中国人自身的弱点使他们无法统一。对梁启超来说,这不仅是建设与破坏是相互联系的论据,而且是与革命立场相反的论点,即必须

从建设（即改革）开始。尽管想摧毁腐败的机构是合理的，但是
"彻底摧毁"的口号——即使这是一种愤怒的表述，而非真实的意
思——也是危险的。它成为一种印在大脑上的习惯，因此削弱了
道德控制，最终威胁到整个社会。

　　换句话说，革命思想本身并不是不道德的，但是实际存在的
中国革命者，是一个病态社会的产物，危险地失控了。因此，梁氏
将讨论带回到私人道德。他说，过去他不相信"中国的旧道德"会
包含当代人的意识（人心）。他渴望创造一种新的道德观念来补
充旧的道德观念（因为如果革命理想不是完全错误的，根本就没
有必要彻底毁灭）。① 但是，梁启超强调他以前过分理想化了。
完成统一和执政的任务需要 3 个素质：道德、智慧和力量。后两
者很容易，但是道德很难。归根结底，梁氏认为这很难也是因为
我们所谓的那些"第二十二条军规"。② 鉴于旧社会的腐败，如何
进行适当的道德教育？鉴于人类具有自我欺骗的能力，我们如何
才能知道自己的行为是否真是道德的？鉴于邪恶习惯可以轻松
渗透到我们的思想中，我们如何在一个腐败的世界中保持道德
纯洁？

　　尽管道德的根源是普遍的，使道德成为可能的信仰自由在各
地都是一样的，但梁启超特别警告道，道德实践植根于当地习
俗。③ 更准确地说，梁氏认为，人际关系的伦理是特殊的，包含在
更大的普遍主义道德观念中。因此，"伦理"随着时代而改变——

81

---

① 梁启超：《新民说》，《饮冰室合集》专集第 4 册，第 131 页。
② 出自美国作家约瑟夫·海勒创作的长篇小说《第二十二条军规》。意指本身有问
　　题、进退两难或左右为难的境地。——译者注
③ 梁氏从康德那里接受了良心自由是道德之根的观念。参见黄克武：《梁启超与康
　　德》，《"中央研究院"近代史研究所集刊》第 30 期（1998 年），第 101—148 页；Max
　　Ko-wu Huang（黄克武），"Liang Qichao and Immanuel Kant"。

例如妾制伦理——但这并不意味着道德体系存在缺陷。① 然而梁启超的主要观点是，西方学者给中国提供了新的道德理论，却没有提供新的道德。梁启超强调，西方的道德行为围绕宗教教义、法律制度以及荣誉或名誉的概念构建而成，其中任何一种都不能传入中国。西方理论只有在公民得到良好教育之后才能用于道德教育。由于公民教育本身还很遥远，因此中国唯一的选择就是复兴旧道德。如果"彻底毁灭"旧道德，那只会导致自我毁灭，因为它不会为未来的建设打下基础。

革命者和所有中国人需要的是对相互自我完善的道义承诺。梁氏让革命者们看一下曾国藩、乔治·华盛顿和吉田松阴（1830—1859，明治维新的英雄和烈士）的例子。这些人在其道德传统中成就了伟大的事业。梁氏强调，道德教育不是学术工作。特别是欧洲思想家的"新道德"涉及大量的理论阅读，这样很可能会培养出能讲道德观念却不道德的学究。人们可以像学物理或其他知识分支一样研究道德理论，但是道德本身只能通过实践来发展。具有讽刺意味的是，据梁氏说，中国人现在学的更多了，但他们的道德仍在下降。西方人可以用他们的道德理论来提高自己的道德，但是中国人仍然必须运用传统观念来为实际行为提供实践基础。② 梁氏运用了新儒家的正统程朱学派和王阳明学派来论证其有关每个人自我检查重要性的论点。

梁启超说，自我检查的过程包括 3 个步骤："检查本源"（正本），"独处时的谨慎"（慎独）和"小事关怀"（谨小）。第一个是"正本"，它指的是探究自己的天性之深，并探究其动机。梁启超举了

---

① 梁启超：《新民说》，《饮冰室合集》专集第 4 册，第 132 页。
② 梁氏将西方的道德行为归因于宗教、法律和社会压力（荣誉、名誉），但这些道德准则很难输入中国，见梁启超：《新民说》，《饮冰室合集》专集第 4 册，第 132、140 页。

一个爱国主义的例子：爱国主义是对的、纯正的，这是毫无疑问的，但是以爱国主义的名义行事以实现自己的私欲的人比起初就一无所知的人更糟糕。① 换句话说，梁氏将动机或意图问题视为核心的道德问题，明确指出只有个人才能真正了解自己的动机。同时，所讨论的个人，即使最初是出于纯粹的动机而行事，也可能逐渐变得腐败，甚至他都没有意识到。第二个，"慎独"，意味着对自己的日常行为保持专注。最重要的是，梁启超主张内省不是被动的反思，而是积极主动地决定和根除自己过失的过程。他说，他是想找一种方法来培养王阳明所说的个人的先天知识（良知）。② 但这并非释放自信的途径。梁启超的第三步，"谨小"，加深了他的谨慎主题。不是说小错误本身很重要，而是如果不加以制止，它们就会如滚雪球般地卷成更普遍的道德腐败。

读者可能想知道梁氏在多大程度上正将自己的忧虑转移到革命者身上。梁启超标榜自己建立道德的方式就像古代的宗教，但是由于有许多观点来自王阳明，他不可避免地提出了个人主体性的问题。他的道德根植于强烈的内省和自我改造。一方面，先天的好知识代表着主观性的价值，也是一种自省技术的目标。但另一方面，它本身只能代表道德实践的根源，需要进一步的探索。道德理论，父母、老师和朋友的劝告，以及"规则"都可以帮助个人达到善良。然而，尽管梁启超同时在写一篇激烈的政治文章，但他只强调了个人在精神孤立中对道德的孤独追求。

₈₃

· · ·

可以被称作第一位攻击君主专制的学者，并非康有为，也并

---

① 梁启超：《新民说》，《饮冰室合集》专集第 4 册，第 138—139 页。
② 梁启超：《新民说》，《饮冰室合集》专集第 4 册，第 139 页。

非梁启超，而是严复（1854—1921）。① 严复这样做的理由并非他不崇尚儒家。与康氏相比，严氏在天性和理智上更为谨慎——不是投机思想家，只是思想更加严谨。他从小就接受传统教育，但由于经济原因，他不得不在福州造船厂的海军学院继续学业，在那里他学习了海军科学，还学习了英语、数学和通识科学。1877年，他被派往英国继续深造，在那里他对政治经济学、社会学以及海军研究感兴趣。1879 年，严氏回到中国，成为李鸿章的幕僚，但他从未进入李鸿章的核心圈。他没有通过科举考试，职业生涯受挫。正如我们所看到的那样，严氏在政治观点上越来越激进，尽管他与梁启超有联系，但他仍然与康有为保持距离。严氏当时正在翻译《天演论》，这本书使一代中国知识分子成了社会达尔文主义者。这项工作（无论是评论还是翻译）都是基于赫胥黎（T. H. Huxley）1893 年的《罗马尼斯演讲》（*Romannes Lectures*），但是当赫胥黎想要在一个纯自然进化形成的世界中寻找维持伦理学地位的方法时，严复遵循了赫伯特·斯宾塞严谨的不道德原则。优胜劣汰是普遍性的和非个人的"自然"准则。生物进化论带给中国人的震惊并不像西方那样大，因为在西方它是挑战教会教义的学说。② 关于社会不以道德为基础这一重要问题更难消化。但也令人信服。

甚至在《进化论》问世之前，严氏就曾在 1895 年发表了一系

---

① 严复也可能是 19 世纪 90 年代改革者中认识论上最大胆的人。严复的权威英文传记仍然是 Benjamin Schwartz（史华慈），*In Search of Wealth and Power*。该书强调严氏对民族国家作为当代世界达尔文竞争的关键单位的贡献。汪晖最近的中文研究《现代中国思想的兴起》（第 2 部上卷，第 833—920 页）强调了严复思想的近代性。最近关于严复的自由主义的两项重要研究集中在他对约翰·密尔的《论自由》的翻译，分别是 Max Ko-wu Huang, *The Meaning of Freedom* 和 Howland, *Personal Liberty and Public Good*。
② Pusey（浦嘉珉），*China and Charles Darwin*.

列论文,敦促进行根本的体制改革。其中之一就是《辟韩》。① 唐
代文人韩愈是宋代新儒家的直接先导。他大声疾呼赞成儒家的 *84*
正统观念,反对道家和佛教,因为他认为道家和佛教统治着唐朝。
严复为什么突然回溯一千年将一个无恶意的儒学家作为他的目
标? 严氏的愤怒不是因为韩愈,而是由他的文章《原道》引起的。
该文的标题可以翻译为"道德道路的本质"或"道路的起源",甚至
可以是"恢复道路"。② 因为韩氏想收回儒家的"道":捍卫圣贤免
遭道家的攻击,并捍卫道德关系(君臣、父子)免受佛教的攻击。
韩氏说:"如果没有古代的圣人,人类早就死了。人类既没有羽毛
或毛皮,也没有鳞片或贝壳来抵御高温和寒冷;既没有爪子也没
有毒牙为食物而战。因此,统治者就是发出命令的人。"也就是
说,人们为了生存必须被迫团结起来。韩愈说,统治者通过其大
臣统御人民,作为回馈,人民用谷物、布料和其他商品向上级效
忠。或至少应该如此。不幸的是,由于统治者统治无道,人民并
不效忠,社会秩序正在崩溃。

　　韩氏认为,统治权植根于圣贤和自然原则中的圣贤。这就是
道家们误解的"道"。也许严复是因为韩愈对道家的攻击而被激
怒的。无论如何,严氏以韩愈的"原道"为起点,对君主专制进行
了尖酸和惊人的攻击。严氏反对的是韩愈坚持"圣人"植根于
"道"这一宇宙学原理。相反,根据严氏的说法,圣人或统治者及
其大臣们只是有用的。(韩愈认为他们也有用,但不仅有用。)严
复解决的第一个问题是韩氏对文明起源的理解。据韩氏说,在圣

---

① 严复:《辟韩》,《严复合集》第 1 册,第 70—74 页。严复的文章由梁启超在 1896 年
　其协助创办的报纸《时务报》上发表。
② "原道"在狄培理(de Bary)和卜爱莲(Bloom)编辑的 *Sources of Chinese Tradition*
　(1:569-573)中被翻译成"道德之道的本质"。

人到来之前，人们赤裸、饥饿、寒冷、无家可归，受到动物威胁并普遍遭受"伤害"。是圣贤创造了衣服、住房、工具、仪式、社会等级制度、音乐、贸易以及政府，设定了惩罚和军事措施，换句话说，统治权要求人们从事特定的职业。在这里，严氏发现了韩愈"圣人"概念中的逻辑缺陷。首先，按照韩愈自己的逻辑，在圣人到来之前人类应该已经灭绝了。其次，按照韩氏的定义，圣人不可能是人类，因为那样的话，他们将被冻死或被野生动物食用，然后才有机会创造仪式。此外，尽管韩愈似乎在说圣贤的完美会逐渐渗透并重塑整个世界，但只有一个不完美的世界才需要统治者。如果所有的圣贤都像韩愈所说，那么他们将无事可做。严氏承认需要某种统治，但他认为统治不是植根于道路。相反，统治是人民为了自己而创造的。在一个不完美的世界里，统治者确实是必要的，但是只有在它们是社会发展的产物的意义上，统治者才是自然的。

确实，根据严复的说法，是人们自己首先学习了如何种植农作物、制作工具和交换商品。然后，他们发现有些被骗并被偷走了，因此他们意识到需要管理者。他们交税以支持政府。因此，"统治者"是人民决定的结果，当他不履行职责时，他们就可以摆脱他。严氏得出结论，统治是"必要"的结果——人民之所以制定统治是因为他们必须这样做。但是，正是他们的理性和合理行动才造就了统治者。严氏暗示，以货物换取统治者的施政和军事技术，其核心是平等的关系。统治者的唯一职责是保护人民，只要有贼和霸凌，就需要统治者。但是，对于严氏来说，自秦统一以来，君主制本身就依附于盗窃和欺凌，国家是从人民那里盗来的。而且由于皇帝知道他们窃取了国家，他们对人民会要求收回国家而感到疑惧：故而所有机制都是专制的。因此破坏了应该团结人民的自然社会纽带。不道德的君主制恰恰通过破坏社会统一,使中国成为那些更为强大的国家的猎物。严复将中国与西方国家进行了对比,在西方国家中,他看到国家是人民的"共同财产",统治者仅仅是人民的"公仆"。

毫无疑问韩愈会回复说,他完全理解统治者确实对其人民负有责任,尽管上天所赋予的责任并非源于某种社会契约。但在严复的观点中,韩愈不仅没能理解统治者是如何从人民中崛起的,而且还认为统治者具有某种本质的固有的品质使他们具有此种特征。对汉人来说,这是统治者下达命令、人民效忠与服从的自然秩序的一部分。因此,根据严复的估计,汉人无法区分邪恶的统治者和像尧舜这样的圣贤统治者。严氏说,韩愈甚至忽略了孟子最重要的理念:民为本,社稷次之,君为轻。而真正将严复与韩愈区别开来的是所谓的"自然"。在严复的用语中,自然暗示着这是合理且合乎逻辑的:专制国家对人的自然发展造成人为障碍,是不合理的制度。显然,他的论点是基于卢梭关于社会契约的看法,但在这里,严氏转向了早期的道家著作。他谴责韩愈拒绝老子对自然的理解。他还引用了庄子的话:"彼窃钩者诛,窃国者为诸侯。"韩愈甚至没能理解"道之大原出于天"(虽然是出于上下文,但严氏在引用董仲舒的话)——也就是说,统治者是共同责任体系的一部分,而不是神圣不可侵犯的。韩愈对统治者的荒谬抬高与任何有关天或道的真实观念相矛盾。在严氏对社会契约进行的道家解读中,统治是"出于必要而创造的",其含义仅仅是团体对保护的需求。正是在一个不完美的世界中,统治者是必要的。严氏认为,真正的统治者是人民自己,国家是他们的共同财产。

正如严氏应该知道的,这等于否认了清朝的合法性。但跟

1898 年的改良派一样,严氏支持保留中国的君主制(如果可以进行改革),其理由实际上与韩愈的功能主义有很多共同点。严氏的结论是,有必要保留君主制、官僚主义和基本的社会秩序,因为根本变革的时机尚不成熟,习俗仍旧落后,人民根本没有做好自治的准备。严氏甚至不敢用"君主立宪制"一词来形容中国应该前进的方向。他确实勾勒出一个真正的统治者所面临的任务:提高民众的水平,届时君主将是多余的。一个现代的圣人将人们的自由归还给他们,允许他们统治自己,而这毕竟是上天赋予他们的。严氏面临着和康有为同样的问题,即如何设计改革的杠杆。由于缺乏康氏的今文经信仰,这对严复来说更难。严氏认为光绪亲自领导改革力量似乎不太可能,他的现代圣人是一种修辞手法。

1898 年后,梁启超继续朝前走,严复则往后退。从本质上讲,梁氏现在已经制定了一个自下而上的政治变革过程。他接受了儒家道德修养的要素——修身和一种称为静坐的静心,并将其应用于公民而非圣贤。当中国社会经历了学习社团和政治协会的爆炸式增长而摆脱了传统的等级制度时,梁启超预料到过度个人主义的危险。个人自然代表了一个私人领域,因此这不是一个剩余的类别(在定义公共领域之后剩下的),而是清末政治重新概念化的重要组成部分。私人领域也并非纯粹工具性的(旨在帮助团体生存然后被抛弃),在梁启超的道德视野中,这正是正在进行的政治进程的组成部分。

最终,正如沟口雄三指出的,在更广泛的政治讨论中,与政府、统治和官僚有关的是"私"而不是"公"。公与人民、平等、自由以及非官方领域联系在一起。[1] 换句话说,"公"的领域从国家转

---

[1] 沟口雄三:《中国の公と私》。

移到民族,而反过来,清末思想家普遍将君主制与私联系起来,谴责其为"自私"。然而,这一举动暗示着君主制应该是"公共的",因此仍然停留在圣贤王宇宙学的废墟上。从君主制(君权)到民主制(民权)的转变是基于"分组"(群)的概念,即人类合作和建立共同身份的天然能力。在康有为的三世今文经文本中,一种自发的进步使群体的水平不断提高,直至大同。在 1898 年的大失败和帝国主义对中国的残酷威胁之后,梁启超再也无法相信这一点。相反,他把"民族"作为中国在无休止的残酷斗争中生存的唯一希望。比民族小的群体注定要灭亡,缺乏内部一致性的国家注定要灭亡,无法自我完善的种族注定要灭亡。对于梁启超来说,今文经儒学现在描述了一个幻想,而并非他所看到的周围的世界。然而,他很快也对后儒家的民族主义感到失望。

88

第三章 "主权"与被翻译的国家

19世纪与20世纪之交,西方关于国家的3种观点在清代知识分子中尤为重要:社会契约论、有机国家以及国际法定义的主权国家。这些观点也许不是全新的,但是它们一起代表了国家的新概念。晚清知识分子认为国家是世俗的人类建构的,在某种意义上具有自己的目标甚至个性,并与其他国家共同存在于世界。契约论对康有为、严复和谭嗣同的影响不容小觑。梁启超能够将契约主义与社会达尔文主义对竞争的重视结合起来。① 最初,社会契约以卢梭式的形式在日本和中国流行,它代表公民的平等,倡导国家的宗旨是严格地为其人民服务的观念。然而,尽管社会契约以人与统治者之间的契约来描述国家的起源,但它很少说明国家应该如何发展。关于国家是什么,而不是国家起源的讨论,由19世纪欧洲的政治和法律理论所主导。

19世纪60年代的清朝官员已经认识到需要对国际体系有更多的了解。这在很大程度上要归功于一位美国人——丁韪良(W. A. P. Martin,1827—1916)及他的中国助手团队,他们在1863年仔细翻译了亨利·惠顿(Henry Wheaton,1785—1848)的

---

① 史文、许敏:《晚清时期对国家起源的思考和诠释》,《武汉大学学报(人文科学版)》2006年第1期,第56—61页。

《万国公法》。① 清政府于 1869 年继续聘请丁韪良统领同文馆。丁韪良最初是一名长老会的传教士,抵达中国后就迫切地想让中国人看到西方文明的荣耀——科学以及加尔文主义上帝——因为前者有助于导致后者。② 亨利·惠顿是美国的律师和外交官。他的《万国公法》于 1836 年首次出版,取得了巨大成功,已被翻译成多种语言并于后代发行了新版本。丁韪良认为中国官员需要 90 阅读这本书也就不足为奇了。起初中国人对《万国公法》表示怀疑,中文也很难以表达外来的概念。译文非常精确,但是其庞大的技术词语和陌生的背景让当时的中国官员不得不依赖对文本的口头解释。但是,该文本是当时最新、最全面的译文文本之一,最终被越来越多的中国外交官团体所接受。

就我们的目的而言,《万国公法》的重要性在于对构成国家基础的基本法律原则的讨论。惠顿并没有明确遵循"社会契约"理论。但是,他引用了对国家的一个普遍定义,即"一个团结在一起的政治或人类社会,旨在通过共同的力量促进彼此的相互安全和利益"。③ 尽管他指出该定义存在几个问题,但惠顿还是接受了它是更精确地描述国家的基础。根据丁韪良的翻译,"国家的最初建立必然源于人民对统治者的服从"。④ 至少惠顿对国家持世

---

① [美]惠顿:《万国公法》。我也查阅了英文版,Wheaton, *Elements of International Law*。关于背景,参见林学忠:《从万国公法到公法外交》,第 1 章;田涛:《国际法输入与晚清中国》,第 2 章。

② Spence(史景迁), *To Change China*, pp. 130 - 140.

③ [美]惠顿:《万国公法》,第 24—25 页。Wheaton, *Elements of International Law*, pp. 29 - 30.

④ [美]惠顿:《万国公法》,第 29 页;我从中文回译。惠顿的原文有:"任何政治社会的成员对上级权威的习惯性服从必须曾经存在过,才能构成一个主权国家"——*Elements of International Law*, pp. 33 - 34。这是一个罕见的例子,本来的意思发生了实质性的改变。

俗的看法:人类为自己的目的制造的东西。他接着指出了国家的构成要素,即"对权威的惯常服从""固定居所"和"确定领土",所有这些在真正的国家存在之前都是必需的。换句话说,国家不仅仅是任何一种"机构政治"。惠顿列举了4个非国家的例子:第一,实际上是从国家获得权力的民间社团,例如商人团体;第二,游离于国家法律之外的犯罪组织;第三,显然缺乏固定居所和疆界的游牧部落;第四,民族,因为一个国家可以由许多民族组成(例如奥地利、普鲁士和奥斯曼帝国),而一个民族可以分散在不同国家内(例如,奥地利、普鲁士和奥斯曼帝国统治下的波兰人)。

对惠顿来说,国家是一种具有权威和合作特点的特殊团体,其权威和合作均有精确的地理边界。要建立国家,就要有某种形式的政府——任何形式的政府都可以。仅在"绝对的或无限的君主专制政府形式"的特殊情况下,"国君……必定与国家(国体)本身相称"。① 无论其来源是君主制还是民主制,统治权是至关重要的。惠顿精确地根据国家统治来定义"主权":

> 主权是任何国家的最高权力。这种最高权力可以在内部或外部行使。内部主权是任何国家的人民固有的,或由其市政宪法或基本法律[或]宪法法律赋予其统治者主权。外部主权在于一个政治社会相对于所有其他政治社会[或]国际法的独立性。②

---

① [美]惠顿:《万国公法》,第 27 页。Wheaton, *Elements of International Law*, p. 31.
② [美]惠顿:《万国公法》,第 27—28 页。Wheaton, *Elements of International Law*, pp. 31-32.

在这段文字中,内部主权和外部主权这两方面显然是分开的,但是这两方面都来自一个单一的来源:最高权力。主权是如何产生的?"在人民相互同意建立国家的情况下,国家获得主权。"①

独立性原则对惠顿有关外部主权的定义至关重要:"一个主权国家通常被定义为:任何国家或民族,无论其内部宪法的形式如何,它都独立于外国势力进行统治。"②同时,"自治"这个概念也谈到了国内政治局势。尽管惠顿否认国内政治形式与国家在国际法中的地位有关,但一个无法自治的国家不能声称自己是主权国家。此外,回到惠顿对国家的定义,似乎很明显,他的自治概念基于明确的权威或"最高权力"所在地。但是,惠顿承认有限主权、限制性主权以及半主权的现实。他指出,即使在主权国家中,真正的权力也有所不同。更弱的国家也仍然有主权,直到它们不再是主权国家。

对惠顿来说,这是一个以规则为基础的世界。国家和主权仅在法律框架内存在。这个法律框架是如何产生的?惠顿引用了瓦特尔(E. de Vattel,1714—1767)和其他18世纪法学家的主张,即国际法植根于自然法。尽管国家不同于个人,但"自然法的戒律对国家和个人具有同等的约束力,因为国家是由人组成的,并且自然法对所有人均具有约束力,无论他们彼此之间有什么关系"。③惠顿因而指出,尽管国家是人的构建,而不是植根于任何

92

---

① [美]惠顿:《万国公法》,第28页。Wheaton, *Elements of International Law*, p. 32. 再次,惠顿的表述是有契约论意味的。

② [美]惠顿:《万国公法》,第37—38页。Wheaton, *Elements of International Law*, p. 53.

③ [美]惠顿:《万国公法》,第14页。Wheaton, *Elements of International Law*, p. 14.

先验的宇宙学秩序,但人本身受到自然法的束缚。换句话说,主权国家是世俗的,但也是自然的。

本章考察了西方将"国家"概念翻译成中文的方式、"主权"的法律定义以及清末国家主义的发展。在 19 世纪,清朝被纳入国家关系的国际体系,这一体系不仅由西方强国控制,而且由西方强国定义。近代世界的条约制度建立在主权国家的法律机制基础上。在中国,斗争深受西方内部的竞争逻辑影响,在这种逻辑下,没有国家能够在不受到挑战的情况下建立殖民地或对外国领土做其他领土主张。① 通过签署条约,甚至是在枪口下,"大清"也成为国际体系中的一个国家。

运动中的主权国家

1842 年,清廷签署《南京条约》结束了鸦片战争,但这一条约对西方列强意味着什么,清廷几乎一无所知。对清廷来说,该条约是赋予外国人民一些特权以换取和平的一种手段,同中亚土耳其斯坦与"叛军"达成的协议无异。也就是说,条约是帝国政策的策略,而不是不可撤销的承诺。② 真正在中国建立条约体系的是第二次鸦片战争或称亚罗号战争(1856—1860),这场战争产生了受治外法权保护的西方飞地;导致了鸦片公开贸易;对所有西方

---

① 关于在中国的英国人,尤其是 1860 年至 1901 年间的在华英国人,参见 Hevia(何伟亚),*English Lessons*。经典的研究是 Immanuel C. Y. Hsü(徐中约),*China's Entry into the Family of Nations*。

② 继弗莱彻(Fletcher)的《清朝在蒙古、新疆和西藏统治的全盛时期》("The Heyday of the Ch'ing Order in Mongolia, Sinkiang and Tibet")之后,费正清的《伟大的中国革命》(*The Great Chinese Revolution*, pp. 87 - 95)简洁地进行了描述;另见 Dong Wang(王栋),*China's Unequal Treaties*, pp. 11 - 12, and chap. 1。

进口商品征收单一关税;正式的外交承认和代表;传教活动自由;等等。① 清政府获得了一种新的自我意识,或一种关于其在世界上的地位的意识。正如王栋指出的,清朝对制定条约的态度,从19世纪四五十年代的懈怠,到20世纪义和团运动之后的新条约谈判时,逐渐变得严肃认真起来。②

条约不仅建立了清朝被强行加入的新的国际关系框架,而且建立了新的主权话语。从某种意义上说,使用欧洲外交话语的条约使中国成为一个近代国家。也就是说,"大清"被视为国际秩序的成员,有权代表其疆域内数百万人民的利益与义务。根据自17世纪以来国际条约制定过程中形成的主权格局,西方赋予了中国主权,或者至少是"大清"主权。当然,主权并不意味着平等。西方大国在中国掠夺了通常与主权相关的许多职能,而"国际法"往往意味着大国霸权。③ 郑观应等人就中国在世界上的地位争论着。郑氏是一位成功的买办,也是真正了解西方的第一代中国人之一,他强调了主权的悖论。④ 1875年,他恰好推动了体制改革,以使中国能够加入国际体系,进而保护中国。⑤ 郑氏表示,中

93

---

① Horowitz(霍格维茨), "International Law and State Transformation in China, Siam, and the Ottoman Empire during the Nineteenth Century";田涛:《国际法输入与晚清中国》;田涛:《19世纪下半期中国知识界的国际法观念》,《近代史研究》2000年第2期,第102—135页;施建兴:《国际法的输入与中国近代国家主权观念的发轫》,《南平师专学报》2003年第1期,第46—50页。第二次鸦片战争在大规模的太平天国起义(1850—1864)期间爆发,几乎摧毁了清朝。第二次鸦片战争在清朝皇室不光彩地逃离北京,英法联军烧毁了圆明园后结束。

② Dong Wang, *China's Unequal Treaties*, pp. 19 - 24.

③ Xiaoming Zhang and Chunfeng Xu, "The Late Qing Dynasty Diplomatic Transformation"; Shogo Suzuki(铃木胜吾), "China's Perceptions of International Society in the Nineteenth Century".

④ 最早的制度改革者是沿海地区缺乏应试资格的边缘文人。Cohen(柯文), *Between Tradition and Modernity*.

⑤ 郑观应:《论公法》,《郑观应集》第1册,第65—68页。

国的领导人必须更好地理解:中国只是世界上众多的国家之一。20 年后,郑氏修改了他的文章。他仍然敦促改革,并批判地指出,"天下"一词表达的对普遍统治的传统主张掩盖了世界是由许多不同国家组成的现实。① 但是现在他也感到国际法掩盖了强国主导弱国的现实,他不再向强国寻求保护。因此,中国需要变得强大。这就是中国需要议会团结人民和君主的原因。从文人世界的边缘看,郑氏和其他一些人预见了 19 世纪 90 年代激进的儒家思想。

同时,事实上,如果大清在国际法中不是主权国家,那么它就不能签署条约。清朝有必须了解这一点:全球对 19 世纪的想象力取决于不同政治当局的相互承认,这需要国家规范或法律框架的共同语言。② 国际体系的具体代理人(通过其代表)代表国家的主权。《南京条约》建立了主权的正式平等,指的是英语版本的"大不列颠及爱尔兰联合王国女王殿下"和"中国皇帝陛下"。虽然中文版指的是"大清皇帝"而不是"中国皇帝",相当于"大英君主",但确实指的是"中国"和"中国人"。天津的各种条约(1858 年签署,版本略有不同)都显示了相似的用法,尽管美国版指的是"中华帝国"。

以主权国家为中心的西方政治话语是通过强加条约来到中国的,它对王朝与中国社会之间的关系产生了深远的影响。它传达了关于国家作为世界舞台上独立角色的具体看法。这些国家有明确的界限和持续的义务。这种观点似乎无视国家的内部政治。但是,在理论和实践上,国际法对于国家的国内事物也有很

---

① 郑观应:《公法》,《郑观应集》第 1 册,第 387—389 页。
② Lauren Benton(劳伦·本顿),*Law and Colonial Cultures*,p. 3.

大影响。例如,清政府官员很快得知,他们需要外交部和使馆体系来同外国人打交道。他们还需要进行更根本的改革,例如内阁制度,让西方人认可他们是文明的。

因此,"翻译"西方的主权概念充满了无法预料的复杂性。何伟亚(James Hevia)提出翻译可以被理解为"一种特殊的暴力形式"或战争,因为在中国的英国语言学家和政治家利用他们的中文知识来推动英国的侵略目标。[①] 从这个意义上讲,丁韪良翻译惠顿的动机符合何伟亚的家长式和略带险恶的"教育"的框架,这种努力是为了教中国人如何在国际范围内正确行事。[②] 但还有其他的意义在其中。毫无疑问,外国人利用他们的中文知识来巩固自己的道德和政治地位。翻译是削弱清朝过程的一部分,它通过强迫中国进入民族国家世界以巩固其劣等地位,这也毫无疑问。但是清朝最初从国际关系的话语体系中是受益的,因为它认可了朝廷对中国的主权。"中国皇帝"是一个崭新的杰出职位。对官员和精英等目标群体来说,国家主权这一语言表述是对国家合法策略的补充。"被翻译的国家"是中国拉动和西方推进的共同结果。[③] 如我们所见,到 19 世纪 60 年代,越来越多的中国人希望更多地了解西方的运作方式。到 19 世纪 80 年代,即使西学

① Hevia, *English Lessons*, p. 57. 英国禁止中国人使用他们认为有辱人格的某些术语,更重要的是,他们利用对获取的中国文件的了解作为谈判工具,并展示了清朝官员的仇外心理。清朝因此"在与西方列强打交道时失去了对自己话语世界的控制","实际上'祛魅'并丧失了权威"(pp. 59 - 60)。也参见 Lydia H. Liu(刘禾),*The Clash of Empires*。

② Hevia, *English Lessons*, pp. 69 - 70, 145 - 153. Lydia H. Liu, *Clash of Empires*, chap. 4.

③ 任何考虑跨文化政治理论的核心都是翻译的问题和机会。跨文化对话不仅始终处于特定的权力关系中,而且存在无可比性的问题。一个很好的介绍是 Howland, "The Predicament of Ideas in Culture"。我的方法与何伟亚及刘禾的不同之处在于我忽略了西方人学习汉语的公认重要过程,而更重要地强调了中国人的"需求侧"。

还不是很主流，但人们确实对其很感兴趣。到 19 世纪末，中西学习之间的某些区别已经逐渐消失。中国的政治词汇迅速地扩充，这不是通过机械翻译而是根据适用条件进行使用。西方法律政治"state"（国，国家）这个名词就是一个很好的例子。近代汉语中的"国家"是通过重新包装一个古老的术语而创建的，该术语意为诸如"治域"甚至"朝代"之类的东西。于是，这种国家逐渐成为政治关注的焦点和"主权"的源泉。①

但是，西方主权理论最终被证明与传统国家格格不入。中国改良派利用西方的外交、国际关系、贸易和殖民主义话语将国家与统治者和臣民或社会分开。西方提出了一种国家代表制来取代自我合法化。从这个意义上说，"代表"不一定指民主做法，而是指一组新的国家主张。晚清的知识分子将国家变得抽象，对其进行了具体化，从而将超然想象的中国国家与任何实际的政府区分开来。

国家职能

尽管很抽象，但一个国家必须既要做事和行动，又要作为国家代表人民。惠顿的主权国家指的是领土的主人和国际体系的

---

① 国家和"state"都不能声称具有稳定的含义（英文"state"在词源上源自拉丁语 status）；这两个术语都带有历史包袱。国家的含义范围已由几十年来的中文用法确定。我相信近代欧洲的"国家"概念与 19 世纪中国学者通过儒家合法统治概念所获得的概念大致相似。两者都区分了国家机关和统治者的私人利益。例如，清朝的法律和官僚实践清楚地区分了国家的收入和皇室的收入，这种做法自汉代就开始了。紫禁城的建筑将皇室的内院和官僚体系的外院分隔开来。在本章中，当我引用中国的"state"用法时，我是在翻译国家，有时是国；但我并不总是用这些术语来指代"state"，会根据上下文语境进行调整。篇幅所限，无法进一步讨论翻译问题；它们既重要又复杂，但次于弄清楚中国思想家如何实际使用各种术语。

成员。在 1885 年出现的另一种翻译中,国家被定义为善良和进步的。傅兰雅(John Fryer,1839—1928)及其团队翻译了由苏格兰著述颇丰的威廉・钱伯斯(William Chambers)和罗伯特・钱伯斯(Robert Chambers)兄弟二人编辑的《佐治刍言》(*Political Economy for Use in Schools and for Private Instruction*)。① 跟丁韪良一样,傅兰雅最初也是名传教士,后来转而从事翻译工作。傅兰雅的兴趣在很大程度上是科学,而其团队对这一颇为典型的新社会科学的翻译在 19 世纪 80 与 90 年代再版,其影响力似乎不能被评价过高。②

钱伯斯兄弟的论著使国家适应了社会进步的框架,在日本广 96 受欢迎。③ 钱伯斯兄弟想解释经济和政治领域之间的自由区别。"政府起源"在于原始社会试图消除自然不平等的那一刻。④ 力量的不平等是天生的,在原始社会中,强者利用弱者,而平等则标志着文明国家。人与人之间的合作基于法律制度,通过法律制度包括财产权在内的"个人权利可以获得保护"。并且"为了制定和执行法律以及实现其他有益目的,政府是必要的;也就是说,有一种权力集结国家意志并赋予它力量和方向"。⑤

---

① [英]傅兰雅口译,应祖锡笔述:《佐治刍言》。Chambers and Chambers, *Political Economy for Use in Schools and for Private Instruction*. 钱伯斯兄弟或多或少地互换使用了"国家""民族"和"政府"这些术语。傅兰雅的翻译也很自由。19 世纪 80 年代的中国读者比 19 世纪 60 年代的读者可能发现惠顿定律更容易理解钱伯斯的政治经济学,原因有几个:其中一个,钱伯斯兄弟讲述了一个故事,而惠顿则分析了术语。

② 孙青:《晚清之"西政"东渐及本土回应》,第 4 章。

③ Trescott(特雷斯科特),"Scottish Political Economy Comes to the Far East".

④ [英]傅兰雅口译,应祖锡笔述:《佐治刍言》,第 27—28 页。Chambers and Chambers, *Political Economy for Use in Schools and for Private Instruction*, pp. 20 - 21.

⑤ [英]傅兰雅口译,应祖锡笔述:《佐治刍言》,第 28 页。Chambers and Chambers, *Political Economy for Use in Schools and for Private Instruction*, pp. 21 - 22.

　　显然,政治经济学反映了理性与进步的启蒙价值。它并没有暗示即将到来的残酷的社会达尔文主义世界。钱伯斯兄弟同样将法律的起源归于"弱者"团结起来以坚持法律的模式,从而听起来具有契约精神。原始状态(野人之国)的本质是其相对缺乏法律。[①] 人们不得不自己解决冤屈,弱者饱受痛苦。文明的进步包括法律的进步。文明国家(文教之邦)直到最近才逐渐出现。[②] 根据政治经济学,国家本身是普世的。在文明进程中,正式法律(律法章程)是由社会风俗(风俗规矩)产生的。[③] 因此,国家归根结底是基于规范社会互动的习俗。即使是当今最原始的社会,至少也有酋长。在这种原始条件下,法律和政府由于"自然法"(天然之法)而逐渐出现。

　　为何如此? 钱伯斯兄弟虽然没有忽视"征服"这一主题,但又回到了一个粗略的契约制,因为他们认为,在小国间的战争中,平民为了自己的安全追随最好的战士和最聪明的长者。不滥用职权的领导者吸引了追随者,随着时间的流逝,社会法规得以改善。酋长制逐渐转变为君主制。最终,出现了 3 种基本的政府形式:君主立宪制(君主国)、最有智慧的政府(贤主禅位)和民主制(民

[①] ［英］傅兰雅口译,应祖锡笔述:《佐治刍言》,第 23 页。Chambers and Chambers, *Political Economy for Use in Schools and for Private Instruction*, p. 18.

[②] ［英］傅兰雅口译,应祖锡笔述:《佐治刍言》,第 19—21 页。Chambers and Chambers, *Political Economy for Use in Schools and for Private Instruction*, pp. 14 - 16.

[③] ［英］傅兰雅口译,应祖锡笔述:《佐治刍言》,第 28 页。Chambers and Chambers, *Political Economy for Use in Schools and for Private Instruction*, p. 22. 此处的《佐治刍言》译本与原作有一处不同。它假定从习惯到法律的明显进步,实际上将原始状态等同于习惯规定。然而,钱伯斯兄弟说,他们不知道最早的国家是起源于某种统治(即威权命令)还是法律(即相互监管),尽管它可能同时具有这两种特征。

主国)。① 这些基本的政府形式可以混合。重要的不是政府形式,只要政府能让人民满意,人民就会维护它。国家将如何保持稳定? 如果统治被接受,人民则可以容忍君主制;而如果缺乏人民的信任,民主制也会垮台。一些规则限制了专制力量,这恰恰是文明的标志。②

> "政府"(国政)稳固人民的意见,并将其委托给一个人来执行。因此,国家管理除了追求利益和消除对群众的伤害,还不能混淆人民的偏爱和违反人民的意愿。决策权必须移交给一个人或几个人,否则政治命令将会混乱。如果治理混乱,意见就会混乱,终将一事无成……但是,只要政府立足于让人民满意,国家的事务必将使人民受益,人民就会乐于追随,并为国家贡献自己的财富。③

归根结底,政府的职能是三重的:维护公共和平、确保法律的不可侵犯性以及与外国势力进行国家间交往。④ 政府应遵循少税、契约自由和财产保护的政策。

---

① [英]傅兰雅口译,应祖锡笔述:《佐治刍言》,第 30—31 页。Chambers and Chambers, *Political Economy for Use in Schools and for Private Instruction*, pp. 24 - 25. 虽然《政治经济学》一书将政府的第二等级称为"贵族",将其定义为"上级世袭阶级的统治",但在《佐治刍言》中,这成了智者或圣者的统治。欧洲贵族由此成为中国文人。

② [英]傅兰雅口译,应祖锡笔述:《佐治刍言》,第 35 页。Chambers and Chambers, *Political Economy for Use in Schools and for Private Instruction*, pp. 28 - 29.

③ [英]傅兰雅口译,应祖锡笔述:《佐治刍言》,第 29 页。我回译;原来的段落在语气上有点不那么民粹主义。

④ [英]傅兰雅口译,应祖锡笔述:《佐治刍言》,第 42 页。Chambers and Chambers, *Political Economy for Use in Schools and for Private Instruction*, p. 35. 钱伯斯的自由主义表现在他们对最小政府的偏好:社会福利政策是一个错误,因为它们会阻碍工作。参见《佐治刍言》,第 51 页;*Political Economy for Use in Schools and for Private Instruction*, p. 45.

　　这本书对中国读者的吸引力，不是其对政府应该做什么提出确切指导，而是其基本前提：善政的关键是人民的支持。因此，重要的是要提高人民的素质。相反，"一个完全不开明的团体"将引起专制。① 如果人民是文明的和有道德的，那么统治者也必须如此，以获得民众的支持。统治者和人民之间的完美交往的形象在清末引起了深刻共鸣。钱伯斯兄弟随后的行动，他们不仅将民众的认同与国家的稳定联系起来，而且与国家不受外界压力的独立性联系在一起。晚清读者读到的不是 19 世纪自由主义的最低状态，而是一个国家社会团体，它将提高人民的水平，从而使国家变强。一个国家的文明程度越高，其人民就越会遵守法律，并乐于成为忠实的臣民（良民）。"因此，国家的基础（国基）得以稳固。像这样的独立国家，人民将严格遵守法规。万一其他国家试图入侵，人民将永远不会接受其统治。"②

98　　《佐治刍言》对梁启超等年轻的知识分子产生了巨大影响。③ 然而到 19 世纪末，中国人开始转向日文翻译的西方作品以及有关国家问题的日本论述。日本学者共用中国的表意文字，并采纳了传教士发明的一部分关键新词。④ 对那些对政治问题感兴趣的中国人来说，日语（最重要的风格本质上是古典汉语）和日语经验似乎比从西方人那里更容易获得。此外，到

---

① ［英］傅兰雅口译，应祖锡笔述：《佐治刍言》，第 32 页。Chambers and Chambers, *Political Economy for Use in Schools and for Private Instruction*, p. 26.

② ［英］傅兰雅口译，应祖锡笔述：《佐治刍言》，第 23 页。Chambers and Chambers, *Political Economy for Use in Schools and for Private Instruction*, p. 18.

③ 梁台根：《近代西方知识在东亚的传播及其共同文本之探索——以〈佐治刍言〉为例》，《汉学研究》2006 年第 2 期，第 323—351 页。

④ 翻译西方关键政治概念的日本新词直到明治时代（1868—1912）末期经过一段时间的试验和发展，才以稳定的形式出现。Howland, *Translating the West*, pp. 61 - 93，122 - 129.

19世纪末,日本人30年来的辩论议题对大多数中国人来说仍然是新问题。

关于国家地位,日本人将3个词带入中国话语。第一,"主权"或至高无上的政权。① 第二,"国体",指国家的结构和制度:政治的,或者几乎是字面上的"身体政治"。② 第三,"政体",最初被加藤弘之等日本思想家用来表示"政府形式"。③ 加藤和其他日本政治作者认识到基本政体有绝对君主制、君主立宪制、共和制、贵族制等。正如我们将在下文看到的,中国作者有时会遵循这种"政体"的用法,有时甚至会使用"国体"来描绘政府形式。"国体"通常指国家的基本形式是君主制(包括立宪君主制)还是共和制。然后,政体提到了更实质性的问题:国家是趋于专制还是立宪。换句话说,在国体是君主制的时候,政体可能是立宪的,例如英国。无论使用什么术语,它们提供的语言对于中国知识分子在19世纪90年代以及20世纪初期所做出的各种政治区分都是有用的。

晚清讨论国家的其他文本类型包括法律书籍。有关法律的著述被用于主要目的是培养未来官员的新的法律课程中。④ 法律书籍通常从介绍国家作为法律渊源的话题开始。⑤ 它们根据

---

① Howland, *Translating the West*, pp. 138 - 146.

② 惣乡正明、飞田良文:《明治のことば辞典》,第164页。

③ 铃木修次:《日本汉语と中国:汉字文化圈の近代化》,第3—21页。

④ 由于1902年以后的新政教育改革,加上1905年取消了传统的科举考试,法律培训迅速发展。对于法律培训,参见林学忠:《从万国公法到公法外交》,第2章;周少元:《清末法学教育的特点》,《法商研究》2001年第1期,第138—144页;张晋藩:《中国法律的传统与近代转型》,第441—442页;王姗萍:《张之洞与晚清法律教育》,《贵州文史论丛》2006年第2期,第17—20页。

⑤ 晚清的法律书籍确实转述了日本的法律教科书,并仿效了类似的组织原则。例如参见川名兼四郎:《改订增补民法总论》;富井政章:《民法原论》。但据我所知,这里引用的晚清法律书籍并非直译。

99 人民、领土和主权来定义国家。1902 年《新编法学通论》将主权（或称国家为"唯一之统治权之主体"）与国家概念联系在一起：人们拥有共同语言、习俗和祖先。① 作者并没有将这种情况称为"民族"等已经被使用了的多个术语，而是称其为一个"社会"（当时还是一个不寻常的新词）。而作者的观点恰恰是，纯粹的社会（据我们今天所理解的概念）与国家的区别在于前者缺乏主权或需要服从的强制力量，只有国家才能保证统一。

国家被（反复地）视为"国家权利的主体"（国权之主体）。② "国家权利"（国权）的概念对明治时期日本的政治辩论至关重要。③ 这一概念在清末政治话语中并不那么重要，但确实使《新编法学通论》强调了统治者与国家之间的区别：统治者仅仅是代表国家权利的人，而在国际情况下，统治者不谋求自己的利益，而是为所有公民（国人）工作。首先，根据《新编法学通论》，独立主要是指国际领域，但它也有国内影响。④ 既然为了维护独立性，国家有权拥有军队，它还必须有权向人民征税。这也意味着国内政治变革受到了保护：国家不应干涉彼此的内政。其次，享有平等待遇的权利基于这样的观念，即不管它们之间的差异如何，所有国家的国家地位都是相同的。⑤ 再次，由于个人和国家都是相辅相成的，所以他们必须接触和互动。⑥

但是，社会如何成为国家呢？ 在这里，作者采用了国家的有

---

① 作新译书局编纂：《新编法学通论》(五编)，第 2—4 页。

②《新编法学通论》(第 183 页)强调"'国家的权利'是指国家的一切权利"，而不是仅仅代表这些权利的统治者的权利。

③ 在明治时期的日本，"国家权利""人民权利"和"君主权利"相互对立。参见 Howland, *Translating the West*, pp. 129 - 138.

④ 作新译书局编纂：《新编法学通论》(五编)，第 183—185 页。

⑤ 作新译书局编纂：《新编法学通论》(五编)，第 189 页。

⑥ 作新译书局编纂：《新编法学通论》(五编)，第 190 页。

机观点,列举了 4 个主要阶段的自然发展过程。① 首先是一个彼此独立的重男轻女的时代。其次,由于他们的斗争和人口的增加,以部落的形式实现了更高的团结和凝聚力。统治者和被统治者现在是分开的(换句话说,一种原始国家的出现)。再次,集团的规模和复杂性持续增加,迫使君主将权力下放给以下诸侯:封建制度或一种准集中的权力。最后,在困扰封建制度的斗争中,由于一位领导人终于能够征服所有其他领导人,以国家的形式出现了真正的团结。因此,该法律文本使用了标准的社会达尔文主义框架,我们将在下文详细介绍该框架,以解释国家作为等级化组织和强制性实体的出现。社会发展也不会因国家的出现而停止。早期的国家有相对简单的机构致力于维护国内秩序和国防。② 但是,今天的国家致力于公共利益,因此更加复杂,其机构具有鼓励经济发展、教育、公共卫生和国家基础设施建设的能力。它们也是扩张的,很容易通过殖民主义来扩大自己,最终的强制力不亚于新兴国家。

显然,一个民族,无论多么有强制力,本身都不是一个国家。国家是通过胁迫和服从而形成的。另一位法律作家吴人达简单地将主权定义为对该集团的统治权力(统治团体的权力)。③ 他强调,主权是最高的固有权力(最高固有之权力),也就是说,不受他人委托或在国家领土内不受他人主权影响的权力。最终,在吴氏看来,主权是统一的和不可分割的:它不能被划分,譬如它不能在人民与统治者之间划分,也不能在立法、司法和行政部门之间

① 作新译书局编纂:《新编法学通论》(五编),第4—5页。
② 作新译书局编纂:《新编法学通论》(五编),第6页。
③ 吴人达:《法律通论》。序言称本书为译本,但并未指明具体出处;也许吴氏删减并编辑了几部日本作品。

进行划分,因为它们只是单一主权的独立职能。①

宪法活动家杨廷栋(1861—1950)的法律著作《法律学》(1908—1909)也强调了主权权力的内在本质性和不可分割性。② 杨氏在科举考试中考取了举人,于 20 世纪初在日本早稻田大学学习,并协助翻译了包括卢梭的《社会契约论》在内的多种图书。③ 1906 年,他回到上海,加入预备立宪公会。杨氏在 1909 年当选为江苏省议会议员。对于杨氏来说,"主权"(主体)或"至高无上"(最高之权力)的概念解释了国家的独立性。④ 因此,他将国内主权和国际主权的概念联系在一起。至高无上的权力不仅指无所不能,而且由 3 个主要要素组成。第一,它是唯一不可分割的力量。第二,在国内领域,它是所有其他权力的来源。第三,在国际领域,它等于所有其他主权:所有主权国家都是独立的,不受外界干预。主权不是各种权力的集合,相反,它的至高无上在于它的独特性。杨氏以国家不可分割的权力为由,抨击了孟德斯鸠的分权理论。杨氏说,孟德斯鸠所指的仅仅是一个主权手中的立法、行政和司法职能。换句话说,应该没有制衡的问题,而只有一个目的。

然而国家是什么,它是从哪里来的呢? 杨廷栋对国家起源的讨论不像其他作家那样具有历史性。他强调了关于国家的两个主要思想流派:具体派和抽象派。具体而言,国家是"由人类聚在一起形成的联系"(人类集合团体)。它拥有"一定的人民""一定的领土"和"固有之权力"或"主权"。⑤ 并非所有人类团体都是国

---

① 吴人达:《法律通论》,第 11a 页。
② 杨廷栋:《法律学》,第 49—52、54—57 页。
③ 周棉编:《中国留学生大辞典》,第 134 页。也参见《典校序言》,载于富井政章:《民法原论》,第 2 页;张朋园:《立宪派与辛亥革命》,第 215 页。
④ 杨廷栋:《法律学》,第 54—57 页。
⑤ 杨廷栋:《法律学》,第 49—52 页。

家,宗族和公司至少缺乏国家的3个必要特征之一。拥有"人民"的要求似乎很明显:没有人民,没有国家。领土的概念要复杂一些。中世纪和古代国家不一定基于特定的领土;统治者是特定民族的统治者。杨氏驳斥了仅凭权力就可以构成国家的论点。他说,服从命令不能构成一个国家,因为这会使游牧部落甚至海盗团伙变成"国家"。相反,随着人类之间的合作发展,国家就会出现。到目前为止,如此熟悉。杨氏强调的是主权作为一种独特力量的中心地位。

> 国家的建立需要一定的秩序。如果没有秩序,那么即使有某些人生活在某个地区,也不会形成任何国家。但是,某种秩序需要先有内在的力量才能形成。国内固有的力量保证了民众的和平,而国际上则保护它们免受敌人的入侵。这通常称为"主权"。没有主权,国家将解体,没有复苏的希望。因此,所有国家都需要固有权力。①

杨氏观点的与众不同之处在于,他坚持国家至上的理论,无论其历史渊源如何。杨氏强调,国家优先于法律。也就是说,国家创造法律而不是法律创造国家。② 他在这段引文中的 *102* 观点是,国家不能被定义为与私法中法人概念平行的"法人"。

① 杨廷栋:《法律学》,第51页。
② 杨廷栋:《法律学》,第53页。与杨廷栋所坚持的国家优先相反,在日本具有影响力的19世纪早期德国的历史法学派声称习惯法——被一个共同体接纳的一整套传统、流行习俗和惯例——首先出现。它是人民精神(Volkgeist)或精神共同体(geistige Gemeinschaft)的一部分,既不同于成文法,也不同于国家本身。当然,这种从习惯用法中出现的"制定法"(positive law)对于每个共同体都是独一无二的,这跟法国大革命和通用的拿破仑法典(不利地)相关的抽象的和国家建构的立宪主义相反。参见 Kriegel, *The State and the Rule of Law*, pp. 114 - 115。德国历史学派以其关于国家起源的故事反对社会契约理论,但两种观点都受到自然法理论的影响。

但是，可以说国家具有法人资格（人格）。[1] 这两个团体的权力均来自国家，而国家本身在公法中均具有法人资格（公法上之人格）。因此虽然杨氏坚持认为国家主权不可分割，但他强调了近代国家的复杂性。[2] 国家是由较小的团体组成的，但是，我们可以说，整体超越了其组成部分。杨氏认为，团体（地方政府、商业组织、慈善团体等）本身就是"权力主体"。但是，他们作为"法人"的地位来自国家，其权力是有限的和临时的。最终，他们的目标不是该团体的私人利益，而是国家的普遍利益（国家之公益）。

国家如何具有法人资格但不能成为法人？这种区分是清楚的，然而似乎源于杨氏承认国家与法律是不可分割的，尽管之前也是如此。实际上，他将法律定义为恰好是"国家强制执行的法规"。[3] 因此，杨氏的国家观源于他所谓的"抽象"思想流派。他认为这种观点与具体观点有很多共通之处，但他认为国家更多是一种法律概念。杨氏之所以否认国家是法人，是因为这意味着法律创造了国家而不是国家创造了法律。[4] 杨氏认为，国家与法人（地方政府机构、志愿协会、公司）和个人均不同，理由是国家没有权利，但拥有权力。实际上，国家本质上是与人相反的。人是民法（民法）中权利的主体，而国家是公法（公法）中固有权力的主体。由此可见，国家的法律意义从未改变。无论任何一个特定的国家政府形式（政体）——君主制、民主制、贵族制、国会制——其

---

[1] 杨廷栋：《法律学》，第 57 页。杨廷栋坚决拒绝授予国家法人资格，这有些古怪。更主流的观点认为，国家确实是法人，尤其是在国际领域，例如参见作新义书局编：《新编法学通论》（五编），第 183、206 页。

[2] 杨廷栋：《法律学》，第 56—58 页。

[3] 杨廷栋：《法律学》，第 3、49 页。

[4] 杨廷栋：《法律学》，第 53 页。

国家状态都不会改变。从本质上讲,杨氏同意国家作为"权力之主体"的观点:它具有与法人一样的代理权。但是只有国家才是"内在统治权的主体"(固有统治权之主权)。[①]

如果国家是最高的"权力主体",那么权力的对象是什么? 它[103]们是那些服从的东西。在私法中,权利的客体是"财产"(物),与之类比在公法中,权力的客体也可以被称为"财产"。但是实际上,权力的对象更复杂一些,它们的性质取决于权力的特定主体。就国家而言,其权力的对象是其领土和人民。地方政府的对象与国家的对象相似:财产权和人权。公共团体的对象是它们自身的成员。

杨氏还驳斥了国家是一种有机体的理论。他说,有机状态的概念在隐喻上有一定的用途,但是有机状态与有机体之间存在重要差异。[②] 杨氏将国家的有机理论归功于瑞士—德国法学家伯伦知理(Johann Kaspar Bluntschli,1808—1881)。[③] 杨氏阅读伯伦知理的著述说,国家的不同机构(机关)具有不同的功能,就像身体的不同器官一样。然后,从单个细胞发育而来的耳朵、眼睛和各种器官都会促进整个生物体的发育。对于杨氏来说,有机状态隐喻的优势在于它突出了不同元素的共同目标。正是因为他坚持国家权力的不可分割性,他并非不同意国家有机理论的这一方面。但是他认为这不能解释国家经历的各种历史变化,大概是

---

① 杨廷栋:《法律学》,第 52—60 页。
② 杨廷栋:《法律学》,第 51—52 页。
③ 伯伦知理是当时著名的法律思想家,曾在苏黎世、慕尼黑和海德堡任教。伯伦知理在很大程度上遵循了法律思想的历史学派,强调法律是历史的产物,而不是纯粹的理性逻辑。伯伦知理因此得出结论,不同的国家自然会拥有不同的法律制度(和不同的国家形式)。参见 Bastid, "The Japanese-Induced German Connection on Modern Chinese Ideas of the State", pp. 111 - 115。

指国家随着时间发展而形成的截然不同的形式。尚不清楚杨氏是否理解伯伦知理的有机状态是历史理论。伯伦知理认为国家的发展与增长与有机生活形式的发展相平行。杨氏似乎认为国家经历了反复的变迁而不是发展。

在思考权利时,杨氏在公共权利(公权)和私人权利(私权)之间进行了区分。[1] 私人权利是指个人关系,例如与亲属和财产有关的关系,而公共权利是指个人与国家的关系。因此,公共权利包括"自由权利",例如宗教、言论、出版、集会和结社自由以及通过选举获得政治参与的权利。杨氏指出,私人权利有时被称为"政治权利"(政权),并且仅限于公民。但是,外国人可以以"个人权利"(个人权)的形式像公民一样持有私人权利。的确,"随着近来文明的进步,交通和通讯的改善以及不同民族的共同生活,公民权的范围随着个人权利的扩大而在缩小"。

清末所有关于国家的观点都强调领土和主权,这种情况构成了梁启超重新思考国家的基础。尽管革命者的影响力越来越大,梁启超成熟的国家主义仍极有可能是1911年辛亥革命前几年中国最有影响力的政治理论。

梁启超:走向国家主义

从19世纪90年代后期到1902年左右,梁启超支持卢梭主义者关于社会契约的观点,该观点强调合法国家必须根本上是民主的。而从1903年左右开始,梁启超转向强调政府权威的"国家

---

[1] 杨廷栋:《法律学》,第62—64页。另一个这样的区别是人身权和财产权(第65—66页)。

主义"。① 正如学者们早已指出的那样,梁启超在两个时期都希望促进民族主义和国家建设。但是他的目标是创建配得上公民身份的人。也就是说,归根结底,他是从国家派生出人民,而不是从被定义为血统、语言和文化共性的民族中派生出人民。1896年他的新闻事业开始之初,梁氏就宣称中国国家是软弱的,因为中国人民不了解什么是国家,这不是他们的错。在 1899 年写的一篇文章中,梁启超将君王逼迫其人民战斗的君主专制的战争与人民清楚他们是为自身生命财产战斗的国家成员的国民之间的战争进行了对比。② 1901 年,梁氏认为,问题的根源在于中国强大的王朝国家有着悠久历史。爱国主义只能从斗争中脱颖而出,但是中国人鄙视他们较弱的、至少在文化上落后的邻居。③ 梁启超说,从普遍的角度来看他们的文明,中国人甚至无法理解国家地位。那么,另一个问题是君主制对公共领域的垄断使人们无法认同国家。

梁启超提出了在国家起源于氏族的最初时刻社会契约出 105 了问题的设想。氏族领袖成为君王后,他们与人民的关系从假定的亲属关系转变为主人奴隶关系。作为奴隶,人民不能甚至根本不想干预国家事务。梁启超将中国的衰落与西方对比,认

① 梁启超到日本后不久就转向国家主义,这在张佛泉的《梁启超国家观念之形成》(《政治学报》1971 年第 1 期,第 1—66 页)中得到了细致的追溯,尽管梁启超政治发展的确切阶段相互重叠;张佛泉正确地指出,国家主义影响了梁氏的整个思想。也参见李春馥:《论梁启超国家主义观点及其转变过程》(《清史研究》2004 年第 2 期,第 46—60 页); Hao Chang, *Liang Ch'i-ch'ao and Intellectual Transition in Modern China*, pp. 238 - 248。梁启超著名的"保守转向"的原因包括对革命者的失望和对中国人能力的更深层次的幻灭;正如我们将看到的那样,在智力上,梁氏的社会达尔文主义对中国地位的不稳定性的感觉使他支持一个更强大的国家。同样,我们也不能忽视梁氏对日本和西方政治哲学日益增长的了解。

② 梁启超:《论近世国民竞争之大势及中国前途》,《饮冰室合集》文集第 4 册,第 57 页。

③ 梁启超:《爱国论》,新民社辑:《清议报全编》第一集卷一,第 16—32 页。

为西方的国家由统治者与人民"共享"。① 梁启超对中国和西方政体的二分办法在今天似乎是一种自我东方化的方式，但它提供了强有力的自我批评措辞。在这一点上，他实质上是在说只有民主国家才算是真正的国家。他从对国家起源的标准观点开始——"当人们聚在一起形成国家时"（集民而成业）。但这就是说人民在管理自己的事务，国家权力（国权）直接取决于民主（民权）。如果民主遭到破坏，国家将无法生存。② 因此，在梁氏看来，在欧洲，即使君主制国家也保持了基本民主，因为国家不是私有化的，而是被维持为人民的"公共事业"（公器）。这并不是要否认西方遭受暴君之苦，而是西方人（不同于中国人）已经承认暴政是什么，并为自由而战。③

梁启超在 1900 年撰写的著作中，以俄国熟悉的领土、人口和国际地位来定义国家地位。④ 他只是简单地指出，当时 3 种形式的政府（政体）统治着世界：专制君主制，立宪君主制和立宪民主制。⑤ 在大国中，只有俄国是专制君主制，只有美国和法国是立宪民主制。其余的都是君主立宪制。在梁氏看来，君主立宪制是最好的政府形式，因为民主政体趋于不稳定，而专制政体趋于压迫。宪法是不变的基本法律（宪典），包括君主、官员和人民在内

---

① 梁启超：《爱国论》，新民社辑：《清议报全编》第一集卷一，第 22 页。
② 梁启超：《爱国论》，新民社辑：《清议报全编》第一集卷一，第 26 页。梁启超区分了一种模糊的"民主"（民权）和严格的共和制度（民主）。他的观点是，民权民主与君主立宪制是相容的，而且确实首先在英国发展，然后在日本出现。梁氏因此可以辩称，作为晚清政治背景下的改革者，民权不仅与清朝的君主制兼容（尽管是经过改革和立宪的君主制），甚至会使清朝的皇室更加强大。（第 30—31 页）
③ 梁启超：《爱国论》，新民社辑：《清议报全编》第一集卷一，第 27—29 页。
④ 梁启超：《立宪法议》，《饮冰室合集》文集第 5 册，第 1—7 页。
⑤ 封建主义在历史上很重要（作为部落和中央集权国家之间的过渡阶段），但在当今世界已不复存在。参见梁启超：《论中国与欧洲国体异同》，《饮冰室合集》文集第 4 册，第 61—66 页。

的所有人都遵守。它是国家所有法律和机构的渊源，并且所有法律和命令都必须符合宪法原则。宪法旨在限制包括国王、官员和人民本身在内的所有政府机构的权力。梁启超因此设想了一种相互制衡但又相互支持的政治制度。

1901 年，梁启超再次对国人缺乏"民族主义"——"公民或国 106 家主义"——的意识（国家思想）感到绝望，比以往更加详细地分析了造成这种状况的原因。① 梁氏实际上将传统的普遍主义（或中国缺乏竞争对手）追溯到地理和历史因素。他再次抱怨说，皇帝已经"私有化"了中国并奴役了中国人民，以至于他们甚至没有为自己的国家起名（无国号）!② 梁氏的意思是，中国一直被冠以王朝的名字来称呼，这使得国家和王朝一同崩溃。从历史上看，鲜受干扰的长期的政治统一使中国人的民族意识很弱。然而现在，中国受到了威胁。"人民的民族意识是保护国家的重要因素。国家的发展和行政机构的完善都取决于国家。没有民族主义的意识，即便其领土广袤，人口众多，军事强，财富多，国家都会衰败。"③

这时，梁启超写了一篇关于霍布斯和卢梭的简短评论，这使我们能够在西方的国家观点地图上找到他。总体而言，梁启超对霍布斯不屑一顾，认为他是阻碍中国发展的专制主义的代言人，并认为他的思想已被政治理论的最新趋势所取代。④（在随后的几年中，梁启超转向国家主义时，他在伯伦知理处找到了指南，而非霍布斯。）梁启超推断，霍布斯对社会契约的观点源于他严格的

① 梁启超：《论支那人国家思想之弱点》，《清议报全编》第一集卷二，第 18—27 页。
② 梁启超：《论支那人国家思想之弱点》，《清议报全编》第一集卷二，第 24—25 页。
③ 梁启超：《论支那人国家思想之弱点》，《清议报全编》第一集卷二，第 19 页。
④ 梁启超：《霍布士学案》，《饮冰室合集》文集第 6 册，第 89—95 页。

唯物主义和对人类善良/享乐与邪恶/痛苦的信念。梁氏说，霍布斯将自然道德等同于追求自我优势，因此，社会契约是作为代表自身利益的纯粹功利或实用步骤而产生的。无论是社会契约还是如此缜密的唯物主义，都并未使梁氏完全信服。[1] 但是他承认，无论国家的起源如何，它都在压制人们相互虐待的趋势。在这种意义上，由团结产生的秩序是需要的问题，而不是道德的问题。梁氏还批判性地指出，对于霍布斯来说，社会契约一旦建立就不可撤销。法律因此成为胁迫的手段，并限制了子孙后代的权利。

107 　　梁启超将霍布斯关于人类自私和道德的观点与荀子的观点进行了比较。荀子同样认为，人民需要坚强的君王，他们需要举行仪式来克制自私。梁启超发现霍布斯与荀子之间最大的区别在于霍布斯的社会契约论，而梁启超仍然偏爱荀子关于国家秩序规范是由圣人所创造的观点。[2] 因为梁氏反对霍布斯彻底的无私主义，他发现以减少人类的欲望为基础的社会契约是可憎的。[3] 此外，梁启超认为，霍布斯持有的只有专制才能维持政治秩序的观点忽视了一个现实，即不受约束的专制权力必会带来很多邪恶。相反，梁氏说，即使我们允许人们只追求自己的自身利益，但只有自由的体制会建立相互制衡的体系来维护秩序。

　　梁氏对卢梭的批评要少得多。[4] 最重要的是，他看到了从霍

---

[1] 梁启超：《霍布士学案》，《饮冰室合集》文集第 6 册，第 89—90 页。

[2] 梁启超还在摸索着进入西方政治理论的个人路径。他认为，霍布斯的社会契约论有点像墨子的"人民选择领袖来裁决冲突"的理论。但墨子与霍布斯不同的是，他至少假设了天在皇帝之上，从而为专制主义提供了一种检验。梁启超：《饮冰室合集》文集第 6 册，第 94—95 页。

[3] 梁启超：《饮冰室合集》文集第 6 册，第 92 页。

[4] 梁启超：《卢梭学案》，《饮冰室合集》文集第 6 册，第 97—110 页。

布斯到洛克再到卢梭的积极进步。梁氏的确理解卢梭的社会契约论并不是历史,而是哲学真理(理义)或康德所指的国家理论。国家并不是由先前没有联系的个人之间的自由协议形成的,因为实际上人们长期以来别无选择,只能生活在一起。社会契约的根源在于家庭成员之间的自然情感联系,这种情感联系一直延伸到部落并最终成为国家。我们可以称其为儒家的文化进化观。梁氏发现,在组成国家的人们中间隐含着一种含有自由因素的"契约"。他强调,对卢梭而言,社会契约的实质在于国家成员的平等。不同于霍布斯的社会契约是基于个人的权利放弃,卢梭的社会契约保护着使我们成为人类的自由。同时,即使在梁启超保守转向后,这仍然是他心中所珍视的观念,人民有责任保护其"自由权",这是所有其他权利的基础。他还指出,没有自由就没有道德,因为道德标准仅适用于具有决策能力的人。然而,梁启超看到了卢梭论文的核心矛盾。卢梭也说,尽管人们不能放弃自己的权利,但他们确实将自己的权利放弃给国家。这就是国家成为"公共政治形式"(公有政体)的方式,但是在这种情况下,自由从何而来?[①] 尽管如此,梁启超在卢梭身上发现了很多值得钦佩的 108 地方,包括他对平等的信仰,这种信仰在完整的社会契约中依然存在。

梁氏的国家观点在不断变化:国家是仆人还是主人? 正如卢梭似乎已经暗示的那样,有机国家的概念要大于其各个部分的总和,这种概念对梁启超越来越有吸引力。这时,对梁启超思想影响最大的是加藤弘一以及翻译家兼诠释者伯伦知理。1901 年,

---

① 梁启超:《卢梭学案》,《饮冰室合集》文集第 6 册,第 102 页。

梁启超对中西方国家观念进行了系统的比较。① 他概述了伯伦知理提出的近代与传统西方概念之间的区别,并将中国加入其中。伯伦知理的观点是西方历史的进步观点,从神权政治和封建主义到民主和法制。在梁氏看来,如果欧洲的传统观点是从上帝衍生国家,而近代的欧洲人则认为人民创造了国家,那么中国的国家就是为皇帝建立的。如果欧洲人认为君王是上帝在世界上的代表但仍受法律约束,那么中国人认为皇帝不是上天的代表,而是得到了上天的信任并且凌驾于法律之上。② 借用孟子论述的人民、统治者和国家之间的区别,梁氏得出结论说,欧洲在 18世纪把统治者放在第一位,国家放在第二位,人民放在第三位;19世纪把人民放在第一位,国家放在第二位,统治者放在第三位;20世纪则把国家本身放在首位,其次是人民和统治者。③

因此,当代西方国家似乎是最"完整"或最先进的国家形式。国家优先还与梁启超观察到的民族主义性质的转变有关:从 19世纪的民族主义到 20 世纪的民族帝国主义。他指的是一种帝国主义,由殖民势力中的民众权利来支持,而不仅仅是统治者扩大势力的活动。按照社会达尔文主义的逻辑,帝国主义也是一种进步,尽管它对中国构成威胁。民族主义本身没有问题。梁启超宣称:"民族主义是世界上最聪明、最伟大、最公正的'主义'。"④民族主义意味着国家之间的相互尊重,彼此互不入侵;它还向国内引入了民主规范。但是,老式的民族主义者认为国家要为人民服

---

① 梁启超:《国家思想变迁异同论》,《饮冰室合集》文集第 6 册,第 12—22 页。
② 不像他的臣民一样受法律约束,但并非在法律体系之外。梁启超:《国家思想变迁》,《饮冰室合集》文集第 6 册,第 17 页。
③ 梁启超:《国家思想变迁》,《饮冰室合集》文集第 6 册,第 21—22 页。
④ 梁启超:《国家思想变迁》,《饮冰室合集》文集第 6 册,第 20 页。

务,帝国主义者则希望人民为国家服务:集团比个人更重要。中国的问题不在于它没有成为帝国主义大国,而在于它还没有经历民族主义的阶段。

梁启超随后指出了两种相反的国家理论。[①] 第一种与卢梭有关,强调平等权利(平权):社会契约、人权、个人自治和有限的国家权力。从积极的方面说,这一理论为民族主义提供了动力,增加了个人的力量,从而帮助国家进步。从消极的角度说,它倾向于无政府主义并破坏社会秩序。与赫伯特·斯宾塞相关的第二种理论强调强制力(强权):通过斗争进化、强权、生而不平等、国家在斗争中生存以及不受限制的政府。从积极的方面说,这种理论有助于建立国家体制并保护这一集体。消极方面在于,它是新帝国主义的原动力,会扰乱世界和平。梁氏拒绝了这种强制性的国家主义,但他无法恢复平均主义。

无约束的国家主义

1903 年,梁氏发表了伯伦知理的简洁译本,标志着他完全转向了国家主义。[②] 梁启超随后宣扬了有机国家的学说,将国家的本质定义为强制,甚至看到了"专制"在中国改革中的作用。他认为中国的主要问题不是专制,而是缺乏团结。这是因为他显然将集体置于个人之上。"主权"在于国家本身,因此具有先验特征。

---

① 梁启超:《国家思想变迁》,《饮冰室合集》文集第 6 册,第 19 页。

② 梁启超:《政治学大家伯伦知理之学说》,《饮冰室合集》文集第 13 册,第 67—89 页。关于梁启超文本的出处,参见 Bastid, "The Japanese-Induced German Connection on Modern Chinese Ideas of the State", pp. 117 - 118;以及她的《中国近代国家观念溯源》。对于梁氏将国家视为"国家主义"的有机论,见 Hao Chang, *Liang Ch'i-ch'ao and Intellectual Transition in Modern China*, pp. 194 - 195, 252 - 262。

伯伦知理的著作满足了他对启蒙状态的新需求。梁氏不再相信民主保证了民族团结与力量。因此在引入伯伦知理的观点时，梁氏辩称，卢梭的社会契约存在 3 个问题。第一，它使公民有权脱离国家，但如果人们可以离开，那就是自愿团体，而不是国家。换句话说，卢梭未能区分社会与国民。① 第二，卢梭呼吁平等。但实际上，每个国家都由少数人统治。第三，尽管卢梭本人承认不可能所有人达成一致，但社会契约并不允许多数人统治。卢梭的理论也许已经满足了欧洲的需求，但是今天的中国需要有机的统一和强制性秩序：自由与平等是次要的。② 中国人基本上还是部落的，要先变成国民。

梁启超认为"国民"是国家定义的身份。他看到伯伦知理坚持民族与人民之间的区别，这使他反对革命者的民族主义。公民身份来自国家。这说明了国家要被定义为有机意义上的"人格"，或是依法确定的"法团"。③ 主权仅在于国家，绝不在于民族。主权既不能掌握在君主或任何其他国家元首中，也不能掌握在社会中。梁氏在不同语境下使用与杨廷栋相同的话语时得出的结论是，按照宪法规定，主权完全是公权，而不是私权。④

但是对梁启超而言，最关键的是有机国家的概念。也就是说，国家不仅仅是一个偶然的民众集合，甚至不仅仅是一个政府；它是一个具有自己的意志和行动的人为构造的实体。就像人一

① 梁启超：《政治学大家伯伦知理之学说》，《饮冰室合集》文集第 13 册，第 67—68 页。
② 梁启超：《政治学大家伯伦知理之学说》，《饮冰室合集》文集第 13 册，第 69 页。
③ 梁启超：《政治学大家伯伦知理之学说》，《饮冰室合集》文集第 13 册，第 71—72 页。从某种意义上说，国家（一种先进的结构）来自国家（一种自然的共同体形式），参见 Bastid, "The Japanese-Induced German Connection on Modern Chinese Ideas of the State", pp. 113 - 114。但是一旦发生这种情况，民族就会成为国家的产物。
④ 梁启超：《政治学大家伯伦知理之学说》，《饮冰室合集》文集第 13 册，第 87—88 页。

样,国家将精神和形式联系在一起;政府的不同部分通过四肢和器官发挥作用,共同作用形成一个整体。因而国家不是机器,它成长的能力和对外部刺激的反应都不是一成不变的。[1] 但是作为一个有机体,国家的强大取决于其最弱的一项。由于身体需要强大的四肢、器官、肌肉和血液,故而国家也需要一个受过良好教育、有进取心和勇气的人。

至于国家目标,伯伦知理指出了两种相反的观点,梁启超认为这部分是正确的。如果国家的目标在于国家本身,那么国家就是人民的主人,人民必须为此牺牲自己的利益。(想想罗马。)但是另一方面,如果国家的目标在于其国民,那么它就仅仅是促进个人利益的工具。(想想近代条顿人。)一般而言,两者应该没有冲突:人民的幸福与国家的发展相辅相成,当人民智慧的时候,国家就文明了;当人民勇敢的时候,国家就强大了。但是,有时国家的两个目标可能会发生冲突。在那种情况下,最终国家是首要 *111* 的,它可以牺牲人民的财产和生命来拯救自己。在这种情况下,国家必须公正行事:它不得滥用职权,而若国家违反了准则,人民有权反对国家来保护自身的自由。[2]

梁启超在其《新民说》中回顾了第一个国家的出现,揭示随着部落社会的发展和类似政府的形成,产生了国家的意识,进而导致了完整国家的形成。[3] 他得出的结论是,这是一个来自古代中国谚语的振奋人心的形象:国家是我们的父母——我们倚赖我们

---

[1] 梁启超:《政治学大家伯伦知理之学说》,《饮冰室合集》文集第 13 册,第 70—71 页。这是梁启超用来攻击革命者声称中国可以采用最先进的政治形式(共和主义)的论点,就像可以为铁路系统采用最先进的机车一样。参见梁启超:《开明专制论》,《饮冰室合集》文集第 17 册,第 59—60 页。

[2] 梁启超:《政治学大家伯伦知理之学说》,《饮冰室合集》文集第 13 册,第 88—89 页。

[3] 梁启超:《论国家思想》,《饮冰室合集》专集第 4 册,第 1—23 页。

的父母得以生存。① "国家意识"包括国家与个人、朝廷、外国人、世界的关系。国家意识的第一个因素是个人,它取决于人类在劳动分工中的团结合作能力。从某种意义上说,人类没有真正的选择:生存的唯一途径是设计互惠互利的机构。认识到个人依赖于团体后,个人做好了使团体受益的准备。② 第二,据梁启超所说,朝廷就像公司的管理层:朝廷不应将自己与公司混淆(正如路易十四宣称的"我是国家"),但公司仍然需要被管理。纵观梁启超的隐喻,他的观点仅仅是,只要朝廷是国家的合法代表,朝廷就充满爱国主义。③ 但这也意味着忠诚(忠)最终归国家所有,而不是统治者所有。④ 第三,外国人的概念对任何国家概念都至关重要,因为认同感只是相对于他人形成的。⑤ 第四,也是最后一点,梁启超将国家的现实与世界和谐的神话作了对比。国家之所以存在,正是因为世界是由促进了进步的团体之间的斗争组成的。国家同时是团体的最大形式和斗争的最高点。对世界和谐的乌托邦式的看法削弱了国家(梁氏在这里既在攻击传统的儒家普遍主义,也在抨击无政府主义的自愿合作)。⑥

在他的有关"权利"以及《新民说》的系列文章中,梁启超头脑冷静,并拒绝带有自然赋予的权利理论。相反,他将权利理解为固有的人权和道德,因而在社会领域发挥作用。关键是,权利也与国家密不可分:"将部分权利聚集在一起,就构成了整体的权利,而当个人的权利意识被融合在一起时,它就变成了国家的权

---

① 梁启超:《论国家思想》,《饮冰室合集》专集第 4 册,第 23 页。
② 梁启超:《论国家思想》,《饮冰室合集》专集第 4 册,第 16 页。
③ 梁启超:《论国家思想》,《饮冰室合集》专集第 4 册,第 16—17 页。
④ 梁启超:《论国家思想》,《饮冰室合集》专集第 4 册,第 18—19 页。
⑤ 梁启超:《论国家思想》,《饮冰室合集》专集第 4 册,第 17 页。
⑥ 梁启超:《论国家思想》,《饮冰室合集》专集第 4 册,第 20 页。

利意识。如果我们想要要建立这种意识,我们必须从个人开始。"①因此,公民由个人集体组成,故而国家权力(或国家权利、国权)是个人权利的融合。② 一个国家只能与其人民一样强大——人民的权利决定了国家权力。

梁启超一方面惧怕中国的个人主义和宗派主义,另一方面又惧怕跨国世界主义,而这并非 1903 年才有的。他的分离国家和统治者的理念之前也已存在。然而在 1903 年,梁启超对中国知识分子传统的态度更为强硬。中国人曾经历过类似欧洲民族斗争的事情——但是在两千年前的战国时期。面对混乱,孔子和孟子曾试图寻求回到一位君王、同一世界秩序与大和平的世界。在梁氏看来,这些信念是一种矫枉过正。后来的王朝统治者能够使用这种"学者的理论"来使他们的统治合法化。人民认为皇帝不是他们的代表,而是上天的代表。③ 甚至在不团结的时候,中国人也会转向乡村和家庭,而不是国家:结果是今天有 4 亿个"小国家"。④ 中国要想延续,所需要的无非是改变观念。

对梁启超而言,"自由"是一个既适用于个人团体也适用于集体团体的概念。正如汪晖指出的,梁启超对自由的准确解释取决于他对政治局势的理解,梁启超认识到,欧洲和中国的不同情况意味着"自由"将履行不同的历史任务。⑤ 我们可以说梁氏的自

① 梁启超:《论权利思想》,《饮冰室合集》专集第 4 册,第 36 页。
② 梁启超:《论权利思想》,《饮冰室合集》专集第 4 册,第 39 页。
③ 梁启超:《论国家思想》,《饮冰室合集》专集第 4 册,第 21—22 页。
④ 梁启超:《论国家思想》,《饮冰室合集》专集第 4 册,第 21 页。
⑤ 汪晖:《现代中国思想的兴起》第 2 部上卷,第 981—984 页;关于梁启超的"国家主义",参见第 991—994 页。梁启超对个人主义、公民自由和权利的态度问题已经在学术论著中广泛讨论过,我们不必在此停留。学者们一致认为,梁氏始终将个人权利置于民族国家集体权利的次要地位,而个人权利在其政治思想中的确切位置仍难以确定。

由是由其职能来定义的。梁氏并没有轻视个人权利，但他强调了现在所谓的积极自由，特别是基于所有公民平等的政治参与权。能做到这一点的只有国家。

总体而言，梁启超主张建立强大的国家，但反对专制统治。他确实在1905年发表了一篇文章提倡"开明专制"，把国家的

113 本质视为强制性的(强治)。① 尽管从同等现实的角度来看，所有权力在实践中都是有限的，但无论制度或法律框架如何，强制都是所有统治中固有的。② 强制是必要的，因为需要对两种斗争做出回应：梁启超先前强调的国家之间的斗争和他现在开始担心的国家内部的斗争。强制性规则可以保持团体内部的团结；社会和谐不是天然的，这是从老子、庄子和卢梭一步步发展而来的。换句话说，社会不是先于国家而是依靠国家。作为对钱伯斯兄弟的回应，梁启超说国家标志着统治者和被统治者的不平等，但是如果没有国家，社会中会产生更大的不平等。国家的职能是保护弱者和协调冲突。它之所以能够做到这一点，恰恰是因为它高于社会。③

梁启超对"专制主义"的呼吁，可以理解为他对革命思想传播日益增长的反应，但这也是他在社会达尔文主义的启发下对建国的探索。但是梁启超并没有在寻找一个专制的东西，而只是注意到国家固有的专制性质。他说，在共和国的情况下，大众主权是可以接受的，但实际上人民是在代表国家行使主权，"最高主权"仍在国家。④ 换句话说，梁启超认识到专制国家和非专制国家在

---

① 梁启超：《开明专制论》，《饮冰室合集》文集第17册，第13—83页。
② 梁启超：《开明专制论》，《饮冰室合集》文集第17册，第14页。
③ 梁启超：《开明专制论》，《饮冰室合集》文集第17册，第15—16页。
④ 梁启超：《开明专制论》，《饮冰室合集》文集第17册，第69—70页。

运行方式上的真正区别。① 但是所有国家都会聚焦权力。

同时,梁氏说,只要国家是法人,就不应将其视为真正的专制政府。② 作为有机法人,国家与所有团体一样,拥有自己的性质和人格。国家超越了统治者(君主)和人民作为一个整体(一体)。它代表了人类的最高成就。梁氏的观点是,尽管国家的权力是无限的,但作为自然人的国家统治者的权力仍然受到国家的限制。梁启超以日本作为立宪国家的例子,其中"国家的统治权"本身是无限的,但作为私人的统治者只有有限的权力。专制国家和非专制国家都具有同样的强制性法治本质:"在部分人民自由的形式限制中行使权力"。问题是,当统治者完全垄断国家统治的所有机构并使自己与人民完全疏远时,就会对专制国家造成伤害;③ 或者当统治者并不具备完整权力却任意行事的时候。这就是梁启超提到清代中国"不完全专制"的情况。就是说,中国拥有两种体制最差的部分,这是一个拥有专制主义所有缺陷的政府,缺乏任何要做成事情所需的实力。④

梁氏讨论的民主改革,读者可能会认同,这将有助于建立合法性和其他改革。但这不是梁氏想要达成的,至少并非马上要达到的。相反,中国需要一个强大的政府,能够团结人民并作出令人信服的牺牲。当然,它应该鼓励适度的内部竞争,但这也需要强大的政府在其公民之间进行调解。那么,中国所需要的就是专制。但这必须是完全脱离统治者个人意愿的专制。

---

① 梁启超:《开明专制论》,《饮冰室合集》文集第17册,第17—19页。
② 梁启超倾向于将国家视为法人,正如他在别处所论证的那样,否则它将是一个客体(物):它实际上是权利的主体(载体),而不是像财产一样权利的客体。参见《宪政浅说》,《饮冰室合集》文集第23册,第44页。
③ 梁启超:《开明专制论》,《饮冰室合集》文集第17册,第19页。
④ 梁启超:《开明专制论》,《饮冰室合集》文集第17册,第20页。

应当牺牲个人自由，但这仅是为了国家的生存。[1] 国家机关已经发挥作用，可以迅速采取行动，造福国家和人民。[2] 梁氏对专制主义的支持并非没有条件。他看到了危险。但是考虑到中国的政治现实，特别是中国面临的外部威胁，他认为，需要一个良好的专制政府或"开明的专制主义"，以建立一个能够适应与生存的强大国家。[3]

梁氏认为，政治权力要统一（政权之域趋于一）。诚然，宪政制度本质上是非专制的，并且是专门设计用来打破传统君主权力的。但是，即使在立宪制国家中，权力也往往集中在议会行政部门或政党领导人中的少数领导人手中。[4] 梁启超的开明专制理论与先前的中外思想家都不同。[5] 在古代中国的政治思想中，法制主义最接近西方国家权力的神圣性概念（国权神圣论）。梁氏发现，法家强调单一统治者的集中控制的重要性就像欧洲国家的近代国家理论一样。梁启超转向西方传统时，发现了从亚里士多德开始，经由霍布斯发展，到马基雅维利的开明专制，成为近代国家主义的基础。[6] 用梁启超的话说，16 世纪的法国君主制主义者让·博丹(Jean Bodin)教导说："君主（主权者）是统治人民的最高权力，不能受到法律的限制。这种权力对于一个独立国家是必不可少的；这种权力的存在恰恰是国家独立的象征（国民之独立）。"此外，博丹所说的主权仅在于统治者（君主）。因此，博丹宣称"统治者是法律的主人"。梁氏认为，博丹与马基雅维利的唯一区别

---

[1] 梁启超：《开明专制论》，《饮冰室合集》文集第 17 册，第 21—22 页。
[2] 梁启超：《开明专制论》，《饮冰室合集》文集第 17 册，第 31 页。
[3] 梁启超：《开明专制论》，《饮冰室合集》文集第 17 册，第 34 页。
[4] 梁启超：《开明专制论》，《饮冰室合集》文集第 17 册，第 43—44、48—49 页。
[5] 梁启超：《开明专制论》，《饮冰室合集》文集第 17 册，第 23—25、35—37 页。
[6] 梁启超：《开明专制论》，《饮冰室合集》文集第 17 册，第 26—27 页。

在于他坚持保留统治者的道德责任。梁氏然后转回霍布斯，并认可他有关开明的专制权应该拥有绝对权力的正式逻辑。[1] 梁氏现在认为霍布斯的社会契约论是一种权衡。个人牺牲了一些自身自由，将其交给统治者，而统治者以保障秩序作为回报。但是秩序从来都不是梁启超的最终目标，他在对德国哲学家克里斯蒂安·沃尔夫（Christian Wolff，1679—1754）的赞扬中再次重申了儒家的个人主义。沃尔夫的理论与梁启超相比更为先进，因为它强调了国家在促进个人发展中的作用。每个人都有发展自己身心的责任，并不能干涉他人的发展。对梁启超而言，这又将自由带回到了平衡，即便是在积极自由（自我发展）和消极义务（反对阻碍他人的发展）的意义上。

在我看来，梁氏并不完全将国家视为道德和政治的组织，[2]而是作为一种"分组"——运用他早期的今文经话语——它超越了道德，甚至在某种意义上超越了政治。道德在不同的层面上运作。1910年，由于清政府不情愿地准备与省议会和国民议会进行宪法过渡，梁启超再次转向对国家的思考。[3] 梁氏宣称，如果不先了解国家，就无法理解宪政。但是国家很复杂，不仅仅是领土、人民和统治者。[4] 第一，国家不仅仅是领土。这片土地自世界之初就存在，但"中国"或国家不存在。各国领土也同

---

[1] 梁启超：《开明专制论》，《饮冰室合集》文集第17册，第28—29页。

[2] 这正如汪晖在《现代中国思想的兴起》（第2部上卷，第985页）中所建议的。我的观点不是要否认今文经学中的"群体"观念对梁启超有关国家的成熟解释的影响，而是要指出他对道德的讨论往往集中在公民和"新民"上，而不是国家。事实上，梁氏在戊戌变法后的10年中的思想轨迹是从彻底道德化的儒家国家观转变为将国家去道德化或世俗化的观点。在很大程度上，他正在将道德从公共领域中移除，同时在私人领域重新写入。

[3] 梁启超：《宪政浅说》，《饮冰室合集》文集第23册，第29—46页。

[4] 梁启超：《宪政浅说》，《饮冰室合集》文集第23册，第31—33页。

样都在改变。第二，国家不仅仅是人民。欧洲国家对国家的古
老观念是"由大量人民组成的"，这是错误的，因为它将国家变
成了仅是个人的集合。而就像将对象堆积在一起并不能形成
一个新的整体对象一样，聚集人还远远不够。第三，皇帝不代
表国家。如果皇帝能代表国家，那么共和国就不会算作国家，
这显然是荒谬的。此外，这意味着每次皇帝死后，国家就不再
存在，但这也是荒谬的。梁氏进一步更彻底地指出，至少在中
国，国家在朝代灭亡以及皇帝个人死亡之后幸存下来。他没有
明确说明中国的起源，但指出存在"同一个国家"已有两千年
了。总之，领土、人民和某些最高机关都是一个国家所必需的，
但不足以构成一个国家。

那么，是什么构成一个国家呢？它是"基于一定领土上的强
制组织的人民团体"。[①] 因此，首先，领土是必要的；它必须是相
当稳定的领土；游牧民族根据定义无法建立国家。其次，人民也
是必要的，但他们不必受血统的束缚。只要他们在一起居住在一
个领土上，那么从某种意义上讲共享其命运的自然群体便可以称
为人民（或国民）。再次，必须有强制力（权力），这是梁启超从他
先前的"专制主义"思想中提出来的。由于人与人之间的冲突是
不可避免的，因此需要一种只能通过命令和服从才能提供的秩
序。"权力"的定义是人们只能选择服从。在国家的情况下，权力
称为"统治权"（或主权）。没有这种统治力，就没有国家。相反，
只有国家才能拥有这种统治力。代表自己行事的个人永远不会
拥有它，但是当他们充当国家机关的代理人时，可以行使强制性

---

① 梁启超：《宪政浅说》，《饮冰室合集》文集第 23 册，第 33 页。

权力。最后,国家必须拥有一个统一的团体。[1] 梁氏在这里重申了国家的有机理论。

对国家的这种看法再次使梁启超在国体和政体之间进行了区分。现在,根据梁启超的说法,国体是指国家的最高机构,通常根据君主制、贵族制或民主制的政治制度来定义。但是今天,贵族制度实际上已经消失了,因此只有君主制和民主制存在。梁氏再次强调,仅仅知道一个国家是君主制还是民主制,并不能告诉人们权力实际上是如何运作的。[2] 从这个意义上讲,政体可以提 *117* 供更多的信息:最重要的是国家机构是以专制还是宪政的方式运作。问题不在于是否存在成文宪法或是议会,而是实际上国家行政机关是否对彼此的权力进行某种形式的检查。自由派的梁启超是回来了,还是没有呢?

· · ·

1898 年戊戌政变之后,蔡元培(1868—1940)不仅朝着民主方向迈进,而且还使国家完全世俗化:

> 国家就像一个公司。人民是股东,皇帝是经理。贵族和官员均由经理任命以协助他。股东提供资金来运营公司,而管理人员的费用和薪水全部来自这些资金。但是自秦汉以来,管理者每天都在为自己窃取资金,诱骗股东支持他们,并完全出于自己的目的将公司全部没收。[3]

蔡元培在清廷担任过翰林。他同情改革,但与康、梁这样

---

[1] 梁启超:《宪政浅说》,《饮冰室合集》文集第 23 册,第 34 页。
[2] 梁启超:《宪政浅说》,《饮冰室合集》文集第 23 册,第 37—38 页。
[3] 蔡元培:《上皇帝书》,《蔡元培政治论著》,第 12 页。(翰林是朝廷授予特别杰出的进士的一个威望很高的职位,尽管它更多的是学术的而非行政的职责。)

的激进分子保持距离。正如一篇蔡元培的传记所揭示的,这种对国家的看法可能反映了蔡氏的商人背景。[1] 蔡元培惊人的世俗形象显然值得一提。正如我们在上面看到的,梁启超也将国家与一家公司进行了比较:朝廷就像管理层,皇帝则担任其董事。[2] 但是,梁启超虽然批评独裁统治,却并未从股东的角度进行类比,他将代表国家的责任放在了朝廷身上。蔡氏开始着眼于人民,而梁氏着眼于管理。总而言之,在"保守主义转折"之前,梁启超对民主表示怀疑,至少对中国人民目前的实践能力持怀疑态度。但更重要的是,他结合了社会达尔文主义和国家有机理论,将国家置于社会和个人之上。国家有自己的宗旨,不能沦为包括皇帝在内的任何人的私人利益。国家是超然的人(不是机器),它们很脆弱,必须保护它们免受自己的人民和外界威胁的侵害。国家需要有能力的公民,作为回报,国家养育和保护其公民。特定公民和国家的利益在很大程度上是一致的。梁启超对革命、民主和革命者持怀疑态度,他认为革命、民主和革命者还不够成熟并无知。然而,虽然革命者对中国发展民主更加乐观,但他们也认同梁启超关于国家性质的基本假设。

1911年的辛亥革命将开启几十年风风雨雨的国家建设尝试,所有这些尝试都认为国家是超然的,并且对私人利益是不可归还的。对专制主义的称赞,无论多么"开明"的专制主义,梁启超都觉得奇怪,他很快就做出了另一个著名的思想转变,回到宪政阵营。革命真正发生后,他甚至支持共和主义。但是他所描述

---

[1] Chaohua Wang, "Cai Yuanpei and the Origins of the May Fourth Movement", pp. 232-233.

[2] 梁启超:《论国家思想》,《饮冰室合集》专集第4册,第16—17页。

的那种超然的国家具有广泛的吸引力。也许革命者走了一条通往同一目的地的道路。后面的章节将描述革命者对国家的看法。不过,下一章先考查立宪主义的敌人以及他们害怕政治变革的基础。

第四章　渐弱的保守声音

　　中学为体，西学为用——著名政治家张之洞的著名论述。张氏在 1898 年提出这句话是为了同时鼓励改革和限制改革。实际上，他的论述早已成为事实，也就是说，受过教育并熟读经典是必要的，但已不再是足够的。长期以来，张氏的提法在逻辑上的不一致性是很明显的；也许不太明显的是，这并不是对历史进程的错误描述。但是到 1898 年，体和用这两个方面产生了联系。①张氏关于本质或实质（体）、效用或功能（用）的表达涉及数千年的哲学讨论。但是从传统的观点来看，体和用是一件事物的不同方面，而不是不同的事物。的确，严复无情地抵制了张氏的提法，花了许多篇幅指出这个问题。他坚称：

> 本质和效用是指一个对象。牛的身体是背负重担的工具，而马的身体是行走远方的工具。我从未听说过将牛的身体当成马匹来使用。中学和西学的差异就像中国人和西方人外表上的差异一样：不能随意称呼他们相同。因此，中学

---

① 张之洞的提法实际上代表了自强运动开始时的一种思想。他在 1898 年的一次教育讨论中使用了它。正如列文森（Joseph R. Levenson）指出的那样，体—用是一种智力合理化，见 *Confucian China and Its Modern Fate*，1：59 - 78；最近的讨论包括 Luke S. K. Kwong, "The T'i-Yung Dichotomy and the Search for Talent in Late-Ch'ing China"；Weston（魏定熙），"The Founding of the Imperial University and the Emergence of Chinese Modernity", pp. 102 - 105。

有其本质和作用,西学有其本质和作用。虽然它们是分开的,但它们可以共存,但是如果将它们组合在一起,那么它们都将无法存在。①

严复大胆地提出了一个双重主张:科学是普遍正确的,西方治理是建立在科学之上的。但是,严氏的主张都没有被广泛接受。包括政治概念在内的西学逐渐被零散地接受。西方关于普遍有效性的主张尤其容易受到挑战。清末保守派对康梁激进主义的回应是 19 世纪 90 年代末期的一次重大反击。本章考察了 *120* 他们对正统儒家道德的辩护。最终,他们被形势所击败,而不是被激进的争论所击败,但儒家道德能够演变至 20 世纪。

儒家改良主义

张之洞先是作为李鸿章的接替者,然后成为竞争对手,之后再实际取代李氏成为清廷最有力的改革声音(李氏于 1901 年去世),张之洞是一位真正的学者。在这方面,他更像曾国藩,而不是李鸿章。作为湖广总督,张之洞建立了学校和基础设施,鼓励相对偏远地区的发展。但是他始终关心他希望进行改革的政治道德基础,并且他反对任何可能挑战社会或政治等级制度的改革。当严复对韩愈的反驳发表在张氏本人赞助的一本杂志上,并且张氏的敌人可能会用它来攻击他时,张氏的第一个反应只有恐惧。② 严复曾经认为张之洞远比李鸿章更致力于改革,张之洞令

---

① 严复:《与〈外交报〉主人书》,《严复合集》第 1 册,第 273 页。

② 该事件在 Seungjoo Yoon(尹圣柱),"Literati-Journalists of the Chinese Progress (Shiwu bao) in Discord, 1869–1898", pp. 58–62 中有描述;参见 Schwartz, *In Search of Wealth and Power*, p. 82。严复的文章在本书第二章进行了讨论。

编辑道歉,他组织了一次由御史屠仁守执笔的反驳。

屠氏的反驳承认中国文化存在缺陷,有些东西可以从西方学到。[1] 然而改良派们走得太远了。至于严复对"原道"的批评,屠氏也认为韩愈的论文并不完美,正如程颐和朱熹早就指出的那样。[2] 但正如朱熹所说,它基本上还是正确的。这意味着严复的观点扭曲了是非。特别是,对屠氏来说,统治者与臣民的关系植根于宇宙(天),这一关系所立足的层次结构也根植于宇宙。[3] 如严复所称,贵族与平民之间的区别是"出于必要而产生的"是不对的。屠氏声称天子通过拥有帝国和所有臣民而成为统治者,就像封建领主成为各自王国的统治者一样,王国中的所有人都是臣民,而大臣们是其家族的臣民,等等,直到学者和平民百姓,他们都是自己较小领域的"主人"。屠氏有一个自上而下的愿景,将世界嵌套在一个层次结构中。他说,严复由下而上描绘了宇宙秩序。但是,如果人们认为上级只是履行保护自己生命和财产的职能,那么他们将以类似功利主义的方式看待"天"。他们甚至会以为自己创造了"天",而不是"天"创造了自己。当然,屠氏认为这是完全荒谬的。对其来说,自然层次的嵌套关系在定义上是符合伦理的。因此,严复在颠倒这些关系的顺序时,将人类谴责为不道德的。在屠氏看来,严复相信上级必须尊重下级,下级才会屈服于上级。严复认为,官员是从年长者中选拔出来的,诸侯是从官员中选拔出来的,皇帝是从诸侯中选拔出来的。严复的不道德

---

[1] 屠仁守:《屠梅君侍御致时务报馆辨〈辟韩〉书》,苏舆辑:《翼教丛编》,第 130—137 页。

[2] 程颐(1033—1107)和他的兄弟程颢(1032—1085)都是新儒学的创始人之一,新儒学由朱熹(1130—1200)综合成一个更系统的儒家学派,成为元朝至明清科举考试的正统基础。总的来说,新儒家将韩愈视为他们学派的先驱。

[3] 屠仁守:《屠梅君侍御致时务报馆辨〈辟韩〉书》,苏舆辑:《翼教丛编》,第 132 页。

观点源自他否认人类关系植根于宇宙秩序。

屠仁守相信"天"和皇帝确实起到了爱护和保护人民的作用，但这是由于他们的天性，而不是因为人民选择了他们来执行这些任务。上天是人类的来源，而不仅仅是守护神。屠氏说，孔子已经了解"财富和权力"的基本重要性，但与西方人不同，他也了解他们的道德基础。① 严复汲取了日本击败清朝的教训。日本人之所以成功，并不是因为他们可能拥有了任何民主的形式，而是因为他们有好的领导人。实际上，尽管日本人以（中国）经典和官修朝代史为基础进行改革，但太多的中国人在贬低自己的圣贤。② 相反，如果中国遵循王道，那么"财富和权力"以及人道与正义（仁义）都将随之而来。

严复从来没有直接回复，但在 1898 年初，他以劝告皇帝的名义写了另一篇文章。这可以看作是他对屠氏观点的反驳。尽管没有任何今文经的修饰，但严复提出了进行体制改革的理由。③ 严氏期望皇帝集结改革力量，并建议统治权的实质在于统治者的决心和英勇。他敦促光绪游历西方，以改善与列强的关系；获得民众的支持并缩小统治者与被统治者之间的差距；严厉处理官方的推诿、无能和阻挠妨碍。然而，严复仍然抨击"圣君"的概念。他说，虽然道路永远不会改变，但制度（法）一直在改变。④ 然而，这不是上天或皇帝的问题，而是团体（群）生存的问题。不变的美德——仁慈、忠诚、公平、耻辱，等等——都是有目的的。严复很 122

① 屠仁守：《屠梅君侍御致时务报馆辨〈辟韩〉书》，苏舆辑：《翼教丛编》，第 133—134 页。
② 屠仁守：《屠梅君侍御致时务报馆辨〈辟韩〉书》，苏舆辑：《翼教丛编》，第 136—137 页。
③ 严复：《拟上皇帝书》，《严复合集》第 1 册，第 126—127 页；最初在《国闻报》（光绪二十四年第 1 期，第 6—14 页）上发表。虽然历史学家强调了严复在 1895 年的政治出道，但后来的这篇文章被忽视了。
④ 严复：《拟上皇帝书》，《严复合集》第 1 册，第 134—135 页。

乐意听取儒家的意见:如果皇帝要了解天意,他必须仰赖人民。但是,要辨别出严氏在这部经典文章背后的激进功利主义并不难。

最后,张之洞亲自上场。他于1898年撰写了《劝学篇》,开辟了保守派和进步派之间的中间路线。① 这个作品在全国各地的政府机关和私人出版商中广泛传播。尽管张之洞致力于改革,但他对帝国的忠诚是绝对的。他支持皇帝及其在政体、社会和宇宙中的作用。他完全反对"民主"和"平等"。不需要目的论理论就可以得出结论,在晚清激烈的政治环境中,张氏既是改革家又是保守派。本章讨论的其他许多学者也是如此,他们从某种意义上说是保守的,因为面对所看到的对社会秩序的威胁,他们不愿意改变,坚持保持传统方式,却支持某些改革方案。并不是说张氏从来没有把国家本身视为最高的利益。相反,维护国家(或王朝)是有道理的,因为它包含了保护儒家和保护中国人的双重目标。② 张之洞和康梁派之间的区别是,张氏认为帝国主义是社会体系的堡垒,并且两者都源于经典所描述的宇宙秩序。

张氏采用链式逻辑:种族依靠智慧,即正确的教化(儒教),而教化又依靠国家。他的反例包括强大的国家维持不合理的教化(奥斯曼帝国对伊斯兰教的支持)和合理的教化在没有国家支持情况下的衰落(弱小的印度无法支持佛教)。从这个意义上说,使清朝变强不是张之洞的最终目标,但这与维护中国人民和儒家思

---

① 张之洞:《劝学篇》。正如韩子奇(Tze-ki Hon)指出的,由于张之洞反对戊戌变法以及他与慈禧相处的能力,他已经赢得了保守派的名声。这个标签将张氏置于一种特殊的近代化目的论中,忽视了他真正的改良主义。韩子奇认为张氏的改良思想中不仅有军事和技术方面,还包括基本的教育和社会变革。Tze-ki Hon, "Zhang Zhidong's Proposal for Reform".

② 张之洞:《劝学篇》,第50页。

想密不可分。实际上,张氏声称,清朝的根基是深厚而稳定的,受到"天"的保护。[1] 他称赞了清政府的仁慈和成就,例如,其低税率和司法仁慈证明了它比以前的王朝以及西方国家优越。[2] 清朝正是这种传统的继承者,这种传统的优势在于将"教化"与政治相结合。[3] 张氏说,数千年来,神圣的教义蓬勃发展并没有发生任何变化,这取决于君王和教化者的团结(以军兼师)和指导政权(以教为政)。清人在支持程朱正统、编辑经典和清除异端的努力下,代表了教化与统治统一的一种顶峰(政教相维)。

从根本上讲,教化是什么? 对张氏来说,它体现在三纲的伦理中:君臣、父子、夫妻。三纲同时是政治、社会和道德的逻辑。在一系列经典语录中,张氏得出结论,圣人和中国都由三纲决定。[4] 人们尊重他们应该受到尊重的人,并孝顺那些应该受到孝顺的人。[5] 在张氏看来,康梁阵营崇拜西方并诋毁中国,希望废除儒学和政府。他甚至听说在条约港口有人公开主张废除三纲。实际上,这些人不仅背弃了道德,而且不了解西方。[6] 在政治领域,西方不是平等主义者,而是公认的自然等级制度。[7] 例如,即使在议会制度中,最高人物(国王或总统)也代表着统治者与臣民的关系。在非政治领域,《十诫》标志着西方人尊重孝道,他们的哀悼仪式也是如此(即使他们没有祖先的宗祠和牌位),因此他们承认了父子的联结。而且由于在公职、议会、军队或劳动力中找

[1] 张之洞:《劝学篇》,第 51 页。
[2] 张之洞:《劝学篇》,第 58—59 页。
[3] 张之洞:《劝学篇》,第 50—51 页。
[4] 张之洞:《劝学篇》,第 70 页。
[5] 张之洞:《劝学篇》,第 90 页。
[6] 张之洞:《劝学篇》,第 71 页。
[7] 张之洞:《劝学篇》,第 70—71 页。

不到西方女性，因此张氏得出结论，西方人的观念中对男女有作区别。这等于承认了夫妻的联结。

尽管张氏支持强大的政府，但他的政治哲学并不像梁启超和严复所发展的国家主义。具有讽刺意味的是，它也许更接近于康有为的"孔子改革家"，而张之洞鄙视康有为的理论，认为其不规范。但是康有为可以想象孔子预言的平等与自由世界。对于张氏来说，只有忠诚和公义才能统一整个帝国（忠义号召合天下之心）。而中国人的力量只能在朝廷的威力之下才能统一。他说："这是不变的、永恒的方式，是过去和现在在中国和外国普遍适用的原则。"①"因此，了解统治者与臣民之间的联结意味着不能实行民主；了解父子之间的联结意味着不能实行同等的惩罚、废除哀悼或取消祭品；而了解夫妻之间的联结意味着男女平等无法实现。"②追求民主将直接导致社会混乱。③ 在清朝统治下过得很好的老百姓将首先遭受苦难。最终，外国将利用中国的国内动荡来占领国家。正是由于清政府施行了仁慈的统治，张之洞才顺理成章地得出结论，根本不需要"民主"和与革命有关的暴力。

无论是何种情况，张之洞都认为，"民主"的真正含义仅包括议会作为民意的表达，而不是行使权力的手段。同样，西方的"自治权"理论（人人各有其自主之权）只适当地提到了上帝赋予每个人一些智慧和知识的宗教观念。尽管西方没有从孔子的智慧中受益，西方也没有如此疯狂地真正追求平等主义和民主的社会学说。相反，西方和中国一样，在统治者和被统治者之间有明显的区别。的确，甚至贼也有他们的首领。如果在社会领域实行"自

---

① 张之洞：《劝学篇》，第87页。
② 张之洞：《劝学篇》，第70页。
③ 张之洞：《劝学篇》，第86页。

治",那么自私就会占统治地位。人们会偏爱自己的家庭和村庄,强者压迫弱者,商人剥削穷人,穷人抢劫义士,下级不服从上级,学生不尊重老师,等等。我感到尤其值得一提的是,张氏的预言表明儿子不会听从父亲或妻子不听从丈夫。我们将在下文看到更多内容。通过三纲,父权制家庭与国家仍然保持密不可分。

张氏对民主的反对,与其说是对特定政治体制的恐惧,不如说是对平等主义的恐惧。诚然,张氏不仅攻击民主和平均主义思想是伤风败俗的,他还指出,无须进行机构改革。清政府已经具有改革派归因的没有任何缺点的民主制度的优势。[①] 商人不需要民主来建立公司和工厂,但是商人的过度自由会产生腐败。正是现行制度使官员对商人的活动进行管制,从而使经济保持运转。同样,可以在现行制度下建立新的学校,而民主制威胁了官方授予的以维持教育制度正常运转的职级与津贴的权力。军事改革也需要官僚主义,张氏暗示称,其过度的自由则会威胁到改革。[②] 他声称,国会没有必要传达舆论(他们唯一可以想象的理由),因为请愿书和奏折已经履行了这一职能,而议会则对王位合法权力构成威胁。[③]

民主与平均主义,寓意着不团结、派系和混乱。这些观点在1898年之前就存在。关于民主运动的第一手资料是在19世纪80年代后期由黄遵宪撰写的关于日本的论文中提出的。[④] 我们知道黄氏认为基督教和西方政治的起源(平等与民主)源自先秦哲学家,例如墨子。像张之洞一样,黄氏尊重西方大国的成就,他

---

① 张之洞:《劝学篇》,第85—86页。
② 张之洞:《劝学篇》,第86—87页。
③ 张之洞:《劝学篇》,第87页。
④ 黄遵宪:《日本国志》,《黄遵宪全集》第2册,第399—1400页。

认为平等的道德观念已经腐烂透了。它使君王与人民、父母及子女齐平，并将每个人都聚在一起。如果想要把陌生人变成亲人，那么现实就是把亲人变成陌生人。"天生的神圣原则和人类感觉的最高原则是：必须有贵族和平民、同族和非同族、上级和下级。"皇帝由上天选择来控制混乱，而不是人民的选择。真正的秩序和统一来自圣人创造的等级秩序，这取决于人与人之间的自然区别。黄氏认为，西方强国目前充满活力，但未来将面临问题。如果它们开始衰落，它们将会土崩瓦解。他似乎一直在思考欧洲的社会主义运动。在黄氏看来，他们的平等主义将导致所有人的斗争，他们对天则的恐惧就会消失。在 100 年之内，他们将在战争和流血冲突中崩溃，抛弃君主，罔顾同族。

黄氏承认自己对欧洲没有直接的了解，但作为一名外交官，他于 19 世纪 80 年代初驻在东京，他目睹了日本的民权运动，并看到了民主思想带来的危险。[①] 黄氏将明治维新的伟大变化归功于汉学和西学。黄氏将 1868 年的王权复位归因于中国"尊崇皇帝"和"驱逐野蛮人"(尊皇攘夷)的经典劝令。[②] 后来，皇室希望维持中学以规范普遍的道德标准，从而抑制了西学的兴起。但是西学的普及同样是明治政策的结果，尤其是在 19 世纪 80 年代，当时的中小学、大学、博物馆和报纸都在这样做。令人震惊的是，浅薄的日本学者用儒学为基督教正名，并主张一种人人享有自由和自治的道德观(各有自由自主之道)。在黄氏看来，这些浅薄的学者认为，既然所有人都从上天获得生命，那么所有人都享

---

① 黄遵宪：《日本国志》，《黄遵宪全集》第 2 册，第 1404—1415 页。关于黄氏对明治维新政治改革和民权运动的看法，参见 Noriko Kamachi, *Reform in China*, pp. 79 - 87。
② 从《公羊传》的春秋传统来看，这在今文经学中尤为重要。

有平等的权利。统治者与人民、父亲与儿子、妇女与男子都享有相同的权利。① 黄氏在描述明治行政改革时并不那么危言耸听，但对选举和集会持怀疑态度。② 尽管扩大"公共"（公）的目标是毋庸置疑的，但这些机构很容易被私人利益所俘获。毕竟，圣人所做都是为了公共利益，但公众不一定看得到。"可以使人们遵循它［道路］，而不是理解它。"③黄氏担心，民主仅仅是"霸权"追求私人利益的一种掩饰。他在 1882 年被任命为旧金山领事后证实了这种恐惧。他对这座城市的政治机制和反华工运动感到震惊。尽管如此，黄氏仍向西方寻求技术和经济改革。这就是先王的道德可以灌输给当今人民的方法，从而使中国恢复其在世界上应有的地位。④

这些正是张之洞在 1898 年所传播的观点，但黄遵宪的观点并非一成不变。让我们把时间再往后拨动。黄氏于 1894 年回到中国，在湖南任职，成为张之洞政治机构的一员。身居这一维新运动的要职，他的观点变得更加激进。1898 年变法失败后，他被免职，但未受到其他惩罚。退休后在 1902 年写给梁启超的一封信中，黄氏谈到了他个人走向民主理想的历程。⑤ 他说，在日本期间，他对"人民权利"的兴起感到震惊，在阅读卢梭和孟德斯鸠著述之后，更加理解了"人民权利"。黄氏将阅读过程描述为一种对话经历，然后，他认为民主化将创造一个公正的世界。但是，他

¹²⁷

---

① 黄遵宪：《黄遵宪全集》第 2 册，第 1414 页。
② 黄遵宪：《黄遵宪全集》第 2 册，第 1135 页。
③ 引用《论语》8.9（民可使由之，不可使知之——译者注）。人们可能要遵循的确切内容通常被理解为"道路"，但这段文字是模棱两可的。下面给出了运用这段话的其他例子。
④ 黄遵宪：《黄遵宪全集》第 2 册，第 1415 页。
⑤ 黄遵宪：《饮冰室师友论学笺》，《新民丛报》第 13 期（1902 年 7 月），第 55—57 页。

发现没有人可以同他讨论他的新想法。之后,他驻扎在旧金山,目睹了一个充满官员腐败、政治权谋的世界以及劳工运动成功地将中国工人拒之门外。这种经历使黄氏感到困惑和思想上的失落。如果伟大的文明国家无法掌控民主,那么对于那些仍然落后的人民又有什么希望呢? 因此,黄氏转而求助墨子(正如我们所看到的那样是批判性的)。

然而,黄氏在 1890 年被短暂派往英国后,又经历了另一次转变。在那里,他看到了中国可以效仿的政治形式(政体)。首先,他支持通过将清朝统治转变为君主立宪制来分权。他提议废除中国的省份,代之以五大州,每个州都采用像澳大利亚或加拿大这样的总督系统。黄氏建议立法和行政职能之间有更明确的区别。立法决定应由当选的地方议会决定,地方议会也将决定财政和法律政策,而学校、军队和基础设施则应由中央政府管理。诸如联邦制之类的东西将通过限制官员渎职和使国家变强来稳定经济。这种君主立宪制也会掩盖那些要求进行革命性变革的呼吁。黄氏试图以具有民众权力的"平等"形式维护王权。黄氏没有放弃三纲,但他对三纲的含义进行了扩展。

激进的改良主义与审慎的儒家改良主义之间的紧张关系,既可以从康梁派与张之洞之间的分歧中看到,也可以从外交官学者黄遵宪不断发展的观点中看到。这些紧张关系也在新的教育体系中得以体现。1902 年,清政府致力于建立公立学校制度。这一制度表面上体现了张之洞的观念。这个新项目最终也由张氏负责,该项目就是基于他在湖南和湖北的经验。[1] 到 1906 年成立新的教育部门(学部)时,国家教育的总体目标已经能够确定。

---

[1] Ayers(艾尔斯), *Chang Chih-tung and Educational Reform in China*.

154

该系统的最初目标是建立为所有男孩提供初等教育的系统,后扩大至女孩,而事实上只有很小一部分男孩以及更小一部分女孩入了学。就我们的目的而言,问题是学部的目标如何反映出精英和官方的观点,尤其是张之洞的观点。学部的法规一方面促进了改革,但另一方面批评了改良主义和极端主义。后一个问题似乎使学部特别担忧。该法规呼应张氏的《劝学篇》,它并没有声称西方树立了一个坏榜样,而是一些中国人没有正确理解西方。学部明确宣布,教育最终是一种培养忠诚度和使人民免受革命"异端"之害的手段;这也是通过动员人民来使国家变强的一种手段。[1]

更具体来说,学部声称,只有根据中国的情况和人民的习俗才能制定适当的政策。最重要的是,传统的国家思想和治学思想(政教)基于对皇帝的忠诚(忠君)和对孔子的尊敬(尊孔)。为了维持这些基本原则,需要尊崇三种学习形式:公众意识(尚公)、军事艺术(尚武)和实用艺术(尚实)。[2] 尽管东方国家和西方国家的政体不同,但它们的政治都是基于对君王的崇敬。例如,德国的崛起可以追溯到德国学校对维护帝国统一的重视,而日本的崛起与其学校对未中断的帝国主义路线的重视有关。同样,清政府以其极大的善意和人民关怀来塑造其教育体系。

学部认为,尚公、尚武、尚实将在儒家和忠诚主义的框架内使国家变强。尽管如此,就课程和上课时间而言,学部为学校建设者提供了更为直接的目标。尚公是指创造一个坚定而不可征服的团结的人民群体。[3] (这里学部引用了梁启超的话,尽管实际上张之洞也认可这一表述。)学部宣称,教育的作用至关重

129

---

[1] 璩鑫圭、唐炎良编:《中国近代教育史资料汇编:学制演变》,第 534—539 页。
[2] 璩鑫圭、唐炎良编:《中国近代教育史资料汇编:学制演变》,第 535 页。
[3] 璩鑫圭、唐炎良编:《中国近代教育史资料汇编:学制演变》,第 536 页。

要，要通过自我修养、伦理关系、历史等课程来建立信任和友谊；所有此类课程都鼓励了合作的情感。学部明确指出，爱国统一应该植根于童年，就像孔子教导普遍的仁爱是特定孝顺的延伸一样。这个过程的核心将是复兴正在衰落的"国学"。张之洞对激进的改革派关于民主与平等言论的强烈反应绝不是蒙昧主义，而是通过将自己的旗帜植根于三纲，他试图阻止社会秩序的任何根本性改变。

尽管如此，课堂上实际发生的事情可能是另一回事。至少，在某些最传统的教学工具、教科书中可以看出一定程度的平均主义。没什么太激进的——对于要在公立学校使用的教科书，学部进行了审查。尽管如此，除了强调孝顺、友谊、正义、勤奋、卫生等问题，道德教科书("修身交友书")开始讨论公民的角色。总体而言，希望孩子们明白他们对国家负有责任；同时，他们被告知国家会保护人民。从某种意义上说，国家对人民负有责任。在更深层次上，几本道德教科书强调了国家与人民之间的紧密联系，甚至他们之间的虚拟团结。根据《通俗国民必读》：

> 您需要知道，国民一词最初是指人民和国家的不可分割性。国家的声誉就是人民的声誉。国家的荣耀就是人民的荣耀。……国家的生存就是人民的生存。[1]

我们可以从激进或保守的角度来考虑这一概念。保守的教科书强调和谐："家庭是国家的基础，夫妻关系是家庭的基础。"[2] 因此，"如果夫妻之间和谐相处，那么国家将处于和平状态"。然

---

[1] 高步瀛、陈宝泉：《通俗国民必读》第 1 册，第 1a—b 页。
[2] 高步瀛、陈宝泉：《通俗国民必读》第 2 册，第 15a—b 页。

而,即使教科书相对保守地强调人民的职责,也谈到了他们参与国家事务的责任,这与将国家事务限于高级官员的传统有明显的区别。《小学修身教科书》以这样一般性的观察开头,即如果公民将坚强和文明作为自己的个人责任,那么国家也将变得坚强和文明。① 这就是公民需要修养的原因。这本教科书很好地结合了传统的儒家修养与近代目的:修养不是产生圣人,而是一种更强的状态。张之洞可能不会对此表述有任何疑问,但此教科书继续观察到人们是先于国家的。其结论是:

> 帝国不是少数个人的私有财产,而是数十亿人的公共财产。同样,国家也不是一两个人的财产,而是数十亿人的公共财产。由于它是公共财产,因此在这个帝国和国家中,根本没有任何东西不是公共财产。因此,任何试图将这一公共财产视为自己的财产的人都是帝国和国家的公共敌人。②

《蒙学修身教科书》也像前者那样看待人民:"国家是人民建立的,人民是国家维护的。"③它也接近共和立场,声称:"没有国家是没有治理的,但是不符合理性(公理)的治理与缺乏治理无异。"④这些道德教科书还至少是简短地讨论了国家作为大家庭的古老说法。更为激进的观点运用私人/自私(私)与公共物品(公)之间的对比来强调,就像一个家庭不能被"私有化"一样,国

---

① 刘剑白:《小学修身教科书》,第1a—2a页。
② 刘剑白:《小学修身教科书》,第45b页;也参见李嘉谷:《蒙学修身教科书》,第34b—35a页。
③ 李嘉谷:《蒙学修身教科书》,第38a页。
④ 李嘉谷:《蒙学修身教科书》,第35b页。

家也不应该被"私有化"。① 正如家庭是其成员的共同财产一样，国家是其人民的共同财产。这并没有解决国体或政体的问题，但梁启超会为此感到骄傲。

湖南人的反应：生活在三种联结中

张之洞采用一种理性的——主要是没有感情的——论证方式。1897 年和 1898 年，湖南对康梁维新运动产生了更激烈的反应。这是维新运动的中心，梁启超、谭嗣同和其他儒家激进分子在省会长沙的时务学堂任教。湖南的保守派使用了更为激烈的言论，指责康梁的改良派以背叛王朝、其罪当诛的"邪说"误导了他们的孩子。他们的反平等主义更加道德至上，并且表现出他们是唯一与邪恶阴谋作斗争的好人的偏执狂的幻想。湖南的士绅，尤其是长沙的精英们在 19 世纪 70 和 80 年代臭名昭著，因为他们反对传教士和任何西化的事物。而到了 90 年代中期，长沙开始改革。② 湖南的保守派并没有坚定地反对张之洞支持的那种改革，但他们已经相信中国会面临一场真正的危机。这并不是说民主将来会破坏政治秩序，而是平均主义的观念已经在破坏社会秩序。保守派很乐意将张氏视为其中一员，并在其《翼教丛编》中重新出版了他的一些论述(但不是改革主义的那些)。尽管如此，他们并不认为张氏走得够远。③《翼教丛编》于 1898 年首次出版，其中包括前几年的保守派奏折、论文和信件，包括给康有为的

① 刘剑白：《小学修身教科书》，第 46a 页。
② Lewis(卢其敦)，*Prologue to the Chinese Revolution*；最近对湖南改革运动的概述是 Platt(裴士锋)，*Provincial Patriots*，chapter 3。
③ 苏舆辑：《翼教丛编》，第 1 页。

信件。在改良派失败后的几年中，它经常再版。

这些保守派是谁？为什么他们要让清廷处决康有为？为什么康氏会因为写了几本几乎让人读不懂的书而应该被处死？保守派是富有经验与见多识广的长沙精英士绅：官员、教师、学者和诗人。①《翼教丛编》的主要编撰者苏舆（1872—1914）是王先谦（1842—1917）的学生，他特别欣赏董仲舒的著作，后来游历日本。苏舆的丛编包括老一辈的王先谦、朱一新（1846—1894）以及年轻一辈的叶德辉（1864—1927）的著作。王先谦在 24 岁时中了进士，并成为翰林学士，但不久后返回长沙任教，支持自强改革。叶德辉（1892 年中进士）起初是康有为改革思想的支持者，但很快就反对了他对孔子的看法。苏舆与梁启超同龄，他们之间并非代际分裂，而是意见分歧。在某种程度上，这也是长沙本地人与外来人之间的一种划分。② 在改革政府领导下的政治权力重新分配威胁着当地人利益，长沙当地人以意识形态上的呼吁进行了反击。同样，我认为湖南人反应激烈，表明一些高度个人化的事情正处于危险之中。

　　反对平等的保守反应建立在植根于宇宙本质的家庭和国家

---

① 杨菁：《导言》，《翼教丛编》，第 1—52 页。也参见丁亚杰：《〈翼教丛编〉的经典观》，《湖南大学学报（社会科学版）》2004 年第 4 期，第 31—40 页；张晶萍：《从〈翼教丛编〉看叶德辉的学术思想》，《湖南大学学报（社会科学版）》2004 年第 4 期，第 41—48 页；曹美秀：《朱一新与康有为——以经学相关问题为讨论中心》，《中国文哲研究集刊》第 28 期（2006 年 3 月），第 219—256 页。熊秋良的《"翼教"派略论》《湖南师范大学社会科学学报》1999 年第 1 期，第 90—94 页）强调了湖南保守派的改良主义一面。

② 何文辉：《失势的精英及其反抗：戊戌前后湖南新旧之争的政治学分析》，《北京行政学院学报》2004 年第 5 期，第 82—86 页。（诚然，朱一新是浙江人，并非湖南人，但朱一新一直是康有为的批评者，他的正统观点很适合苏舆的需要。）关于背景，参见 Hao Chang, "Intellectual Change and the Reform Movement, 1890 - 8", esp. pp. 300 - 318; Lewis, *Prologue to the Chinese Revolution*, pp. 45 - 68。

统一视野之上。这种保守的观点并不妨碍进行适度的改革。如上所述,19 世纪 90 年代后期的许多主要保守派都支持一些具体的改革,但是很大程度上仅限于技术和基础设施领域。部分原因,教育比较棘手。到 19 世纪 90 年代后期,不管他们在其他问题上可能有什么分歧,保守派都统一起来反对任何根本性的政治改革,尤其是任何可能威胁到社会秩序的改革。保守主义,至少在这种复杂的多样性中,不仅仅是考虑不周的传统主义,而是一条小心翼翼地划在沙子上的线,尽管事实证明沙子在不断地移动。从张之洞到湖南人的反应,近代中国的保守主义围绕着限制与管理变化建设,以维护清朝现有的宇宙学、道德和制度基础。在某些情况下,保守派的确反对任何形式的改革。

但这样说只讲了故事的一半。除了对政治现状进行合理辩护,保守派认为改革是对他们生活方式的威胁,因此充满深深的反动和恐惧。换句话说,年轻的激进派先生在 1896 至 1897 年到达长沙,传播了关于民主与平等的言论,这使得湖南的士绅领袖们感觉到他们的孩子可能处于危险之中。如果孩子的道德受到威胁,他们自己的生活方式就会受到威胁。因此,他们的回应实际上是"反应性的":对变革威胁的高度批评甚至是歇斯底里的回应。特别是康有为被妖魔化了,而他的年轻追随者梁启超、谭嗣同、唐才常、樊锥、皮嘉祐等也被妖魔化了。具有讽刺意味的是,可能是对三纲的强烈辩护,而非激进分子提出的零星批评,表明了传统主义中某些固有的弱点。如果此时激进分子偶尔攻击君臣、父子、甚至夫妻之间的不平等,他们就会倾向于集中在更广泛的政治理论。① 保守派的所作所为是要强调政治与个人之间的

---

① 谭嗣同是个例外,下一章会讨论。

联系。如果君主的地位被剥夺，那么父亲的地位也将无法存在。在许多方面，父权制家庭的灭亡似乎比君主制国家的崩溃更糟。平等可能对国家不利，对家庭来说则更是一场灾难。

我们至今似乎仍无法知晓 19 世纪 90 年代后期湖南保守运动的全部心理情况，但是我们可以研究一下反平等主义的言论是如何发挥作用的。保守派建立了遵循特定模式的论点。尽管每个人都单独发声，但他们一致认为，彻底的改革只会造成灾难。用阿尔伯特·赫希曼（Albert O. Hirschman）的话来说，他们的言论很大程度上遵循了"危险论"，该论断认为变革的代价太高，甚至使先前的改革都处于危险之中。① 我们还可以找到认为改革实际上将导致要改革的条件恶化的"悖谬论"以及认为改革根本无能为力的"无效论"。最重要的是，湖南保守派用道德义愤的口吻讲话，预言如果进行改革，将会造成灾难和混乱。他们的忠诚是全面的，也就是说，对王朝、教化（儒教）、父权制和社会等级制的忠诚构成了一个统一整体。

张之洞的许多论据都是基于反常的和危险的理论：激进的改革将产生与改良派的意图相反的结果，激进的改革威胁到现有的成就。这样的立场完全与张氏所支持的适度或保守的改革相吻合。但是，湖南保守派与张氏的不同之处在于，他们突然对改革本身不信任了。由于他们的视野涵盖了整个社会秩序甚至宇宙秩序，他们不仅仅是清朝的忠诚人士。他们也不能被简单地定义为保守主义者——努力保守，因为这忽视了他们言辞热情的一个关键要素：妄想症。他们不仅害怕改变，他们还看到了敌人甚至

---

① Hirschman（赫希曼），*The Rhetoric of Reaction*.

134 包括实际上是绝对邪恶的官员的阴谋。① 除了利用阴谋，"激怒"民众，并导致长沙的青年沦丧外，康、梁要如何谋得要职？保守派们感到当时的形势对他们已然不利。如果他们不立即采取行动，将可能完全失势。鉴于其敌人的异端本质，保守派希望他们被消灭：没有讨论或妥协的余地（尽管具有讽刺意味的是，结果引发了辩论）。实际上，康有为及其弟子、伙伴的活动在大多数情况下既不是秘密的也不是广泛的，官员们对他们的认可完全是有条件的。但是，这都没能缓解保守的妄想症。

同时，湖南保守派也致力于正面的美德。换句话说，它们既支持一些事物又反对一些事物。他们总体上致力于父权制家庭、高度传统的艺术和诗歌文化以及程朱理学。他们对清朝的忠诚是明确的。这不是为了忠诚而忠诚，或对君主制的普遍忠诚，而是对统治王朝的特定忠诚。因此，苏舆在《翼教丛编》的序言中首先赞扬了皇帝的美德和清朝维持的长久和平时代。② 帝国精神是光辉的，圣贤是至上的。据苏舆说，学者们是忠诚的，叛乱受到压制，并且不存在异教徒（大概到现在为止）。同样，叶德辉声称，清朝对待人民就像对自己的孩子一样，即使面对空缺的国库也没有提高税收。③

所有这些都可能被当作虚夸的样板而遭忽视。的确，保守派没有将对清朝的忠诚作为一种美德体系中的至高道德。相反，忠诚与一系列整合的美德密不可分。故而湖南保守派将三纲视为一个不可分割的整体。例如，朱一新将社会秩序植根于宇宙之

---

① Hofstadter(霍夫施塔特)，*The Paranoid Style in American Politics and Other Essays*，pp. 3 - 40.

② 苏舆辑：《翼教丛编》，第 1 页。

③ 苏舆辑：《翼教丛编》，第 95 页。老实说，叶德辉确实注意到了新的厘金税的创建。

中,将赋予样式的仪式(礼)与其实质——正义(义)联系起来。此外,鉴于人性的善良,贤哲能够创造秩序:"由物质产生了法(则),由性质(气质)产生了公义和原则(义理),由父子关系产生了关怀爱心,由统治者与被统治者的关系产生了有序的层次结构。"①抛开新儒家形而上学的问题,对于朱氏来说,似乎很清楚,它描述了一种人类的普遍状态,这绝不会使邪恶成为不可能,而是将某些行为精确地定义为邪恶。②

　　叶德辉不仅表达了对儒家道德主义的信念,而且预言了其在世界范围内的胜利。甚至(或特别是)没有特别的努力来保护它,儒家思想也会盛行。"可信度和可靠性将在世界范围内传播,而邪恶于光天化日下消失。"③他得出了自相矛盾的结论,他总结说:"改革体制的尝试将使改革失败;通过不促进民主,我们将从无秩序的时代过渡到新兴和平和大和平时代。"这似乎是赫希曼悖谬论的一个很好的例子。具有讽刺意味的是,叶氏接受历史的进步观,呼应了康有为今文经对三世和大同民主未来的解释。④然而,这里的重点是,叶氏抨击改良主义(和促进民主的努力)是徒劳和危险的。就是说,改革派不仅施行了像煽动群众这类造成损害的行为,而且很显然他们的努力是徒劳的。因此,叶氏采用了现实主义者的做法:他承认西方的优点而不是将其理想化,他承认中国长期以来一直存在问题,但君主制仍然是现有的最佳选

---

① 苏舆辑:《翼教丛编》,第13页。
② 苏舆辑:《翼教丛编》,第13—14页。
③ 苏舆辑:《翼教丛编》,第69页。
④ 罗志田认为,叶德辉准备接受民主作为一个长期目标。这可能是真的,但低估了叶氏的强烈保守主义:他在任何可预见的未来都反对民主。罗志田:《思想观念与社会角色的错位:戊戌变法前后湖南新旧之争再思——侧重王先谦与叶德辉》,《历史研究》1998年第5期,第56—76页。

择。① 叶氏之所以致力于儒学,恰恰是因为它支持君主制。根本上,二者是不可分割的。为质疑张之洞的观点,他在一封私人信件中指出,儒家思想不仅是中国的保障,而且标志着君主制无所不在。这与基督教和民主的联系形成鲜明对比。根据叶氏的说法,摩西律法最初忽略了对君主和国家(忠君爱国)的忠诚,西方牧师只有在熟悉儒家著作之后才会增加这样的忠诚。② 然后,当西方回归到统治者与被统治者关系的正义时,儒家思想可能会传播到世界各地。

苏舆首先指责康有为"利用体制改革(改制)使国家的基本制度(成宪)陷入混乱,宣告平等以摧毁人际关系(纲常),促进民主以废除统治者(申民权无君上也),采用孔子计时而使得人们忘记了当今的朝代"。③ 此外,康有为的今文经学相当于摧毁了神圣的经典。的确,对于苏舆和其他湖南反动派来说,古典学术问题是当今政治辩论的核心(对康有为如此,但对张之洞而言可能并非如此)。例如,朱一新提出了对古文经阅读的直接辩护,但最重要的是,强调的真正问题不是文本细节,而是建立正义和原则(义理)。④ 的确,朱氏在严厉抨击康有为的同时,也批评了清朝的学术潮流,例如忽视了原则性问题的汉学实证研究运动。⑤ 对洪良品(1827—1897)而言,主要问题仅仅是新旧文本传统之间的差异并非那么大。⑥ 湖南保守派在学术上是折中的。

₁₃₆

---

① 罗志田:《思想观念与社会角色的错位》,第 80 页。
② 苏舆辑:《翼教丛编》,第 178 页。
③ 苏舆辑:《翼教丛编》,第 1 页。"从孔子计时"是指仿照西方的公历,使用从孔子出生算起的年份,而不是以朝代纪年。
④ 苏舆辑:《翼教丛编》,第 6—7 页。
⑤ 苏舆辑:《翼教丛编》,第 11 页。
⑥ 苏舆辑:《翼教丛编》,第 15 页。

朱一新在辩论中同样提到了经典的关键作用，即需要从根本上承认改革，但得出结论认为，只有在现有制度的基础上才能进行改革。

> 从远古时代起，还没有完善的制度（法），但是当君王勤政时，通过小的改革和重大变化带来的重大问题就可以纠正小错——制度可以改变，但是制度的意义不能改变。因此，只要存在统治者，就可以实施治理，但要是没有统治者，治理将会停止。治理的弊端是管理机构的人的错误，而不是已建立机构的错误。①

朱氏的观点是，康有为的改革理由基于对经典的错误理解；没有以"素王"的名义进行改革的文本基础。叶德辉也是如此，他还指出孔子从未将自己视为改良派或"素王"，这一术语仅由他的弟子使用。② 叶氏认为，整个公羊学派只是煽动民众的借口。三世理论是不可靠的，而孔子作为任何一种改良派的观点仅具有最间接的经典基础。③ 叶氏认为，公羊学派所提及的是康氏引用的实际上在平息叛乱和恢复秩序的"制度"（制）。对于叶氏和朱氏而言，经典学术的目的是通过传统评论来阐明"大道"，而不是像康有为那样为任意的诠释学提供晦涩的文字资料。

张之洞的追随者王仁俊（1866—1913）有说服力地论证了道 *137*
德与等级人际关系。王氏首先赋予三纲以宇宙学真理的地位，然后指出，统治者与臣民之间的纽带排除了民主的可能性——无论

---

① 苏舆辑：《翼教丛编》，第 9 页。
② 苏舆辑：《翼教丛编》，第 89、75 页。
③ 苏舆辑：《翼教丛编》，第 93 页。

如何,这只会导致古罗马或近代南美的派系斗争。^① 更为尖锐的是,王氏声称,促进父子平等将破坏一切道德关系(伦理),并使中国人沦为野兽。同样,在西方,赋予妇女自治权将导致阴阳的逆转,并导致相当的女性行为失当。与当时的许多人一样,王氏认为民主是起源于中国的西方实践。^② 然而在中国,孟子驳斥了墨子的民主理论,孟子认为墨子的"普遍爱"(兼爱)是"对父亲的否认"。^③

王仁俊真正关心的当然不是西方的民主起源,而是中国迫切需要维护礼乐——这种正义的精神可以追溯到圣人和经典——以及对异端的压制。因为当不尊敬君王时,人民将变得傲慢而躁动不安。^④ 只有有仁心的君王才能维持道德统治。尽管如此,回顾西方历史,王氏声称产生民主的 4 个历史条件:军事政变,异端民众起义,殖民或被压迫人民的反抗,还有由于对皇帝错误的愤怒而引起的叛乱。^⑤ 然而,这些条件在中国都没有出现。王氏认为,历史或"时代潮流"引领世界走向民主的观点是完全错误的,而且许多民主试验,例如法国大革命,已证明是灾难性的。王氏赞同民主人士反对将国家移交给君王继承人的内在自私性这一点。"但是,在所有人中散布王权的魅力是一个很大的错误。"民主没有办法保证好的结果。王氏的观点是,在民主国家的实践中,政治阶级只是在自我复制。例如,美国的选举是由贿赂和派系决定的,没有任何真正的民意。^⑥ 民主也不是获得财富和权力的良方。如在彼得大帝的俄国,没有民主就成功地实现了近代

138

---

① 苏舆辑:《翼教丛编》,第 52—53 页。

② 苏舆辑:《翼教丛编》,第 53 页。

③ 苏舆辑:《翼教丛编》,第 55 页。

④ 苏舆辑:《翼教丛编》,第 53 页。

⑤ 苏舆辑:《翼教丛编》,第 54—56 页。

⑥ 苏舆辑:《翼教丛编》,第 57—58 页。

化。而民主也导致过国家瓦解，正如 19 世纪 30 年代的罗马共和国和法国的例子所证明的那样。[1] 政治领导人担心民众的意见，拒绝处理棘手的问题，例如，美国政客即使不心存偏见却也迎合了反华的偏见。

在王仁俊对西方历史的广泛阅读以及对不同政治制度实用性的讨论背后，存在着两个巨大的忧虑：第一，三纲的消亡将导致道德混乱和家庭破裂；第二，三纲的消亡将导致社会混乱和国家瓦解。这两个问题在理论上和逻辑上都是相关的，但是在心理上是截然不同的。后者担心的是地位和稳定性，而不是对自己的直接攻击。前者对家庭内部关系的恐惧更加个人化。从这个意义上来说，三纲构成了高度特殊的道德观念。儿子不服从父亲或妻子反驳丈夫的可怕画面加剧了保守派的焦虑。王氏提到，如果父亲因殴打儿子而受到与儿子殴打父亲一样的惩罚，那将是多么严重的错误——实际上是违背自然秩序的。[2]

作为个人的政治

在哲学层面上，父子纽带和君臣纽带是一个：二者都以孝为基础，并且都植根于天理。但是在心理层面上，人们实际离家更近。晚清的保守派似乎没有想到这样的观点，即民主可能以不需要平等的方式来定义政治体制。对平等主义的恐惧是他们攻击民主的根源。在攻击康有为的奏折中，文悌（字仲恭）强调，康氏的平等主义会导致混乱。根据文悌的说法，改良派是如此极端，

---

[1] 苏舆辑：《翼教丛编》，第 59 页。
[2] 苏舆辑：《翼教丛编》，第 52—53 页。

他们想要统治者和臣民平等,并且模糊了男女之间的区别。① 为了获取财富和权力,中国在政治和习俗上正在变成西方国家。然而随着民主而来的,不只是财富,还有每个中国人为了个人利益而展开的无休止的斗争。文悌称,他曾面告康有为,爱国是不够的:忠于君主(忠君)和清朝是必要的。同样,叶德辉只是辩称,鉴于中国幅员辽阔,土匪众多——长期以来大多是混乱的,无秩序可言——民主只会使人民相信他们可以统治自己。结果将是派系主义和分裂并最终伤害人民。② 这是对君主制的微不足道的辩护,因为即使叶氏对民主的解释是正确的,他也应该了解朝廷派系主义的历史。

湖南保守派攻击"平等"的理由是,它否认上级与下级之间的区别,因此否认了统治权,并且同样也否认了亲属关系,在这种情况下就不可能有"父亲"。③ 没有比破坏道德关系更糟的了。在叶德辉看来,至少西方共和国中实行的民主制度,恰恰表达了对道德关系的背叛:共和主义不仅缺乏父子关系,还否认了统治者与臣民的关系。同王氏一样,叶氏也认为对妇女权利的过度尊重象征着阴阳的逆转和自然人情的颠覆。如上文所述,朱一新对原始人性善良的信念使他得出结论,统治者与臣民的关系与父子关系并不太相似,但同样植根于宇宙。前者的特征是等级原则,后者的特征是爱的情感。④ 对朱氏而言,这些是适用于所有社会的普遍准则,确实是人类的全部。道德关系不是自愿准则。先王通

① 苏舆辑:《翼教丛编》,第30—31页。也就是通过讲侠义精神,扩大民主,建立政治团体,改革制度,甚至希望废除跪拜仪式和满汉文字。本章讨论的其他保守派是汉人,而文悌是满人,但他们的观点没有区别。
② 苏舆辑:《翼教丛编》,第80页。
③ 苏舆辑:《翼教丛编》,第142页。
④ 苏舆辑:《翼教丛编》,第13页。

过仪式的制度化完善了秩序,尽管这也意味着人们有机会背叛该秩序。① 因此,秩序基于原始的良好人性。然而与此同时,如果仪式未能抑制欲望,则可能导致邪恶。

同样,叶德辉认为,以尧和舜退位为基础的中国版民主政治的尝试混淆了自上和自下的决策。② 叶氏的观点是,等级制度存在于中国公众意识(公)的历史视野中,这不是改良派谈论的潜在民主观念。至于孟子对人民的重视,叶氏在这里发现君王对人民的珍惜,而不是人民对自身的珍惜。¹⁴⁰

至于他们对西方的理解,保守派提出了3个有关野蛮人的基本观点:第一,基于共同人性,甚至野蛮人也承认某种形式的"三纲",因此以模仿西方的名义进行的激进改革仅仅是基于错误的前提;第二,野蛮人确实是不同的,但是,尽管他们的制度为他们服务,但对中国来说是不合适的,要么是因为中国人的方式优越得多,要么是因为中国还没有为即将发生的变化做好准备;第三,野蛮人完全是次等的,他们的制度对中国人毫无用处。这些论点虽然在理论上是互斥的,但实际上可以用言辞有效的方式加以组合。张之洞基本赞同第一点,而湖南保守派强调第二点和第三点。包括叶德辉在内的一些人至少隐晦地暗示,民主会在不经意的情况下发生——有朝一日,但方式和形式尚待确定。叶氏的论调存在一种神秘的色彩,表明改革可能会在不刻意追求的情况下产生。但是叶氏至少根本没有用过蛮夷理论,他相信儒家形而上学的普遍真理。他相信儒家思想有一天会传播到西方的信念,隐晦地基于民主与平等本质上是破坏性的和不道德的且在当时不

---

① 苏舆辑:《翼教丛编》,第14页。
② 苏舆辑:《翼教丛编》,第96、95页。

适合中国的观念之上。① 朱一新指出，如果改革的目的是遵循圣贤并回到三朝的圣贤制度，就没有必要使用野蛮人的制度。② 他也承认，尽管野蛮人缺乏统治者与臣民，父亲与儿子、兄弟，以及夫妻之间的关系，但他们仍然维持着正义和原则的一种变体。③ 也就是说，系统性相关的公义和原则是制度与习俗的先行条件。但是这种思想导致朱氏得出如下结论，即使野蛮人的道德是可以接受的，如果改变中国的制度，中国的公义和原则也会受到直接威胁。鉴于中国特殊的道德制度，即使是"单纯"的技术也有可能被功利主义和自私自利的方式压倒。的确，据朱氏说，人们已经开始转向邪恶，制定新的法律仅仅是增加新的邪恶来源。相反，"统治在于优先纠正道德和风俗"，制度是次要的。

正如他们所看到的那样，感觉个人受到威胁的湖南反动派也开始针对个人。对苏舆而言，问题不仅仅在于康有为及其同伙的无知，而是他们利用了普通百姓的无知。④ 康氏正试图组建叛徒派系。⑤ 湖南保守派一再指责康有为煽动异端，背叛明智的教义，破坏道德关系并煽动民众。⑥ 长沙保守派的另一位成员宾凤阳声称康和梁希望"中国的人道死亡"(欲死中国之人心)。⑦ 张之洞的广东追随者、温和的改革家梁鼎芬(1859—1919)发现康和梁的活动相当于犯罪团伙(会匪)。时人王仇军将他们视为叛乱分子，他们只有等到统治者和父亲都被视为垃圾才会停止。⑧ 安

① 苏舆辑：《翼教丛编》，第178页。
② 苏舆辑：《翼教丛编》，第9页。
③ 苏舆辑：《翼教丛编》，第11页。
④ 苏舆辑：《翼教丛编》，第1页。
⑤ 苏舆辑：《翼教丛编》，第1页。
⑥ 参见例如苏舆辑：《翼教丛编》，第141页。
⑦ 苏舆辑：《翼教丛编》，第144页。
⑧ 苏舆辑：《翼教丛编》，第155—156页。

晓峰(维峻)声称,康氏自称"长素"或"永远的素王",就是在模仿孔子的圣贤身份。① 叶德辉也没有指出敌人的伪善。他问道,如果康、梁如此鄙视八股的科考论文,那为什么他们还要去北京参加考试?② 如果他们服从父母的意愿,那么批评考试并假装接受考试是不孝道的。

叶德辉将康式异端的起源追溯到黄宗羲的《明夷待访录》中对皇权的过度批评,他对此予以谴责。③ 叶氏和其他人也将平等理论与佛教及墨家思想联系起来。④ 叶氏明确指责梁启超通过融合儒教和基督教来混淆中西教义;通过在中国和西方都找到大同来混淆外国人和当地人;通过引用孔子来混淆过去和现在;通过使君主和人民平等来混淆社会的下级和上级。⑤ 梁启超用民主理论使帝国陷入混乱,而康有为的大同理论起到了摧毁儒学的作用。⑥ 康、梁通过否认父亲和统治者,成为孔子的敌人,回归自己的动物本性。他们否定了经典,鼓励了人们对权力的渴望。所有这些构成叛国罪。

这种观点不仅限于叶德辉这样的主要知识分子。我们可以在诸如刘大鹏(1857—1942)的著作中看到类似的恐惧。刘氏来自山西省,是一个相当贫穷的学校老师。尽管如此,刘氏努力通过了科举考试,最终于1894年考取了举人。在日记中,刘氏指出他对外国专业知识的不满,因为他花了数十年准备的考试体系将

142

---

① 苏舆辑:《翼教丛编》,第25页。
② 苏舆辑:《翼教丛编》,第166页。科举考试中最重要的部分是一篇高度程式化需要由8个简短的部分写成的经典注释,因此被称为"八股文"。长期以来,改革者一直认为它是中国文化沦为蒙昧主义言论的有力象征。
③ 苏舆辑:《翼教丛编》,第75页。
④ 苏舆辑:《翼教丛编》,第95页。
⑤ 苏舆辑:《翼教丛编》,第89页。
⑥ 苏舆辑:《翼教丛编》,第98、100—102页。

面临废止。① 对于刘大鹏来说，对清朝的忠诚是无可置疑的。它是不可分割的政治、社会和道德价值体系的部分，因为在整个时代，"皇帝通过对儒家的崇敬来维持道路"。② 相反，"当教化混乱时，民心不会正直，风俗将下降，帝国将陷入混乱"。

这正是刘氏所见的情况。不过，也许最能说明刘大鹏态度的是他在 1904 年讲的一个故事，其中讲述了一个高级官员的儿子从国外学习归来，要求终止他与父亲的父子关系。在这个故事中，父亲被迫同意，刘氏得出如下结论："如果是这样，那么道德关系就会变烂，帝国就会陷入混乱。"③刘氏在 1906 年记录了一个类似的故事，而第二年，他就观察到 80％至 90％的学生已经成为革命者，甚至认为否认他们的父亲和统治者是很自然的（吾父吾君，皆习为固然）。④ 刘氏经常谴责否认父亲和统治者的行为——尽管他似乎在周围看到了很多这样的情况，也有些是二手的消息。不仅学生，学者也转向平等和自由。对刘氏来说，这一切都是对中国作为一个崇尚孝顺和忠诚的正直国家的真实力量的灾难性背叛。⑤ 家庭的命运与国家的命运息息相关。

这也是恩光（1852—？）的看法，恩光是下级官员，可能是住在北京的满人，用其一生时间写了一本细致的日记。1911 年辛亥革命向南蔓延的时候，他写下了他的绝望。⑥ 恩光并未对自己的生活表示恐惧，但他多次、反复指出，他鄙视"不道德的叛

143

---

① 刘大鹏：《退想斋日记》，第 144 页。关于刘大鹏的有趣且令人信服的传记，参见 Harrison（沈艾娣），*The Man Awakened from Dreams*。
② 刘大鹏：《退想斋日记》，第 74 页。
③ 刘大鹏：《退想斋日记》，第 138 页。
④ 刘大鹏：《退想斋日记》，第 153、158 页。
⑤ 刘大鹏：《退想斋日记》，第 130 页。
⑥ 恩光：《潜云堂日记》，李德龙、德兵编：《历代日记丛抄》第 160 册，第 1—398 页。

军和叛徒"和"煽动者",他们摧毁了数千年来的中国道德、礼节和政治,并将中国变成了一个蛮族国家。① 他们是忘恩负义的恶棍,只会愚弄那些无知的人。恩光还把清朝面临的危机归咎于外国阴谋。"从文明肇起之初,中国的统治者就从来没有问过什么是君主制和什么是共和国。这是来自野蛮人的新的荒谬理论,叛徒现在使用这些理论来推广叛乱。"②对恩光来说,这也许首先是对清朝的进攻同时也是对父权制的进攻。他暗示称,清政府的新政改革存在一些缺陷,该改革试图"利用西方的方法改善教育水平并加强军事力量(但最终以压缩帝国的财富为最终目标)"。③ 恩光大声疾呼,中国面临着"没有统治者也没有父亲"的世界。

这些观点都不像梁启超在 1903 年左右发生的保守主义转向。梁氏的保守主义反映了他对"民主"的幻灭,但他正加倍地致力于改革。梁氏保持着对进步的信念。真正的保守派人士更加怀疑和恐惧。但是,激进分子和保守主义者同民粹主义保持着距离。跟黄遵宪一样,康有为引用孔子的话说:"用礼节约束人们,用音乐抚慰人心",使他们变得幸福和快乐,甚至不知道这是如何实现的。"因此有人说,'可以使人们遵循它[道路],而不是理解它。'"④在 1911 年的辛亥革命之后,严复甚至把这个普通字眼都带上了。让我们展望一下共和国成立的头几年。严氏从来没有被人民主权的神话迷住过,所以他绝不会大声疾呼其幻想的破

---

① 恩光:《潜云堂日记》,李德龙、德兵编:《历代日记丛抄》第 160 册,第 134—147、170—179 页。

② 恩光:《潜云堂日记》,李德龙、德兵编:《历代日记丛抄》第 160 册,第 190 页。

③ 恩光:《潜云堂日记》,李德龙、德兵编:《历代日记丛抄》第 160 册,第 163—164 页。

④ 康有为:《康子内外篇》,《康有为全集》第 1 册,第 166 页;引用《论语》8.9(民可使由之,不可使知之——译者注)。

灭。相反，严氏在公开演讲中试图提出儒家施政原则如何帮助新共和国。[①] 从表面上看，严氏在论证儒学与共和主义是相容的。他在文章中使用了同样的措辞："可以强迫人们遵循它，但不用了解它。"[②]严氏说，这句话被儒家的批评家们抓住了，他们用它来谴责孔子是专制的辩护者。但是他们误解了这个短语。对严氏来说，教育人民是一种呼吁。

144　　　严氏在分析这段话时说，第一，孔子指的不是一般的"人民"，而是指完全无知和盲目的人。不管一个国家变得多么文明和发达，总会有一些人根本没能理解。第二，"不可使知之"中的"不可"一词从来不是全面禁止。然而第三，严氏的论点确实在于他对内在模棱两可的"它"的解释。什么是孔子认为可以使人民跟随但又无法理解的呢？严复提出了 3 种可能性，即"它"的确切含义指的是人们的自然倾向——他们不需要首先理解"它"，因为他们已经知道如何去做。从某种意义上说，他们已经本能地理解了它。"它"的第一个含义可能是道德。严氏借用进化论，坚持认为道德属于社会发展的第一阶段。严氏引用约翰·穆勒（John Stuart Mill）的话，认为道德是一种集体生活的技术，而不是科学，因此，道德根本不需要知识或理性。确实，如果道德依靠分析，道德可能会崩溃：道德在于追随而不是理解。

严氏提出的第二种可能性是"它"可能指的是宗教。现在，宗教恰好是指不可知的事物，或者是继赫伯特·斯宾塞之后的科学无法解释的事物。宗教天生就不在理智范围内，因此这是一个追随的问题而非理解的问题。第三种可能性，"它"是指法律。严氏

---

① 严复：《民可使由之不可使知之讲义》，《孔教会杂志》第 8 期，第 1，5—9 页。
② 按英文原文翻译。严复同样是引用《论语》中"民可使由之，不可使知之"一句。——译者注

指出,法律确实是旨在帮助团体运作的人为工具,这意味着法律在道德和宗教意义上不是天然的。而且,国家越文明和发达,其法律就越复杂。严氏引用杰里米·边沁(Jeremy Bentham)和亨利·西奇威克(Henry Sidgwick)的观点得出结论,实际上由于法律是建立在道德的基本原则之上的,因此普通百姓只要遵循自己的良知就行。人们已经知道什么是对与错,如果做对了,就不会违反任何基本法律。任何模棱两可的案件都可以由国家专家通过法律措施来裁决。考虑到法律的复杂性,如果需要完全理解,那么人民就永远不会遵守法律。相反,严氏明确地评论说,如果普通百姓真正理解法律,他们就会发现漏洞。当生活简单时,人们不了解法律(但仍然遵守法律),但是当人们变得精明时,治理就会崩溃。① 因此,严氏决定人们不必知道那些不用知道的,只让他们知道他们需要知道的内容。也许这种道教式的犬儒主义并不是共和主义最鼓舞人心之处,但是反对力量的减弱为保守主义以及激进的立宪主义扫清了道路。

145

· · ·

　　儒家保守派赢得了 1898 年的战斗,但失掉了整场战争。正如我们所看到的,反动保守导致了义和团运动,并导致了 1900 年八国联军入侵北京和朝廷的屈辱。1905 年,清廷宣布打算写一部宪法的时候,它邀请官员甚至非官方人士就此事发表意见。②"言路"再次开放,朝廷收到了无数的奏折。有人对这一狂热的想

---

① 由此,严复显出某种道家而非儒家的政治态度。关于严复的"保守主义"问题,参见
　　Max Ko-wu Huang, *The Meaning of Freedom*, pp. 18 - 26。
② 故宫博物院明清档案部编:《清末筹备立宪档案史料》。关于清廷走向宪政的过程,
　　参见 Meienberger(麦恩比), *The Emergence of Constitutional Government in
　　China*(1905 - 1908);吴经熊、黄公觉:《中国制宪史》,第 1—34 页。

法充满恐惧,有人狂热地相信宪法能够解决政府的所有问题。[1]
朝廷在制宪方面采取的保守态度体现在许多方面。经过三年的
准备,1908 年朝廷宣布将要颁布一部宪法。但要等到 1916 年。
在此之前,主权仍旧完全掌握在皇帝手中;公民权将严格限于受
过教育的和富裕的人享有;当选的机构被严格限制在咨询功能,
只能"提出"建议。如清廷所表述的那样:"立宪主义的方式,完全
取决于统治者与被统治者之间废除自私并促进公共利益以及相
互治理的完整协议。"[2]但是,官方宪政的影响是激烈的。显然,
许多有权势的人已经在认真阅读梁启超的著作,他们准备将清朝
推向宪政。实际上,士绅的压力迫使清朝加快了选举省议会和国
民议会的时间表,这些机构分别在 1909 年和 1910 年大选后开始
运作。选举权受到严格限制,但许多精英人士对选举产生了兴
趣。议会成为士绅可以批评他们不赞成的清朝政策并辩论改革
建议的场所。

146   孙宝瑄(1874—1924)是一位具有改革意识的官员和著名学
者,在 1906 年夏天的日记中,他声称最高级别的官员们都反对宪
法。但是,据孙氏说,慈禧的亲信袁世凯声称:"那个敢于反对宪
法的人是吴樾,而这个吴樾……是革命派!"[3]因此,没有人敢说
反对宪政的话。

清政府的宪政在一定程度上是对国际压力和发展趋势的一

---

[1] 参见王人博:《宪政文化与近代中国》;迟云飞:《清季主张立宪的官员对宪政的体
认》,《清史研究》2000 年第 1 期,第 14—22 页;沙培德:《"利于君、利于民":晚清官
员对立宪之议论》,《"中央研究院"近代史研究所集刊》第 42 期(2003 年 12 月),第
47—71 页;Zarrow, "Constitutionalism and the Imagination of the State"。

[2] 故宫博物院明清档案部编:《清末筹备立宪档案史料》第 1 册,第 44 页。

[3] 孙宝瑄:《忘山庐日记》第 2 册,第 914 页。吴樾(1878—1905)曾企图暗杀正在离开
北京要进行国际考察的宪政委员。他被立即处决,但确实推迟了旅行。

种回应,这些压力和趋势实质上产生了对近代国家建设的需求。国际国家体系的竞争性质加强了国家权威的全球意识形态的传播,这些思想在宪法中得到了最好的体现。中国精英们希望清朝宪法能够得到西方列强的认可。① 20 世纪初是国际上制定宪法的时代,因为来自伊朗、葡萄牙、墨西哥以及奥斯曼帝国和俄罗斯帝国的近代化精英阶层不断试图为政治秩序提供明确的基础。因此,宪法是针对国际受众的,但它们也是试图通过全球意识形态主张国内合法性的尝试。② 朝廷的承诺是将清政府转变为君主立宪制国家,这也是将儒家社会秩序的等级,其不平等但相互负责的思想与民族国家的平均主义相结合的尝试。它迫使官员们狂热地思考如何规范平民:关于学校、人口普查、军队和近代国家的其他技术。③ 这与文明进程(教化)的传统目标不同,它具有普世性,渴望渗透到地方社会,并声称寻求独特的中国式的政治近代化。儒家科举的科目期望能吸收尽可能多的道德教育,但是国家的指导非常有限,科举考试的主要职责是服从。人们期望近代公民将他们自身视为政治体系中的一个元素,参与、理解并服从。

---

① 迟云飞:《清季主张立宪的官员对宪政的体认》,《清史研究》2000 年第 1 期,第 15—17 页。
② Boli-Bennett, " The Ideology of Expanding State Authority in National Constitutions, 1870 - 1970"; Arjomand, "Constitutions and the Struggle for Political Order".
③ 或者正如康有为的弟子麦孟华在戊戌变法中敦促的那样:法制改革与法律传播、地方自治、普及义务教育、人口登记、有效的税收制度、精英行政体制和稳定的货币。麦孟华:《论中国宜尊君权抑民权》,翦伯赞主编:《戊戌变法》第 3 册,第 111—113 页。

第五章　身份、历史与革命

　　长期以来,"汉"这一身份符号在清朝是合法的人群类别。[1]晚清知识分子以此建立对等关系,把"汉"与国家地位、国家主权与排斥其他民族联系起来。这当中包含了革命逻辑。一方面,这个简单的逻辑破坏力很强。如果中华民族等同于"汉"族,那么满人统治阶级或满人皇帝就不存在正当理由。一旦民族被视为国民,并且国民与国家之间建立了联系,那么"外来"控制的概念就变得可恶了。这是对国际上单一民族国家体系的一种解读方式,该体系最终为伍德罗·威尔逊(Woodrow Wilson)1918 年"民族自决"的观点提供了支撑。[2] 当然,还有其他解读国际国家体系的方式:如我们所见,由瓦特尔和惠顿等人主导的国际法,基于"它们实际上可以维持其主权"为前提的某种循环逻辑,承认所有形式的国家,无论是帝国还是城市都享有平等的主权。国家或"人民"的国家愿望不具备特定的合法性。这并没有阻止民族主

---

[1] "中原"——黄河、淮河、汉河、长江,最远到珠江——的农业帝国和王国的一个长期问题是来自北方游牧民族的威胁。"汉"一词作为中原各民族的大概民族标识,从公元 6 世纪开始使用,但在随后的几个世纪中,它指代了许多不同的民族,并被统治精英用于各种目的。对于汉族身份的近代性,参见 Leibold(雷国俊),*Reconfiguring Chinese Nationalism*; and Gladney, *Muslim Chinese*, esp. pp. 81 - 87。

[2] Lynch, "Woodrow Wilson and the Principle of 'National Self-Determination'"; Van Alstyne, "Woodrow Wilson and the Idea of the Nation State".

义运动围绕诸如赫尔德（Herder）之类的 18 世纪浪漫民族主义者
和诸如马志尼（Mazzini）之类的 19 世纪自由民族主义者的思想
形成。本章和下一章将探讨身份、历史和国家的概念如何共同为
中国的革命辩护。

　　谭嗣同是晚清学者中第一个既不接受传统宇宙论又不接受
君主制的学者。正如张灏指出的，谭氏不仅批评了"君主与臣民
的关系"，还全然抨击了三纲。[①] 他特别指出了满人统治的残酷
性。谭氏的民族压迫感未达到成熟的民族主义，但他在寻求新的
政治秩序的过程中衍生出了反满主义。谭氏认为，正如臣民对君
主单方面的服从是错误的一样，孝道的权威地位和对妇女的压迫
也都是错误的。谭氏认为，自然平等主义，也就是"仁"，渗透到整
个人类的道德观念中，而所有这些不平等关系扭曲了自然平等主
义。"仁"（宇宙仁慈、人性）是与人际关系相关的传统儒家价值
观，谭氏从平等主义的角度重新进行了彻底的诠释。到 1896 年，
谭氏早期相当保守的排外主义已被间接基于基督教、儒教和佛教
渊源的普世主义展望所取代。[②] 谭氏在《仁学》中创造了一种新
的形而上学，使"仁"与宇宙存在内部的科学联系这一特质紧密结
合在一起。在康有为之后，谭氏也将孔子视为有远见的"改良
派"，在他看来，孔子致力于促进民主和平等。[③] 佛陀、墨子、耶稣

148

---

① Hao Chang, *Chinese Intellectuals in Crisis*, pp. 99 - 102. 张灏书中这篇有价值的
　论文突出了谭嗣同与中国知识传统的关系；然而，虽然我同意张灏的观点，即谭氏
　的人性观是包罗万象的，但我不能同意"谭不是民族主义者"（第 67 页）的笼统说
　法——相反，谭氏将民族感情与对共同人性的认识相结合。参见张灏：《烈士精神
　与批判意识：谭嗣同思想的分析》，第 121—127 页。
② 除了上述注释中引用的作品，另见 Schäfer, "The People, People's Rights, and
　Rebellion"；王越：《谭嗣同变法思想研究》，第 69—102 页；Sin-wai Chan（陈善伟），
　Buddhism in Late Ch'ing Political Thought。
③ 谭嗣同：《谭嗣同全集》第 2 册，第 337 页。

和其他精神领袖都同样理解"仁"的本质。

在谭氏对历史的解读中,孔子的真正教义在孟子之后就消失了,并被荀子之类的人败坏了,荀子的思想成了帝国制度的基础。"当统治者实行荀子的教义时,他将其当作一种手段,让自己凌驾于臣民之上,保持臣民的无知,并通过他的自我放纵和暴力破坏臣民的思想。"①从政治上讲,帝国制度无非是一种利用三纲五常"窃取"国家的不正当压迫形式。② 在《仁学》第二部分著名的开头段落中,谭氏说:

> 君统盛而唐虞后无可观之政矣,孔教亡而三代下无可读之书矣!……生民之初,本无所谓君臣,则皆民也。民不能相治,亦不暇治,于是共举一民为君。夫曰共举之,则非君择民,而民择君也。夫曰共举之,则其分际又非甚远于民,而不下侪于民也。夫曰共举之,则因有民而后有君。君,末也;民,本也。……君也者,为民办事者也;臣也者,助办民事者也。赋税之取于民,所以为办民事之资也。③

谭氏的言语甚至比严复的"批判韩愈"更为激烈,他着眼于中国君主制的罪行及其在保守文化中的根源。谭氏指出,满人统治下汉人被"奴役",他把君主制本身与死亡和献祭联系在一起。也就是说,谭氏质问人民为何"顺从地接受"压迫型统治者向他们施加的所有惩罚,当统治者失去王位时,欣然为其"尽忠

---

① 谭嗣同:《谭嗣同全集》第 2 册,第 336 页;参看 Sin-wai Chan, trans., *An Exposition of Benevolence*, p. 146。跟严复一样,谭嗣同也批判了韩愈对帝位的理解。

② 谭嗣同:《谭嗣同全集》第 2 册,第 337 页;参看 Sin-wai Chan, trans., *An Exposition of Benevolence*, p. 151。

③ 谭嗣同:《谭嗣同全集》第 2 册,第 338—339 页;参看 Sin-wai Chan, trans., *An Exposition of Benevolence*, pp. 153 - 154。

而亡"。这确实很让人疑惑,因为换掉治国不力的统治者是很自然的事情。一个问题是中国人误解了"忠诚"的真正含义。在谭氏看来,孔子指的是互惠、公正和平等,而不是盲目服从和屈服于武力。

谭氏有点偏执。他认为,如果不是由于邪恶的君主主义者和教皇的狡猾挪用,人们为何会认为孔子和耶稣的平等主义教义毫无现实意义?对于人民来说,尽管天生聪明,却已变得无知。"君臣之祸亟,而父子夫妇之伦遂各以名势相制为当然矣。此皆三纲之名之为害也。"①谭氏坚称,父子关系就像统治者与臣民的关系一样,并非天然存在,因此如果要进行类比,必须基于这样的理解,即父子平等且都是上天的后代。三纲是"民贼"设立的。

谭嗣同已经制定出大部分革命方案:共和主义、平均主义、对儒家宇宙社会等级制的否定以及反满主义。剩下的就是更精确地定义汉、满的区别并构建"汉民族"的概念。完成工作后,谭氏做好准备成为烈士,并在1898年成为民族气节的象征。梁启超将谭氏牺牲的星星之火发展成燎原之势,烧到了一代年轻知识分子的身上。梁启超流亡国外时在日本的第一批作品宣传了谭氏的故事,他还出版了谭嗣同的《仁学》。

种族科学

150

在清朝的最后几年中,从19世纪90年代后期开始,"种族"

---

① 谭嗣同:《谭嗣同全集》第 2 册,第 348 页;参看 Sin-wai Chan, trans., *An Exposition of Benevolence*, p. 173。

成为政治论述中的关键词，与民族主义、进化论和社会等主题的讨论密切相关，但仍然含混不清且有多种意义。① 晚清的种族话语认可了西方科学。生物学之外的人种学似乎为种族与文化之间的联系提供了证据。社会达尔文主义将"为生存而奋斗"和"适者生存"的原则运用到人类群体上，中国知识分子发现结果虽令人震惊，但使人信服。② 尽管种族科学的应用可以采取多种形式，但到19世纪末期它已在世界范围内传播。一方面，种族知识是殖民霸权的关键要素。但另一方面，对近代种族知识的主流解释也容易引起争议。晚清知识分子利用这种知识来质问西方对帝国主义的辩解。种族知识的一个副作用是让传统的儒家对文明与非文明之间区别的强调变得边缘化。在前近代中国，种族类别之类的概念并不是未知的，但是它们对于政治合法性来说并不重要。③ 满人可以声称自己是一个独特的民族，而且文明程度很高，以至于上天已经命令他们统治中国以及其他地方。帝国从一开始就是跨国的，从18世纪开始更是有意识地如此。④ 从晚清官员的角度看，"中国"已经是一个多民族国家，对实际上是历史上偶然产生并不断变化的边界和人口进行归化和驯化。⑤ 但是

---

① Williams(威廉斯)，*Keywords.* "人民"或"民族"一词或多或少具有种族意义，即描绘一个由准生物学或先天特征定义的群体。见 Dikötter(冯客)，*The Discourse of Race in Modern China*。

② Pusey，*China and Charles Darwin*；Karl，*Staging the World.* Hao Chang，*Liang Ch'i-ch'ao and Intellectual Transition in Modern China*，第6章中对梁启超的社会达尔文主义津津乐道；更近期的研究是 Price，"From Might to Right"。

③ 前近代中国(或前近代任何人)是否使用种族分类是一个有争议的问题，我们不必在此拘泥。我认为"种族科学"是随着生物学和人类学(民族学)学科的发展而出现的一种近代现象。

④ Crossley，*A Translucent Mirror*；关于清代宗族分类的近代影响，参见该书第337—361页。

⑤ Gang Zhao(赵刚)，"Reinventing China"；Perdue(濮德培)，*China Marches West*，pp. 497 - 517.

知识分子所做的事情略有不同：他们不是试图定义一个帝国国家，而是试图创建一个民族国家。汉人身份对于这件事来说至关重要。[1]

西方的种族分类方法是通过各种途径传到中国的，包括传教学校和 19 世纪的西方旅行者。[2] 有关西方种族知识的作品的日文译本于 19 世纪 70 年代初开始出版。[3] 1892 年，广为人知的《格致汇编》上发表了一篇关于"人分五类"的文章。[4] 20 世纪前几十年激增的历史和地理教科书也遵循了这一说法。肤色、头发类型、鼻子形状、头部形状、智力和文化都互相关联，黄色和白色人种更为文明，棕色、黑色和红色较不文明。[5] 关于黄色和白色种族平等的观点可能尚未在西方科学家中获得广泛认同，但在亚洲被视为前提。这一观点接受了种族等级制的前提，并为黄、白种族争取至高无上的地位奠定了基础。

亚种也很重要：虽然所有人都知道汉人和满人皆算作黄种

---

① 石川祯浩：《辛亥革命时期的种族主义与中国人类学的兴起》，中国史学会编：《辛亥革命与 20 世纪的中国》，第 998—1020 页；石川祯浩，"Liang Qichao, the Field of Geography in Meiji Japan, and Geographical Determinism"。关于近代中国种族思想所涉及的主要知识问题进行细致入微的分析，见 Lung-kee Sun（孙隆基），*The Chinese National Character*，pp. 3 – 71；Yuehtsen Juliette Chung（钟月岑），*Struggle for National Survival*；Jing Tsu（石静远），*Failure, Nationalism, and Literature*；坂元ひろ子：《中国史上の人种概念をめぐつて》，竹沢泰子编：《人种概念の普遍性を问う》，第 182—204 页。

② 坂元ひろ子：《中国民族主义の神话》，第 28—59 页。

③ 石川祯浩：《近代东アジア"文明圈"の成立とその共同语言》，狭间直树编：《西洋近代文明と中华世界》，第 26—29 页。

④《人分五类说》，《格致汇编》第七年秋，第 9a—10b 页。

⑤《人分五类说》，《格致汇编》第七年秋，第 9b—10a 页。石川祯浩认为，像"人分五类说"这种西方人类学著作在亚洲的早期例子以最有利的方式呈现了白种人，参见石川祯浩：《辛亥革命时期的种族主义与中国人类学的兴起》，中国史学会编：《辛亥革命与 20 世纪的中国》，第 999—1000 页。这种观点有一定的道理，但在这一文章中，主要的区别一方面在白种人和蒙古人之间，另一方面在马来人、非洲人和美洲印第安人之间。

人,但当时的趋势是强调他们之间的差异。同时,晚清知识分子倾向于将黄种人与中国人的概念合并起来,中国是黄种人中数量最大而且据称最勤奋的代表。严复在1895年中国被日军击败的黑暗时刻中写道,尽管过去中国曾被外面的人"征服",但这些外面的人都是同一种族的成员。如今情况不再如此,因为中国受到西方列强的威胁。① 由于满人、蒙古人和汉人都是黄种人的成员,因此中国从未沦落到被真正的外来种族统治。此外,严氏认为,迄今为止,一切入主中原的民族都是在军事上强大但在文明艺术上薄弱。中国可能会被侵略,因为文明人是和平的,反过来,它也可以征服侵略者(也就是通过将他们中国化)。但是,讲到西方人或白人时,严氏的观点是他们也代表着很高的文明水平,他们博学、进取、繁荣、稳定、统一并且非常强大。严氏的文章并非偶然地通过赫伯特·斯宾塞的《社会学》(群学)介绍了社会达尔文主义,把种族作为生存斗争中的重要单位。

梁启超在推广这些观念的进程中起到了重要作用,同时他拒绝本质化种族差异。② 梁氏在很大程度上接受了西方种族科学,但他强调种族的可变性。像其他晚清学者一样,他也强调了黄种

① 严复:《原强》,《严复合集》第1册,第40—41页。
② 沙培德:《梁启超与晚清中国"种族之概念化"》,《"中央研究院"近代史研究所集刊》第五十二期(2006年6月),第113—164页。张朋园将梁氏的早期反满主义与他的种族思想和民主思想同等地联系在一起,参见张朋园:《梁启超与清季革命》,第66—104页。杨肃献令人信服地指出,梁启超对种族分类的使用是建立在他早期的大同思想基础之上的,参见杨肃献:《梁启超与中国近代民族主义》,《史原》第7期(1979年),第129—148页。石川祯浩有效地辩称,"种族"获得了科学的认可,成为梁氏历史观的核心,尤其是在他流亡日本和阅读日本作家关于该主题的文章之后。不那么令我信服的是,他还宣称种族形成了一种位于"东亚'文化圈'"基础上的"共同语言",肯定有人试图创造这样的文化圈,参见石川祯浩:《近代东アジア"文明圈"の成立とその共同言语》,载于狭间直树编:《西洋近代文明と中华世界》,第25—40页。

人的卓越品质。正如我们所见，在最后的分析中梁氏将国籍本质上视为公民身份，因此根据民族而非种族来界定国家。尽管如此，梁启超在很大程度上是在从西方引入的更大范围的种族知识框架内对中国进行了定义。的确，尽管在19世纪90年代后期发生了反满革命，梁启超仍捍卫汉满联合，理由是这两个团体是黄种人的天然领袖。这等同于对反满主义和清朝偏袒满人的民族政策提出了批评。甚至在1903年左右，梁启超明确反对反满主义之前，他就为这一立场奠定了基础，而这一立场依靠的是今文经对中国古代文明核心的发展作出的解释。① 对康有为来说，种族融合似乎是使种族平等或消除种族隔离"边界"的途径。然而，康氏对创造单一人类种族的愿望似乎也假设这种人种将更加接近"白种人"。②

梁氏并非那么有目的性。他首次对"种族"持久的思考是在1898年变法前夕写的。这是他面对"白种人"帝国主义时对汉满分裂担忧的直接产物。③ 他的论点基于这样一个前提：尽管历史——实际上是生物学——上以"种族竞争"为标志，但这导致了种族融合的趋势。一方面，这篇文章展示了达尔文式的社会生存观，即通过生存斗争不断地前进，甚至超出了"圣人"改变的力量。另一方面，文章指出，斗争导致了少数种族的统治，而某个种族控制了一个特定的地方之后，和平突然出现，文

① 梁启超：《春秋中国夷狄辨序》，《饮冰室合集》文集第2册，第48—49页；《新学伪经考叙》，《饮冰室合集》文集第2册，第61—62页。
② 康有为：《大同书》，第177—191页。Yuehtsen Juliette Chung, *Struggle for National Survival*, pp. 13 - 14；Emma Jinhua Teng（邓津华），"Eurasian Hybridity in Chinese Utopian Visions"。
③ 梁启超：《论变法必自平满汉之界始》，《变法通议》，《饮冰室合集》文集第1册，第77—83页。

明也随之进步。最初,无数种族相互斗争。逐渐地,一些人取得了进步,并且能够击败他们的劣势对手。这些劣势种族由于灭绝或被纳入其他种族而消失。梁氏认为种族具有生物性和历史性的活力。

在梁氏看来,满人和汉人之间的差异可能具有某种生物学根源,但它们并非在生物学上永远分离,也不是种族差异决定了他们的政治命运。在他早期的著作中,梁启超似乎接受了人类单一起源的理论,但强调将人类迅速分为"小团体"的思想。① 梁氏指出,在原始条件下,这些小团体在地理上是分开的。他们之间没有联系,就会发展成单独的"种族",每个种族都有自己的小国。最初,这些国——实际上是宗族和部落——数量众多,但通过冲突和征服,出现了数量较少但规模较大的团体。"生存斗争"合并了种族,而"种族竞争"导致了国家形式的演变。我们也可以将其称为"遗忘"的过程:不再根据其独特性来考虑不同群体的独特生物学或祖先起源。从这个意义上说,梁氏并不认为这些观念是武断的:亲属关系源于通婚现实的观念。由于通婚,原始种族的边界(种界)无法维持。② 但是,历史的连续性意味着,例如,我们可以说今天的"汉人"与春秋时期的"汉人"并不完全属于同一"血统",但我们仍可以称其为"汉人"。归根结底,种族不是一回事,而是一种关系。梁氏认为,"我们"在白色、棕色、红色和黑色种族中是黄种人,但在苗人、蒙古人、匈奴和其他群体中,"我们"也是"汉人"。③

---

① 梁启超:《论中国与欧洲国体异同》,《饮冰室合集》文集第 4 册,第 61—67 页。后来,继续在西方知识浪潮中徜徉的梁启超强调了人类的多重起源。
② 梁启超:《中国史叙论》,《饮冰室合集》文集第 6 册,第 5—7 页。
③ 梁启超:《中国史叙论》,《饮冰室合集》文集第 6 册,第 5—7 页。梁启超同样强调了多种族的本质,见梁启超:《论中国学术思想变迁之大势》,《饮冰室合集》文集第 7 册,第 4 页。

　　梁氏明确警告满人,他们必须与更优秀的汉人同化,否则最终将面临灭绝。① 梁启超带有情绪的语言很快就被革命者接受。但是,梁氏仅是指社会达尔文主义的胜利标准:生存能力。他认为满人和汉人都面临着来自外部的威胁,这种威胁大于他们对彼此的威胁,并用种族的角度解释了这种威胁:白种人试图统治所有黄种人。梁氏认为,最终的胜利将取决于整个种族的改善和团结。换句话说,如果汉人和满人过去是相互斗争的两个独特种族,那么今天他们需要团结起来。的确,这是满人的唯一希望。汉人是一个人数庞大、聪明且富有生产力的种族,他们将在外国侵占甚至是中国瓦解中幸存下来,但人数很少、愚昧、虚弱、无知的满人则无法生存。即将到来的种族冲突将发生在最高的等级(白种人/黄种人),因此需要次一等级(满人/汉人)的种族融合(合种)。②

　　在流亡日本期间,他对社会达尔文主义和国家主义有了更多的了解,因此越来越多地被全球种族斗争的愿景和"历史的人种"的观念所吸引。③ 他认为白种人现在是最强的种族,条顿人是最强的亚种,盎格鲁-撒克逊人是最强的亚亚种。④ 梁启超在《新民 *154*

① 梁启超:《论变法必自平满汉之界始》,《变法通议》,《饮冰室合集》文集第 1 册,第77—83 页。

② Rhoads(路康乐),*Manchus and Han*, pp. 3–6. 浦嘉珉(James Pusey)在 *China and Charles Darwin*, pp. 181–184,将梁启超这篇文章视为反满主义的开场白,虽然梁氏本人没有反满,但革命者将此继承了。我认为似乎更应将这篇文章理解为对清朝政策的批评,尽管它显然建立在梁氏对新种族知识的熟练运用之上。因此,我基本同意陶绪的论点,即改革者关注民族团结的需要,故而主张满汉平等。参见陶绪:《晚清民族主义市场》,第 195—203 页。

③ Sakamoto Hiroko, "The Formation of National Identity in Liang Qichao and Its Relationship to Gender";石川祯浩:《近代东アジア"文明圈"の成立とその共同语言》,载于狭间直树编:《西洋近代文明と中华世界》,第 33—38 页;蒋俊:《梁启超早期史学思想与浮田和民的〈史学通论〉》,《文史哲》1993 年第 5 期,第 31 页。

④ 梁启超:《新民说》,《饮冰室合集》专集第 4 册,第 7、10—11 页。

说》杂文中概述了种族成功的根源,以敦促中国人"复兴人民"。从逻辑上讲,如果中国人能够做到这一点,种族不是天命,而是历史主题:它们创造了历史。同时,实际上,梁启超对他所称种族的特征的描述几乎完全是社会和文化上的。例如,他认为条顿人建立了欧洲国家,因为他们的政治能力和政治思想优于其他诸如斯拉夫人和拉丁人的白人。换句话说,梁启超的真正兴趣在于政治制度的演变,而不是种族。他从进化中学到的教训是,人类创造了历史,而不是历史创造了人类,尽管人类创造历史是以群体为单位实现的。

种族意识与革命

大约 1900 年之前,激进的儒家主义与革命主义之间的区别都是模糊的。1898 年后,清朝将改革派和革命派同等视为叛徒。1895 年,孙中山(1866—1925)曾试图在广州组织一场针对清政府的武装起义。这一微小的努力自然失败了。康有为的保皇会也在 1900 年进行了武装起义,这项努力是以光绪皇帝的名义,反对慈禧而不是反对清政府。它也失败了。可以看出为什么清政府对改革派和革命派一视同仁,因为他们都对清政府发动了武装袭击。但同样,清政府未能改革歧视性法律,这对革命运动的诞生产生了不可估量的推动作用。[1]

----

[1] 路康乐(Edward J. M. Rhoads)认为,19、20 世纪之交后,清朝领导人开始认识到有必要"平等化"汉人和满人,取消了满人在法律和习俗中拥有的特权。然而,他们没能以足够的魄力进行改革,致使特权和征服的强制标志(譬如排序)都得以保留。参见 Rhoads, *Manchus and Han*, pp. 132-172。又见迟云飞:《清末最后十年的平满汉畛域问题》,《近代史研究》2001 年第 5 期,第 21—44 页。

在 20 世纪初期,革命主义与康、梁维新变法的不同之处在于其极端的反满主义而不是其政治理论。用共和党政府取代帝国官僚主义的观念,比驱逐满人的呼吁更加无组织。从 1900 年左右开始,革命者的人数稳步增长,尤其是在被清朝改革失败激怒的年轻一代学生中。他们的逻辑很简单。他们认为,建立普遍民族认同的最有效方法是基于种族团结。这是为了建立一个基于 [155] 汉人身份的纯民族国家。这是对 17 世纪满人征服的记忆与 19 世纪种族知识相结合的结果。① 年轻一代的汉人学者得出结论,满人是一个无用的种族。20 世纪初,在中国兴起的新式学校经历了广泛的革命性煽动。从新加坡到温哥华的华侨社区也提供了革命支持者。东京成为中国革命的中心,因为它既是流亡者的家园,又是教育的中心。②

1903 年,18 岁的邹容(1885—1905)在上海出版的《革命军》可被视为典型的不断发展的流派,在随后的几年中可能印刷了 100 万册。③ 清政府试图对在上海首个发表邹容册子的日报处以煽动叛乱罪,但失败了,这反而促进了革命进程。其中的两个人,章炳麟(1868—1936)和邹容故意被捕,尽管上海公共租界的外国

---

① 石川祯浩:《辛亥革命时期的种族主义与中国人类学的兴起》,中国史学会编:《辛亥革命与 20 世纪的中国》第 2 册,第 998—1020 页;另见 Leibold, *Reconfiguring Chinese Nationalism*。

② 清朝中央和省级政府于 1901 年开始向日本派遣学生。更多的是他们自己去的。日本政府对中国持不同政见者相当宽容。1898 至 1911 年间,中国留日学生人数约为 25000 人。尽管大多数学生都是短期学习,没有特别的政治兴趣,但在 1903 至 1904 年间建立了大约 40 个革命团体,它们通常是根据地方和省级的关系建立的。张玉法:《清季的革命团体》,第 13—33 页;Reynolds, *China, 1898 - 1912*, pp. 41 - 49。中国留日学生的问题引起了学术界的极大兴趣。经典的研究是[日]实藤惠秀:《中国人日本留学史》;另见 Harrell, *Sowing the Seeds of Change*;黄福庆:《清末留日学生》;尚小明:《留日学生与清末新政》。

③ 邹容:《革命军》;Lust(鲁斯特), trans. and annot., *The Revolutionary Army*。关于 20 种版本和 100 万册的评估,参见 Ke-wen Wang, ed., *Modern China*, p. 426。

当局并不支持。这些外国当局拒绝配合清政府显然要处决章、邹二人的愿望，而是同意以较轻的冒犯君主罪起诉他们，他们分别被判处三年和两年徒刑。邹容在监狱中去世成为烈士，章炳麟于1906 年被释放成为英雄。清政府成功地使自己显得充满报复心且无能。该案很大程度上使革命者的目标变得清晰。大约在同一时间，清政府对 1903 年拒俄运动的反应显得同样有报复心且无能。这是对俄国在中国东北地区驻军的抗议。清政府的回应既不是对俄国强硬，也不是假装同情学生，而是镇压他们认为是在破坏外交的学生运动。

如果一个更具远见的政府或许能试图将拒俄运动转化为对自身有利的运动，那么《革命军》的确只是简单的暴动。邹容呼吁猛烈推翻劣等且野蛮的满人君主。邹容的猛烈抨击是基于他对纯种汉人的信仰，再加上对共和主义的信仰。重要的是要注意，邹容的论点也被权利的言论深深影响了。邹氏的革命目的是消灭清政府、恢复汉人自治，并为公民提供一切自由、平等、独立和自治的权利。[①] 邹氏认为，革命是所有公民的责任，因为满人压制了他们的自然权利（天赋权利）。

> 人人当知平等自由之大义。有生之初，无人不自由，即无人不平等，初无所谓君也。所谓臣也……后世之人，不知此意，一任无数之民贼、独夫、大冠、巨盗，举众人所有而独有之，以为一家一姓之私产，而自尊曰君，曰皇帝，使天下之人无一平等，无一自由……故我同胞今日之革命。当共逐君临

[①] 邹容：《革命军》，第 26—30 页；Lust，trans. and annot.，*The Revolutionary Army*，pp. 99 - 105。Angle（安靖如）and Svensson（史雯），eds.，*The Chinese Human Rights Reader*，pp. 29 - 37；阿部贤一：《邹容的〈革命军〉与西洋近代思想》，《近代中国》1984 年 8 月，第 159—168 页。

我之异种，杀尽专制我之君主，以复我天赋之人权。①

邹氏对黄宗羲关于人类文明中平等原始时刻的愿景以及对卢梭的社会契约论一样感激。他的文章比谭嗣同的更进一步。邹氏将共和主义和反满主义融为一体。他设想了一种基于权利和义务的良性循环。邹氏想通过"革命教育"创造的公民需要自尊、独立、大胆，并具备能实现自治的公民美德。同时，恰恰是通过主张自己的天然权利，人们将培养自己的独立人格。在这方面，梁启超几乎不会不同意，特别是个人自治与集体活力之间的联系。

邹容的册子之所以受欢迎，既不是因为其独创性，也不是因为其思想上的连贯性，而是其对所有满人的有力言辞和强烈谴责，例如满人"披毛戴角""狼子野心"。② 邹氏将满人与其他北方蛮族划分为游牧民族，与汉人截然不同。③ 邹氏的文章充满了中国在"奴隶制"下的创伤历史，他认为中国人不过是"奴隶的奴隶"，汉人是满人的奴隶，而满人是其他国家的奴隶。他的序言追溯到"二百六十年之大耻辱"，即明朝灭亡。④ 但是究竟是什么使满人成为满人、汉人成为汉人呢？ 对于邹氏而言，就像当时许多汉人认为的一样，汉人实际上是从公元前 4 世纪传说里中华文明的建立者黄帝的后代传下来的。其他民族并不是黄帝后裔，这意味着他们是外来的人。⑤

157

---

① 邹容:《革命军》，第 29 页。Angle and Svensson，eds.，*The Chinese Human Rights Reader*，pp. 32 - 33.

② 邹容:《革命军》，第 1、4 页。Lust，trans. and annot.，*The Revolutionary Army*，pp. 58，65.

③ 邹容:《革命军》，第 18 页。Lust，trans. and annot.，*The Revolutionary Army*，p. 80.

④ 邹容:《革命军》，第 4、5 页。Lust，trans. and annot.，*The Revolutionary Army*，pp. 56，64.

⑤ 邹容:《革命军》，第 23、24—29 页。Lust，trans. and annot.，*The Revolutionary Army*，pp. 101，106 - 110.

反满主义不仅仅是短暂的偏见,也不仅仅是革命性的言论。① 尽管它在 1911 年辛亥革命最终爆发后迅速消失了,但它对革命运动和共和国的建立都是不可或缺的。在一定程度上革命是关于净化的,反满主义有望消除政治主体的污染。在科学的支持下,种族污染感在革命性出版物中普遍存在。同盟会成立于 1905 年,是一个庇护组织,汇集了一些小规模的革命团体。如朱浤源指出的,其机关报《民报》反复提出两点:满人和汉人有不同的来历,满人未被同化。② 它并不认为 1911 年最贴切的说法是"种族革命",③因为它远不止于此。反满主义是一种抵抗。④ 这就是为什么在 1912 年之后曾被认为对种族建设有用的东西被证明对国家建设没有用。

---

① 革命领袖有时会将清朝统治者的可怕和大多数满人的平凡作出区分。孙中山曾说过,"我们不恨满族,我们恨的是那些伤害汉人的满人","不反对革命的满人不会受到伤害",见《中华民国万岁》,《民报》第 10 号第 85 页。章开沅认为,更理性的民族主义吸引受过教育的社会因素,而更感性的民族主义则吸引大众。这并不令人信服,如果仅仅是因为在许多具有高度文化素养的民族主义诉求中,明显的情感因素与政治和哲学方法混在一起(我们将在下面看到)。章氏本人承认,在实践中理性和情感诉求是混合的。而这似乎正是使反满主义在近代中国民族主义的创造中发挥其最终积极作用的原因(在章氏的判断中),并且由于它强调自下而上的变革(革命),在近代中国民主的创造中也是一样。章开沅:《辛亥革命时期的社会动员》,《社会科学研究》1996 年第 5 期;章开沅:《"排满"平议》,《"国史馆"馆刊》1994 年 6 月;金冲及的《辛亥革命和中国近代民族主义》和陶绪的《晚清民族主义思潮》(第 211—214 页)也表达了类似的观点。

② 朱浤源:《同盟会的革命理论》,第 66—68 页。

③ 参见如小野信尔:《辛亥革命と革命宣传》,第 66—68 页。

④ 丸山松幸:《中国近代の革命思想》,第 35—36 页。西方学者倾向于采取基本相似的立场。见 Gasster(高慕柯),*Chinese Intellectuals and the Revolution of 1911*,pp. 69 - 100;高慕柯批评"种族谩骂"(racial invective)煽动政治气氛,使"理性讨论变得越来越困难"(第 99 页)。冯客(Frank Dikötter)曾表示,与对"白种人"的恐惧相比,反满主义是次要的,见 *The Discourse of Race in Modern China*,pp. 111 - 112。从晚清种族思想的整体背景来看,这可能是正确的,但它具有误导性;因为反满主义,加上频繁和随意的种族谩骂,成为革命宣传的核心(奇怪的是,冯客未能将所谓"汉人"的建设与反满联系起来)。也见 Crossley,*Orphan Warriors*,pp. 178 - 186。

尽管如此,革命者和改良派之间的辩论在澄清有关国家的问题上做了大量工作。[1] 革命者和改良派分享了很多东西。正如瑞贝卡·卡尔(Rebecca Karl)所言,从 1907 年左右开始,晚清知识分子构想民族主义时至少部分是出于多民族反帝国主义的观念,而不是狭义的民族。[2] 但是许多人仍将满人排除在"民族"之外。在我看来,这本质上也是一种意识形态上的举动,仍然基于当时的科学种族主义,是要将人民与统治精英相提并论。这是一种基于前政治范畴的政治理论。

用"汉民族"来思考的一个结果是将国家重新变成"人民(汉人)的财产"这一概念。对许多革命者而言,尽管不是全部,但只有一个真正的民族国家才能跟民主与平等相适应。至少,汉民族主义不可避免地树立了人们之间横向联系的愿景,并教给人们文明(和同化)人民的重要性。从这个意义上说,"民族主义"是帝国主义强调大一统和教化的自然传承,尽管这种普遍的价值观与其民族特色主义息息相关。最后,反满主义在粉碎帝国统治中发挥了关键作用。正如我们现在看到的那样,基于反满主义的思想家们的理念也许是不连贯的,他们的理念还基于伪科学的人种学、对历史的曲解以及奇怪的民族国家目的论。但是这些不是晚清的显著问题。

至少对于像梁启超这样的批评家来说,反满主义是"小民族主义",违背"大民族主义",他将其定义为"合本部属部之诸族以对于国外之诸族是也"。梁启超对国民团结的重视使他将新中国

---

[1] 突出的英文研究是 Gasster, *Chinese Intellectuals and the Revolution of 1911*;也见他的"The Republican Revolutionary Movement(1900-13)"。

[2] Karl, *Staging the World*.

视为一个"帝国"。① 归根结底，梁氏所说的群体并不是种族——是民族创造了历史。② 梁氏还认为，满人正在被同化。③ 这不是种族歧视或文化适应的问题，而是说这两个群体都在成为国民。但最后他也坚持认为，汉人将成为未来中国的核心，并预言在适当的情况下"汉人必将成为中国的统治者"。

如果说梁启超看到的是满人同化，杨度(1874—1931)把对满人的彻底蔑视与对清朝宪政改革的信仰结合在一起，他看到了共和主义者观点的力量，但最终拒绝了它们。④ 他是受过传统教育的湖南人，通过了科举的初级考试，还曾在梁启超和其他长沙改革派的领导下在时务学堂学习。杨氏于 1902 年前往日本学习法律，并于 1907 年回到中国，担任立宪运动的领导人。他写了几篇有关铁路和财政政策的技术文章以及政治文章。他坚信，在中国的 5 个主要种族中，只有汉人才有资格成为宪法秩序的公民。⑤ 他还认为，中国人虽然相对先进，但是没有能力或不愿承担责任。中国的基本问题不是专制政府，而是国家未能更加积极主动。

杨氏对中国人缺乏民族主义是满意的，而他在国家主义的

① 梁氏无疑反映了中国传统中对统一的重视。参见杨思信：《试论传统"大一统"观念对清末"排满"运动的影响》，《中州学刊》2000 年第 4 期，第 160—161 页；高强、刘海玲：《论梁启超的"大民族主义"》，《宝鸡文理学院学报(社会科学版)》2002 年第 1 期，第 76 页。然而，梁启超的"大民族主义"概念也很大程度上归结于西方的种族科学。梁氏并没有"超越'汉夷二分法'和其他民族观点的刻板印象"(杨思信，第 161 页)，而是将它们推向了全球层面。

② 梁启超：《论近世国民竞争之大势及中国前途》，《饮冰室合集》文集第 4 册，第 56—61 页。

③ 梁启超：《政治大家伯伦知理之学说》，《饮冰室合集》文集第 13 册，第 75—76 页。

④ 江轶：《君宪乎？共和乎？论杨度政治思想的嬗变》，《船山学刊》2010 年第 1 期；周小喜、肖红华：《论杨度君主立宪思想》，《长沙大学学报》2009 年第 4 期。关于杨度的生平，参见何汉文、杜迈之：《杨度传》；杨云慧：《从保皇派到秘密党员》；Platt, *Provincial Patriots*, pp. 130－131。

⑤ 杨度：《〈中国新报〉叙》，《杨度集》，第 208—209 页。

传统中看到了希望。杨氏的观点显然与梁启超的观点不同,梁启超对缺乏民族主义情绪感到绝望,但他们都开出了相同的药方:鉴于中国人民的文明水平,并且中国需要积极的政府,中国必须实行宪政。从理论上讲,对于杨氏来说,君主立宪制和共和国制是同等先进的政治形式。[①] 但实际上,鉴于中国当前的政治条件,君主立宪制更为合适——要形容中国如何从这里到那里,比"那里"是一个共和国要容易得多。用当时的语言来说,杨氏认为,改变政体比根本的国体更实际。[②] 如果中国人要保留现有的领土和人民,那么就必须保留现有的统治权,尽管出于所有实用目的的政治权力可以转移给当选的议会。杨氏认为共和主义的另一个致命弱点是,这将要求汉人与其他种族立即平等。考虑到当时外国干涉的情况,这甚至会导致中国的分裂。只有在君主立宪制之下,这些团体才能被同化并保持团结。杨氏的议会制最高统治愿景使君主成为多民族国家的堡垒。

应该指出的是,人种学方法——对部落和种族的随意提及——绝不仅限于学者和作家。随着大约 1904 年新式学校体制的建立,历史课本和地理课本有时会包含对中国和世界人口的概述。中国最大的出版社商务印书馆出版的地理课本描述了主导亚洲的蒙古人或黄种人。[③] 它说,历史上的中国是由汉人建立的,汉人是一个早期文明的民族,其特征是对道德和政治原则的热爱。屠寄(1856—1921)是一位著名的地理学家和历史学家,与张之洞相识。他编撰的地理课本更具包容性,他基于语言差异列出了中国的 7 个种族:汉人;北部的蒙古人和通古斯人(这里指满

160

---

① 杨度:《〈中国新报〉叙》,《杨度集》,第 210 页。
② 杨度:《金铁主义说》,《杨度集》,第 304 页。
③ 徐念慈编:《中国地理》,第 28a—29b 页。

人)；西北的回人；西部的藏人；西南部的某两个种族。① 每个群体都有自己独特的历史。一旦人们准备接受民族国家的逻辑，这种实事求是的科学就倾向于给革命者的论点带来可信度。

创伤与复仇

反满主义既是一种意识形态，也是一种情感。无论是 18 世纪的和平还是高效的清朝审查制度，都没有完全消除对内战和 17 世纪征服的恐惧记忆。当整个城市不屈服于大清的征服时，它们就被夷为平地。作为战胜的最终标志，中国男人被勒令剪头发，蓄满人风格的发辫。有些人不愿这样，选择自杀。对这种暴力的第一手记载留存了下来。② 这些记载在 19 世纪后期被重新发掘了出来，助长了反满主义。他们这样做是为了创建 17 世纪的创伤记忆，使人们能够围绕汉人的受害（被奴役）来构建话语。当然，没有人真正记得 17 世纪的恐怖。他们必须去学习，学习这些很大程度上是"遗忘"的东西。汉人的军队和匪徒屠杀了数千人，这并没有成为晚清历史记忆的一部分。

革命者声称，满人的邪恶历史证明了满人根深蒂固的"兽性"本质。革命者，大多是十几岁到二十几岁的学生，重历了 17 世纪的征服，间接体会了古老的创伤。反复提到征服中的流血事件是为了引起民众的愤怒，但它们不仅仅是工具性的或愤世嫉俗的：它们本身就是愤怒和伤害不受控制的迹象，不停地揭开旧伤口，并且无法忘记。从如此多的革命性言论的情绪中可

161

---

① 屠寄编：《中国地理学教科书》第 2 卷，第 7—13 页。
② Struve, trans. and ed., *Voices from the Ming-Qing Cataclysm*；Struve, "Confucian PTSD".

以看出这一点。晚清的人重新构想出了独特的 17 世纪创伤经历，大屠杀和强奸这类具有画面感的细节起到了让过去流传下来的作用。①

晚清某些青年男女所体会到的创伤经历无疑是部分存在的，即那段时期的人所固有的。他们表现出严重的失落感。从根本上讲，这也许是对完美中国虚构的损失。至少，对"亡国"的普遍恐惧也标志着对自我丧失的恐惧。这样的损失注定是痛苦的。然而，与"亡国"一词相比，"奴隶制"这个词暗示了更深层次的问题。革命者非常清楚地知道，从来就没有存在过一个完美的中国，尽管让满人成为替罪羊是消除对未来真正担忧的一种方式。

通过以上讨论的种族类别来构建身份对于创伤过程至关重要。也就是说，17 世纪的屠杀不仅发生在某些人身上，还发生在"我们"身上，对汉人、我们的祖先、我们的家庭而言。创伤的心理学定义强调其主观性质，即一个人认为是创伤的事情在另一个人眼里可能轻易地就过去了。革命者表现出一种"二次创伤"，就其本身而言，他们当然并没有亲身经历过他们所描述的创伤，而是通过阅读和重复使它们内化。② 这样，"扬州大屠杀"就进入了民族意识。1645 年 5 月，清军占领了富饶的扬州。由于扬州拒绝投降，清军指挥官授权其部队随意进行五天的抢劫与屠杀。一位幸存者记录了他的经历：

> 数十人如驱犬羊，稍不前，即加捶挞，或即杀之；诸妇女

① 用精神分析的术语来说，创伤是通过二次目击经历的，或者是一个可能只在一定程度的创伤已经存在时才会发生的移情过程。见 Zarrow, "Historical Trauma"。
② 人们普遍认为，创伤后应激障碍（PTSD）具有高度主观性，可能发生在触发事件很久之后，甚至可能通过"目击"发生。参见 McNally, *Remembering Trauma*, pp. 83 – 84, 87 – 89; McCann and Pearlman, "Vicarious Traumatization"; Pillemer, "Can the Psychology of Memory Enrich Historical Analyses of Trauma?"。

长索系颈,累累如贯珠,一步一蹶,遍身泥土;满地皆婴儿,或衬马蹄,或藉人足,肝脑涂地,泣声盈野……至于纷纷子女,百口交啼,哀鸣动地,更无论矣!日向午,杀掠愈甚,积尸愈多……所掳一少妇、一幼女、一小儿,儿呼母索食,卒怒一击,脑碎而死;挟妇与女去……有数卒掳四五个妇人,内二老者悲泣、两少者嬉笑自若……余二妇亦就被污。老妇哭泣求免。三少妇恬不为耻,十数人互为奸淫;仍交与追来二卒,而其中一少妇已不能起走矣。①

幸存者王秀楚描述了他通过躲避士兵和被抓到以后贿赂士兵而使家人活下来的经历。可以理解,清政府禁止传播他写的《扬州十日记》,但这本书并没有特别反满。王氏清楚地表明,清军里有汉人,扬州的掠夺者里也包括当地土匪。的确,王氏描述了满人军官如何通过施加一点点纪律,最后终止了整个屠杀。

到19世纪90代后期,《扬州十日记》和《嘉定屠城纪略》都被大量重印了——孙中山领导的香港兴中会和梁启超领导的湖南改革派,以及后来其他地方的许多改革派都重印了这两本书。②要将对清朝征服史的叙述和其他描述转变为民族主义宣言,需要以新的方式加以解读。他们是通过创伤记忆来解读的。犯罪者全部变成外来种族,而受害者全部变成汉人。晚清的读者不仅经历了对王秀楚的同情,还经历了强奸和谋杀整个民族("我的祖

① 摘录自王秀楚:《扬州十日记》。Struve, trans. and ed., *Voices from the Ming-Qing Cataclysm*, pp. 36, 40, 43, 46-47.

② 吴伦霓霞:《香港反清革命宣传报刊及其与南洋的联系》,《香港中文大学中国文化研究所学报》第19期(1988年),第418页;丁文江编:《梁任公先生年谱长编初稿》第1册,第43页。

先""我的民族""我自己")的转移关系。这样,满人就变成了完全的"异种",人们渴望复仇。举个例子,邹容曾让明朝灭亡的记忆 在其《革命军》中复活:

> 吾读《扬州十日记》《嘉定屠城记》,吾读来尽,吾几不知流涕之自出也。吾为言以告我同胞曰:扬州十日,嘉定三屠,是又岂当日贼满人残戮汉人一州一县之代表哉?夫二书之记事,不过略举一二耳,当日既纵焚掠之军,又严剃发之令,贼满人铁骑所至,屠条掳掠,必有十倍于二地者也。有一有名之扬州、嘉定,有千百无名之扬州、嘉定,吾忆之,吾恻动于心……贼满人入关之时,被贼满人屠杀者,是非我高曾祖之高曾祖乎?被贼满人奸淫者,是非吾高曾祖之高曾祖之妻之女之姊妹乎?……记曰:"父兄之仇,不共戴天。"此三尺童子所知之义。①

值得注意的是,晚清的许多著作,包括严复和梁启超的著作,都涉及哭泣和叹息,以及一种"哀叹"的修辞。但正是祖先的联系使邹容(及其听众)成为早期大屠杀的间接见证者。我们在这里既可以看到因所遭受的罪行而被界定为受害者的人,又可以看到因所遭受的屈辱和耻辱所界定的人,第二种定义更加模棱两可,而当时的人认为,这种屈辱持续了 260 年。在邹容这里,移情关系是通过对孝道的诉求完成的,无论犯罪距离有多远,孝道都要求人们立即报仇。在新的政治环境中,复仇要求革命,这是邹容最直接的目标。

孙中山在激烈程度上不亚于邹容。孙氏使用了以野蛮和奴

---

① 邹容:《革命军》,第 14—15 页。Lust, trans. and annot., *The Revolutionary Army*, pp. 75-76.

隶制为主题的煽动性言论。① 孙中山使用的称谓有明显的贬义（例如野蛮人、奴隶、卑鄙之人、小偷等），他呼吁"兴汉复仇"和"光

164　复"。② 1906 年，他对一位听众说："想起来我汉族亡国时代，我们祖宗是不肯服从满洲的。闭眼想想历史上我们祖宗血流成河、伏尸蔽野的光景。"③1904 年，孙中山在美国演讲时解释说："（满洲人的）目的乃是要扑灭中国人的爱国精神，从而使中国人经过一定时间之后，不再知道自己是处在异族的统治之下。"④

　　一位学生写道，他了解祖先（即汉人）的历史，并记下他们遭受的耻辱，这在他的脑海中留下了深刻印象，永远不会被遗忘。⑤扬州和嘉定的无数家庭代表了各地死亡人数的比例。当时还出现了前所未有的残酷行径，包括在山西的食人和在河南的人头买卖。"每当想到这些事情，我的血液就会沸腾，我想消灭这群人。"出于同情心的想象原本是自然的举动，却变成了带有创伤的记忆："扬州十日和嘉定三屠的残酷是完全不人道的。我仍然想知道发生了什么。好像我的精神仍在为他们而战，我的心仍然替他们感到恐惧，由此那时发生的事情可以被人知晓。"⑥报仇的时候终于到了。

----

① 关于孙中山的反满主义，参见郭世佑：《孙中山的反满民族主义思想别论》，《清史研究》1994 年第 4 期；贺凌虚：《孙中山所宣传的民族主义及其施行政策的演变》，《近代中国》第 107、108 期（1995 年 6—8 月）。更批判性的是朱浤源：《再论孙中山的民族主义》，《"中央研究院"近代史研究所集刊》第 22 期（1993 年 6 月）。关于孙中山生平的一个公允和写作优美的叙述是 Bergère（白吉尔），*Sun Yat-sen*，pp. 103 - 136。

② 郭世佑：《孙中山的反满民族主义思想别论》，《清史研究》1994 年第 4 期，第 43 页。

③ 孙中山：《三民主义与中国前途》，《国父全集》第 3 册，第 18 页。

④ 孙中山：《中国问题的真解决》，《国父全集》第 10 册，第 87—96 页。

⑤ 自然生：《论严拿留学生密谕有愤》，《苏报》1903 年 6 月 10 日。

⑥ 复汉种者：《新国史论》，《江苏》1903 年 8 月 1 日，第 54 页。

历史化身份，创造国粹(1)

有一群革命者经常提起"国粹"，这个词来源于日语"kokusui"。① 国粹派的学者们将经典和其他古代文字、艺术、历史、文学和语言视为中国文化的宝库。他们认为汉人不仅是受害的民族，而且还是几千年前起源于黄河流域的伟大文明的继承者和发扬者。从文明创立的最初时刻起，伟大的"精粹"始终存在。共和主义的根源可以在周朝的封建制度中找到。这是革命被认为是"光复"的另一种方式——恢复汉人，恢复更新为共和主义的封建主义，而且尤其重要的是，从清朝独裁统治的破坏下恢复民族教化。成立于1905年的《国粹学报》同时致力于反满革命和传统学术。从一开始，国粹派学者就采取了防御性的语调，担心中学即将完全被西学所取代。② 可以这样说，对中国文化和历史的国粹革新驱逐了满人，并构建了中国革命思想重构的支柱之一。国粹派学者试图批判性地重新思考儒家思想，并发掘了长期埋藏于中国文化中的非儒家思想，以促进中国的复兴。像那些学生一样，他们希望基于中国的历史，在平等和自由原则的基础上建立近代民族国家。

章炳麟和刘师培(1884—1919)是国粹派的支柱，是古文经学派的拥护者。他们认为，今文经学派对伪经、预言和"孔子改制"

---

① 即使使用相同的汉字。对于19世纪90年代的日本新传统主义知识分子来说，"国粹"意味着民族性格和文化。"国粹"(Kokusui)与独特的日本国体(kokutai)的概念联系在一起。

② Tze-ki Hon, "National Essence, National Learning, and Culture". 也参见郑师渠：《晚清国粹派》；Schneider, "National Essence and the New Intelligentsia"；汤志钧：《近代经学与政治》，第316—325页。

的信仰是荒谬可笑的。他们否认孔子"发明"了经典。① 两人都来自长江流域的繁华地区,这里是悠久的学术中心,而且至少在整个 19 世纪都与西方交流有些遥远。这两个人都集中关注挽救经典中记载、作为独特民族历史的中国历史。② 章炳麟在其早期著作中批评孔子,并猛烈抨击康有为所倡导的儒教的建立。在章炳麟和刘师培的手中,古文经学成为经典去神圣化并将其转变为历史数据库的一种手段。经典作为一种来源,与东周的"百家"(非儒家的古代著作)一起滋养"民族精华"并追溯汉人身份的古老根源。对于刘师培而言,大约在公元前 11 世纪的西周制度体系提供了一种政治秩序模型。民粹学者的历史主义使他们既放弃了儒家普遍主义,又放弃了政治近代性的目的论。换句话说,他们既对大同不感兴趣,也不认为共和主义的中国会成为亚洲的美国,尽管他们对西方政治体系有所兴趣。

166　　　章炳麟原本支持康有为 1898 年计划的改革。他在 1900 年发表的博学散文集《訄书》是对文化传统的重新思考,并通过非标准的思想流派、近代科学和达尔文主义来丰富儒学。③ 为了支持改革,章炳麟赞成"客"(即外来的)皇帝的合法性。④ 正如一个国

----

① 刘师培:《论孔子无改制之事》,《国粹学报》1906 年,第 11—12 页;也见《刘师培全集》第 3 册,第 194—217 页。刘氏盛赞孔子的学问,否认他是宗教人物,参见刘师培:《论孔子与中国政治无涉》,《刘师培全集》第 3 册,第 307—308 页。

② 关于章氏,代表专著有王汎森的《章太炎的思想》和汤志钧的《改良与革命的中国情怀》。英文的参见 Laitinen(高歌), *Chinese Nationalism in the Late Qing Dynasty*; Young-tsu Wong(汪荣祖), *Search for Modern Nationalism*。汪荣祖的《康章合论》及其 *Beyond Confucian China* 对康有为和章太炎作了比较。而最近分析章氏对佛教的理解与他的民族主义之间关系的,是慕维仁(Viren Murthy)的 *The Political Philosophy of Zhang Taiyan*。

③ 章太炎:《訄书详注》。章氏标题中的"訄"传达了一种强迫感,也有压迫或迫害的意思。

④ 章太炎:《客帝匡谬》,《訄书详注》,第 1—20 页。

家可以任用外国人作为官员一样，只要"统治者"履行职责，他们的外人身份就不会有问题。章炳麟很清楚对于满人乃残酷篡夺者的批评，但他认为，他们的统治实际上是一种实用性的行政管理，而"皇权"实际上仍然掌握在孔子及其后代的手中。在当时，他借用了康有为"素王"的思想，并可能受到明治时代对于"不中断的帝国主义"的宣传的影响，章炳麟主张，中国的真正统治权始终掌握在孔子手中，与西方的基督相似。其他人只是"自称皇帝"，而本质上遵行了孔子的旨意，维护了天命（并保护中国免受外国入侵）。然而，《訄书》出版后，章炳麟立即转向了革命派。他驳斥了自己的文章，谴责满人将中国遗弃到西方掠夺者之手，并呼吁汉人"自主"。①

　　章炳麟的许多后续著作都显示出了上述受创伤的思维方式。他常说起儿时记忆中祖父给他讲述王夫之等明代忠臣的故事。以复仇正义为由，章氏认为汉人杀满人是正义的，满人杀汉人则是非正义的。② 章炳麟对于"复仇"和"光复"的修辞定义也许比其他任何思想家都多。这对章炳麟来说是道德上的必要。他认为，首先，满人对汉人犯下了罪行；其次，这些罪行一直持续到今天。但是章炳麟对晚清政治话语的最大贡献是将这些论点置于历史叙事的基础上，将中国的各个族群追溯到古代。在 1902 年 ¹⁶⁷于东京举行的所谓纪念"支那亡国"242 周年会议上的宣言中，章炳麟提出，中国人以准种族为基础的延续已有四千多年。③ 他坦然地沉醉于过去，追寻古代部落和氏族的领土主张，但他也指出

---

① 章太炎：《客帝匡谬》，《訄书详注》，第 19 页。

② 章太炎：《逐满歌》，汤志钧编：《章太炎年谱长编》第 1 册，第 222 页。

③ 并非标志着明朝的正式灭亡，而是最后一支明朝残余力量在南方作战的失败。参见冯自由：《革命轶事》第 1 册，第 57—59 页。日本政府取消了这个会议。

纪念是痛苦的，唤起了抵抗满人入侵的烈士。① 从自缢的明朝末代皇帝，到让自己被处死的谭嗣同，这些英雄烈士都象征着民族团结和为复仇而呐喊。

　　章炳麟的汉民族主义依赖于通过西方种族科学和社会达尔文主义的视角重读经典和王朝历史。在1903年中发表的一封给康有为的公开信中，章炳麟无情地抨击了康有为的论点，即汉人和满人基本上是同一类人。② 章炳麟的信以一系列辱骂开头(如康有为忙于撒谎和欺骗，奉承满人，谋求官职，是儒家腐败的典型代表)。章炳麟认为，康有为支持的光绪皇帝是完全没有希望的，关于他贤明的言论纯属胡说。"载湉小丑，未辨菽麦。"③章炳麟谴责满人"滥用祖先的土地"并将汉人视为敌人。他详细地论证满人没有与汉人同化，完全是"外来征服者"。这就是对满人进行报复是正义的原因。康有为说，古代赵国的后裔如今并不责怪秦国将军白起的后裔，尽管白起活埋了赵军；秦国的后人也没有因为项羽活埋了秦国的军队就憎恨项羽的后人。④ 然而，章氏反对这种宽恕的历史案例，因为首先这涉及的是同种族的人，其次这都应归咎于个别领导人而不是整个群体。但就满人而言，他们从整体上赞同其可恶的目的——屠杀汉人。最后，章炳麟补充说，我们并不特别了解白起和项羽的后人是谁，但是满人仍然是生活在这被征服的土地上的特权群体。就是说，他们拒绝同化本身就

---

① 引自汪荣祖的 *Search for Modern Nationalism*，p. 61；冯自由：《革命轶事》第1册，第58页。
② 章太炎：《驳康有为论革命书》，《章太炎全集》第4册，第173—184页。
③ 章太炎：《驳康有为论革命书》，《章太炎全集》第4册，第177页。
④ 康有为对战国末期(公元前4世纪和前3世纪)和秦朝(公元前221至前206年)发生的战役作了历史参考；他的观点是，早期的政治忠诚(或身份)已被更高层次的团结所取代。

是一种罪行。

章炳麟说："今以满洲五百万人，临制汉人四万万人而有余 168
者，独以腐败之成法愚弄之、锢塞之耳！使汉人一日开通，则满人
固不能晏处于域内。"① 也就是说，在长城以南的汉人会把满人驱
赶到他们在北方的原始家园（然而实际上，19 世纪成千上万的汉
人在东北地区定居，人数超过了满人）。无论如何，章炳麟坚称，
皇帝是"小丑"，是"汉人的公敌"。章氏多次将复仇与正义的实现
联系起来。由于儿子有权为被不公杀害的父亲报仇，因此汉人有
权为其祖先报仇。② 这不是要杀死无辜的后代，而是对进行中的
罪行的积极参与。

难怪章炳麟和他的年轻朋友邹容一起被判犯有叛逆罪。光
绪确实是"小丑"（最糟糕的是，载湉是光绪皇帝的名字，也是忌
讳）。最重要的是，跟以往的学者相比，章炳麟更清晰地从民族、
文化以及政治上的基础构建了一个汉人中国。③ 但特别是在政
治上，目前尚不清楚他建议由谁来取代清政府。与大多数革命者
不同，章炳麟对共和主义表现出相当大的怀疑，他担心这会导致
新的问题，例如当地豪强夺取权利。他也不支持他朋友刘师培的
无政府主义。然而，他也没有支持被他的经典非神圣化所削弱的
帝国体制（也是他所鄙视的康有为支持的体制）。此外，章炳麟晦
涩的散文向绝大多数专家隐藏了他的学识。他的历史和宗教哲
学著作对读者没有任何让步，尽管他将某些反满著作的读者群瞄
准在学生一代。问题是，汉除了是民族外，还是什么呢？章氏的

---

① 章太炎：《驳康有为论革命书》，《章太炎全集》第 4 册，第 177 页。
② 章太炎：《排满平议》，《章太炎全集》第 4 册，第 267—269 页。
③ 参见王汎森：《章太炎的思想》，第 68—72、84—90 页；也参见王汎森：《清末的历史
记忆与国家建构》，《思与言》1996 年 9 月。

答案是，它是伟大的文化传统的载体，尽管它被帝国和外国统治扭曲了。

在哪里可以找到真正的政治机构？当然，从某种程度上来说，晚清知识分子将目光投向了西方和日本。但是，如果可以复兴中国古代圣贤君主，他们将提供政治和种族支持。在传统观点上，圣贤君主是准神，但他们是历史人物。从政治上讲，正如我们在韩愈论述中看到的，他们已使君主立宪制度归化并合法化。这就是为什么严复对韩愈的攻击是真正激进的一步。但是，对于大多数清末知识分子而言，无论是改良派还是革命者，重要的是不要废弃圣贤君主，而要重新思考他们在中国历史上的作用。圣贤君主为探索近代中国人的身份甚至政治制度提供了一种思路。他们是国家起源和其早期发展的例证。由于圣贤君主在大众的集体记忆中如此突出，他们也为清末的精英阶层和群众之间提供了联系。

历史是改良派和革命者之间辩论的武器，但是它们也有很多共同点。梁启超试图将中国的历史理解为民族国家发展的故事。1902 年，他呼吁开启"新史学"，以适应当时历史写作的主要形式：民族的叙事，民族的故事。[①] 在历史上，梁启超呼吁彻底打破过去。他谴责传统史学只是朝代统治者几个王室家庭的行为记

---

① 梁启超：《中国史叙论》，《饮冰室合集》文集第 6 册，第 1—12 页；《新学》，《饮冰室合集》文集第 9 册，第 1—32 页。最近的研究强调了这些论文的重要性，尽管绝非梁氏一人有这样的观点。参见许冠三：《新史学九十年》；陈丰：《不谋而合》，《读书》第 177 期；黄敏兰：《梁启超"新史学"的真实意义及历史学的误解》，《近代史研究》1994 年第 2 期；王也扬：《康、梁与史学致用》，《近代史研究》1994 年第 2 期；Duara（杜赞奇）, *Rescuing History from the Nation*；Xiaobing Tang, *Global Space and the Nationalist Discourse of Modernity*；王汎森：《晚清的政治概念与"新史学"》，载于罗志田编：《20 世纪的中国：学术与社会（史学卷）》，第 1—30 页；Zarrow, "Old Myth into New History"。

录。传统史学支持"正统"的概念，而在新史学中将会看到中国人民。因此，对梁启超来说，民族主义的历史是民主的。传统史学是君主制且晦涩的。但是，他仍然努力解决圣贤君主代表一个原始时刻的问题，在这个时刻以后，至少在政治上出了问题。梁启超将线性进步和社会达尔文主义的原理运用到中国历史的尝试，产生了自相矛盾的图景。

通过把进化论强加于圣贤君主身上，梁氏将他们视为最初的人。他们也许是成就大业的人，但他们只是人，而不是神。然而，他们也是进化的普遍定律下的典范。从本质上说，梁启超认为，圣贤君主代表了中华文明的各个阶段，遵循着部落社会、封建贵族统治和君主制统一等普遍发展模式。人们公认的神话般的圣贤君主有：狩猎和诱捕的发明者伏羲；农业的创造者神农；国家的创造者黄帝（下文有更多介绍）；善政的典范尧和舜；夏朝的奠基人禹。他们使我们脱离了神话的领域，进入了历史和三朝（夏商周）。

可以将这些神话映射到中国早期文明的发展上。如果说更早的自强者把尧舜与"民主"联系起来，那么梁启超将他们所谓的退位仅仅看作是贵族内部权力的转移。[1] 有一个古老的"蛮族自由"时代，由小团体领导，他们都是自由的，不存在阶级和职级。这是第一阶段。然后，在中国发展的第二阶段，这些群体之间的竞争加剧，因此需要领导者，而领导者又逐渐成为贵族。这是从黄帝到秦统一的"贵族君主制"时代。在第三阶段，越来越多的斗争引起了更大的中央集权，分散的贵族制被强大的中央集权制所取代："繁荣的君主制时代"。梁氏发现，这一阶段从秦朝一直持续到 18 世纪，即清朝乾隆皇帝的统治时期。这导致了第四阶段，

---

[1] 梁启超：《尧舜为中国中央君权滥觞考》，《饮冰室合集》文集第 6 册，第 22—27 页。

在该阶段中确立了主权，人口井然有序，君主专制变得越来越专制，所有这些都使人民"发展"到了他们可以要求拥有集体权力的地步。现在，中国开始体验"文明自由时代"。①

按照梁氏的历史逻辑，中央集权君主制是一个进步的步骤。但是按照梁氏的道德逻辑，秦的统一是一场专制灾难，导致了数百年的停滞。② 在 1898 年的维新运动之时，梁启超对历史进程感到悲叹，皇权高涨，人民的压迫加剧，统治者与自己的大臣缺乏联系。③ 后来在日本，他似乎接受了一种略有不同的逻辑：将他对线性进步的信念与社会达尔文主义相结合，似乎独裁是蛮族自由与文明自由之间必不可少的阶段。

剩下的诀窍是在着重记载皇帝和将军的历史文献中找到中
171 华民族。梁氏的尝试使中华民族成为历史主题，这使他回到了黄帝时代：

> 是为中国之中国。即中国民族自发达自争竞自团结之
> 时代也。其最主要者，在战胜土著之蛮族。而有力者及其功
> 臣子弟分据各要地。由酋长而变为封建。复次第兼并。力
> 征无已时。卒乃由夏禹涂山之万国。变为周初孟津之八百
> 诸侯。又变而为春秋初年之五十余国。又变而为战国时代
> 之七雄。卒至于一统。此实汉族自经营其内部之事。当时

---

① 在这一时期的另一篇文章中，梁氏将人类进步的 3 个阶段描述为：第一，部落首领松散地将个人团结在一起；第二，世家大族控制政府，他们中的上层选择君主，下层管理百姓；第三，集中的权力逐渐在强大的国王之下得以巩固。转变背后的动力是外部威胁和斗争。梁启超：《中国史叙论》，《饮冰室合集》第 6 册，第 1—12 页。
② 梁启超：《论中国与欧洲国体异同》，《饮冰室合集》第 4 册，第 61—67 页；《中国专制政治进化史论》，《饮冰室合集》文集第 9 册，第 59—90 页。
③ 梁启超：《论中国积弱由于防弊》，《饮冰室合集》文集第 1 册，第 96—100 页。

所交涉者。惟苗种诸族类而已。①

梁氏在其历史著作中似乎把"汉人"当作一种历史赠予，但中华民族必须通过斗争来建立。梁氏强烈地暗示，中华民族是由各个人群和民族共同创建的。这是古代从各个贤明君王一直到秦代的成就。梁启超对中国的君主制作出历史判断的努力充满矛盾。当他感到乐观时，梁氏不禁注意到统一的君主制为中国人免除了许多苦难。② 君主制不仅是一个客观上必要的阶段，而且它本身就是一件真正的幸事——"较小的和平"。即使现在，正是因为它正面临着前所未有的外部挑战，中国才有望得到快速的进步。这种乐观的态度虽然充满了对中国人可能无法应对挑战的恐惧，但它是从梁启超对历史主题的观点出发而构架的，名曰人类集体。③ 民族和种族是通过竞争进化的。一些民族实现了统一并存续了下来，而其他民族则没有。这是一个普遍的斗争和统治的过程，导致了我们熟悉的氏族、村庄、部落，最后到当代国家的阶段。④ 在梁氏眼中，这一过程将"国粹"（如果有的话）视为普遍进化的副产品。

然而，目前尚不清楚这种演化是否实际上是普遍的。因此，梁启超认为也许君主制统治抑制了国家的自然发展，这似乎意味着他主张建立一个致力于公的国家。中国被称为国，但它没有一种真正的国家形式（国之形）。⑤ 相反，中国一直属于部族、部落首领、封建领主或皇帝。正如我们所看到的，梁启超

① 梁启超：《中国史叙论》，《饮冰室合集》文集第 6 册，第 11 页。Xiaobing Tang, *Global Space and the Nationalist Discourse of Modernity*, p. 38.
② 梁启超：《论君政民政相嬗之理》，《饮冰室合集》文集第 2 册，第 8—9 页。
③ 梁启超：《新史学》，《饮冰室合集》文集第 9 册，第 1—32 页。
④ 梁启超：《新史学》，《饮冰室合集》文集第 9 册，第 1 页。
⑤ 梁启超：《少年中国说》，《饮冰室合集》文集第 5 册，第 9 页。参阅第二章。

一再为中国的孤立、缺乏竞争和停滞感到遗憾。它也是压抑和颓废的。① 更糟糕的是，正当近代欧洲不断向前迈进，中国却似乎卡在了旧时代。② 梁启超表达乐观的努力似乎有些勉强。梁启超在 1900 年的《少年中国说》中提出，中国可能正处在朝气蓬勃的少年的开端。③ 毕竟，真正的民族国家在西方都已经出现了，中国又会落后多远呢？但在大多数情况下，它似乎已经远远地落在后面了。

历史化身份，创造民粹(2)

刘师培是革命知识分子处理起源、发展和国粹问题的代表。刘氏在 1903 年发表了他的第一篇文章，呼吁中国人使用黄帝纪年。④ 这实际上是对清朝合法性的攻击，因为清朝宣称拥有确定历法的权力。刘氏将黄帝定位为文明的创造者，教化中国人民的人。刘氏指出，将历史追溯到黄帝时代可以使中国与西方和伊斯兰国家保持一致，因为他们分别追溯到基督和穆罕默德。尽管康有为的追溯到孔子的观念也具有类似的好处，但刘氏认为，黄帝更能够代表"保种"，而不仅仅是"保教"。刘氏还认为，追溯到黄帝将使中国的历法类似于日本，因为日本的历法追溯到了它的第一任天皇神武天皇。值得注意的是，刘氏声称尽管中国历史上历

① 梁启超：《论中国与欧洲国体异同》，《饮冰室合集》文集第 4 册，第 63—65 页。
② 梁启超：《论中国与欧洲国体异同》，《饮冰室合集》文集第 4 册，第 66—67 页。甚至在强调进步主题的《新史学》一文中，梁氏继续痛斥中国皇帝将帝国"私有化"，他们的行为被士大夫们的错误理论合法化。梁启超：《新史学》，《饮冰室合集》文集第 9 册，第 20 页；《少年中国说》，《饮冰室合集》文集第 5 册，第 9—10 页。
③ 梁启超：《少年中国说》，《饮冰室合集》文集第 5 册，第 7—12 页。
④ 刘师培：《黄帝纪年说》，《刘师培全集》第 3 册，第 467—468 页。

代王朝更迭，但所有汉人的统治者都是黄帝的后裔。同样需要注意的是，刘氏认为随着现行的根据王朝统治时期而定的纪年体系逐渐消失，中国的独裁统治将被削弱。

在晚清，黄帝具有特殊的意义并不新鲜。他是古老的文化象征，并为了满足代表民族身份的新需求而重新被构建了。① 实际上，清朝和明朝的皇帝都对他表示敬意。亚洲有若干个族群都将黄帝尊为祖先，而不仅仅是汉人。然而，在晚清知识分子那里，黄帝成为纯粹的汉人身份象征。刘氏将黄帝的出生日期追溯到 4614 年前，即公元前 2711 年，赋予了中国令人印象深刻的连续发展历史。在黄帝时代出现了文明机构的雏形。黄帝以前只是几个圣贤君王之一，现在，他在政治、文化和生物学上都成了国家的创始人。

像梁启超一样，刘氏实际上是对传统神话进行了历史化，但是刘氏这样做是为了宣扬一种种族本质主义。他强调，一个民族必须了解其起源。他没有明确宣称黄帝就是所有中国人（汉人）的祖先，尽管这很快就会成为一种革命性的陈词滥调。但是无论如何，在刘氏的计划中，中国历史从与这一起源时刻的关系中获得了意义。民族、政治制度和文化都源于黄帝，其发展历程是从黄帝那里继承出来的。同时，围绕圣贤君王的许多神话精神都在消散。毫无疑问，黄帝只是一个好领袖。刘氏没有借用上天的概

---

① 参见沈松侨：《我以我血荐轩辕》，《台湾社会研究季刊》1997 年 12 月；王明珂：《论攀附》，《"中央研究院"历史语言研究所集刊》第 73 期；罗志田：《包容儒学、诸子与黄帝的国学》，《台大历史学报》2002 年 6 月；孙隆基：《清季民族主义与皇帝崇拜之发明》，《历史研究》2000 年第 3 期；石川祯浩：《20 世纪初年中国留日学生"黄帝"之再造》，《清史研究》2005 年第 4 期；Matten（王马克），*Die Grenzen des Chinesischen*。

念、预言或者是超自然元素。刘氏的反君主制已经非常明显。①

刘氏的政治观点嵌入了一个更大的世界历史框架。19 世纪末，在香港长大的法国人拉克伯里（Terrien de Lacouperie）提出了一种关于中国人起源的理论，后来被称为"西方起源理论"。② 他说，"巴克人"（Baks）是一个起源于美索不达米亚的部落，在中亚各地徘徊，然后从公元前 3000 年在黄帝的带领下进入中国。巴克人击败了当地的土著，其中的一些人向南迁徙成为苗人，而另一些人作为劳力留在了巴克人的统治下。这个古怪的理论吸引了许多晚清知识分子。③ 该理论由于强调了黄帝及其追随者的移民身份，似乎无法很好地适应汉民族主义的需要。但是，它也许具有某种强调人类单基因起源的优势：由于人类有一个共同的起源，因此中国人和欧洲人都是源自近东核心地区的分支。同时，正如我们将看到的，革命者可能也很乐意将汉人视为征服者。

刘氏认为，分割和分化的过程导致了种族群体的产生，并且群体为了资源而相互竞争。汉人很早就与其他群体区分开来，并定居在中国。这些群体包括藏人、印度支那、通古斯人和土耳其人，尽管汉人占主导地位，其他这些群体落后而又偏远。刘氏最早在他的《攘书》（1904 年）中概述了这些观点。④ 这些观点为他

---

① 尽管黄帝后裔理论与刘师培大为钦佩的 17 世纪学者王夫之的传统民族中心主义相一致，但刘氏的观念在几个方面与王的不同。尤其是刘氏不具备王氏对君主制的尊重；王氏的主要关注点之一是将血统与道的正统传播同政治权力的继承联系起来，而这是刘师培不感兴趣的问题。

② Tze-ki Hon, "From a Hierarchy in Time to a Hierarchy in Space"考察了该理论的整体背景和吸引力。

③ 西方起源理论也影响了日本历史学家，他们为近代历史写作提供了典范。参见白河次郎、国府种德：《中国文明史》（1900；1903 年也由竟化书局在上海出版），第 4、28—68 页。

④ 刘师培：《攘书》，《刘师培全集》第 2 册，第 1—17 页。

后来几年进行更多的历史和学术研究奠定了基础。总之,刘氏认为巴克人是汉人,或者通过某些尚未理解的过程变成了汉人。①黄帝领导汉人对苗人的战胜,标志着中国从最初的西方派系部落发展成为社会政治实体。但这仅仅是故事的开始。刘氏认为历史就是反映人民与统治者之间长期斗争的过程。尽管发展陷入停滞,但民主思想甚至制度的萌芽都在古代出现了。在他1903年与人合著的《中国民约精义》中,刘氏强调了统治者与被统治者之间的斗争。② 从公众意识的标准来看,刘氏认为自古以来是倒退而不是进步。

> 三朝时期是统治者和人民共享权力的时代,因此在《尚书》中记载,人民是国家的主人,统治者是客人。国家的建立是在国民凝聚在一起时产生的。……在上古时期,国家的政府掌握在人民手中,因此,以国家为基础的人民理论被记录在《禹训》中。[然后]随着夏商,权力在统治者和人民之间分配。……周初,民众力量日益减弱。为了加强它,有必要使用上天命令统治者的理论(天统君),这引起了这样的说法:"上天就像人们看到的一样,上天就像人们听到的一样。"因此,如果我们看经典《尚书》,我们可以看到君主专制的发展,随着君主制权力的增加,大众权力也随之产生。③

---

① 刘师培:《攘书》,《刘师培全集》第 2 册,第 2 页。
② 与激进记者林獬(1874—1926)合著的《中国民约精义》,《刘师培全集》第 1 册,第 597—626 页。关于《攘书》和《中国民约精义》的讨论,参见 Bernal(贝尔纳),"Liu Shih-p'ei and National Essence", pp. 92 - 99;森时彦:《民族主义と无政府主义》;小野川秀美:《刘师培と无政府主义》;Fang-yen Yang(杨芳燕),"Nation, People, Anarchy", pp. 196 - 227。
③ 刘师培:《中国民约精义》,《刘师培全集》第 1 册,第 562 页。引自 Fang-yen Yang,"Nation, People, Anarchy", p. 199。

175　　刘氏在 1905 年开始连载的《古政原始论》一书中指出，强力的领导人利用人民的迷信将自己的权威与神权联系在一起，就形成了神权政府。① 神权政府是专制政权的一种。② 统治者还用纯粹的强制手段迫使人民屈服于他们。③ 刘氏清楚地将成熟的阶级制度(即可继承的等级和地位)的发展与统治权的发展联系在一起。④ 然而，刘氏发现即使到了周朝，统治者和人民之间的区别也还相对较小。他描绘了一种原始共产主义的愿景，并不仅仅将其视作落后，而是即使随着统治制度的发展，它也对过度专制统治进行了限制。刘氏似乎暗示了周朝后期的哲学家们的历史任务是寻求一种手段来监督专制权力，因为他特别批评了儒家在这件事上的缺失。儒家理解了问题的一部分，但是他们以牺牲法律为代价对道德和礼节的重视是不足的。刘氏说，墨家使统治者内心充满恐惧的教义是优越的；他也赞扬道教的平等主义，但并不赞同其"无为"学说。法家最初似乎能够将道德与法治相结合(对统治者也适用的法律，从而限制专制倾向)，并强调统治者和人民都对国家负有责任。但是，秦国的征服创造了一种束缚人民、限制言论自由的制度。这导致中国此后再也没有恢复过来。

　　在 1905 年刘师培发表的另一系列文章中，他概述了为什么他认为理解国家的起源是很重要的事。⑤ 他在这里呈现的图景更加复杂，但仍然聚焦于黄帝。⑥ 巴克人是圣贤君王伏羲和神农

---

① 刘师培：《古政原始论》第一部分，《国粹学报》第 1 年，第 8 号，第 1a 页。
② 刘师培：《古政原始论》第一部分，《国粹学报》第 1 年，第 8 号，第 2a—3b 页。
③ 刘师培：《政法学史叙》，《国粹学报》第 1 年，第 2 号。
④ 刘师培：《政法学史叙》，《国粹学报》第 1 年，第 2 号，第 4a 页。
⑤ 最初以"古政原始论"为标题发表在《国粹学报》上。刘师培：《古政原始论》(再版于《刘师培全集》第 2 册，第 34—57 页。)
⑥ 刘师培：《古政原始论》，《国粹学报》第 1 年，第 4 号，第 1b 页。

统治下的游牧民族。神农最先划定了一个较小的边界地区。黄帝从昆仑山向外征服,征服了蚩尤。舜驱逐了苗人,并开始将礼教向南传播到长江流域。之后,禹继续向东南扩张。这是古代圣贤扩展边界的顺序。① 刘氏将这个过程坦率地称为对土著居民的殖民和征服。他还将此过程映射到了社会经济阶段。神农之前的时期代表游牧阶段,神农到舜的时期标志着从游牧到定居农业和城市化的缓慢而部分的过渡。② 在政治上,中国的边界和首都随不同的圣贤君王而变化,但是定义了中国政体的封建制度是从神农时期领土被划定之时就开始了。刘氏认为,这也标志着从母系社会到父系社会的过渡。③

刘师培说,黄帝的伟大成就是官僚体制的建立,这确立了千百年来的基本统治模式。④ 与封建地主保持联系的官员们增强了皇权。这是之前皇帝们在国家中心统治周边地区的有效手段。⑤ 刘氏还称赞黄帝创造了教育。⑥ 这里的"教育"是指在神权统治的框架内的大量仪式行为和文明影响。刘氏说,直到周朝,一个更加完整的教育与学术制度得到发展,纯粹的神权制度得到了改变。⑦

176

---

① 刘师培:《古政原始论》,《国粹学报》第 1 年,第 4 号,第 2a 页。《中华民族志》讲述了同样的故事,有时用同样的话,黄帝被称为中国人的"始祖":《刘师培全集》第 1 册,第 600 页;《中国历史教科书》,《刘师培全集》第 4 册,第 276—281 页。

② 在该系列的第五篇文章中,刘氏更具体地将农业追溯到神农,神农带领人们放弃游牧生活,通过教他们烧毁森林开辟新田,使用化肥来定居农业,让田地休耕,并实行轮作。参见《古政原始论》,《国粹学报》第 1 年,第 6 号,第 1a—2a 页。

③ 刘师培:《古政原始论》,《国粹学报》第 1 年,第 4 号,第 3b 页。

④ 在该系列的第七篇文章中。刘师培:《古政原始论》,《国粹学报》第 1 年,第 6 号,第 6a 页。

⑤ 刘师培:《古政原始论》,《国粹学报》第 1 年,第 6 号,第 9b 页。

⑥ 刘师培:《古政原始论》,《国粹学报》第 1 年,第 8 号,第 1a 页。

⑦ 刘师培:《古政原始论》,《国粹学报》第 1 年,第 8 号,第 3b 页。

刘师培将皇权的起源追溯到最原始的时代,即萨满教的时代。① 刘氏本质上认为圣贤君王们对超自然力量的使用证明了这个原始时代的神权性质。伏羲发明了八卦,并用秘密的咒语使人们眼花缭乱。神农发现了有用的药物,而当时医学是萨满的领域。黄帝用超自然的技术征服了蚩尤。此外,早期的统治者垄断了献祭的权利。根据刘氏的语言学分析,随着中国的统治权逐渐被"君"掌握,代表了权力在行政、立法和司法领域的集中。刘氏将"君"定义为将世界牵引过来的人,因此与"群"是同源的。

> 因此,当建立统治者之道时,利益是从分组中获得的。……在最早的时期,统治者是人民建立的,世袭君主制尚未建立。因此,该领域是由五帝管理的,与三皇将其视为私有财产(家天下)的方式有所不同。②

这让人联想到黄宗羲和梁启超早期的话语。但是刘师培并没有特别地将古代美德与当时的腐败作对比,也没有试图建立中国古代的民主证据。相比之下,他试图描绘从原始社会的相对平等到更加有组织的政体的自然演变,以及他所认为的记录了中国历史的材料(即经典著作,需要认真解读才能掌握过去时代的真实情况)。

刘师培还觉得皇权在历史上植根于家庭制度。皇帝与臣民之间的关系并不是与家族关系相似,而是由家族衍生而来。③ 父权和父子关系出现在从母系、一妻多夫制社会向父系、一夫多妻

---

① 刘氏从各种"统治者"用语的论证直接将他的语言学分析与他的历史性结论联系起来;参见刘师培:《古政原始论》,《国粹学报》第1年,第4号,第4b—5a页。
② 刘师培:《古政原始论》,《国粹学报》第1年,第4号,第7a页。
③ 刘师培:《古政原始论》,《国粹学报》第1年,第4号,第7b—8a页。

制社会的过渡中。刘氏再次使用语言学的论证来表明"父"和"君"的术语起源于相似的权力符号。在这种意义上,国家(基于皇帝与臣民的关系)从早期的家庭——氏族结构中发展出来。刘氏认为,后来的氏族制度从根本上是基于父子关系。在远古时期,祭祀的对象既包含当地的神灵,也包含共同的祖先。当时皇帝作为某种意义上氏族的首领,是国家祭祀的首席主持。

　　刘师培认为,聪明的古代君王通过要求尊重祖先和宗族而将人们团结起来。[1] 人们努力工作,避免侮辱祖先和违反规则。实际上,该系统像地方自治政府一样运作。最终它团结了人民,确立了统治者。[2] 氏族法律和阶级制度的出现是农业社会的合理产物。[3] 尽管自神农时代就存在耕作,但直到大禹平息了洪水之后,皇帝才对所有田地提出了占有。因此,刘氏将"井田"制追溯到夏朝的征税制度。[4] "井田"是指经典中描述的古代土地制度,其中九块田地以三乘三(以"井"字为代表)框成正方形;中央田地的收成属于领主,其他八个田地属于个人家庭。尽管刘氏指出,井田制的影响是平等主义(至少在平民百姓中间),但他也强调了这种制度向着更有生产力的私有制过渡的必然性。因此,井田制是阶级结构发展的一部分。[5] 最终,刘氏得出结论,唯一的出路是通过一场基于平等原则的革命——一种前瞻性的群众政治运动。[6] 1907 年,刘氏以平等主义的名义放弃了汉民族主义,成为

178

---

[1] 刘师培:《古政原始论》,《国粹学报》第 1 年,第 4 号,第 10b 页。

[2] 刘师培:《古政原始论》,《国粹学报》第 1 年,第 4 号,第 11a 页。

[3] 刘师培:《古政原始论》,《国粹学报》第 1 年,第 6 号,第 3a 页。

[4] 刘师培:《古政原始论》,《国粹学报》第 1 年,第 6 号,第 2b 页。

[5] 刘师培:《古政原始论》,《国粹学报》第 1 年,第 6 号,第 3a 页。其他知识分子将井田制理解为一种社会主义(在第六章讨论)。

[6] Zarrow, *Anarchism and Chinese Political Culture*, pp. 83 - 96, 100 - 114.

无政府主义者。

· · · ·

晚清知识分子(革命者、改良派和犹豫不决者等)的政治演说都围绕着历史和身份、公众意识和民主、宪政和共和主义展开。起源故事似乎在大多数人类社会的想象中有着特殊的意义。神话或历史都回答了一个关键问题:"我们从哪里来?"这个问题很关键,因为它的答案至少部分地定义了身份(我们是谁),就像种子中如何包含了整棵大树。在晚清的政治背景下,古老的神话具有新的意义。他们不仅谈论通过种族和文化区分"我们"与"他们"的灵活方式,还谈论"中华"民族的早期成长,它就像种子变成大树一样长成了今天的中华民族。可以这么说,晚清对民族认同前所未有的需求导致了古代神话和历史的重塑,使其成为连贯的叙事,当代中国人可以在其中找到自己,或者至少找到自己的祖先。

如果我们想要知道晚清受教育人士的较少政治化、更加主流化的观点,我们可以转向为新的国立学校编写的教科书。这反映了知识分子的理论与官员的需求的综合。总的来说,以历史教科书为例,通过使帝国归化来论证其合法性。但是归化的过程同样也令其世俗化了,消除了它对合法性的主张之一。当然,教材永远不会明确挑战清政府。① 按照不同朝代的年代顺序,教科书以其枯燥且讲求实际的方式有效地实现了朝代循环的归化。不需要提供任何明确的指导方针来确定一个政权的合法性或上台的手段,中国的历史沿袭了人们长期接受的"正统"的故事。政治上的成功(即征服、团结和防御)就是其自身正当性的理由。所有朝

179

---

① Zarrow，"The New Schools and National Identity".

代都是征服的朝代,元朝和清朝也是。因此对清朝的判断标准与明朝、汉朝或任何其他"中华"王朝的标准相同。

历史研究中出现了两个对帝国的隐性挑战。第一,也是最明显的,王朝循环的逻辑暗示了清朝即将结束。在历史观点中,合法性的宣称不是来自对上天的抽象呼吁,而是维护国内和平和保护边界的实际能力。无论多么忠于清朝的教科书都没有假装清朝在过去的一百年中做到了这一点。第二,可以看到君主制不是永恒的——在世袭王朝体系建立之前,有一段时间从许多方面来看都是更优秀的,而现在又是一次根本性改变的时候。关于圣贤君王和三朝的讨论谈到了更民主的制度、知识自由和活力以及文明的迅速发展。在某些教科书中,对这种黄金时代的怀旧与不断发展的历史阶段混在一起。在枯燥的教科书氛围中,通常会有一种暗示,即朝代的循环可能会使清朝终结,所以更大的进步势力也要为君主制本身带来终结。就所暗示的根本政治变革而言,结果是君主立宪制还是共和国制几乎无关紧要。

在圣贤君王的故事中,"中国"一词起源于一个事先存在的、在某种意义上超越了之后所有王朝的国家。大多数教科书都遵循西方起源理论,并反映了黄帝的故事在汉人身份中的中心地位。例如,《绘图中国白话史》指出,黄帝合并了中国部落,建立了一个从黄河以北一直延伸到长江以南的王国。[1] 因此,黄帝成为 *180* "中华民族之祖"。商务印书馆于 1904 年出版了一部非常成功的历史教科书,其以盘古作为宇宙的开端,但也观察到古代世界仅由部落或村庄组成。在演变成一个统一国家之后,"中国"在所有

---

[1] 钱宗翰:《绘图中国白话史》,第 1a 页。

朝代中基本保持了统一。① 因此，黄帝不仅是征服者，还是使官僚体系制度化并通过统治改善人民生活的祖先。② 改革派教育家丁宝书的历史著作对世袭统治表示反对，但丁氏赞扬了那些保护中国人不受外国入侵的皇帝。③ 种族斗争的主题从来就没有远离知识分子的思想。

---

① 姚祖义：《最新高等小学中国历史教科书》第 1 册，第 1a 页。同样，姚氏并没有否认政治分裂时期的事实，而是假设统一是规范条件，无论政治如何混乱，这种条件都保持在文化层面。
② 姚祖义：《最新高等小学中国历史教科书》第 1 册，第 2b—3a 页。
③ 丁宝书：《蒙学中国历史教科书》，第 1a—2a 页。

第六章　光复与革命

20 世纪初,反满革命日益专注推行民主。尽管在战斗口号 中,共和的思想仍排在反满主义之后,并很少被考虑,但是革命显然不会尝试建立新的王朝。① 忠诚的革命者里只有少数是学生,士绅比学生还少。专职密谋反叛的人很少,也许只有几百人。然而,受过良好教育的年轻精英们不得不感受到民族认同的重要性和国家建设的紧迫性。他们的观点逐渐影响了越来越多的中国人。他们的父辈可能不赞成他们的活动,仍会设法防止他们引起清政府的愤怒。父辈可能并不同意革命,但他们也认为革命者的言论有一定的道理。

流亡国外的知识分子和学生很快创作出大量宣传材料。他们的期刊涌入中国沿海城市,最终传入内地,首次出版的几年后也仍然被不断地传播着。激进的学生通常返回中国,有时甚至担任官方职务(那里他们可能充当变革的力量),或更典型地成为同情下一代学生激进倾向的老师。一些人加入了新军,这实际上是

---

① 学术界早已达成了共识。参见熊月之:《中国近代民主思想史》,第 7 章;Gasster, *Chinese Intellectuals and the Revolution of 1911*, esp. chaps. 3 – 4,以及他的"The Republican Revolutionary Movement(1900—13)", esp. pp. 490 – 499。

革命的关键。① 新军起源于 1895 年,当时日本击败了清军。袁世凯和张之洞奉命发展新军,这些新军将接受近代训练和武器训练,并以德国军队的模式组织。新的陆军部队,特别是士官往往比正规的陆军部队受教育程度更高,社会上层精英开始加入军官团。许多人很愿意接受民族主义和革命思想。

182 革命热情的高峰可能发生在大约 1905 年至 1907 年。"革命者"实际上是由不同的人组成的群体,容易发生内讧,并且像学生和知识分子一样容易改变观点。革命组织迅速融合和分裂。② 革命者担心清政府的改革将使王朝得以存续,这种恐惧在革命者中造成了新的压力。但他们继续努力,到 1905 年前后,改良派对清政府实行立宪主义的压力同样没有减轻。

共和主义、自由、自治

章炳麟在 1903 年致康有为的公开信中指出,革命的关键不是暴力,而是人民的决心。③ 那是民族主义的时代,革命对于建立一个自治的中华民族是必要的。章氏认为,如果中国人民准备好接受康有为提出的立宪政体,那么他们就要准备进行一场革命。章氏仍在监狱中时,革命思想继续在学生和海外华人中传播。1905 年,在东京成立的同盟会(革命同盟)将不同的革命团

---

① Edmund S. K. Fung(冯兆基), *The Military Dimension of the Chinese Revolution*;Esherick(周锡瑞),*Reform and Revolution in China*;McCord(麦科德),*The Power of the Gun*, chaps. 1-2.

② 对革命活动最全面的概述仍然是张玉法的《清季的革命团体》。

③ 章太炎:《驳康有为论革命书》,《章太炎全集》第 4 册,第 173—184 页。感谢汪荣祖帮助我阅读了章氏的信件。

体召集在一起,并赋予了他们新的全国性的影响力。[①] 同盟会的官方报刊《民报》传播了革命思想,尤其是反满主义,并跟梁启超进行了直接辩论。同盟会也得到日本同情者(从自由主义者到极端民族主义者)的支持,这些支持者对清政府怀有厌恶之情。孙中山凭借其长期参加革命的经历、他的对外往来以及海外华人对他的支持,合情合理地成为这一团体的领导人。孙中山的家在广州附近,他是农民的儿子。他的哥哥颇有成就,帮助他先后在夏威夷和香港完成了学业。孙中山虽然没有文人背景,但他能够利用自己在华南的秘密社团组织反抗清政府的起义。他还是从海外华人筹集资金的大师,他的革命力量和康有为的保皇会都从东南亚、澳大利亚和美洲的商人和劳动人民中筹集了大部分资金。[183]在世纪之交以后,孙中山逐渐在有识的学生中树立了名声,被选为同盟会的负责人。

革命统一未能维持很长时间,但同盟会在孙中山关于革命应包括反满主义、共和主义和平均地权的思想基础上达成了大致的意识形态共识。这是三民主义的雏形,在孙氏 1924 年的讲话中最终确立:民族、民权和民生。其他人还详细介绍了孙氏制定的同盟会纲领,尤其是汪精卫(1883—1944)和胡汉民(1879—1936),他们都是广东人,与孙氏十分亲近。其他主要的革命者倾向于走自己的意识形态道路。最关键的是,在 1906 年夏天,从上海监狱牢房中走出来的章炳麟抵达东京。章氏被视为革命英雄,并担任《民报》编辑,这赋予了革命者全新的知识火力。

到日本后不久,章氏就凭借手中的笔简明而精妙地阐释了"中华"一词。章氏坚称,与遥远的野蛮人族群不同的是,"华"这

---

① 对同盟会成立的全面探讨是 Bergère, *Sun Yat-sen*, chap. 4。

个独特的中国身份在历史上具有连贯性。[1] 这不是血统的绝对纯净，而是或多或少的自我意识的文化种族连续性。最终，满人的问题不是他们无法同化或他们的部落特质，而是尽管他们是少数民族，但他们对中国进行统治的政治主张。革命者的中心任务在于为中国人收回主权。

关于"共和"的概念，章氏阐述得并不多。有时，他对共和主义很乐观，但他更乐于倡导一种更加抽象的平等主义形式。他接受了民权，要求穷人有政治参与权（至少假定他们已经受过教育，这是他们的权利）。[2] 但是，就像他抵达东京时对革命家和学生的讲话一样，章氏的主要兴趣在于通过两个原则促进民族主义：国粹和佛教。第一个是国粹，它使人们对过去的成就感到普遍自豪。尽管革命会摧毁很多东西，但中国人仍可以以过去的英雄、思想和制度为基础。[3] 例如，传统的土地均等做法使贫富差距最小化。第二个是佛教，其鼓励平等主义，有助于团结不同阶级的华人。至少，如果正确理解，佛教能创造出采取行动、甚至为叛乱辩护的能力。[4] 章氏不接受基督教，认为基督教只适合野蛮人；他也不接受儒教（孔教），认为儒教充斥着贵族和官员的价值观，因而无法为人民所用。[5]

章氏对民主高度评价，认为这是一种平均主义。但他敏锐地对共和体制表示怀疑。他嘲笑了代表的概念，对卢梭的"共同意志"等概念更感兴趣。他抨击议会，理由是选举只会证实当今当

---

[1] 章太炎：《中华民国解》,《民报》第 15 号（1907 年 7 月 5 日）,第 1—17 页。
[2] 章太炎：《演说录》,《民报》第 6 号（1907 年 1 月 10 日）,第 11—12 页。
[3] 章太炎：《演说录》,《民报》第 6 号（1907 年 1 月 10 日）,第 9—15 页。
[4] 章太炎：《演说录》,《民报》第 6 号（1907 年 1 月 10 日）,第 6—9 页。
[5] 章太炎：《演说录》,《民报》第 6 号（1907 年 1 月 10 日）,第 4—6 页。

地掌权者的腐败。① 此外,要使任何形式的民主发挥作用,财产必须平等。因此,对于章氏能支持的那种民主而言,社会主义是必要条件。看来,章氏似乎把社会平均主义以及对资源和工业的国家所有权,作为民主制度不会扩大贫富之间、统治者和被统治者之间差距的唯一保证。

如果这可以被称为意识形态,那它最终就是对国家本身的颠覆。章氏于1907年写文章阐释了"五无论",他在文章的开头呼吁废除政府。章氏继续呼吁解散社区、人类、生物和世界。② 这里的逻辑可以称为佛教虚无主义。章氏说,政府天然地是压迫性的。它们缺乏自己的本性(用今天的术语来说,这可能是指他们是社会建构的)。但是,即使政府被废除,自然的人类团体仍然会引起斗争和新的权威。因此需要废除团体。但是,即使废除了团体,人类也是暴力的,并将重建团体。因此,必须废除生物上的生命,以免人类再次进化。诸如此类。回到我们的世界里,在讨论"国家"的一篇文章中,章氏认为,国家是偶然的,是出于必要而形成的,但绝不是自然现象。民族也是被"构想"出来的,但是章氏似乎仍然认

---

① 章太炎:《代议然否论》,《民报》第14号(1908年10月10日),第1—27页;《中华民国解》,第11—13页。后一篇文章以"中华民国的光辉"为标题,但并不完全清楚章氏的"民国"究竟指的是不是共和政体,尽管这已经成为该术语的公认含义;章氏的兴趣在于中华民族的演变,而不是国家的演变,他可能用民国来简单地指代中国对其人民的"复归"。

② 《五无论》,《民报》第16号(1907年7月25日),第1—22页。"无"在这里翻译传达出"否定"的同时,也让人联想到佛教的"空"概念,暗示章氏正在讨论幻想。这篇文章对政治理论本身提出了挑战。章氏首先坚持认为国家缺乏自性或任何本质的现实。另见章太炎:《国家论》,《民报》第17号(1907年10月24日),第1页。正如汪晖指出的,章氏关注的是"主权"作为民族的种族和文化财产,而并非领土国家,见 Wang Hui, "Zhang Taiyan's Concept of the Individual and Modern Chinese Identity", pp. 243 - 244。然而,我不能同意章氏的国家主权概念"完全是种族的,而不是政治的"——章氏不仅提倡集体公共行动,而且即使在攻击国家主义的同时,也不可避免地把集体生活的制度考虑到了他接受国家的程度。

为民族比国家更真实。的确，没有人比他为实现这个梦想而付出
更多的努力：历史中激增的种族和文化共性构成了民族的基础。
185　至少在这个世界上，章氏为民族主义乃至国家辩护。他认为，既然
民族国家实际上确实存在，那么所有民族都应该为自己免受外界
压迫而辩护。因此，他谴责无政府主义是肤浅的，是无休止的压
制，即使他自己的思想有时会走向无政府主义的方向。①

　　章氏不信任宪政：这既是因为它似乎是维持满人对中国主权
的一种方式，又是因为共和制度是使既得的私人利益巩固自己的
一种手段。宪政只不过是"封建主义"的伪装，而中国在两千年前
就放弃了封建制度。② 在这种情况下，宪政只会增加地方权力持
有者已经拥有的权力，尤其是没有自上而下的措施来确保财产被
平等持有。至于明治日本的成功，这不是因为它的宪法，而是因
为它的军国主义，这反映了日本封建制度的力量。③ 在中国进行
的许多讨论中都呼应了章氏对立宪制和地方自治原则的不信
任。④ 但至少在当今时代，就连章氏也无法提出替代宪政的建
议。然而，他的担心是有先见之明的。

　　大多数革命者无视了章氏对宪法秩序和代议制的怀疑。具
有讽刺意味的是，只有他十分鄙视的无政府主义者也参与揭露共
和主义，以此作为维护威权统治的一种手段。但总的来说，革命
者坚定地支持民主。革命者对君主制的批判与梁启超已经提出
的批判几乎没有什么不同。但是，当梁启超抨击革命思想和革命

① Zarrow, *Anarchism and Chinese Political Culture*, pp. 182 - 185.
② 章太炎：《政闻社员大会破坏状》，《民报》第 17 号(1907 年 10 月 24 日)，第 2—3 页；
　《代议然否论》，《民报》第 24 号(1908 年 10 月 10 日)，第 1 页。
③ 章太炎：《政闻社员大会破坏状》，《民报》第 17 号(1907 年 10 月 24 日)，第 7 页。
④ Juan Wang, "Imagining Citizenship", pp. 45 - 47.

者的道德品格,并且出来支持"开明的专制主义"时,革命者准备捍卫一场旨在创建共和国的革命。他们指出,如果梁启超担心共和革命可能是暴力的,那么,试图在顽固的朝廷中建立君主立宪制也可能是暴力的。① 真正的危险在于,如果不进行革命,中国将继续衰落。正是在推翻专制君主的过程中被唤醒的人民才能够保护这个国家。

革命者很少说明如何建立共和制度的细节。相反,他们致力于一种民主的诗学。胡汉民将同盟会的"共和政体"原则解释为 *186* "民权立宪政体"。② 胡氏认为,宪政民主可以建立在中国缺乏阶级区分的历史基础上。汉代时,贵族已被废除,因此建立民主将是一件容易的事。现在要做的就是摆脱满人。胡氏将美国视为榜样和警告,因为那里没有贵族,通往民主的道路放宽了,但是美国现在遭受了经济阶级分化的困扰。奇怪的是,胡氏认为中国甚至没有经济阶级。大概,他在想中国缺乏洛克菲勒和卡耐基一类的人物。③ 他确实意识到发展地主主义的危险,因为他谈到了土地国有化的必要性。其他革命者倾向于认为中国是一个无阶级社会。例如,章炳麟也持相似的观点,他强调了中国如何在早期抛弃封建制度的过程中消除了贵族与平民之间的区别。④ 无论如何,对于胡汉民来说,关键是中国已经准备好实行共和主义。汉人民族主义意

① 寄生(汪东):《论支那立宪必先以革命》,《民报》第 2 号(1905 年 11 月 26 日),第1—10 页。
② 胡汉民:《民报之六大主义》,《民报》第 3 号(1906 年 4 月 15 日),第 10 页。
③ 洛克菲勒(John D. Rockfeller,1839—1937),美国近代史上著名实业家和慈善家,1870年创办埃克森美孚公司(Exxon Mobil Corporation),1882 年成为美国历史上第一个托拉斯,被称为"石油大王"。卡耐基(Dale Carnegie,1888—1955),美国著名成人教育家,擅长用大量普通人不断努力取得成功的故事,通过演讲和书激励人们取得成功,代表作《人性的弱点》被称为继《圣经》之后出版史上第二大畅销书。——译者注
④ 章太炎:《代议然否论》,《民报》第 24 号(1908 年 10 月 15 日),第 1 页。

识和民主思想的存在就表明准备好了。如果像梁启超所说的那样,有必要通过开明的专制统治来提高大众水平,这在汉唐时期就已经发生了(胡氏没有解释为什么中国在一千年前没有成为民主国家)。

胡氏的乐观主义还取决于一种目的论,后者规定君主制的时代已经结束了。胡氏将他的"民主宪政"与贵族形式及大众民主作了对比。他将贵族制与君主立宪制相融合,批评了其在统治者与被统治者之间固有的鸿沟。但是,他拒绝了民权政体或纯粹民主,理由是它实际上等于"人民专制主义",与专制政体有同样的缺点。① 胡氏还把共和主义与无政府主义者的提议区分开来。他暗示,无政府主义者只对破坏感兴趣,而共和主义的思想代表了革命后对未来建设的明智计划。② 胡氏认为,中国人民也没有为无政府主义做好准备,尽管他没有遵循这种目的论,即有一天无政府主义可能会取代民主。

187　　汪精卫于1906年撰写了对共和主义或"民主宪法"的更实质性辩护,直接反驳了梁启超提倡的开明专制主义。③ 在对胡汉民的论点进行延伸时,汪氏的大部分文章都表明,革命是促成共和政体的现实手段:革命不必形成新的暴政形式。④ 实际上,根据汪氏的说法,只有一场革命,特别是一场"种族革命",才能带来任

---

① 胡汉民:《民报之六大主义》,《民报》第3号(1906年4月15日),第11页。
② 胡汉民:《民报之六大主义》,《民报》第3号(1906年4月15日),第9页。
③ 汪精卫:《驳新民丛报最近之非革命论》,《民报》第4号(1906年4月28日),第1—44页;汪精卫:《再驳新民丛报最近之非革命论》,《民报》第6号(1906年8月23日),第79—98页;汪精卫:《再驳新民丛报之政治革命论》,《民报》第7号(1906年9月5日),第33—62页。关于梁启超的"开明专制",参见第三章。
④ 在汪精卫看来,他不会像梁启超那样担心外国占领中国。汪氏基本上认为,革命(而且只有革命)会产生一个强大而稳定的政府,可以抵抗进一步的侵略。参见汪精卫:《驳革命可以召瓜分说》,《民报》第6号(1906年8月23日),第17—39页。

何种类的宪法秩序。① 在暗示这场种族革命也是共和党革命时，汪氏也宣称中国人民愿意采取民主做法。首先，他坚持认为民主、自由、平等和博爱是人性普遍本质的一部分。② 这是中国人与西方人共有的精神。各国在许多特定方面有所不同，中国的民主不一定要以西方国家的宪法形式为蓝本，但在本质上会与它们相似。其次，汪氏强调，"自尧舜时代起"，中国的政治传统就将人民作为国家的基础。汪氏并不是说中国在古代就已经实现了民主。相反，他认为，中国传统的政治神学将天堂的意志等同于确保人民的安全，就像西方坚持统治者对上帝的责任一样。换句话说，两者都是向民主过渡的阶段。汪氏和当时其他知识分子一样，看到了自三朝以来一种更加专制的趋势。他认为，正是由于王室在朝代更迭中发生了变化，中国人民才学会了不要将君主制与国家混为一谈；③直到今天，他们终于充分意识到自己的国家权利。

　　更具体地说，汪氏反对任何将君主视为主人的国家理论。他批评梁启超关于开明专制的观念，因为它会使满人掌握权力，而他们缺乏善治的能力。④ 同样，汪氏暗示，任何专制政体，无论设想得如何开明，都会使需要负起责任的人民婴儿化。⑤ 汪氏认为，从更广义的角度说，国家既不是由个人创造的工具，也不是植

---

① 汪精卫：《驳新民丛报最近之非革命论》，《民报》第 4 号（1906 年 4 月 28 日），第12—14 页。
② 汪精卫：《驳新民丛报最近之非革命论》，《民报》第 4 号（1906 年 4 月 28 日），第29—30 页。
③ 汪精卫：《驳新民丛报最近之非革命论》，《民报》第 4 号（1906 年 4 月 28 日），第31—32 页。
④ 汪精卫：《再驳新民丛报之政治革命论》，《民报》第 7 号（1906 年 9 月 5 日），第 44 页。
⑤ 汪精卫：《再驳新民丛报之政治革命论》，《民报》第 7 号（1906 年 9 月 5 日），第45—48 页。

188 根于自然的有机体。相反,国家表示集体意志,它是由个人意志形成的,但是一旦形成,就独立于个人意志而存在。① 总之,国家拥有自己的"人格"和宗义。如果"国家"是一个抽象概念,则它是指不能归纳为统治者的领土和人民的抽象化。在民主的情况下,国家也不能等同于其议会:它的内涵大于代表制。主权是国家(国权)的法律原则。从这个意义上说,国家是法人。②

汪氏只能在国家中找到主权,因为即使是把人民当成集体看,他们仍然是自然人,像君主一样受到限制。人民仍然不是统治的对象,而是"权利和义务的主体"。③ 在民主国家中,"人民作为一个整体"确实构成了最高管理机构,因此主权问题是一个抽象的问题。汪氏发现,议会在代表人民方面,站在社会的任何单一要素之上,追求的是全民利益。与梁启超的担忧相反,汪氏继承了德国君主主义者波伦哈克(Conrad Bornhak,1861—1944)的观点,声称代议制与君主制一样具有解决公民之间冲突的能力。议会的代表性质通过选举来保证。汪氏说,如果过去的选举制度产生的代表是私人或地方利益而不是公共利益的代表,现如今已不再是这种情况。④ 他的观点似乎是,近代议会本质上是国家机构。汪氏还指出,虽然真正受欢迎的全体人民大会可能适用于一个小国,但中国(和美国一样)太大了,无可避免采用代议制。⑤

---

① 汪精卫:《驳新民丛报最近之非革命论》,《民报》第 4 号(1906 年 4 月 28 日),第 8 页。

② 汪精卫:《再驳新民丛报之政治革命论》,《民报》第 7 号(1906 年 9 月 5 日),第 38—39 页。

③ 汪精卫:《驳新民丛报最近之非革命论》,《民报》第 4 号(1906 年 4 月 28 日),第 9、38 页。

④ 汪精卫:《驳新民丛报最近之非革命论》,《民报》第 4 号(1906 年 4 月 28 日),第 10—11 页。

⑤ 汪精卫:《再驳新民丛报最近之非革命论》,《民报》第 6 号(1906 年 8 月 23 日),第 89 页

汪氏坚称,例如在美国体系中,代表机构是建立在个人权利理论的基础上的,这一理论不同于卢梭的共同意志理论(与梁启超将二者混为一谈相对比)。汪氏认为,这并不是完全否认卢梭的观点,而是坚持认为一旦达成"社会契约"并且已经建立国家,就必须要有代表权。①

汪氏强调(与他的同伴章炳麟的观点相反),只有民主政体才能维持平等社会秩序。至少,汪氏强调,任何国家本身拥有主权的理论都与绝对君主制不相容。因为如果国家是主权国家,君主 *189* 最多只能是国家的一个机关。② 在汪氏看来,国家有些神秘。就他将人格归因于国家而言,这很像把国家当作有机体的观点。我们可以说,汪氏的国家只是一个拥有议会的民主组织,而不是由君主组成的国家。我们也许还可以说,汪氏相信选举制度能超越私人利益的想法是天真的。而实际上汪氏意识到了选举不公平和人为操纵的问题,尽管他能提出的最好的建议是谨慎地运用法律防止作弊。对于汪氏来说,主权是从全体人民的意志中产生的,在议会中具体化,并存在于国家内部。同时,汪氏认为,三权分立将阻止国家的任何单一机构独裁。③

汪氏转而借鉴的学者是德国法律学者耶利内克(Georg Jellinek,1851—1911),而不是伯伦知理或波伦哈克。④ 无论对

---

① 汪精卫:《再驳新民丛报最近之非革命论》,《民报》第 6 号(1906 年 8 月 23 日),第 97 页。
② 汪精卫:《再驳新民丛报最近之非革命论》,《民报》第 6 号(1906 年 8 月 23 日),第 84 页。
③ 汪精卫:《再驳新民丛报之政治革命论》,《民报》第 7 号(1906 年 9 月 5 日),第 33—37 页。汪氏否认三权分立对国家主权(国权)构成威胁,认为这只是划分了行使主权(即国家权力)的官员们。
④ 关于这场德国辩论的背景,参见 Koskenniemi, *The Gentle Civilizer of Nations*, chap. 3; Kelly, "Revisiting the Rights of Man"。

错，汪氏从耶利内克那里得到的观念完全不是以人权的名义限制国家的必要性。在 1906 年和 1907 年的文章中，汪氏不再强调那个时期大部分著作的目的论要点。他谈到"制度"(选举和议会)和"精神"(对自由、平等和博爱的近乎天生的普遍感觉)。这些观点实际上与梁启超在转向保守之前的观点有很多共通之处，并且可能直接受到了梁启超的影响，以及他对西方政治理论的阅读。汪氏本质上是在使用梁氏民主的一面来攻击其专制的一面。汪氏本人抱怨很难反驳梁启超的论点，这不仅是因为梁启超的观点发生了变化(正如梁氏自己所承认的那样)，而且还因为梁启超没有始终坚持任何特定的思想流派。[①] 汪氏没有想到的是，他和梁启超都在使用对中国政治传统而言完全陌生的词汇和知识体系，以至于概念上的失误是不可避免的。选举和议会的基本概念很明确，但要说"法人"和"国家人格"就像是只能参考最粗略的地图来穿越新大陆。这类探索者中还有宋教仁。

190

作为个人的政治

宋教仁(1882—1913)在湖南长大，在那里接受了传统教育。1904 年革命计划失败后，他逃往日本，并于 1905 年成为同盟会的创始人之一。他已从当地的学生活动家转变为与各省交往的忠实革命者。在许多方面，无论是在这种转变中还是他在个人生活中经历的压力，他都被视为他这一代人的代表。不过，他不寻常的日记使我们能够探索政治与个人之间的联系，这是我们无法

[①] 汪精卫：《驳新民丛报最近之非革命论》，《民报》第 4 号(1906 年 4 月 28 日)，第 39—43 页。(汪精卫也不太看好梁启超的日文。)

从其他学生革命者那里获取的。①

清末知识分子所承受的压力是无法估量的。政权在他们眼前崩溃了。自封为爱国者的人们不断感到沮丧,因为清政府不支持他们的排外抗议活动,例如 1903 年反对俄国拒绝离开中国东北地区或者 1906 年反对种族主义的美国移民法。然而,王朝被证明是经久不衰的,幸免于一次次冲击。在革命学生中,绝望、怨恨和愤怒交织在一起。他们当中有人自杀。例如,学生革命家陈天华于 1905 年跳入海中,其原因尚不完全清楚,但与他呼吁学生表现出更强的爱国主义精神有关。曾有人尝试自杀,例如年龄较大的激进分子吴稚晖在 1902 年从东京被驱逐出境时。曾发生过暗杀和尝试暗杀清官的事件,目的是发动叛乱。革命者准备炸弹的过程中,有时会炸到自己。人们还记得谭嗣同的殉难。同时,许多学生面临经济压力和前途未卜的现实。那些在国外学习的人需要学习一门外语,他们被当地的孩子们取笑,并要承受文化冲击。

我并非要把革命家或革命者归于病态,而是要提出与改良派一样的想法,即心理因素和智力工作不能分开。正如石静远(Jing Tsu)提出的那样,在中国知识分子中,挫败感或普遍的“失败”成为身份形成的关键因素。② 国家因此成为知识分子的渴望对象。即使他们的羞辱感使他们具有了自我批评和代理的新能

---

① 宋教仁:《我之历史》。以下注释将按日记写作日期(年月日),以及原始卷和页码。宋教仁写作了一本日记,记录他从 1907 年抵达日本后的访日经历。1919 年他去世后出版了一个删节版,我们可以推测他不是为了出版而写的。宋教仁记录了他的情绪起伏以及偶尔的想法。权威传记可参见 K. S. Liew(刘吉祥),*Struggle for Democracy*;Price, "Escape from Disillusionment";Price, "Constitutional Alternative and Democracy in the Revolution of 1911"。

② Jing Tsu, *Failure, Nationalism, and Literature*.

191　力，但也可能使他们陷入对失败的需要。失败带来了乌托邦式的希望，希望增强了抵抗能力，焦虑是它们相互作用的自然结果。正如李海燕指出的那样，更笼统地说，清朝最后十年的许多文学作品的极端感性反映了私人和公共领域新的互相渗透。[1] 这种小说的读者及其作者形成了一种团体，在这种团体中，情感表达成为个人身份以及个人之间联系的基础。如上文所述，激进和保守的政治文学都充斥着痛苦的"哀叹"。

受过良好教育的中国年轻人采用近代民族身份时，他们真的感觉对中国的侮辱就是对自己的侮辱。正如费约翰最近指出的那样，对民族尊严的追求同时也是对个人尊严的追求。[2] "承认政治"适用于个人和国家。我们可以进一步延伸：建立这种联系的动力是在个人心理水平上起作用的。当然，晚清的中国学生经常（并非总是）经历一种堕落感带来的压力。"奴隶的奴隶"这个说法不但会让人感到被针对，能煽动叛乱，还描述了一种令人沮丧的状况。学生经历了两种并列的环境：中国（落后、奴隶制、被压迫）与西方（先进、自由和压迫）对立，以及中国的现实与空想主义的对立。想象一个没有"边界"的未来很容易，那里的所有人都是平等和自由的，甚至废除了劳力，但很难确定正确的行动方针。

举个例子，宋教仁敏锐地察觉到流亡海外的距离。在日本待了将近一年之后，宋氏收到家人来信，告诉他他出事 3 个月后祖母去世的消息。宋氏记录说他的不孝行为让上天知道了。[3] 1906 年春天，另一封给宋氏的家书谈到了他母亲的爱和对他的

---

[1] Haiyan Lee(李海燕)，"All the Feelings That Are Fit to Print".

[2] Fitzgerald，"Nationalism，Democracy，and Dignity in Twentieth-Century China".

[3] 宋教仁：《我之历史》，1905 年 9 月 13 日，第 2 卷，第 35b 页，

期待,这使他想起了他对母亲的爱。[1] 但他还是回复说,他的家人需要记住为什么他必须先流亡。到了夏天,他的妻子写信敦促他返回家乡,他因忧郁症入院(这是一种神经衰弱,下文会讲到)。[2] 宋氏对妻子不抱任何感情,因此下定决心要早日康复。但是,当他的哥哥写信要求他汇款或回家时,他注意到一家人已经卖掉土地并典当了他们的衣服,母亲很想念他,宋氏讲述了他有多么悲伤。[3] 他沮丧地哭泣,希望自己能赶回家,希望自己有钱寄回去。但是他实际上什么也没做。直到 1906 年下半年,宋氏才答应返回家乡,尽管只是短暂逗留。他给母亲写了一封长信,强调必须完成学业,即留在日本。[4] 这封信显示他的家人们正面临着各种问题,他们试图以此去影响宋教仁。他敦促母亲通过用耻辱感而不是责骂来纠正他的兄弟,他的小妹妹应该解开双脚并继续她的学业,并且嫁给一个受过教育的男人,而不一定要嫁给有钱的男人。

　　总体而言,尚不清楚宋教仁与他的家人甚至他的母亲的关系是否特别亲近。他没有遵守 1907 年初拜访他们的诺言,而是去了东北,去那里煽动革命。他是小儿子,但他的哥哥似乎很不负责任,可以说宋教仁没有很好地履行孝道。宋氏通过愧疚表达了强烈的孝顺。但最终,宋氏的忠诚是对国家的忠诚,而不是他的家人。他在住院期间,写了一首流亡诗。"在四堵墙内,昆虫急切地鸣叫/孤独地靠着灯,寒冷的夜雨/我自己,在忧郁中/我的祖

----

① 宋教仁:《我之历史》,1906 年 3 月 14 日,第 3 卷,第 20a—20b 页。
② 宋教仁:《我之历史》,1906 年 8 月 20 日,第 4 卷,第 13a 页。
③ 宋教仁:《我之历史》,1906 年 9 月 26 日,第 4 卷,第 35b 页。
④ 宋教仁:《我之历史》,1906 年 10 月 1 日,第 5 卷,第 1 页。

国，梦里相见。"①

　　宋氏并不是同盟会最伟大的宣传家之一，但他是东京最清醒、最有经验的激进主义者之一，他是在高度派系化的中国革命者世界中建立联盟的人。他也是一个浪漫的人，他的笔名来自《水浒传》②，他把自己比作那些为人类利益而牺牲自己的古人，他容易哭泣，并和古人一样，在自我完善道德和革命事业上努力工作直到倒下。③　然而，同样值得一提的是，宋氏是一位不知疲倦的游客，即使在逃亡途中，也随时准备欣赏美景。④　若非作为康有为阵营中的一位旅行者，宋氏仍会喜欢看木偶戏、去书店、享受城镇生活的波澜起伏，而且一旦在日本是安全的，便会偶尔去郊游。宋氏没有在自己的日记中假装说他是个一心一意、没有任何自我怀疑的英雄。相反，他承认自己有思乡病，甚至有重度抑郁。1906 年 8 月 19 日至 11 月 4 日，他因"神经失调"而住院。他渴望革命同志情谊，历史上的骑士和《水浒传》为其提供了榜样。⑤　宋氏还从事艰苦的自我教育计划，广泛学习历史和哲学、政治理论（社会主义）、心理学和军事事务，并研究了日语。（在医院里，他还读了《红楼梦》和侦探小说。）宋氏目睹了日本在日俄战争中的爱国主义，并指出公共仪式甚至

---

① 宋教仁：《我之历史》，1906 年 10 月 5 日，第 5 卷，第 3b 页。

② 英文译名有 *The Water Margin*，*Outlaws of the Marsh*，*All Men Are Brothers*，*The Marshes of Mount Liang*。

③ 宋教仁多次提到他正在阅读《水浒传》（宋教仁：《我之历史》，1904 年 11 月 3 日，第 1 卷，第 6b 页），后来又被吴樾和陈天华的英勇牺牲感动落泪（宋教仁：《我之历史》，1906 年 9 月 6 日，第 4 卷，第 24a 页）。

④ 宋教仁：《我之历史》，1904 年 10 月 4—5 日，第 1 卷，第 2b—3a 页。

⑤ 宋教仁：《我之历史》，1904 年 9 月 9 日，第 1 卷，第 3b—4a 页；1904 年 11 月 3 日，第 1 卷，第 6b 页。

是木偶戏等流行娱乐活动如何促进了这种爱国主义。① 他还提到了 1905 年俄国革命,感叹中国人缺乏俄国人民的共同精神。② 他记录了对日本人的崇高敬意,甚至日本的狱卒似乎也很有道德。③

与梁启超一样,宋教仁认为在学术或政治成就之外,道德修养也很重要。跟梁氏一样,宋氏认为朋友之间的相互批评是自我修养的关键。以《明儒学案》记载的薛敬轩为例,宋氏立志保留下自己的读书记录,以便随后用日记编成读书札记。④ 他认为,要遵循这条道路,一个人需要控制自我(克己)并同情他人。一个人的行为必须以人性、正义、礼节和智慧为基础。"当一个人完全按照上天的规律(天则)行事时,道路就出现了。"1906 年初,宋氏正在读王阳明的《传习录》,他将其视为"入门"的指南。⑤ 宋氏对"立志"尤其感兴趣,基于王阳明的先天良知,这是证明革命行动合理的关键概念。宋氏告诉他的朋友们,如果他们知道自己的意愿,那么其他所有人都会效仿。⑥ 宋氏的日记中也有一种感觉,他以王阳明为榜样,而王阳明毕竟是一位行动者,也是一位哲学家。至少,王阳明的贤哲模式在创造导致 19 世纪 60 年代日本明治维新的革命力量方面具有很大影响力,帮助宋氏建立了自己的革命个性。

------

① 宋教仁:《我之历史》,1905 年 1 月 1 日,第 2 卷,第 1a 页。
② 宋教仁:《我之历史》,1905 年 1 月 15 日,第 2 卷,第 2b—3a 页。
③ 宋教仁:《我之历史》,1906 年 8 月 16 日,第 4 卷,第 12a—b 页。
④ 宋教仁:《我之历史》,1906 年 1 月 11 日,第 3 卷,第 3a 页。薛敬轩(1389—1464)是明初的著名学者,程朱理学的追随者。《明儒学案》是黄宗羲的以传记为基础的明代思想史。
⑤ 宋教仁:《我之历史》,1906 年 1 月 22—27 日,第 3 卷,第 5a—6b 页。《传习录》包含了王阳明对其弟子的教导和他"心学"的概括。
⑥ 宋教仁:《我之历史》,1905 年 9 月 9 日,第 2 卷,第 24b—35a 页。

在日记中阐明自己想法的时候,宋教仁紧随着王阳明的思想。[1] 在这里,我们不关心宋氏是否正确理解了王阳明,也不关心将一些随意的日记文字转变为一种哲学。但我们可以看到宋氏认为哪些想法令人兴奋并且有用。宋氏认为他以成熟的王阳明为基础,以格物致知的圣贤之道为基础,这是建立在一个人自身充分天性的基础上的(与王氏早年研究外部世界事物规律的做法相反)。然而,宋氏想要统一的视野,既涵盖心智,也涵盖圣人的做法,以及一种涵盖所有事物的研究形式。他似乎感觉到王氏并没有提供确切的办法。无论如何,在他自己包含一切的版本中,宋氏发现了两个组成部分:知和物。知是指对精神内容的学习。物指的是物质事物的学习。调查在于调查对象,而到达则在于到达对象。这些谈到物的内容似乎暗示着宋氏正重新转向哲学家朱熹,但宋氏指责朱熹过分将知与理分开。在宋氏看来,朱熹和王阳明都没有像孔子那样懂得如何运用理,他也不满足于说思想仅仅是理。[2] 最后,对我(甚至对宋氏自己)来说,尚不清楚宋氏的形而上学是什么、是如何从程朱和王阳明的传统理念中衍生出来的。很明显,宋氏得出的结论是,人类的道德进化迄今尚未达到最高点,而造成这种现象的原因至少有一个是未能理解知和物的重要性。宋氏说,这种失败体现在自三朝以来的整个中国思想史上。由于真理和人道仍然不完整,我们就像哥伦布发现新大陆之前的世界。

对宋氏而言,王阳明通过他自己的"知"为真正的理解提供了最好的切入点。尽管他没有说清楚,但我怀疑,宋氏发现王阳明

---

[1] 宋教仁:《我之历史》,1906年2月13日,第3卷,第11a—b页。

[2] 宋教仁:《我之历史》,1906年3月26日,第3卷,第23b—24a页。

的理念在解决革命者面临的特定道德问题方面很有用。也就是说，什么理由可以让他们的暴力行为变得合理，以及他们如何知道自己是对的。宋氏一定很熟悉梁启超对革命者不成熟且虚伪的批评。对宋氏来说，这个问题的认识论方面被包含在实践的道德中。这是因为通过（儒家的）慎独和克己，人们可以学会信任自己意志的正义性。[1] 在宋氏高度传统的术语中，通过内省和自我控制，人们可以学会区分什么是天理和人欲。[2] 革命者需要确保他们不会将公共利益与他们的私人欲望混淆。在给朋友的一封信中，宋氏曾将国家定义为由个人组成的国家。因此，个人需要具备创造国家的资格，换句话说，就是成为公民。对宋氏而言，核心观念是需要完全掌握为人之道，其中包括爱国主义，还包括思想、道德、知识和能力。[3]

　　提高自我修养并不能解决宋氏内心的冲突。有可能，他在自我修养方面的努力甚至加强了这些冲突，因为除了最自鸣得意的人外，自我修养的整个过程必定引起人们每天对自我的不满。[4] 像梁启超一样，宋氏放弃了对外国女人的爱，追求自己的政治事业。[5] 宋氏跟他的朋友们激烈地讨论了他的恋情，后者不赞成，最后还提醒他一念成佛、一念成魔。宋氏出院后继续从事革命工作。

---

① 宋教仁：《我之历史》，1906 年 2 月 14—18 日，第 3 卷，第 11b—12b 页。

② 宋教仁：《我之历史》，1906 年 2 月 21 日，第 3 卷，第 13a—b 页。

③ 宋教仁：《我之历史》，1906 年 5 月 21 日，第 3 卷，第 32b 页。

④ 宋教仁跟他的私人朋友李和生之间复杂而痛苦的冲突可能是导致他住院的一个主要因素，参见《我之历史》的各种参考资料，1906 年 3 月和 6 月至 8 月。

⑤ 梁启超爱上了他 1900 年在夏威夷遇到的一个华裔美国人，参见丁文江编：《梁任公先生年谱长编初稿》，第 136 页。在宋教仁这里，他对一个日本女人的爱可能是导致他住院的一个因素，参见宋教仁：《我之历史》，1906 年 3 月 14 日，第 3 卷，第 20a—b 页；《我之历史》，1906 年 3 月 26 日，第 3 卷，第 23b 页；《我之历史》，1906 年 3 月 19 日，第 3 卷，第 21b—22a 页。

权利、公民权、社会主义

对公民身份的革命性理解将改良主义者的观点推向了其逻辑上的政治结论。"权利""天赋人权"和"人权"并不是 20 世纪后期自由话语中的王牌价值观，但是它们对清末关于民与国之间关系的思考是不可或缺的。① 奴隶制无处不在的说法是基于有权利的公民与"奴隶"之间的区别，他们是君主的臣民。人权对于邹容等人的革命公义至关重要。实际上，它们几乎是基础：

196

> 每个人都应该了解平等和自由的原则。出生时，没有谁没有自由和平等。一开始既没有统治者，也没有臣民……后人对此原则一无所知。一旦他们掌握了权力，无数的叛徒、暴君和小偷便垄断了属于普通百姓的财产，并使其成为其家庭和氏族的私有财产。他们称自己为统治者和皇帝，这样帝国中没有人是平等和自由的……因此，今天我们的同胞革命应该驱逐统治我们的外国种族，并消灭专制君主，以恢复我们的自然权利(天赋人民)。②

然而，在大多数情况下，"人权"指的是公民的权利，而不是抽象的人类权利。因此，人权概念的作用是使公民身份自然转化为政治参与。革命者不分青红皂白地反对专制君主制，谈到了个人权利、自然权利和政治权利。早在 1901 年的东京，一本短暂出现过的激进期刊上发表的关于"公民"的匿名文章，就将共和主义定

---

① 关于此主题的更详细的考察，参见 Zarrow, "Anti-Despotism and 'Rights Talk'"。
② 邹容：《革命军》，第 29 页。Angle and Svensson, eds., *The Chinese Human Rights Reader*, pp. 32 - 33.

义为权利,而非程序制度。[1] 由于国家建立在人民的基础上,君王并不是必须存在的。但是要形成一个国家,人民必须是公民而不是奴隶。奴隶只关心自己和家人,但是公民拥有权利、责任、自由、平等和独立。权利是天然的,包括个人自由和政治参与。但是特别地,公民的"真正权利"是"不能被暴君压制,不能被残酷的官员侵犯,不能被父母拒绝,不能被揣测"。[2] 国家依靠有权利的公民,但是公民必须准备维护自己的权利,(作者暗示)哪怕是反对国家。维护自身权利的能力使人成为公民。此外,作者将自由定义为不受压迫的自由,以君主制和帝国主义两种形式出现。法国代表脱离君主制的压迫,而美国代表脱离殖民主义的压迫。只有通过革命性的突破,法国人和美国人才成为公民。那么,要成为公民,中国人需要做什么呢?

> 我们必须首先摆脱对数千年专制习俗、思想、道德教育和学习的压迫。"自由的形式"在于摆脱君主制和帝国主义,而"自由的精神"则在于摆脱古代习俗、思想、道德教育和学习。[3]

至于平等,可以在最原始的"天"中看到,它完全没有等级制度。作者主张,不平等仅仅是暴力造成的,平等与权利密不可分。在公民眼中,统治者和被统治者没有区别。特别是妇女和工人,他们也拥有这种公民权,并且作者抨击当时社会剥夺了农民的权

---

①《说国民》,《辛亥革命前十年间时论选集》第一卷上册,第72—77页。Angle and Svensson, eds., *The Chinese Human Rights Reader*, pp. 3-5.

②《说国民》,《辛亥革命前十年间时论选集》第一卷上册,第72—73页。Angle and Svensson, eds., *The Chinese Human Rights Reader*, p. 4.

③《说国民》,《辛亥革命前十年间时论选集》第一卷上册,第73页。Angle and Svensson, eds., *The Chinese Human Rights Reader*, p. 4.

利：被官员压迫，被地主剥削，被罪犯虐待。国家的关键作用是用法律支持权利。"总而言之，公民的权利必须通过宪法规定来确立；只有到那时，它们才能被称为权利。"①

按照这种观点，对权利的主张首先是通过革命提出的，然后是通过习惯养成的。刘师培是倡导这种"革命权利"思想的关键人物，尽管他并不完全是共和主义者。② 在他1905年的道德教科书中，刘氏将权利阐述为一种合法的不应威胁社会团结的个人利益形式。③ 刘氏反对三纲，因为其限制个人自由，但"权利"植根于自然欲望，而人类最终是社会人，权利与义务紧密相关。刘氏用儒家的语言表示："如果一个人可以将自己的利益扩展到他人(同理心)，那么公私之间的界限就会消失。"④尽管使用了儒家语言，但刘氏引用卢梭的共同意志概念来阐释其含义。权利和义务都源于人类的社会本质，但是找到精确的平衡很重要："一个人的自由不能超越另一个人的自由。"⑤

1907年，刘氏转向无政府共产主义，原因尚不完全清楚。他可能在无政府主义中看到了一种调和个人权利与社会平等之间的紧张关系的方法。一场纯粹的民族或种族革命威胁要建立新的等级制度，或者正如康有为所说的那样，建立"边界"。刘氏力求通过平等的权利将个人纳入社会。刘氏认为权利和个人自治只能互相作用，他用逻辑从其观念中导出了平等。他理解个体之

198

①《说国民》，《辛亥革命前十年间时论选集》第一卷上册，第76页。
② Fang-yen Yang, "Nation, People, Anarchy", pp. 233 - 249; Zarrow, "Citizenship and Human Rights in Early Twentieth-Century Chinese Thought", pp. 213 - 218; Angle, *Human Rights and Chinese Thought*, pp. 162 - 175.
③ 刘师培：《伦理教科书》，《刘师培全集》第4册，第123—170页。
④ 刘师培：《中国民约精义》，《刘师培全集》第1册，第566页。
⑤ 刘师培：《伦理教科书》，《刘师培全集》第4册，第137页。

间总是相互联系的：没有绝对的自主权。相反，将自治应用于整个人类时，就带来了平等。

> 人类具有三项基本权利：平等，独立和自由。平等包括每个人享有相同的权利和义务；独立既不奴役他人也不依赖他人。自由包括不受他人控制或奴役。我们认为这三项权利是自然的(天赋)。独立和自由将个人视为基本单位；平等必须从全人类的角度考虑……独立是维持平等的要素。但是，由于过度行使一个人的自由与另一个人的自由相冲突，并且由于一个人的自由往往与平等的总体目标相冲突，因此必须限制个人自由。①

我们可以称之为清末无政府主义运动的社会意识与共和主义革命者的民族意识有很多共通之处(这当然是由梁启超大力提倡的)。也就是说，至少对刘氏来说，自由只是三项基本人权之一。这三项权利不仅彼此之间处于紧张状态，而且相互支持。平等通过结束一切形式的人类压迫来保证自由和独立。因此，刘氏的未来无政府主义者的乌托邦愿景始于义务而不是权利，即通过生产为社会做出贡献的义务，所有人都应平等地为之做出贡献。② 这样的社会中不会有资本家和工人之分，更不用说统治者和平民了，因此就不存在压迫。对于所有人而言，"权利和义务将是平等的"。③ 刘氏构想的乌托邦要求所有人都应该劳动，他还有技术方面的信念，即机器将减轻负担并提高产量。但是在无政

---

① 刘师培：《无政府主义之平等观》，《辛亥革命前十年间时论选集》第二卷下册，第918页。参见石川洋：《平等と嫉忌心》。
② 申叔：《人类均力说》，《天义报》第3期(1907年7月10日)，第24—36页。
③ 申叔：《人类均力说》，《天义报》第3期(1907年7月10日)，第30页。

府主义者的想象中以及在共和主义的定义中，义务与权利是分不开的。

1903 年的一篇有关"权利"的匿名文章的开头攻击了邪恶专制者对"所有人共有的权力"的没收和私有化。[1] 作者将这种专制主义称为私有化，将儒家的礼仪作为专制主义的基础。礼仪，即统治者和臣民、上级和下级、父母与子女等之间的等级制度，是中国软弱的根本原因。但是，正是"权利思想"可以在该国人民学会捍卫自己权利的同时营救国家。权利是自然的，侵犯人权是不合法的。权利完善了人性。作者不禁要承认，对权利的镇压已经成为生活中的事实，尽管这似乎需要不断的努力。因此，主张权利也需要斗争……作者的社会达尔文主义将争取权利的斗争与争取国家存续的斗争以及一种自然的、永无止境的竞争联系在一起。在权利意识中，人类偏爱自治、平等以及融合的基础：家庭、社会和国家的创造。人与人之间的真正合作只能在允许公民充分热情参与的人与人平等的基础上进行；同时，公民认识到其义务的合法性，包括参与政治的义务。

尽管有这种革命性的言论，但认为权利是完全天然的，并且以某种方式自我合法化的观点难以维持。然而，即使在法律实证主义的虚弱形式中，权利也暗示着国家戏剧性的重新概念化。例如，在《法律学》中，杨廷栋似乎在源于法律的权利定义与植根于事物自然顺序的定义之间陷入了困境。[2] 同样，早在 1902 年，梁

---

[1] 《权利篇》，《辛亥革命前十年间时论选集》第一卷上册，第 479—484 页(最初载于《直说》第 2 期，1903 年 3 月)。全文英文翻译参见 Angle and Svensson, eds., *The Chinese Human Rights Reader*, pp. 15-23。《直说》是 1903 年拒俄运动最激烈的时候，由直隶学生在日本创办的存在时间很短的杂志。参见王晓秋：《直说》，载于丁守和编：《辛亥革命时期期刊介绍》第 1 册，第 259—268 页。

[2] 杨廷栋：《法律学》，第 60—61 页。参见第三章。

启超就舍弃了他以前对天然权利的幼稚信念,而如今却相信了一个更为复杂的概念。第一,权利源自国家(它们不是天然的,也不是属于个人的宇宙赋予的财产)。但是,第二,权利意识是人类的天性。[1] 梁氏认为,"天"赋予我们捍卫和维护自己的能力,这种能力构成一种权利。从这个意义上讲,权利与对权力的天然渴望有关,人类必须维护自己的权利,不然就成为奴隶。因此,对权利的渴望或权利意识完全是天然的。因此,梁氏从来没有减少法律或武力的权利。正如安靖如(Stephen Angle)指出的那样,梁氏仍然从围绕整个人的发展这一道德层面思考。[2] 然而,梁启超教导说,人不应该期望不付出任何代价,就能被赐予权利;人们不得不为自己的权利而战。的确,鉴于梁启超的社会达尔文主义前提,争取个人权利具有规范的价值:这就是取得进展的方式。然后,梁氏不得不解释说权利意识的失败实际上实现了世界上的许多进步。

> 如果人们观察被摧毁的国家的历史,无论是东方的还是西方的,古代的还是近代的,人们就会发现,一开始,总是有少数人抵制专制主义和寻求自由。政府一次又一次地试图摧毁它们,并逐渐变得越来越弱,直到最终他们对权利意识的最初热情越来越受到政府的控制并逐渐减弱,以至于失去了恢复的希望,人们只是采取行动。政府的控制是理所当然的。在这种情况恶化了几十年和几个世纪之后,所有权利意

---

[1] 梁启超:《论权利思想》,《饮冰室合集》专集第 4 册,第 31—40 页。另见 Angle and Svensson, eds., *The Chinese Human Rights Reader*, pp. 5 - 15. 在将"思想"用于泛指一般意识方面,我延续的是 Angle, *Human Rights and Chinese Thought*, pp. 141 - 162.

[2] Angle, *Human Rights and Chinese Thought*, pp. 150 - 157.

识已完全消失。这当然是由于人们的弱点造成的：那么如何避免政府的犯罪呢？……公民是由个人组成的。国家权利（国权）是由个人权利的分组组成的。①

梁启超并不认为因为专制主义集中了权力，所以它是不道德的，他认为原因在于它抑制了斗争并因此阻碍了进步。人民通过争取权利的斗争来使自身变得强大，从而建立一个强大的国家。梁启超的国家主义日益增强，并不意味着他对政府的善抱有任何期待。

晚清时期，从思考个人、群体、社会、国家和国家的权利到思考社会主义，并不算迈出了一大步。社会主义，也是描述近代民族国家的全面计划的一个内在组成部分。正如我们所看到的，章炳麟将社会主义视为平等国家的必要条件，刘师培则相信共产主义形式的无政府主义，同盟会则支持土地平均分配。但是，大多数清末知识分子并不认为社会主义意味着废除所有私有财产。相反，社会主义思想包括对经济平等以及国家的资源和工业发展的普遍关注。

就像本书中讨论的其他"主义"一样，社会主义是通过翻译传到中国的。西方对社会主义的最早描述是由希望介绍西方政治状态的传教士撰写的。② 从 19 世纪 70 年代开始，他们传达了当时在欧洲传播的各种社会改革建议，包括基督教的社会主义。但是，这些对西方的描述往往是粗略的，身处自强运动中的中国改革派对其不感兴趣。从长远来看，更重要的是日

① 梁启超：《论权利思想》，《饮冰室合集》专集第 4 册，第 38—39 页。Angle and Svensson, eds., *The Chinese Human Rights Reader*, p. 13.
② 姜义华：《社会主义学说在中国的初期传播》。

本,那里的中国学生和政治流亡者发现了充满生机和知识力量的社会主义运动。到1903年,许多有关社会主义的日本书籍被翻译成中文。① 术语"社会主义"是日语新词,源自"shakai"(社会)。的确,关于"社会主义"的讨论的一个具体结果是普及了"社会"的概念。严复曾用"群"这个词来翻译英语的"society"(社会),梁启超的早期著作也紧随严氏之后。但是,尽管西方的"社会"概念是指以有条理的方式将人类关系、机构和文化的整体联系在一起,但在19世纪90年代后期,中国知识分子将"群"更多地看作是与团结的概念紧密相关的动态过程——一个既自然形成又需要后期发展的目标。② 引入"社会"一词的时机使它具有明显的有机和分析意味。由独特但又完整的部分组成的有机体必须足够强大才能在达尔文主义的世界中生存。在这种情况下,社会主义的吸引力之一就是它能够增强人民的力量。在无政府主义者圈子之外,"社会"通常是指民族国家,而社会主义似乎常常是其自然的伴随物。

学者指出,社会主义是作为一种发展的方式传入中国的。③但是,社会主义的平等主义主旨本身也是一种道德价值。知识分子自然地用古典和近代中国思想来对待社会主义——儒家和佛教的批判概念是大同、井田制、均和平等。"平等"最初是佛教上的概念,在清末政治言论中的作用类似于新词。在世纪

---

① Bernal, *Chinese Socialism to 1907*, pp. 94 – 99；Yu-ning Li(李又宁), *The Introduction of Socialism into China*, pp. 12 – 13.

② Fan-shen Wang, "Evolving Prescriptions for Social Life in the Late Qing and Early Republic"；Michael Tsin, "Imagining 'Society' in Early Twentieth-Century China".

③ Dirlik(德里克), "Socialism and Capitalism in Chinese Socialist Thinking：The Origins", in his *Marxism in the Chinese Revolution*, pp. 17 – 44；Scalapino(斯卡拉皮诺) and Schiffrin(史扶邻), "Early Socialist Currents in the Chinese Revolutionary Movement".

202 之交,社会主义的 3 个概念迅速出现:作为一种防止西式混乱和阶级斗争的手段;作为国民经济发展的手段;作为平等的道德力量。到 20 世纪初,很少有知识分子没有意识到西方的巨大社会冲突。贫富之间的巨大鸿沟不仅在道德上令人不安,而且似乎引起了社会动荡。以严复为例,他不仅描述了西方社会日益扩大的贫富差距,而且描述了其政治后果。他警告说,这包含了对君主制的攻击以及普遍的焦虑和抗议精神。[1] 中国知识分子不仅观察到了工业资本主义的成果,而且逐渐熟悉了西方自己的社会批评。但是,对社会和社会主义的关注不仅仅是工具性的。在更深层次上,它反映了政治近代性的逻辑。晚清知识分子了解到,近代国家要想有共同的群体生活,一定程度的平等是必要的。

社会主义是清末对传统等级制度的攻击,以建立新的中国主体性。然而,"社会革命"并不一定全都是革命性的。以孙中山为例,这是他的三项基本原则中的第三项,也是最后一条。辛亥革命之后,革命者寻求商人和士绅的支持,使得这一点变得很明显。从定义上讲,政治革命是暴力的,但大多数革命者似乎都认为,随着新国家的建立,"社会革命"将是渐进的,并与建立新的经济体制有关。社会主义将使中国摆脱困扰先进西方国家的社会动荡。虽然胡汉民谈到了土地国有制,但他对如何实现这件事没有多说。[2] 多年来,孙中山及其支持者对全面土地国有化的承诺始终在变化。他们接受了美国社会主义者亨利·乔治(Henry George)的分析,认为土地是不应由个人控制的自然资源。乔治

---

[1] 严复:《原强》,《严复合集》第 1 册,第 59 页。
[2] 胡汉民:《民报之六大主义》,《民报》第 3 号(1906 年 4 月 15 日),第 11—14 页。

认为,土地所有者的利润是非法的,因为它们的利润不是来自土地所有者的努力,而是来自公共投资。乔治格外关心美国城市周边土地价格的显著增长,认为应当对其征税。孙中山有时把乔治的"单一税"(single tax)当做他自己"民生"观念的唯一答案。但是,随着 1905 年同盟会的成立以及后来的几年,革命者主张对土地进行完全国有化。他们这样做的理由是,这既对于国家发展是 *203* 必要的,而且也是基于社会正义的。

也许"民生"一词由于具有针对弱势群体的家长式政策的经典寓意,听起来比"社会主义"更容易接受。然而,民生的概念在清末被广泛地等同于社会主义。① 革命者们还谈到了"均贫富"。如我们所见,很少有革命者认为当时的中国遭受阶级分裂之苦,他们认为随着两千年前封建制度的瓦解,这种分裂在很大程度上已经消失了。但是他们明确地意识到了阶级冲突会破坏民族团结的潜在可能性。对胡汉民来说,社会主义是未来:在经济阶级已经成为主要问题的发达国家中,社会主义正在发展。先进的民主国家能够为全体人民谋求社会主义措施。中国不是那么先进,但是它仍然愿意将一种形式的社会主义付诸实践,即土地国有化。胡氏认为,土地国有化特别适合中国,因为中国在井田制方面具有长期经验。那么,有了这些先例,中国的社会主义发展就可以从土地开始。胡氏说,如果没有土地国有化,地主只会积累太多的政治和经济权力。②

但是如何实现社会主义呢? 与汪精卫一样,朱执信(1885—1920,也是接近孙中山的广东革命家)也受到启发,对梁启超的反

---

① 如参见冯自由:《录中国日报民生主义与中国政治革命之前途》,《民报》第 4 号(1906 年 4 月 28 日),第 97—122 页。另见 Bergère, *Sun Yat-sen*, pp. 167-172。
② 胡汉民:《民报之六大主义》,《民报》第 3 号(1906 年 4 月 15 日),第 12 页。

革命主义进行了反驳。朱执信与汪氏不同,他坦率地呼吁进行"社会革命"。① 朱氏具体反对梁氏的哪一方面? 梁启超曾说过,革命者没有从实践角度考虑社会主义对中国的适用性,只是粗略地勾勒出他对中国经济未来的愿景。② 结果就是在后来被称为混合经济的东西,类似于社会民主政治。尽管如此,梁氏在流亡日本后不久,于 1899 年预言了社会主义的最终成功。③ 梁氏发现,自由放任的资本主义和社会主义(或国家控制、干涉)都有历史渊源。但是,在当时,国家越来越多地参与经济活动。在政治上,帝国主义依赖于此。从经济上讲,社会主义方兴未艾,因为它可以应对自由放任的过激行为。资本主义将权力分配给个人,而"自由竞争"则扩大了贫富之间的差距。因此,代表"权力集中"的社会主义发挥了必要的纠正作用。社会主义带来社会统一与平等。就中国的特定需求而言,梁启超认为国家应占 70%,自由放任占 30%。

这篇简短的早期文章有几点值得注意。梁启超并不认可社会主义在本质上优于资本主义,社会主义只是代表了适合当下的一系列政策。从历史上看,这两种经济模式彼此交替,几乎是人类无法控制的。尽管如此,梁启超还是提出了惊人的社会主义形象:作为一种为国家提供动力的机器,它的各个不同部分协同工作。社会主义显然与梁启超的国家主义相容。然而在随后的几年中,梁氏认为中国最需要的是资本投资。尽管他认为工人合作

---

① 县解(朱执信):《论社会革命当与政治革命并行》,《民报》第 5 号(1906 年 6 月 26 日),第 43—66 页。

② 如参见梁启超:《驳某报之土地国有论》,《饮冰室合集》文集第 18 册,第 1—59 页;梁启超:《答某报第四号对于新民丛报之驳论》,《饮冰室合集》文集第 18 册,第 59—131 页。

③ 梁启超:《干涉与放任》,《饮冰室合集》专集第 2 册,第 86—87 页。

社也是可以接受的，但大多数应该由私人掌握。中国需要的不是更公平的分配，而是更多的财富生产。梁氏担心过度的国家所有权，因为这可能导致专制。他认为，从历史上看，西方贵族对农民的剥削导致了一种特别剥削性的工业化形式。像革命者一样，梁启超认为中国没有真正的贵族统治，土地所有权是相对平等的。但是尽管革命者认为这使社会革命的任务变得更加容易，但梁氏认为，由于大多数所有者是通过辛勤工作获得土地的，因此剥夺他们的土地是不公正的。

　　梁启超始终坚持一个观点，即任何形式的革命都是危险的，其中也包括社会革命。尽管如此，梁启超仍然支持劳动保护、公共设施归国家所有以及垄断管制。他赞成累进所得税和遗产税。只要以温和和渐进的方式理解社会主义，他就不会放弃"社会主义"的标签。对梁启超来说，同盟会提出的土地国有化的问题不在于它 *205* 对中国不合适，而是它甚至还不够社会主义。真正的社会主义必须考虑工业，这是中国未来的基础，而不应当仅仅是处理农田。

　　尽管朱执信发表了社会革命的言论，但他的回应实际上为梁启超奠定了基础。至少可以说，朱氏的"革命"愿景是相对非暴力和非破坏性的。朱执信广义地将社会革命定义为"社会组织的根本变化"，但同时也声称革命者暂时只是在寻求有限的经济变化。[1] 朱氏承认，"纯共产主义"是不切实际的。朱氏是清末为数不多的读过马克思的中国人之一，自称是在遵循"科学社会主义"，他针对中国的情况将其归纳为"国家社会主义"。[2] 与梁启

---

[1] 县解（朱执信）：《论社会革命当与政治革命并行》，《民报》第 5 号（1906 年 6 月 26 日），第 43 页。

[2] 县解（朱执信）：《论社会革命当与政治革命并行》，《民报》第 5 号（1906 年 6 月 26 日），第 45 页。

超相反，他进一步声称，革命者将政治革命与社会革命相结合的战略实际上能够避免社会被破坏。这是为了期待革命后时期的经济发展政策。朱氏说，社会革命的重点在于，反满革命的主要力量既不能来自富人，也不能来自传统的秘密社团。相反，革命将由细民进行。[①] 社会革命就是为了他们的缘故。但同时，朱氏也认为贫富差距相对较小。此外，一旦清朝统治被推翻，平衡贫富差距的政策就可以是温和的、渐进的，并且是民主地实行的。

朱氏声称革命者并不是简单地征用土地，而是计划向地主购买土地。这是一个重要的澄清，再次缓和了社会革命的思想。[②] 同样，至少部分是基于对马克思著作的阅读，朱氏提出了一种社会力量如何决定历史变化的观念。然而他没有提倡阶级斗争。相反，他提出社会"革命"应该仅通过民主手段来实现。更为激进的愿景仅限于晚清思想的空想家和佛教徒，以及无政府主义者。康有为的《大同书》谈到了废除阶级区别，主张实行公立托儿所，对所有生产资料实行公有制。但是这一著作尚未出版，仅仅代表了未来的愿景，而不是一项政策。毫无疑问，章炳麟对平等的承诺是一种理想，甚至是一种宗教理想。不过，尽管章氏支持革命，但除了指出中国历史上通过土地均等计划走向社会主义的倾向外，他对实现平等的具体步骤所谈甚少。[③]

社会革命的最坚定支持者是无政府主义者。相对晚清的其他激进主义者，无政府主义者代表了极端的或"纯粹的"共产主

---

① 县解(朱执信)：《论社会革命当与政治革命并行》，《民报》第 5 号(1906 年 6 月 26 日)，第 59 页。

② 县解(朱执信)：《土地国有与财政》，《民报》第 15 号(1907 年 7 月 5 日)，第 67—99 页；《民报》第 16 号(1907 年 9 月 25 日)，第 33—71 页。

③ 章太炎：《演说录》，《民报》第 6 号(1907 年 1 月 10 日)，第 12 页。

义。这是一种合理的理解。[1] 在康有为的认识里,他们不是空想主义者,他为他的愿景给出了详实的细节。无政府主义者说,作为一项革命性计划的一部分,有必要寻求农民和工人的帮助。他们提倡"全体之民"的革命,即只排斥极少数的统治者和资本家。他们还广泛谈到了文化革命的必要性,尤其是对儒家道德规范的破坏。朱执信想将政治革命和社会革命结合起来,但他认为二者仍有区别——这种区别在无政府主义者看来是错误的。对无政府主义者来说,革命是一个单一的整体过程。1907 年,刘师培和他的妻子何震预测:"过去服从上级的人现在将反抗上级。农民将反抗地主;工人将反抗工厂主;人民将反抗官员;士兵将反抗他们的军官。"[2]任何真正的革命都会推翻政府,而不是取代它,从而产生纯自愿的经济和社会合作形式。文化的根本性变化是为这场革命做准备的必要条件,并将持续遵从它。

· · ·

在许多方面,革命者都是向后看的,提出"恢复"和"光复",即排满是为了让汉人恢复中国。但是,正如孙中山本人指出的那样,如果革命是从民族主义的排满开始的,那么只有建立民主共和国才能完成革命。1905 年,孙中山哀叹,明太祖成功驱逐了蒙古人,但未能领导政治革命,明朝在清军南下时沦陷了。[3] 汉人 *207* 的皇帝并不比满人皇帝更好,因此共和主义是必要的。

到 1907 年,革命者和改良派之间的辩论已基本结束。能说的一切都已经说了(不可否认,辩论实际上一直持续到辛亥革命,

---

[1] Zarrow, *Anarchism and Chinese Political Culture*, chap. 5.
[2] 震(何震)、申叔(刘师培):《论种族革命与无政府革命之得失》,《天义报》第 6 期(1907 年 9 月 1 日),第 139 页。
[3] 孙中山:《国父全集》第 3 册,第 9—10 页。

而且今天仍然能听到它的回声)。二者在许多问题上都达成了共识。尽管如此,共和主义者还是与君主立宪制相对立。更加明显的是,那些试图暴力推翻政治体系的人(很大一部分学生和一些较老的知识分子)与那些试图从内部改变政治体系的人(大多数是受过传统考试制度教育的人)相对立。

为了动员中国人民的支持,革命者和改良派们都使清政府更加透明。主流报纸和杂志不仅讨论理论问题,还发布官方的奏折、法令以及关于地方和国家官员活动的独立报道。他们宣传并谴责腐败事件。他们经常鼓励准大众运动,例如1905年的抵制美货运动以及立宪运动。受国外的安全环境庇护,革命杂志会讨论起义和暗杀事件。上海的小报社也在外国租界的庇护下,对地方和国家官员进行了批评和嘲笑。① 甚至法院的活动也不能幸免。尽管小报主要关注娱乐和丑闻,但它们的默认模式是政治攻击和嘲讽。总体而言,这些小报整体是"保守"的,而且当然是反革命的,但它们对政治八卦的揭穿和调侃方法有助于使政府的地位无效化。小报对政治制度没什么可说的,但是对特定官员的无知和虚伪可以大书特书。通俗小说也是如此。② 不断增加的腐败官员和军官是很好的目标,改革家也是,他们被描绘成"善于行善"。就连皇帝也被戏弄,就像一个故事中,上海交际花的一次人气大赛获胜者是由帝国法令宣布的。③ 慈禧自然也是一个目标。正如有学者指出的,就传统的"天命"理论而言,基于道德基础对法院和官员的批评尤其具

208

① Juan Wang, "Officialdom Unmasked"; "Imagining Citizenship", pp. 29 – 53.
② David Der-wei Wang(王德威), *Fin-de-Siècle Splendor*, chaps. 2 – 3, 5.
③ Juan Wang, "Officialdom Unmasked", p. 101.

有破坏性。①

皇权及其私下的仪式和高高的围墙正缓慢地向公众开放。到 1904 年,慈禧的照片已经可以在上海书店买到。② 广告还提供邮件购买的方式。根据这些广告,买家可以购买慈禧个人的或者与其他皇室成员一起的照片,或者慈禧打扮成观音、她最喜欢的太监李莲英打扮成观音的助手韦陀的照片。慈禧秉承着将皇家与佛教诸神联系起来的古老肖像画传统。根据艺术史学家王正华的说法,慈禧似乎很喜欢拍照,并且很了解如何向特定的观众展示自己。她的一些照片挂在宫里,另外一些则与外国元首交换。但是,清政府并没有管控这些照片,使得它们逐渐流传开来。皇室与高级官员、著名的外国人、臭名昭著的叛乱分子甚至是妓女的照片都能从同一家公司买到,他们的照片装饰着许多小报和相册。

1911 年 10 月 10 日,革命终于来临了,由武昌的一支起义的新军部队发起。没人曾预料到,实际上也没有人能预料得到。长期以来,革命者——其中包括从日本归来的学生——渗透了湖南和湖北的新军。宋教仁是长期对在中国中部发生的起义感兴趣的同盟会成员之一。他们对孙中山在南方的秘密社团煽动起义的努力已经产生怀疑。但是,一个偶然的机会引发了后来演变为革命的起义。当一次偶然的弹药爆炸导致一个小的革命营房暴露出来时,革命士兵们抢夺并接管了要塞。士兵们需要一名军官

---

① 正如 Wang Juan 所言,"在中国的政治文化中,一个政权的统治委任权依赖于它的道德权威,在一个官员被认为比政治制度更重要的地方,公众对道德堕落的看法会腐蚀一个政权的权力"。见"Officialdom Unmasked",p. 112。

② Cheng-hua Wang(王正华),"The Photographed Images of the Empress Dowager Cixi, ca. 1904"。

来领导起义,他们发现他们的协统黎元洪躲在妻子的床下。无论如何,这是个好故事。不管是在哪里找到的他,士兵们花了两天时间将黎元洪转变为共和党人。黎元洪(1864—1928)继续领导新军起义,起义者到达了总督府。满人总督逃离。革命者占领了武昌市,宣布建立共和国。然后关键在于,其他省份也紧随其后。孙中山继续他从美国到欧洲的旅行,宣布他将努力为这场革命筹集资金并获得外国的认可(并等待看看这是否就是成功的革命)。而湖南革命家黄兴和宋教仁在 10 月底就到达了武昌。黄兴(1874—1916)在随后的战斗中发挥了重要作用。

　　到 11 月,大约有 6 个省脱离了清政府:王朝正在失去它的中部和南部。革命领袖来自长期的革命者队伍,来自新军士兵,最重要的也来自各省士绅。清政府疏远了其天然的支持者。士绅们致力于宪政,如果君主制拒绝妥协,他们可以支持共和主义。1909 年,清政府允许举行省级议会选举,并创建了国家议会(其一半成员由朝廷指派,一半由省议会选举产生)。尽管选举权非常有限,而且议会没有立法权,但它们成为反对清朝政策的士绅的抗议场所。他们在创造革命中没有直接作用,但是一旦武昌起义爆发,他们便统治了省级政治。11 月中旬,新组建的国家议会终于允许梁启超返回中国。他宣布清朝已经终结了。梁氏说,虽然他无法预测革命的未来,但可以看到王朝正在崩溃。①

　　十多年来,中国的政治文化发生了根本性转变,精英阶层为革命做好了准备。清朝对武昌起义的反应并不像前文所表明的那样微弱。它派兵到中国中部,赢得了几场胜利,到 11 月,又让袁世凯回到政府并任命他为总指挥。袁氏是汉人,曾负责新军的

---

① 《梁启超特来断送》,《民立报》1911 年 11 月 16 日,第 3 页。

军事改革。慈禧于 1908 年 11 月去世后，一个超级短视的帝国宗族集团上台。他们于 1909 年 1 月解除了袁氏的所有职务，但袁氏仍然与自己提拔的军事领导人们保持联系。武昌起义后，他突 ²¹⁰ 然成为不可或缺的人。但袁氏重新掌权后，并没有急于向不经意间帮助了他的革命者发动致命的打击。无论如何，停止革命可能已经为时已晚。

这场革命不是一场民众叛乱或群众起义，但它的确依靠中国中部空前的社会动员。① 当地精英的主要阶层已经完全反对清朝，而其他人则不再愿意捍卫清朝。革命者能够与士绅和其他社会团体，特别是商人以及得到一些农民支持的秘密社团达成了共同的事业。

袁氏寻求与革命者进行谈判。到 12 月初宣布停火之时，中国中部、南部以及北部的山西和陕西都处于革命者手中。革命者在月底之前能够占领 14 个省。在袁世凯的推动下，清朝答应将自己转变成真正的君主立宪制国家。可以理解，这对革命者是无法接受的。但是如果皇室退位，大多数革命者愿意答应给予他们良好的待遇。很多（可能是大多数）革命者愿意让北方的强人袁世凯升任总统。袁氏也是最受外国势力欢迎的领导人，他们的态度是革命者非常关心的。袁氏的主要谈判代表是唐绍仪（1862—1938），他是孙中山的同乡，也接受过西方教育。达成交易的要素已经就位。

辛亥革命期间，反满暴力事件席卷了武昌、西安、太原、镇

① Esherick, *Reform and Revolution in China*；Rhoads, *Manchus and Han*, chaps. 3-4；Rankin, "Nationalistic Contestation and Mobilization Politics"；Danke Li, "Popular Culture in the Making of Anti-Imperialist and Nationalist Sentiments in Sichuan".

江、福州和南京。① 这些城市的满人地区被烧毁。很难评估反满主义在革命的特定事件中的作用;在任何情况下,此类事件都需要考虑当地情况。但是,"复仇"一词至少表明,反满意识形态是如何被用来将烧杀行为合法化的。② "种族记忆"在革命言论中起着双重作用。汉人可能因忘记而被指责,但可能通过记忆被唤醒民族命运。记忆被创造并整合到自我之中,从而使种群或汉人和满人的"种族"得以精炼。将满人作为替罪羊不仅是将无法遏制的对西方帝国主义的愤怒转移到少数派上的问题,而且是定义国家机构的一种方式。1912 年,新的汉人领导者在面对政治真空的时候,采用章炳麟的"中华"一词(中华民国)来代表这个实体。清朝灭亡了,国家建设的任务就在眼前。

211

---

① Rhoads,*Manchus and Han*,pp. 187 - 205.
② Rhoads,*Manchus and Han*,pp. 189 - 191.

第七章　中华民国成立

中华民国政府力量薄弱，财政机构混乱，政治环境复杂。区 ²¹²域和地方掌权者获得了更大的行动自由。袁世凯在世期间通过指挥一支还算统一的军队，将中国团结在一起。1916 年他去世后，军阀主义就出现了，位于北京的中央政府也成了影子政府。1919 年，孙中山组织了一个新的国民党；在共产国际的帮助下，1928 年国民党将中国大部分地区联合在孙中山的政治接班人蒋介石的领导下。蒋介石尊孙中山为国父，并将三民主义纳入国家的官方意识形态。

但这都是后话了。1912 年 2 月，袁世凯让清政府做出选择：让皇帝退位还是被彻底推翻。中华民国在袁世凯眼里并非一个被承认的后代，而更像是一个私生子。他继续尝试建立自己的"王朝"。事实上，革命过程中出现过许多"父亲"和不少"母亲"，只不过人们后来略过了故事中的这些"母亲"。也许关于"父母"的隐喻都应该被舍弃。1912 年，袁世凯、孙中山和其他革命领导人所做的事情，都是试图在不提及"父母"角色的情况下进行统治。从某种意义上说，民国的政治斗争可以看作清末改革派与革命派斗争的延续。改良派设想了对中国政体进行有序的、受约束的、自上而下的重建。袁世凯可以加入这个阵营，梁启超认为在革命后自己可以与他一起工作也不足为奇。但是革命者并没有

随着革命结束而消失，他们继续倡导着自下而上的更全面变革的

213 愿景。袁氏暗杀宋教仁，软禁章炳麟，迫使"孙派"再次流亡国外也不足为奇了。

具有象征意义的是，中华民国成立了几次。1912 年 1 月 1日，各省自选的代表在南京开会，宣布中华民国临时政府成立。他们编写了临时宪法，并选举了临时大总统孙中山。孙中山离开中国已经很久了，在与袁氏继续进行谈判的同时，他实际上是一个安全的折中选择。正如孙氏所坚持的，代表们采用了公历，以当年为中华民国元年。2 月，南方革命者、袁氏北方军队和清政府就皇室的"优待条件"达成协议，终于为清朝皇帝退位扫清了道路。2 月 12 日，清政府的退位诏书正式发布。该诏书将统治权移交给人民，并建立了共和立宪国体。不难发现，清政府的退位诏书不仅意在建立共和国，而且要植根于"天命"，这也符合人心。该诏书还声称是在实现"古代圣贤"的意图，他们认为帝国应该是天下为公，而不是偶然地赋予袁世凯权力，使其采取必要的实际措施。几天后，南京代表选举袁氏为新任大总统，他于 3 月 10 日宣誓就职。袁氏保持政府在北京的权力基础，并开始了新议会的选举。

1911 年 10 月 10 日？1912 年 1 月 1 日？1912 年 2 月 12 日？1912 年 3 月 10 日？中华民国是何时成立的？当人民通过其代表形成一个新国家时，革命行为是否创造了一个新的国家形式，一种自我合法化的暴力形式？还是清朝通过慷慨的退位创建了新国家？无论如何，中国当时有一部宪法和一位总统，不久就要举行议会的全国大选。本章和下一章着重于精英和知识分子对没有帝国制度的政治世界做出的尝试。本章探讨了革命后出现的政治仪式，下一章则讨论了在共和国成立之初，有关民主和专

制的思想是如何产生的。

共和主义的仪式:"双十"

清帝退位后,反满主义并没有完全消失,但确是在逐渐消散了。中华民国经常正式地援引"五族共和"。孙中山总统于 1912 年 1 月 1 日宣誓就职时说,汉、满、蒙、回和藏合为一个民族。在国庆日的官方演说和新国家的象征中,"五族共和"的概念被反复提及,特别是在五色国旗以及国歌中。新国家推行的共和主义仪式旨在传达其对公民身份的新定义。最重要的是,武昌起义的纪念日(即阳历十月的第十天)或"双十"象征着共和国的本质。

让我们从 1912 年 10 月 10 日第一个国庆日的 3 个故事开始讲。第一个是对北京革命烈士的祭祀。祭祀是由总统领导的,参与的人包括高级官员、前清的满人王公和将领、来自蒙古和西藏的喇嘛、外国贵宾以及(在最后的)西方和中国妇女。[1] 祭祀原定在前清的天坛举行,但在天坛尚未准备好的情况下,不得不把这些祭物搬到琉璃厂。共和纪念会为烈士们祈祷,宣告革命成功。这次祈祷赞颂了烈士精神,他们十年间的流血牺牲终结了五千年的专制统治和清政府的统治。一年前革命开始时,整个国家都做出了响应,结果形成了新的政府形式,烈士们是这样被告知的。如今,民重君轻。

革命烈士的牺牲把活人与死人联系在一起,把新国家和大致确定的革命愿景联系在一起。在烈士已离世的情况下,任何想继

---

[1]《特约路透电》,《民立报》1912 年 10 月 12 日,第 5509 页;《国庆声中之北京》,《民立报》1912 年 10 月 14 日,第 5528 页;《纪念日中之纪念日》,《民立报》1912 年 10 月 18 日,第 5564 页。

承他们遗志的人都可能提及他们的记忆。这些神圣仪式的庄严

215 感意在向共和国注入使命。仪式还培养了新的民族认同感。烈
士们与黄帝和古代英雄一起成为中国人民的集体祖先。此外,尽
管新国家的新仪式没有在天坛举行,但向公众开放天坛的做法减
弱了其帝国主义色彩。

第二,在南京,教育局拒绝了女学生想要举彩灯游行的请求,
而妓女同样的请求也被警方拒绝。在警察介入之前,妓女的要求
最初是由商务部当地负责人批准的。① 10 月 9 日、10 日和 11 日
晚上,包括军队、学校和孤儿院在内的其他团体则进行了彩灯游
行。艺术学校的学生们参加了纪念革命烈士的仪式,他们在纪念
堂烈士灵位前摆放了鲜花。② 共和国的政治构想中,妇女的地位
模糊不清,但她们具有公共的角色。③

第三,有位年轻人单纯地觉得这一天代表着兴奋,就像庙
会一样。十二年后,他以“缪子”之名根据他的日记发表了一些
关于“双十”的回忆。④ 他回首这一节日,指出当时北京的活动
组织得很少,“双十”一词还不存在。但是,年轻的缪子和他的
兄弟发现厂甸市场有很多纪念活动,热闹非凡。里面的纪念品
旁边有革命烈士的照片。这里有一个供演讲者使用的区域,宋
教仁有力地提到革命者克服的艰辛,并称赞了孙中山、其他革
命领导人甚至袁世凯的成就。缪子和他的兄弟在饭厅、运动场

---

① 《南京国庆纪念日之景况》,《时报》1912 年 10 月 13 日;《民立报》1912 年 10 月 18
  日,第 5564 页。

② 《北京专电》,《民立报》1912 年 10 月 12 日,第 5526 页。

③ Judge, "Citizens or Mothers of Citizens?"第一次南京议会和后来的北京议会拒绝
  给予妇女选举权,参见 Edwards(李木兰), *Gender, Politics, and Democracy*。尽
  管父权制的共生双胞胎君主制崩溃了,父权制却血淋淋而不屈不挠地暂时幸存了
  下来。

④ 缪子:《我所经过之一打双十节》,《申报》1924 年 10 月 10 日,第 206/663 页。

和烈士庙宇间穿梭。他们看到了魔术师、筹款者以及正在上演新旧歌剧的剧院。然后，他们走过琉璃厂，看到人们在路人前面插队的景象。

这样的共和主义仪式将个人及其所在的社会环境（家庭、学校和职场）与政治团体联系在一起。近代国家出于以下两个原因需要特殊的仪式：表明公民在政治领域中的假定参与；表明国家对古老的过去和实质上的焕新的双重要求。① 国家的仪 216 式包括常见的那些仪式，例如学生向国旗敬礼或向国家领导人的照片鞠躬。其中也包括一些神圣的环节，例如纪念战死沙场的军人、纪念为国家牺牲的烈士或庆祝国家的诞生。政治仪式还旨在增强统治者自身的合法性与能力。当然，它们可以成为斗争的场所，表达和塑造政治权力。② 而且，清朝的国家仪式大多是封闭且私密的，但共和国的仪式是光荣开放和公开的。

中华民国成立之初，政治仪式就是为了创造公民。③ 至少，精英人士和城市阶级更普遍地作为参与者和旁观者被纳入政治仪式。正如沈艾娣（Henrietta Harrison）所言，这些仪式还创造了中国式（或民族认同）标准和近代性标准，其中包括国际化的习

---

① 相关文献十分丰富。参见 Gillis, ed., *Commemorations*；Stråth, ed., *Myth and Memory in the Construction of Community*；Spillman, *Nation and Commemoration*。该领域奠基性的研究是 Anderson, *Imagined Communities*；Hobsbawm and Ranger, eds., *The Invention of Tradition*。有关超越纪念意义的国家仪式的研究包括有 Wilentz, ed., *Rites of Power*；Ozouf, *Festivals and the French Revolution*；Agulhon, *Marianne into Battle*。

② 我们将在下文详细看到，参见 Bell, *Ritual Theory, Ritual Practice*。

③ 对这一时期政治仪式最主要的研究是 Harrison, *The Making of the Republican Citizen*。沈艾娣强调近代公民身份和民族身份之间的联系是通过仪式进行的。相关的中文研究包括陈恒明：《中华民国政治符号之研究》；刘世昌：《中华民国国庆节之制定与第一个国庆日之纪念》，《"国立"编译馆馆刊》1971 年 1 月，第 113—122 页；周开庆：《国庆纪念日的由来》，《行知集》，第 59—72 页；王更生：《我们的"国旗"》；孙镇东：《"国旗国歌国花"史话》。

惯:男性剪短发不留发辫;以握手和鞠躬代替磕头;女性不缠足。此外,在民国成立的前几年,以纪念为主题的政治仪式将集体记忆与未来联系在一起。纪念活动定义了那些旨在通过回顾过去并展望未来以超越当下的瞬间。在民国初年的国庆日期间,国旗的含义、国歌的音乐和歌词以及对烈士的祭奠汇聚在一起。然而,每年要记住的东西及其对未来意味着什么都各不相同。在民国成立的最初几年,"双十"的流行度有所下降。这反映出人们对民国的政治失败感到失望。

随着政治力量的争夺,共和党的国家仪式引起了激烈的辩论和冲突。那是谁的共和国?谁来确定国庆日、创作国歌、设计国旗?区别对待的公民角色决定了谁有权公开露面和发言——谁游行,谁站在讲台上,谁坐在礼堂里听,谁在街头吃小吃,谁和官员一起参加宴会。正如沈艾娣指出的那样,一个人的角色是基于特定团体的成员身份,例如政治团体、学校、商业组织和军队。然而,至少在某些情况下,公民身份暗含了其他身份的从属地位,例如家庭、宗教、种族甚至国籍。那么,由政治精英在 1912 年倡导的公民仪式是以公民身份为核心的就不足为奇了。它们的确切含义尚待解释,但参与确实表明了某种共同的身份。

国民议会和总统根据法律与行政命令确定了新公民仪式的基本形式,特别是"双十"。同时,地方官员、商人和教育工作者确切定下了要使用的仪式形式,邀请谁讲话以及如何安排宴会。从表面上看,基于所有传统节日活动(彩灯游行、祭祀)以及全世界民族国家表达自己的形式都类似,中国所有城市的公民仪式基本相同:军事游行、对国旗的虚拟崇拜等。特别是,"双十"仪式和符号鼓励人们记住;也就是说,他们纪念了共和国的建国大事。①

　　然而,对于究竟要记住什么以及如何记住,确实存在很多争论。完全无法确保 10 月 10 日能够战胜其他的日子,不同的爱国歌曲强调共和主义和历史的不同主题。竞争的旗帜对这种"宝贵"的国家象征提供了直接相反的观点。第一个问题是选择正确的成立日期。但是在选择日期之前,必须同意使用公历。一些团体认为,在大众节日的传统中,将根据农历确定周年纪念日。② 同样地,一些以农历定纪念日的人们将庆祝武昌起义(农历八月十九日)的日子选在 1912 年公历 9 月 29 日。③在武昌当地,在黎元洪的领导下按照农历举行了大型庆典活动。黎元洪时任湖北省都督、民国副总统。许多地方也纷纷效仿。④

　　正式把 10 月 10 日定为国庆日的决定是从 9 月突然爆发的辩论中得出的。其部分原因是地区自豪感。湖北本地人在北京提出,以武昌起义的时间纪念共和国的起源,认为它相当于 1789 年 7 月 14 日巴黎公社起义,法国国庆日定在了这一天;美国于 7 月 4 日签署《独立宣言》,这一天成了美国的国庆日。⑤他们最初的请愿书要求定 10 月 10 日为"国祭日",而 1 月 1 日

218

---

① 1912 年 12 月发行的新邮票也以纪念为特色,邮票上印有英文"革命纪念"和中文"中华民国光复纪念"。Yu-Chin Huang, "National Identity and Ideology in the Design of Postage Stamps of China and Taiwan, 1949 - 1979", pp. 16 - 17. 清朝在 19 世纪 80 年代建立了邮政服务体系,第一批邮票以龙为主题。

② 刘世昌:《中华民国国庆节之制定与第一个国庆日之纪念》,《"国立"编译馆馆刊》1971 年 1 月,第 114 页。

③《皖垣纪念会志盛》,《申报》1912 年 10 月 5 日,第 4 页。

④ 参见如《筹备纪念会手续》,《民立报》1912 年 9 月 24 日,第 5357 页;《纪念会之预备》,《民立报》1912 年 10 月 2 日,第 5430 页;刘世昌:《中华民国国庆节之制定与第一个国庆日之纪念》,《"国立"编译馆馆刊》1971 年 1 月,第 119 页。

⑤《中华民国之国庆日与纪念日》,《申报》1912 年 9 月 24 日,第 3 页。

标志着南京政府的成立，2月12日标志着共和国在北京宣告成立。它们都被宣布成为"纪念日"。他们提议通过关闭企业、办公室和学校，悬挂旗帜，举行阅兵仪式，祭拜烈士，授予奖励和大赦，给予施舍和举办宴会来庆祝10月10日，而这两个纪念日也将成为假期，尽管假期很短。

到10月初，上海市议会开始计划纪念公历11月3日，这是上海对清朝发起反抗的日子。① 它认为，上海应该参加10月10日的全国纪念活动，但同时也应该补充本地的节日。市政府计划了较小规模的仪式，包括军乐、祭奠烈士、演讲和茶饮。② 消防队等团体计划进行灯笼游行。在广东，一位省议员建议纪念1911年4月的黄花岗起义，在革命的者的眼中，武昌起义之前七十二烈士牺牲了，随后广东的清军被驱逐出境，这些日子都应设为节日，宁波和安庆也有类似的观点被报道出来。③ 时任广东省都督的胡汉民强调，"革命的成就不取决于武器，而取决于民意"。④

9月12日，国民议会开始讨论，以回应黎元洪要求北京派代表参加武昌自己的（农历）纪念仪式的电报。⑤ 同时，革命纪

---

① 《县议会见闻录》，《申报》1912年10月5日；《民立报》1912年10月5日，第5458页。
② 《上海光复之纪念日近矣》，《民立报》1912年10月20日，第5584页；《地方纪念之仪式》，《民立报》1912年10月25日，第5626页。
③ 《新宁波之纪念日》，《民立报》1912年10月27日，第5646页；《南京电报》，《民立报》1912年10月28日，第5652页。广州黄花岗起义是孙中山组织的一系列失败起义中的最后一次。
④ 《特约路透电》，《民立报》1912年10月12日，第5509页。
⑤ 刘世昌：《中华民国国庆节之制定与第一个国庆日之纪念》，《"国立"编译馆馆刊》1971年1月，第114页。9月下旬（农历八月十九日），就在将武昌起义纪念日定为新国庆日（10月10日）的同时，大会也批准了黎元洪派代表到武昌的请求。参见《民立报》1912年9月25日，第5365页。

念协会成立了,呼吁国家纪念这场革命。① 孙中山的湖南籍追随者陈汉元(1876—1928)坚持认为,由于人们往往感到困惑、容易健忘,他们需要历史和艺术作品每天提醒自己革命者为了创建新国家所经历的困难和牺牲。否则,腐败将蔓延,国家的根基将受到威胁。最重要的是,仍然需要鼓励革命精神。陈氏认为这是提高中国人民的道德水平以及赢得外国人尊重的关键。

　　也许最有影响力的是旧无政府主义革命者吴稚晖的观点。吴氏从容应对了一个接一个的问题。② 第一,由于民国已决定使用公历,因此所有对过去事件的纪念都应遵循该历法。由于武昌起义发生在 10 月 10 日,这个节日可以被称作"双十节"(吴氏似乎是第一个使用此短语的人,援引祖先对传统的"重九"节日的用法)。第二,对于国庆日来说,没有其他好的选择。吴氏认为,2 月 12 日是清帝退位以及南北部队最终实现"民族统一"的日子,但这并不标志着真正的民族统一,因为当时蒙古问题还没有解决。此外,清朝皇帝退位的日子也不宜作为庆祝的日子。吴氏在这里的论点似乎是不得已的。真正的问题是,将 2 月 12 日定为国庆日就是认可了袁世凯的建国神话。也就是说,由于袁世凯策划了清朝皇帝退位,并在全国建立了民国,2 月的庆祝活动会淡化革命者起到的作用。另一方面,纪念武昌起义,则是在使袁氏边缘化的同时,凸显了革命者的行动。

①《革命纪念会发起意趣书》,《民立报》1912 年 9 月 12 日,第 5253 页。该协会由孙中山和黄兴成立,根据高劳:《中华民国第一届国庆纪事》,《东方杂志》1912 年 12 月 2 日,第 5 页;刘世昌:《中华民国国庆节之制定与第一个国庆日之纪念》,《"国立"编译馆馆刊》1971 年 1 月,第 118 页。到了"双十",这个组织变成了共和纪念会。

②《答客问:革命纪念月应有之盛况》,《民立报》1912 年 9 月 22—23 日,第 5343、5352 页;吴氏的演讲再版于刘世昌:《中华民国国庆节之制定与第一个国庆日之纪念》,《"国立"编译馆馆刊》1971 年 1 月,第 115—116 页。吴稚晖是一名无政府主义者,但他与孙中山关系密切,后来支持蒋介石。

吴氏秉承这一理念，承认黄花岗起义是武昌起义的先驱。但是，只能有一个国庆节，吴氏暗示称，以黄花岗起义为国庆日存在两个问题。首先，它更是一场失败而不是一场胜利，其次，如果人们开始追寻前进的所有重要步骤直至最终胜利，那么到哪里会停下来？吴氏正确地指出，没有任何一个事件可以象征整个革命过程。法国的 7 月 14 日和美国的 7 月 4 日标志着一些特定事件，这些事件后来才代表了他们的革命。吴氏接着说，黄花岗与同盟会有着特殊的联系，而武昌似乎获得了更大范围的革命力量。

220 吴稚晖对于国庆的概念完全是整体性的。他持抑制不住的乐观态度，认为双十节会超过传统的节日。商家会利用它来偿还债务，这通常是在农历新年前夕完成的。它将融合歌曲、舞蹈、杂耍和灯笼展示等旧庆典与新歌剧(具有革命和共和主题)和新产品的展示。这将有助于使人民开化，远离封建迷信，并促进社会的全面进步。这些目标长期以来都是吴氏对经济发展的政治愿景的核心内容。像世界博览会和工业展览会一样，双十节会具有教育功能。吴氏希望全国人民积极参与其中，而不仅仅是参加一些灯笼游行和宴会。他呼吁在每个县城进行双十节庆祝活动。到 9 月底，内阁按照这些方针制定了计划，国民议会批准了这些计划。

最终，双十节在主要城市成了三天的节日。① 房屋和店面装饰着五种颜色的装饰品，挂着彩灯，五色旗飘扬，并竖起了用五种

---

①《南京电报》,《民立报》1912 年 10 月 3 日,第 5436 页;《各省国庆日之景象》,《民立报》1912 年 10 月 10 日,第 5502 页。

颜色或者纪念性的常绿植物（冬青、松树和柏树）装饰的礼仪拱门。① 早晨，一群人沿着街道游行：官员、军人、警察、商人和学生（有时是士绅和政党成员）。军人（有时是学生）为公众表演步枪和剑。学生或军人举行体育比赛和国旗升降练习。在指定地点也有升旗仪式和敬礼仪式。游行在集会厅（或帐篷）里达到高潮，现场播放军乐，有正式演讲，有歌剧表演，通常是新歌剧的表演，甚至有电影。在多个时间点，乐队会演唱他们排练的民族歌曲。官员们给穷人、士兵和警察一点钱或食物。在祭奠烈士时，仪式由官员和军官带领，他们脱下帽子，鞠躬三下。② 或者士兵不用鞠躬，而是用步枪和剑向烈士致敬。烈士的灵位前摆有香炉、鲜花、水果和葡萄酒。③ 有人朗读悼词并播放音乐。有时允许特定的群体（商人行会、学校师生和一般旁观者）当观众。最后，举办了宴会。有时，三天之内，不同的团体分别举行祭奠。到了晚上，²²¹ 人们在各社区乃至整个城市举行彩灯游行和集会，有人放鞭炮和烟花。

　　双十节庆祝活动范围广泛。在上海，工人圈子也参加了。④ 一家大公司邀请所有工人参加宴会，并答应给他们放两天的假。外国人也参与了，至少他们应邀参加了宴会。每个团体都精心制

---

① 《国庆纪念日之上海》，《时报》1912 年 10 月 12 日；《民国第一国庆纪》，《民立报》1912 年 10 月 12 日，第 5512 页；《双十节之南京》，《民立报》1912 年 10 月 12 日，第 5510 页；《武昌起义周年纪念会之预告》，《时报》1912 年 10 月 19 日。

② 《追悼之序》，《时报》1912 年 10 月 6 日；《国庆日追祭诸烈士礼节》，《时报》1912 年 10 月 12 日。

③ 《国庆日道祭诸烈士礼节》，《时报》1912 年 10 月 12 日，第 4 页；也参见《国庆节布置情形》，《民立报》1912 年 10 月 7 日，第 5475 页；《北京电报》，《民立报》1912 年 10 月 3 日，第 5436 页；《北京电报》，1912 年 10 月 12 日，第 5508 页。鲜花和水果的供品一般是供奉给神灵的，而不是祖先，对祖先供奉的是全餐。

④ 《工界之祝典》，《民立报》1912 年 10 月 10 日，第 5503 页。

定了参与计划，包括彩排演习，例如进行彩旗表演、演唱爱国歌曲。同样，民众以标志着真正民族统一的一种不太有组织的方式参与。歌剧、纪念品铺和食品铺都是为了吸引人群而设计的。报纸印制了详细的活动时间表，以便读者安排他们想看的节目。正如对人潮的大量新闻报道里报道的那样，民众确实涌入了。一些观众区被划分为公共和私人区域。游行、献祭、荣誉榜、正式宴会和救济属于"政府领域"，而个人参加的活动包括放假、悬挂旗帜和装饰品、放鞭炮以及与家人和朋友共进大餐。① 各地的工厂、办公室和企业都关闭，甚至外国领事馆也至少在双十节当天暂时关闭。不过，假期对某些行业来说是个好时机，尤其是葡萄酒商店、肉店和卖旗人。纪念徽章和明信片等纪念品也卖得很好。

在随后的几年中，由于官员们试图限制任何可能引起民众骚乱的可能性，双十节变得越来越冷清。1915 年，袁世凯明确表示自己将称帝，这个节日就此消失。直到袁世凯死后的 1916 年，它才真正复苏。当年在北京，恢复了总统阅兵，并特别表彰了倒袁的"叛军"。② 黎元洪时任总统，使政府重新恢复了武昌神话。1916 年，在双十国庆上花费了超过 200 万元。③ 许多城镇报告称已完全恢复了早期的庆祝方式：彩旗、灯笼游行、集会、演讲以及唱歌（由歌妓为市议会的客人们演唱一次）。④ 在上海，官商再次合作，举办大型展览。⑤ 大型活动被安排在杭州、苏州、南京、北

---

① 《预言祝典》，《民立报》1912 年 10 月 5 日，第 5453 页。
② 《国庆阅兵大典预志》，《盛京时报》1916 年 10 月 10 日，第 35/172 页。
③ 《二百万元之国庆经费》，《盛京时报》1916 年 10 月 20 日，第 35/212 页。
④ 《五周国庆志盛》，《盛京时报》1916 年 10 月 10 日，第 35/180 页。
⑤ 《预志国庆纪念之盛况》，《申报》1916 年 10 月 3 日，第 142/548 页；《国庆纪念之预备》，《申报》1916 年 10 月 4 日，第 142/566 页；1916 年 10 月 7 日，第 142/617 页；1916 年 10 月 7 日，第 142/620 页。

京和上海举行。正如沈艾娣所观察到的，至少在城市中，双十节 成了真正受欢迎的节日。①

共和主义的仪式:国旗和国歌

唱歌当然是为国家庆祝的一种方式。清朝末年，在国家外交场合与西方国家一起演奏时，已经产生了对国歌的需求。像以往的朝代一样，清政府总是在仪式场合进行音乐表演，但没有国歌。② 清末的学校里教授各种爱国歌曲，但这些歌曲并没有标准化。③ 根据正统的儒家理论，音乐的目的是教育，王朝的政治稳定性直接取决于其音乐的健康程度。1911 年初，官员们开始研究欧洲国歌，以找到更合适的音乐来满足当前的需要。1911 年 10 月 5 日，清政府公布了新的国歌。具有讽刺意味的是，"巩金瓯"的歌词——金瓯是与帝国统治相关的礼器——指的是天命和帝国的和平与繁荣。歌词没有问题。然而，这首歌让传统主义者感到震惊。他们认为这个组成非常不吉利，并且它们预言了王朝的终结。④ 传统音乐家的观点似乎有一定的道理。

革命后的十年间，人们创作出了许多爱国歌曲。这些都展现出应该如何培养适合民国政府的精神。早在 1912 年 2 月，(南京临时政府)教育部就呼吁音乐家们演唱代表民族特色并振奋人民

---

① Harrison, *The Making of the Republican Citizen*, p. 95.
② Yung(荣鸿曾), Rawski(罗友枝), and Watson(华若璧), eds., *Harmony and Counterpoint*; and Joseph S. C. Lam(林萃青), *State Sacrifices and Music in Ming China*.
③ 王更生:《我们的"国旗"》,第 11 页。
④ Ye and Eccles, "Anthem for a Dying Dynasty". 也参见皮后锋:《中国近代国歌考述》,《近代史研究》1995 年第 2 期,第 260—271 页。

精神的歌曲。① 教育部很快公布了一个符合他们心中要求的例子。② 这些歌词描述了一个新的亚洲正在发展,一个新的国家正在形成,五色国旗飘扬,整个国家洋溢着荣耀,以及人民欢迎文明的和平时代。虽然这首歌的主要思想似乎很明确,但似乎也模糊地承认了中国的落后和追赶西方的必要性。③

沈心工(1870—1947)是一位杰出的音乐家和教育家,具有激进主义的倾向,他为《中华民国立国纪念歌》撰写了歌词。④ 这是革命的纪念赞歌。"共奋精神,共出力气,共捐血肉,消除四千余年专制政府之毒,建立亿千万年民主共和之国。而今以后,凡我华人,如手如足,勤勤恳恳,整整齐齐,和和睦睦;兴我实业,修我武备,昌我教育。"沈氏的歌词体现了革命者十年来的核心观念,包括某种好战的精神。其他歌曲强调了中国的悠久历史和庞大规模,自然资源丰富,土地富饶以及文明程度很高。一首颇受欢迎的歌曲是献给双十节的简单赞美诗:

> 想想! 大家都想想!
>
> 今天为了什么而兴奋?
>
> 高高挂起红灯笼,
>
> 举起国旗
>
> 迎风招展。
>
> 因为这是在武昌举起革命旗帜的周年纪念日,
>
> 推翻专制

---

① 《临时政府公报》第 8 号(1912 年 2 月 5 日),第 164 页。

② 《国歌拟稿》,《临时政府公报》第 22 号(1912 年 2 月 25 日),广告附录。

③ 参见皮后锋:《中国近代国歌考述》,《近代史研究》1995 年第 2 期,第 264 页。

④ 《中华民国立国纪念歌》,邹华民谱曲,参见王更生:《我们的"国歌"》,第 3 页;皮后锋:《中国近代国歌考述》,《近代史研究》1995 年第 2 期,第 264 页。这两处文献来源提供的歌曲版本略有不同,后者指的是"五大民族",但没有实质性差异。

并建立共和国。

人民精神振奋，

愿共和国永远富有而强大！①

10 月，上海的文明书店发行了一首更为复杂的歌曲，其中提到了黄帝和周朝文明的荣耀：

四千年来

专制政府束缚着，

人们没有自由。

从远古时代开始

只有英雄才能成就伟大。②

这首歌暗示革命虽是由英雄完成的，但是现在所有人都可以为自己的国家做出贡献。此外，中国既是古老的又是新的，现在是"共和国的五个民族共享一条船"。

1912 年 9 月，教育部举行了一场公开国歌创作比赛，由国会 ²²⁴ 选出获胜者，并向其提供 500 元的奖金。③ 最终，一共收到了 300 首参赛歌曲，但实际上没有作出选择。④ 1913 年，卫生部邀请包括章炳麟、严复、梁启超、张謇、蔡元培和辜鸿铭等特定学者提交作品。此列表具有一定的政治范围。跟章炳麟一样，蔡元培曾经是一名革命家，尽管他在 1912 年回到中国从事教育工作之前主要在欧洲学习。张謇（1853—1926）曾是君主立宪制的重要拥护者，他是当年最出类拔萃的进士，但他决定成为企业家、实业家、

---

① 王更生：《我们的"国歌"》，第 14 页。

② 王更生：《我们的"国歌"》，第 14—15 页。

③《临时政府公报》第 143 号（1912 年 9 月 20 日），第 627 页。1912 年 10 月 8 日，一则公告刊登在《申报》上。

④ 王更生：《我们的"国歌"》，第 14—15 页。

教育家和政治家。辜鸿铭(1856—1928)则完全不同：他出生于马来亚，并在英国、德国和法国接受了教育，他为张之洞工作了很多年，宣称至死效忠清朝。

张謇提交了3首歌。它们也许更像有深度的诗歌而不是歌曲，其中包含了典故。张氏尤其受到黄金时代神话的启发，以古代帝王禅位的故事来象征民国发生的事件：

> ［中国］在近代以前就享有文明，
>
> 伏羲、黄帝和神农
>
> 尧舜，崇高！高大！
>
> 帝国是公有的。
>
> 皇帝由贵族后代担任，
>
> 按照人民的意愿禅位。
>
> ……
>
> 尧只找到了舜，
>
> 舜只找到了禹。
>
> 没有人被强迫，
>
> 没有人使用邪恶的［方法］。
>
> 孔子记录了这些祖先故事，
>
> 孟子很好地解释了：
>
> "民贵君轻。"①

225　　　由此，民主终于得以实现，5个民族团结起来。张謇笔下的人

---

① 王更生：《我们的"国歌"》，第15—16页。(按英文原文翻译。张謇原作："前万国而开化兮，帝庖栖与黄农。巍巍兮尧舜，天下兮为公。贵胄兮君位，揖让兮民从。……尧唯舜求兮，舜唯禹顾。莫或迫之兮，亦莫有恶。孔述所祖兮，孟称尤著。贵民兮轻君，世进兮民主。"——译者注)

民是被动的,他们受到圣贤君主、孔子和孟子的启发。在张謇的歌词里,人民是贤良的,但他将民国植根于古代文化而非近代革命。

对于国歌,章炳麟则将革命视为复兴,并庆祝了武昌起义。[1] 他的歌词暗示着民国代表了整个中国历史的高潮。按照民众的意愿,野蛮人已被改造,帝国制度已被废除。所有这一切,不曾受过任何真正的暴力:"没有战斗的尘埃/但我们仍旧光复了我们的土地和传统。"由于它们之间的旧障碍被摧毁了,5 个民族现在将和谐相处。

梁启超的方法避开了张謇的古典主义思想,也避免了章炳麟对当代事件的关注,而从整体上讲述中国的伟大。[2] 他歌颂了中国幅员辽阔、土地肥沃、人口众多,还具有悠久且有教化的历史。梁氏确实提到了黄帝的后裔在中国的种族中划为一类,他总结道:"距汉人开拓者已有数千年的历史了,现在又是英雄出现的时候了。"

国歌在政治上通常是中立的。也就是说,它们培养普遍的、共同的爱国主义,并试图不分裂人民。实际上,许多准国歌坚持要求 5 个民族和谐相处。黄帝不是种族的标志,而是象征中国血统的伏羲和神农等文化英雄之一。至于尧和舜,他们成为共和主义本身的祖先,呼应了中国古代民主起源的传统主张。直到1915 年 5 月袁世凯最终选择《中华雄立宇宙间》时,共和国才得以正式确立新的国歌。

中华雄立宇宙间,

---

① 王更生:《我们的"国歌"》,第 15 页;皮后锋:《中国近代国歌考述》,《近代史研究》1995 年第 2 期,第 264—265 页。
② 王更生:《我们的"国歌"》,第 19—20 页。

廓八埏，

华胄来从昆仑巅，

江湖浩荡山绵连，

共和五族开尧天，

亿万年。①

共和国的第一首国歌忽略了革命，并庆祝了中国超越时空的存在。然而，批评者发现歌词中有帝国主义的倾向。袁世凯的国务卿徐世昌(1855—1939)以自古以来音乐与政府之间的联系为依据，为国歌辩护。② 但是，袁氏的教育部长汤化龙(1874—1918)严厉批评了歌词。③ 汤氏嘲笑了"雄立宇宙间"的形象，将其与停留在坚实的土地上作对比。他发现"五个民族"的团结与汉人祖先尧的形象之间存在矛盾。此外，"尧天"暗示着一种帝国的心态。汤氏认为，没有提到舜，就放弃了禅位的象征。结果，这首国歌很快变得清晰了。袁氏施行君主制后，第五行改为"帝国五族开尧天"，并建议永恒不适用于民国，而适用于皇帝尧-袁。最后，该行再次更改为"勋华揖让开尧天"，更明确地暗示了民国本身的"禅位"。在 1915 年和 1916年，由小学生演唱了这首歌的各种版本。④ 直到 1920 年，北京政府才正式采用了新版国歌。

关于国旗的辩论更加具有争议性。关于旗帜本身，可以说

---

① 《中华雄立宇宙间》，王更生：《我们的"国歌"》，第 18—19 页；也参见孙镇东：《"国旗国歌国花"史话》，第 40—45 页；周开庆：《谈国歌》，《行知集》，第 81—85 页。

② 《政府公报》1915 年 5 月 26 日，第 833 页。

③ 《中华民国史事纪要》编辑委员会编：《中华民国史事纪要》，1915 年 5 月 23 日，第 449—451 页。

④ 周开庆：《谈国歌》，《行知集》，第 83 页。

五色旗很快在多个竞争对手中脱颖而出。[1] 候选旗帜之一是孙中山大力拥护的青天白日旗,其历史可追溯到1895年的起义。后来又添加了红色的"土地"背景,并最终成为国民党和南京政府旗帜的基础。最初在同盟会受到青睐的其他旗帜包括古代武器或"井"字,它们代表井田系统,因而代表了社会主义。在1911年和1912年的大部分战斗中,革命军使用了十八颗星的旗帜,每颗星代表一个省。五色旗被几位革命军国主义者使用,其中最重要的是江苏的程德全(1860—1930)和上海的陈其美(1878—1916)。程德全是清朝的高官,而陈其美是革命家。五色旗对如此不同的人有什么吸引力呢?

也许其中一个因素是五色旗象征了共和国夺取清帝国领土的能力。尽管人们对这5种颜色有多种解释,但到目前为止,最普遍的解释是它们代表了这5个民族——红色代表汉族,黄色代表满族,蓝色代表蒙古族,白色代表回族,黑色代表藏族。由于这些民族或多或少地占据不同的地区,因此国旗象征着共和国的领土。但这是否可以象征领土一体化?国旗既象征着差异,又象征着身份:5个民族合为一个中华民族。尽管有人支持其他旗帜,但它们似乎过于具有党派特征或者是片面的。十八颗星代表了由各省组成的整个中国。这就好比美国使用星星代表州会令人想到受到了玷污的联邦制。批评家说,把中国想象成许多省份是带分裂意味的。[2] 对十八星旗的另一

227

---

[1] 历史学家为查证中华民国国旗的起源做了很多工作,我将重点关注有关国旗的争论。参见最近的 Harrison, *The Making of the Republican Citizen*, pp. 98‐106; 王更生:《我们的"国歌"》;孙镇东:《"国旗国歌国花"史话》,第6—25页;小野寺史郎:《清末民初の国旗おめめぐる构想と抗争》。

[2] 孙镇东:《"国旗国歌国花"史话》,第24—25页。联邦制虽然在20世纪20年代被讨论过,但对大多数中国知识分子来说从来没有太大的吸引力。

个批评是，它不包含"满洲"、蒙古和新疆，那些地区当时还不属于省级行政体系。

尽管孙中山进行了游说活动，临时国民议会还是于 1912 年 1 月 10 日投票通过采用五色旗作为国旗，而十八星旗将代表陆军，孙中山的青天白日旗代表海军。国民议会于 5 月再次讨论该问题，但杨廷栋等人指出，到目前为止，五色旗已为大多数中国人和外国人所认可。[①] 这可能是当时那个时代的主要论点，还有袁世凯的愿望是避免举起会让人们联想到革命神话的旗帜。

由于孙中山在其他领域的政治灵活度，他从未接受过五色旗，并一直到 20 世纪 10 年代还在批评它。在临时国民议会上，他曾辩称五色旗存在致命缺陷。他说，五色旗源自清朝海军官兵的旗帜，它背叛了革命，并且通过将满人与帝王黄色联系起来，它也背叛了共和主义。最后，即使就其自身的象征意义而言，其自上而下的颜色等级也背离了 5 个民族平等的观念。[②] 同样，它显然忽略了较小的少数民族。[③] 对孙中山来说，青天白日旗因其历史而被合法化(没有其他旗帜被使用了那么长时间或者经历了如此多次起义)，他强调太阳代表了一个在亚洲崛起的伟大国家。(批评者说它很像日本国旗，而且太阳与日本人也有可疑的密切联系。)在短短几个月内，孙氏为青天白日旗本身颜色的象征提供了新的解释。红色背景象征着烈士们的鲜血及其在革命中的牺牲，因此代表着自由。白色的太阳象征着纯洁和兄弟般的爱，而

228

[①]《参议院第四次开会纪事》，《盛京时报》1912 年 5 月 14 日，第 3 页。
[②]《临时政府公报》第 6 号(1912 年 2 月 3 日)，第 6—7 页。
[③] 王更生：《我们的"国旗"》，第 62 页。

蓝色的天空象征着正义。[①] 对于旗帜,蔡元培批评五色旗,理由是这些颜色的使用不科学(他说应该有 7 种颜色)。[②] 更重要的是,国旗应代表整个国家。

　　尽管如此,五色旗有自己的革命资质,其象征意义更直接地是民族主义。6 月,国民议会投票通过采用五色旗。[③] 决议指出,5 种颜色早已被中国人民接受。它还指出了在等级、声音、气味等各个领域,根据传统它们都被划分为五类。儒家有五常:仁、义、礼、智、信。没有明确指出的是,任何呼吁都可能是源于"五行"的相关宇宙学的残余概念,这些概念也与朝代周期有关。随着清朝统治的结束,这似乎是一个合理的解释。但主要的一点是,国旗本来象征着消除中国人民之间的"边界"。

　　从一个角度看,旗帜的确切性质无关紧要,重要的是拥有一个旗帜,任何一个旗帜都可以。1912 年刊发的《中华民国旗之历史》讲述了一场革命战争的故事。[④] 革命军被迫撤退;灰心丧气的革命军在城垛上落下了自己的旗帜。突然,一个 13 岁的男孩冲了出去,想把它带回来。清军将火力集中在旗帜上,革命士兵则试图阻止这个男孩。但是他哭了:"旗帜是军队的灵魂。我们怎么能让敌人拥有它?!"他设法拿到了,并穿过枪林弹雨回到革命者的身边。

_____

①《中华民国旗之历史》,《盛京时报》1912 年 3 月 19 日,第 4 页。正因为孙中山强调其革命血统,难怪青天白日旗似乎狭隘地为其他政治人物所独有。孙中山继续使用青天白日图案作为他的中华革命党、20 世纪 20 年代初期广州政府以及国民党(没有红色背景)的旗帜,这表明它确实是一个党派旗帜。

②《各国务员之政见》,《东方杂志》1912 年 7 月 1 日,第 21605 页;也参见《参议院第五次开会纪事》,《盛京时报》1912 年 5 月 17 日,第 4 页。没有说明另外的两种颜色可能代表什么。或许蔡元培考虑的是苗族和壮族。

③《政府公报》(无编号)1912 年 6 月 7 日,第 90—91 页。

④《中华民国旗之历史》,《盛京时报》1912 年 3 月 19 日,第 22/145 页。

几年后，一家报纸社论评论了双十节悬挂的大量国旗，这些国旗有的悬挂在办公室和企业的外面，有的由学生携带，有的固定在手推车和汽车上，有的挂在衣服上。[①] 学生们尽管受到禁止，还是举起了他们的旗帜游行。这里暗示着以使用旗帜的合法性来为抗议作掩护。尽管如此，作者所关注的还是人们对国旗的态度。这里的国旗不仅仅是一个符号，还是国家本质的一部分：

> 过去，当中国人民的元首进入帝国时代时，他们只为皇帝和大臣们留有余地，却从未想到过那面旗帜。最近，我们将名称更改为"共和国"，现在每个人都想到的只是总统、总理、士兵和议员，国旗又是多余的。但是，如果中国人看着先进的文明国家，他们不是在为国王或总统而战，而是为自己的旗帜而战。他们保护的不是国王、总统，而是国旗。……进行国内政策和外交事务的每一种办法都是以旗帜为基础的。

自然，袁氏的君主制运动引发了1915年对国旗正式的重新考虑。出现的一种可能的旗帜是白色的背景，带有红色边框，上面有两条金色的龙拥抱着太阳。赞成改变的官员认为，五色旗代表着一种平均主义，与他们正在恢复的君主制背道而驰。然而，其他人则争辩说，五色旗已在国内外得到承认，而且它对五族统一的象征也同样适用于君主制。最后达成了妥协，保留基本的五色旗，但在上角添加新的符号。[②]

在袁氏复辟失败后，五色旗重新出现，尽管没有变色。1924

---

① 《杂评二》，《申报》1917年10月11日，第685页。
② 《东亚之情势》，《盛京时报》1915年10月17日，第32/240页；《国旗问题之聚讼》，《盛京时报》1915年10月29日，第32/303页；不清楚这个符号是什么。

年创作的歌剧《鬼的双十节》道出了国旗的重要性。[1] 从逝者说起，英雄蔡锷(1882—1916)从云南的堡垒中抗击了袁氏的军队，他举起国旗给所有人看，并且大喊："大家看！这是什么？这不是我们可爱的国旗吗？看看它的红、黄、蓝、白、黑的颜色有多漂亮！"但是那面旗帜付出了沉重的代价："这红色难道不是由我们的血液染成的吗？这黄色难道不是我们血肉的黄色吗？这蓝色难道不是我们的坟墓上长满的草丛创造的吗？这白色难道不是我们的骨头的白色吗？这黑色难道不是我们子弹的黑色吗？"蔡氏说，那面旗帜已经被玷污、被弄脏了，共和国已被军阀和政客窃取了。"双十鬼"暗示着五色旗已不仅仅代表了 5 个民族的团结：[230]从某种意义上说，它代表着中华民国本身的理想。但这是一个可能正在迅速消失的理想。

袁世凯与共和国仪式

在万众瞩目下，袁世凯于 1912 年转向了共和主义。他将 1912 年在北京举行的"双十"纪念会转变为对权力的展示。仪式于上午 6 时在中华门建造的礼仪拱门开始。当时北京的公共空间正在被重建。掩藏着帝国的层层城墙开始倒塌了。军事游行沿着如今的长安街举行，政要们都坐在天安门上。到 1914 年，挡住这条路线的大门被永久打开；此后不久，皇城（不是其中的紫禁城）的城墙和向北通往天安门的道路两侧的办公室被拆除。[2] 中华门只是原来的大清门改了名字，以前曾是连接天安门和紫禁城

---

[1]《鬼的双十节》，《大公报》(长沙)1924 年 10 月 22 日(引自第 4 部分)。
[2] Hung Wu, *Remaking Beijing*, pp. 23 – 24, 60 – 61.

的走廊的入口。1912 年,清帝退位的诏书就是在其拱顶上书写的。将中华门作为双十节庆典的起点是提醒全国,武昌起义最终能够建立共和国完全是因为袁世凯策划的清帝退位。①

袁氏本人身着制服在天安门主持军事阅兵,阅兵人数达13000 人,现场演奏着军歌。② 据说袁氏展现出强壮、自信、认真和机敏等统治者的美德。阅兵之后,袁氏接待了来自东北、蒙古和西藏的议员、文官、记者和活佛。袁氏向特别杰出的英雄颁发了奖章,如黎元洪以及他自己手下的将军段祺瑞、冯国璋。但是,孙中山和黄兴以他们只是为人民服务的理由拒绝了这一荣誉,在共和国这种荣誉可能标志了不公正的区别。③

换句话说,共和国的包容性很快就崩塌了。由宋教仁组织并背后有孙中山支持的国民党选举成功,对袁世凯方来说是一个威胁。在即将就任新议会总理之际,宋氏于 1913 年 3 月被暗杀。袁世凯正采取一切必要手段控制国会。一场短暂的起义"二次革命"于 1913 年 7 月在南方爆发,以反抗袁氏的镇压措施。起义在短短几个月内就被镇压,其领导者孙中山和蔡元培等人逃亡国外。由于已没有更多的反对者,袁氏在 10 月被国会的剩余议员选为总统。

231

---

① 《特约路透电》,《民立报》1912 年 10 月 12 日,第 5509 页。

② 《国庆日大阅》,《时报》1912 年 10 月 12 日;《煌煌大观之国庆日》,《时报》1912 年 10 月 17 日,第 3 页。

③ 刘世昌:《中华民国国庆节之制定与第一个国庆日之纪念》,《"国立"编译馆馆刊》第 1 期(1971 年 10 月),第 113—122 页。袁世凯的荣誉名单受到普遍批评,尤其是在他"分封"蒙古诸侯似乎更直接地违反了共和原则之后。段祺瑞和冯国璋最初镇压革命者的观点也被提出来了。见《孤愤》社论,《读国庆日赏勋命令有感》,《时报》1912 年 10 月 15 日。[徐]血儿:《呜呼赏功》,《民立报》1912 年 10 月 12 日,第 5516 页,这篇社论更尖锐,指责袁氏无视那些在革命中牺牲了自己的人们。社论以这种方式持续了几天,甚至在平息之前在国民议会提出了问题。

袁氏在 1913 年 10 月 10 日宣誓就职。上午 9 时 30 分，袁氏乘坐礼仪车抵达天安门，并在一支军乐队的陪同下进入了皇城。[①] 10 时，警卫、官员和其他观众被带入紫禁城外朝区域的太和殿，就职宣誓将要在这里举行。外国人被带到东北角的观礼区。在此期间播放了"国乐"，并发射了 101 支礼炮。然后袁氏走上大厅北端的平台，面朝南，官员分列他的两旁。当音乐停止时，袁氏宣誓就职。观众向他鞠躬一次，他回鞠了一躬。然后袁氏宣读了他的誓词。观众向他鞠躬三下，他回鞠躬三下。最后奏乐，袁氏与观众离开。

袁氏的就职典礼在许多方面都与皇帝登基仪式不同，但是面朝南的行为模仿了自从远古时代就象征着王权的最关键特征。自 18 世纪初以来，清朝皇帝登基仪式的重要时刻就在太和殿内举行。所有仪式结束后，外国大使、高级官员、清宫代表和袁世凯本人都观看了军事游行。[②] 典礼持续了将近 4 小时，6 个军事单位在观景台前游行。袁氏穿着军装，配长剑。他的蓝色帽子上有一个五色五角星，侧面是金色的菊花，还有白色的羽毛。他的制服是蓝色羊毛制的，带有金色编织和金色装饰图案。他的靴子是黑色皮革的。他的裤子有 3 个红色条纹，袖口是红色的。

袁氏的大元帅服旨在象征年轻共和国的政治结构。[③] 但是外朝对公众的开放也同样重要。典礼结束后，普通市民可以获得

---

① 该描述尤其取自《总统之服色》，《时报》1913 年 10 月 11 日，第 4 页；《补录筹备国情事务处通告》，《时报》1913 年 10 月 12 日，第 4 页；《关于清皇室代表之礼节》，《时报》1913 年 10 月 14 日，第 3—4 页。
② 也参见《总统之服色》，《时报》1913 年 10 月 11 日，第 4 页。
③ 不过，服饰的专制主义是采用自欧洲的。Mosse, "Caesarism, Circuses, and Monuments".

232 免费门票,参观袁氏宣誓就职的旧故宫。[1] 在围绕这个地方的传统神圣和禁忌方面,袁世凯正在将统治世俗化。但是就他自己的权力而言,他的仪式表演是使新国家形象化的过程的一部分。袁氏的军事机构在1914年继续统治着双十节。在1914年游行结束后,袁氏正式开放了一个博物馆,以陈列来自热河和沈阳的旧清宫艺术品和文物。[2]

到目前为止,可以认为袁氏的总统仪式符合共和价值观念。在承担对革命烈士精神的祭拜或至少以政府的名义授权这种祭拜时,袁氏像对祖先一样对待他们。因此,他不仅通过表现出一定的孝道,而且也通过自身展现他们的魅力,来呼吁人们遵守共同的文化规范。袁世凯对军事符号的使用也引导了如今的普遍价值。19世纪与20世纪之交以来,军事化一直是一项激进的要求。与此同时,清宫被故意降低为博物馆的地位。曾经标志着皇城入口的天安门成为共和党的公民纪念碑,取代了其保护旧宫殿的作用。

袁氏还表现出他正在以各种法律措施建设近代国家。到1914年中,有人提出以法规禁止政府工作人员、人力车夫和商人留辫子。(类似地,一位检察官提出的关于复兴叩头的请求被立即拒绝。[3])政府办公室在元旦节期间关闭,同时尝试减少传统的春节假期。按照国际惯例,袁世凯举行了正式招待会以会见外国人和中国人。阅兵在袁氏、受邀的客人以及各地官员面前进行,代表了国家秩序、纪律和公民身份。同时,群众参加国庆节庆祝

---

[1]《补录筹备国情事务处通告》,《时报》1913年10月12日,第4页。

[2]《紫禁城游记》,《时报》1914年10月18日,第4页;1914年10月30日,第4页。

[3] *Peking Daily News*,1914.12.29,p.4.有关袁氏总统任期的概述,请参阅 Young (杨格),*The Presidency of Yuan Shih-k'ai*。

活动代表了由团结和共同性所定义的民族感。

在某种程度上，清朝的博物馆化象征着将国王送上断头台。根据《清室优待条件》，皇室成员（小皇帝、皇后以及无数的太监）仍然活着，并且生活得相当好，他们被安置在紫禁城北部僻静的地方。公众则被邀请参观外朝的宏伟建筑和新建立的古物陈列所。该陈列所的展品虽然只是庞大的帝国艺术品收藏中的一小部分，但被视为中国"民粹"的核心。① 学者们将许多物品标记为"国宝"，并为此感到自豪。帝国艺术品的法律地位尚不完全清楚，但在大众的想象中，它们立即成为国家遗产的一部分。拥有某些艺术品，例如古代青铜器，早已代表了王朝的合法性。他们的公开展示证明了共和国的合法性。

然而，袁世凯总统府的象征性结构并不完全是共和主义的。他的起居室和办公室位于中南海，这是紫禁城西侧的公园式区域，原为皇室专用。美国大使芮恩施讲述了他向袁氏呈递国书的童话般的旅程。② 袁氏为芮恩施安排了一辆华丽的马车，上面有涂着金色装饰的蓝色珐琅，由八匹马拉车。除了袁氏的骑兵护卫，他还由自己的美国海军陆战队和使馆人员所陪同，因为毕竟美国方面也必须坚持自己的礼仪。他们到达中南海，被带到袁世凯的家中，芮恩施相信这是慈禧曾经用来囚禁光绪的宫殿。芮恩施很是感动。

　　我们围绕皇城西部，沿着美丽南湖的城墙，并在一个巨

---

① Cheng-hua Wang, "The Qing Imperial Collection, circa 1904 - 1925". 该陈列所的藏品包括数十万件大部分从皇家收藏中征用来的物品，尽管清朝皇室仍保留了紫禁城所有艺术品的有效所有权。

② 芮恩施是一位政治学家，对当时的东方主义很感兴趣。他的回忆录是 Reinsch, *An American Diplomat in China*。

大的门前下了车……拥有精美样式和鲜艳色彩的古老建筑与那个季节的清澈湖水形成鲜明对比。它们所引起的震撼人心的景象，让人在乘坐老式船只慢慢划过整个皇家湖面时不禁留下深刻印象。船上有小木屋，装饰着帘幕和软垫，并带有侧板，人们用长杆撑船一摇一晃地前进。①

234 　与许多其他西方游客不同，芮恩施非常喜欢这座帝国城市的建筑，他觉得这座城市宜人、宽敞，而且是保守的。芮恩施被带领着穿过各个房间去会见袁世凯时，见到了很多非常高大的警卫，这使他想起了腓特烈大帝(Frederick the Great)对高个子男人的偏爱。最后，大使与总统的正式会见完成了。芮恩施总结道："这种对外在展示的幼稚强调源于古老的帝国主义，这是中国政治生活中一个比看起来更重要的特征……厚重的丝绸，沙沙的声音，五彩斑斓的颜色，剧院中歌声和琵琶的回音——这些精致的东方装饰似乎至今还挥之不去。"②尽管喜欢这种东方风格，芮恩施把他正式会见袁世凯的会客室评价为"太后建造的一个做作的近代建筑"。他还通过庆典仪式来观察袁氏的性格："他名义上是共和主义者，但内心是一个独裁者。他把帝国所有闪闪发光的古老东西都保留下来了。"③当然，若说袁世凯完整地保留了清朝的所有东西，这并不准确，但他的确对国家礼仪的问题进行了认真考量，并故意保留了过去的许多特征。

　　早在1913年至1914年冬天，袁氏就制定了一个复兴皇帝礼仪的计划，即冬至祭天。他还对夏季的祭地以及春秋季的祭孔表

---

① Reinsch, *An American Diplomat in China*, p. 1.

② Reinsch, *An American Diplomat in China*, pp. 3 - 4，5.

③ Reinsch, *An American Diplomat in China*, pp. 1 - 2.

现出兴趣。袁氏坚决否认这些举动代表着帝国野心。他进行古老的帝国祭祀的理由是功利主义的。他认为，自革命以来人民的道德水平一直在下降，而"礼乐"或者儒家思想被忽略了。关键不是祭祀能够调动精神力量，而是上天和孔子在大众的想象中代表美德。[1] 如果政府忽视了对上天的崇拜，那么一旦农作物歉收，人民就会责怪政府。"虽然总统与皇帝不同，但最终他仍然是国家领导人，需要代表国家调整和进行重大祭祀活动。"[2]

袁氏提出故意将传统的仪式和更新的仪式混合起来。祭祀上需要献祭一头牛，进献丝绸、酒、碗、一个金香炉、一个玉杯等。祭祀上需要叩头，并奏古代音乐。如清朝一样，祭天将在黎明之前进行，但寺庙和天坛将用电灯泡装饰以照亮整个仪式。[3] 袁氏既不穿近代服装也不穿清朝的皇室服饰，而穿古代周朝王公的长袍。[4] 考古学家需要做很多研究，这种研究本身早已是权力仪式化的一部分。袁氏宣布，古代的祭祀是为了纪念上天作为万物的起源，而放弃这些祭祀就等于放弃了天下为公以及人类与上天的联系。[5] 古代统治者知道天是人民意志的晴雨表，因此需要公正地保护人民。袁氏认为这一切与共和原则完全兼容。

袁氏与过去的最大变化是他决定允许庶人私祭，并要求地方政府的参与。上天不再象征着皇帝的独特本质。总统只不过是模范和"首席主持人"。[6] 1914 年 2 月，袁世凯下令将对上天的崇

235

---

[1]《祭天大礼之预备谈》，《时报》1914 年 12 月 21 日，第 3 页。

[2]《祭天大礼之预备谈》，《时报》1914 年 12 月 21 日，第 3 页。

[3]《民国第一届祭天典礼预闻》，《时报》1914 年 12 月 18 日，第 3 页。

[4] 据说，袁氏谦虚地拒绝穿周天子（皇帝）的长袍。*Peking Daily News*，1914.1.16，p.4.

[5]《政府公报》第 945 号（1914 年 12 月 21 日），第 208 页。

[6]《祭天大礼之预备谈》，《时报》1914 年 12 月 21 日，第 3 页。

拜定为一般性活动(通),并且公民可以在其家中举行适当的仪式。① 袁氏说,他将代表国民,地方官员则代表地方人民。在这种情况下,尽管各地官员都遵从了命令,但几乎没有私人家庭向上天献祭。在上海,政府在城市南门外的工业培训中心搭建了特殊的平台,以作为临时的祭坛。当地教育官员主持了仪式,北京要求他们遵循中央政府制定的仪式程序。② 而在首都,所有政府机构都应派一名代表参加主要的仪式。③ 以黄帝作为上天的拟人形象的提议被否决,理由是黄帝仅代表汉人,而共和国涵盖了多个民族。④

寺庙和天坛由于世俗的重复使用,可能已经变得世俗化了。在义和团运动之后,外国军队故意亵渎了这些地区。袁氏执政的头几年,他曾抱怨美国士兵在那里踢足球。尽管如此,那些清朝建筑仍然存在。后来,1914 年 12 月 23 日冬至,袁世凯在古老的祭坛上进行了祭祀。这是第一次由总统和整个国家的地方官员对上天的祭拜。⑤

现在我们可以从历史的角度来看在本书的引言中就提到的这个事件。袁氏自称事先斋戒三天表明他的个人礼仪纯洁,即使他宣称自己只是国家的代表。袁氏对象征皇家的黄色的挪用以及士兵都是他力量的象征。袁氏祷告称:

> 惟天降鉴,集命于民,精爽式凭,视听不远。时维冬至,

---

① 《政府公报》第 631 号(1914 年 2 月 8 日),第 203—204 页。
② *North-China Daily News*,1914.12.21,p.15.
③ 《民国第一届祭天典礼预闻》,《时报》1914 年 12 月 18 日,第 3 页。
④ 《政府公报》第 631 号(1914 年 2 月 8 日),第 206 页。
⑤ 关于祭品的报道参见 *Peking Daily News*,1914.12.24,pp.4-5;《筹备中之祭天大典》,《时报》1914 年 12 月 23 日,第 4—5 页;Reinsch, *An American Diplomat in China*,pp.24-26。

六气滋生,式遵彝典,慎修礼物。敬以玉帛牺齐,粢盛庶品,备兹禋燎,祇荐洁诚。尚飨。①

事实证明,1914 年向上天的祭祀是共和国历史上的独特事件。第二年,袁世凯的君主制计划遭到反对,受其困扰,他暂时中止了祭祀活动,后来天坛那片土地变成公园和博物馆。

更为成功的祭祀是春季和秋季的祭孔,尤其是在学校体系中。民国初年,第一任教育部部长蔡元培废除了这些规定,但在袁氏的统治下又恢复了。本质上,袁世凯试图找到一种中间方式,既使孔子获得一定的官方认可——这是跨越革命边界的连续性的一个很好象征——同时也拒绝让儒家成为中国官方宗教的请求。一方面,袁世凯指出,中华民国宪法明确承认宗教自由,并迫切希望控制广阔的边疆地区,他不能只考虑传统的汉人文化。② 另一方面,袁世凯为孔子被指责提倡专制政权作辩护。袁氏说,孔子生于一个贵族专制时代,他也曾试图改善这些状况,儒家思想是随着时代的发展而不断变化的。袁世凯采用了康有为的部分儒家进步主义思想,声称孔子促进了新兴的和平,并预见了大和或大同。上天生了孔子,让他成为时代的导师。袁氏因此 *237* 认为学校继续祭祀孔子是适当的。

1913 年秋天,儒家的祭祀在北京的老国子监举行,财政大臣梁士诒(1869—1933)代表总统参加。③ 典礼之前,北京的精英们(包括外国记者、教育家和外交官)都看到了祭品。仪式本身似乎

---

① Reinsch, *An American Diplomat in China*, pp. 25 - 26.
②《命令》,《时报》1913 年 6 月 27 日,第 2 页;《大总统复学校祭孔命令》,《孔教会杂志》第 1 卷第 6 号;《命令》,《时报》1914 年 2 月 10 日,第 2 页。孔教运动将在下一章讨论。
③《本会纪事:总会》,《孔教会杂志》第 1 卷第 8 号;《国子监丁祭之盛仪》,《时报》1913年 9 月 11 日,第 3 页。

已经相当正式地进行了,但仍有报道称有些人认为仪式已经变质。第二年,袁世凯担任主祭亲自主持祭祀,他乘坐装甲车驶过文庙(或称夫子庙),穿过大批士兵。4 个叩头仪式之后,献上酒、牲畜和纸币,之后再作另外 4 个叩头。[1]

孔子直到清末才成为国家礼仪的中心。1906 年,对孔子的崇拜从中等规模的祭礼升为盛大的祭礼。[2] 正如郭亚珮(Ya-pei Kuo)所表明的那样,这对于康有为式的改良派是一个长期的梦想,他们认为孔子是中华民族的象征,中国文化的精粹存在于儒学之中。清政府希望在废除科举制度后,孔子能将国家文化统一起来。然而,尽管对上天的大型祭祀彰显了天子——也就是皇帝——在宇宙中的独特作用,但在祭祀孔子的过程中,皇帝也变成了人类中的一员。与传统的天地、土地、社稷以及皇帝的祖先等传统祭祀对象不同,孔子长期以来一直受到士绅和文人平民的崇拜。清朝对孔子的地位的提升是试图以牺牲皇帝的超越性为代价来加强民族认同以及人民与君主制之间的联系。

结果对于袁世凯来说,无论是上天还是孔子都没有什么超越性的表现。可以预料的是,总统大元帅还注意到了文庙在军事上的"双胞胎"——武庙。清朝很久以来就在武庙里供奉武艺英雄和关帝,但是袁氏在 1914 年下令赋予岳飞同等的地位,并且对他们两人祭祀与共和国烈士的纪念仪式一起举行。[3] 跟革命烈士

---

[1] *Peking Daily News*,1914.9.29,p.5.

[2] Ya-pei Kuo(郭亚珮),"'The Emperor and the People in One Body'".

[3] *North-China Daily News*,1914.11.26,pp.7-8;Johnston(庄士敦),"Chinese Cult of Military Heroes". 关于关帝的变化意义,参见 Duara,"Superscribing Symbols";关于岳飞,参见 Matten,"The Worship of General Yue Fei"。

一样,他们可以被转变成近代爱国主义的象征。关帝代表着忠诚 ²³⁸
和正义等美德。岳飞是汉人将军,抵抗了满人之前的北方入侵
者。晚清革命者对岳飞很尊敬,袁世凯可能一直在试图唤起人们
的汉人身份而同时又不冒犯中国的其他民族。当他开始为称帝
造势的时候,有报道称袁世凯甚至试图让他的一位祖先被册封在
武庙。①

　　袁氏的"迷信"被一些人嘲笑,②但袁氏远比革命者对民情
有更好的把握。例如,报道称 1912 年革命者在广州试图限制
儒家思想的尝试遭到了反对。③ 革命者似乎将双十节作为民族
和国家的庆祝活动,并视孔子和上天为君主专制和帝国所有的
不可挽回的污点。革命后,军事和民政官员在中国主要城市领
导了新共和国的新仪式。用鞠躬代替了三跪九叩的整套仪式,
但祭祀的基本含义得到了保留。这些官方仪式为中国人提供
了一种共享的体验,同时又能在区分官僚和男性特权的等级体
系中精心区分了选定的群体。对袁世凯来说,目标是将他的统
治与终极的权威联系起来,或者至少与超越他的个人的权威联
系起来。他基本上能够在他的图景中重塑国家象征。但是,正
如我们将在下一章中看到的那样,即使是他的君主制也接受了
民族的新规范。

• • • •

　　中华民国根基(以革命开始,以皇帝退位、宪政继承结束)的

---

① Johnston, "Chinese Cult of Military Heroes", pp. 88 – 89.

② Jerome Chen(陈志让), *Yuan Shih-k'ai*, pp. 159 – 160.

③《粤省商团祝圣之热闹》,《时报》1912 年 10 月 17 日,第 4 页;《再志粤省各界孔诞
　祝典之盛》,《时报》1912 年 10 月 18 日,第 3 页。儒家礼教不是流行文化的主要
　部分,却是学校不可缺少的一部分。也许对革命政府的敌意是出于税收问题,孔
　子的生日则提供了一种抗议的载体。

双重性质,甚至体现在国家主权的近代象征——邮票上。政府于1912年9月宣布发行两枚邮票:一枚是以水稻为背景的孙中山像,另一枚是以小麦为背景的袁世凯像。[1] 这些邮票很好地结合了南北方的生态主题,也反映出共和国政治统一的脆弱性。后来由国民党政府在20世纪30年代采用的同盟会复兴主义神话就被设定在共和政体的第一年,讲的是有能力的袁世凯和平解决"混乱"的故事。尽管如此,在民国成立的头几年,双十节促成了一系列表演,让身体重新进入人们的视野中。官员、士兵、学生等的模范身体出现在了特别展出上。这也是让不同的身体特征相混合的机会。在兴奋的氛围里,公共的和私人的体验混合在了一起。跟身体相关的近代习惯的典型例子包括鞠躬的广泛使用,以及正式场合的握手礼。短发成为公民的新外貌标志,至少对男人而言是这样。剪掉男性辫子的运动相当成功。[2] 对女性而言,对缠足的解脱也成为同样显著的身体特征。正如不鼓励男人留长发一样,女人也被禁止将头发剪短。[3] 在法律和实践中,公民身份依旧男女有别。服装当然也在变化。依旧是官员、学生和士兵在男装改革中起了带头作用,北京政府也对正式场合需要注意的适当服装给出了详细穿戴指引。然而女学生的制服与男学生的制服相当接近。

在共和国成立的头几年,革命的记忆体现在国家认可的仪式形式中。这是通过习惯和思考、辩论和争斗的结合才实现的。被

---

[1]《新式纪念邮票》,《民立报》1912年9月23日,第5348页。

[2] Harrison, *The Making of the Republican Citizen*, pp. 30 - 40; Weikun Cheng(程为坤), "Hairdressing and Ethnic Conflict".

[3] 法律禁止女性留短发,因为它代表一种异装癖,由此损害了公共道德。《禁止女子剪发》,《时报》1913年3月23日,第7页。

辩论的仪式和仪式化的辩论,都反映了民国初年复杂的政治文化。这个共和制国家宣称其合法性的基础与清朝或其他任何先前的中国朝代都不同。它寻求与民族建立更紧密的联系,并希望更紧密地控制其公民。在帝国末期,元宵节和端午节等群体性庆祝活动提供了颠覆性的潜力和超越社会界限的时机,狂欢节式的庆祝活动与中世纪晚期的欧洲无异。① 他们庆祝了复杂的宇宙等级制度,并最终重申了将皇帝居于顶端的社会秩序。与之相反,双十节虽然涉及许多相同的活动,例如游行、灯笼和宴会,但它强调的是共同的身份。它没有保证完全平等,但它的参与形式 *240* 表明,个人也是公民系统中适当的一部分:士兵、学生、官员、商人等。这种群体上的身份虽然在情感上比家庭成员间的联系要弱,但它具有较高的政治层面的意义,这使得新生的国家与个人联系在了一起。双十节是一种政治仪式,而不是宇宙仪式。就体现记忆的角度而言,双十节是对革命的记忆。1916 年,随着袁世凯的逝世和君主专制的全面崩溃,《盛京时报》使读者回想起 1911 年和 1915 年为自由所做的流血牺牲。②

　　但是那次革命是什么? 它实现了什么? 几年之内,知识分子的幻想破灭,变得愤世嫉俗。1924 年 10 月 10 日的一篇报纸文章将共和国十三年中的每一年都比作一种疾病。③ 从这个意义上讲,政治体制一直处于危机之中。1913 年的起义就像是隔膜的感染,而袁世凯称帝就像脑出血。1917 年的清朝复辟——一次军事政变,使溥仪的皇位恢复了两个星期——是"假死"。1919

---

① 参见陈熙远:《中国夜未眠》,《"中央研究院"历史语言研究所集刊》第 75 本第 2 分(2004 年),第 283—329 页。
②《国庆日之感言》,《盛京时报》1916 年 10 月 10 日,第 35/168 页。
③《多灾多难的中华民国》,《大公报》(长沙)1924 年 10 月 10 日,第 44/436 页。

年国家的背叛——《凡尔赛条约》将德国在山东的特权转给日本——是天花。20 世纪 20 年代不断发生的内战代表了各种失调。这种冷嘲热讽是从袁世凯独裁统治的初期继承而来的。1913 年 10 月 11 日,《申报》发表评论:

> 如果我们问我们的同胞昨天有什么大惊小怪、鼓掌和叫喊声,他们会回答:"是为了纪念共和国,为了庆祝总统。"如果我们问为什么要纪念和庆祝,他们会回答:"我们希望中华民国的进步。"但是,我们仍然拥有相同的老总统,相同的旧政府,相同的旧立法机关,相同的旧司法机构,相同的旧公民,而且现在是大惊小怪的同一天,人们保持镇定而健忘,但它仍然是旧中国。进展在哪里? 因此,我希望从总统以下的每个人都能拒绝所有相同的旧事物,并振奋精神,在这个亚洲大陆上建设一个新国家,这样我们就配得上"中华民国"一词的真正含义。①

作家鲁迅(1881—1936)在 1925 年反思 1911 年的辛亥革命,他认为根本的问题是记忆的失败和中国人忘记历史的倾向。② 那些革命性的复仇精神去了哪里? 鲁迅指出,扬州和嘉定大屠杀的记载,与明代遗民著作一样,是为了复兴被遗忘的仇恨。但是随着革命的来临,这种复仇的愿望消失了。鲁迅认为这是由于革命的乐观主义和对于"文明"的渴望。鲁迅指出,南京的满人驻在处已经被摧毁了,但他不认为这是出于汉人的报仇欲望。相反,据他听说,大部分损失是由满人自己造成的。无论如何,"即使你将《扬州十日记》挂在眼前,也不至于怎样愤怒了"。鲁迅抱怨说,

① 《杂评二》,《申报》1917 年 10 月 11 日,第 1230/545 页。
② 鲁迅:《杂忆》,《鲁迅全集》第 1 册,第 317—323 页。

随着辛亥革命的成功,情况很快退回到君主制重新出现时。对于复仇本身,鲁迅既不觉得光荣,也不诋毁。他认为这既正常义危险。他的真实观点似乎是,中国人民的愤怒总是太频繁地被误导并且是间歇性的。

然而,尽管共和党知识分子对此表示怀疑,但革命后君主制运动的失败表明某些事情已经发生了根本性的变化。新的国家显然不是民主国家。它甚至可能仅仅只是一个形式上的国家。[①]帝国主义势力继续严重限制任何中国政府可采取的行动范围,而革命使地方和区域性的权力持有者能够越来越独立地运作。但是,诸如妇女、工人、学生以及一定程度上的农民和少数民族等在社会上没有权利的群体仍在争取公民身份。公民身份意味着能与其他公民具有共同的国家地位,从这个有限的意义上讲,它不必包含民主权利(如投票、担任公职等),而仅仅只是享受国家保护的权利。公民身份在讨论和实践中都不稳定,但是公民身份的标记从无到有,迅速扩散到民国初年的各种符号、典礼、节日、仪式和纪念活动。

---

① 尽管如此,重要的是要注意国家建设和近代化进程在袁总统甚至他的继任者期间持续开展。在清末新政和宪政改革的精神下,政府机构至少偶尔地被合理化了;一再解散和重新组建建议会令人沮丧,但也为国家精英保留了某种公共舞台。参见 Young, *The Presidency of Yuan Shih-k'ai*;Nathan(黎安友), *Peking Politics, 1918 – 1923*。

第八章　末代皇帝

　　从 1911 年的辛亥革命到 1924 年,清廷旧贵族在紫禁城中辉煌不再,日渐衰败,他们一直反抗共和,却毫无结果。在 1914 年至 1918 年的第一次世界大战期间,日本政府大幅增加了在中国的商业和军事力量。袁世凯在 1915 年的大部分时间里都在抵制日本试图控制中国政府的努力,并争取巩固他在中国的权力。1915 年中日之间的外交危机是袁世凯建立新王朝的背景。回看历史,袁氏的计划徒劳又荒诞。[①] 不幸的是,对袁氏来说,最终连总统独裁制的支持者都不想看到帝制复辟。可以说,真正的帝制主义者仍然希望恢复清朝。他们在 1917 年的夏天看到了机会,袁世凯死后,北京政府瓦解了。一位帝制主义将军又将男孩溥仪重新推上了皇位,溥仪坐了两个星期的皇位,之后帝制再次被推翻。终于在 1924 年,随着华北军事平衡的另一次转变,溥仪和清廷被驱逐出了紫禁城。溥仪退位时刚满 6 岁,而他离开故宫和北京时才 18 岁。

　　如果说清朝在 1912 年还没有完全结束,那 1924 年就确定消失了。(1934 年,伪满洲国皇帝溥仪上台,这使一些清朝的忠实

---

① 列文森(Joseph R. Levenson)嘲笑袁世凯作为总统和准皇帝的仪式主义,得出的结论是,在 1916 年“对共和国的拙劣模仿(仅仅几个月)”变成只是对帝国的拙劣模仿”,见 *Confucian China and Its Modern Fate*, Vol. 2, p. 4。但这似乎有点太简单了。

拥护者感到振奋,但这并不是清朝的延续。)1912 年至 1924 年发生了重大的社会变革和政治动荡。中国大地涌现出了新的意识形态,包括折中形式的无政府主义、社会主义、共产主义、自由主义和儒家思想。① 本章考察了共和国前十二年中一些相互竞争的国家概念。

立宪王朝

也许袁世凯认为,除了他长期以来崇尚的君主立宪制外,中国的未来没有其他道路。② 也许他认为他可以得到民众的支持。他本应该知道会有很多人不赞成他——梁启超在 1915 年 6 月当面对他说了很多话。但是袁世凯继续着他的计划,在夏天过后成了皇帝。他强调,他将是立宪皇帝,将通过选举就职。袁世凯于 1916 年 1 月 1 日开创洪宪时代(或是他坚称的洪宪元年)。但是,登基典礼被推迟了,最终从未举行过。

杨度在 1915 年 4 月撰写了一篇为立宪君主制辩护的雄文。袁世凯的美国宪法事务顾问弗兰克·古德诺(Frank Goodnow,1859—1939)在 8 月发表了对共和国的评论。袁氏的日本法律事务顾问有贺长雄(Ariga Nagao,1860—1921)已经确定,袁氏的任

---

① Tse-tsung Chow(周策纵), *The May Fourth Movement*；Schwarcz(舒衡哲), *The Chinese Enlightenment*；Lin Yu-sheng, *The Crisis of Chinese Consciousness*；Lin Yu-sheng et al., *Wusi*；Doleželová-Velingerová and Král, *The Appropriation of Culture Capital*；Weston, *The Power of Position*；Jenco(李蕾), "'Rule by Man' and 'Rule by Law' in Early Republican China".

② Jerome Chen, *Yuan Shih-k'ai*, pp. 166 - 176；Young, *The Presidency of Yuan Shih-k'ai*, pp. 215 - 216.

职源于清朝退位带来的"主权(统治权)移交"。① 换句话说,共和国不是通过革命或民意建立的。因此,可以得出结论,复辟帝制在袁世凯的权力范围之内。这些人实质上认为共和主义在中国失败了,因为它不适合中国国情。他们说,鉴于中国的专制统治传统和群众的无知,帝制可以为中国的共和未来做准备。但是共和主义的时代尚未到来。

杨度于8月成立了筹安会,为袁氏帝制做宣传。联合创办人还包括刘师培(1908年背叛了革命事业,在民国初年挣扎,并于1917年获得在北京大学的教职)和严复。② 筹安会组织了请愿活动,敦促袁世凯称帝,袁氏则假装推脱。9月,所谓的国民代表大会(全体1993名成员一致通过)投票选举袁世凯为新的皇帝。整个冬天,更多的请愿和奏折涌入北京。12月12日,国会投票赞成袁氏成为皇帝。袁氏拒绝了三次。然后他委婉地同意了。

---

① 张学继:《论有贺长雄与民初宪政的演变》,《近代史研究》2006年第3期,第54—75页。有贺长雄代表了君主立宪制;而对于君主主义者来说,古德诺是他们手中的法宝,尽管古氏可能不知道他的文章会被如何利用。杨度:《发起筹安会宣言书》,《杨度集》,第585—586页;Pugach(蒲嘉锡),"Embarrassed Monarchist";Young, *The Presidency of Yuan Shih-k'ai*, p. 172. 古德诺,哥伦比亚大学法学教授,后任约翰·霍普金斯大学校长,是美国政治学学科的奠基人。他告诉芮恩施大使:"这是一个迄今为止的非政治社会,几个世纪以来一直由自我节制的社会与道德纽带维系在一起,没有固定的法庭或正规的制裁。现在它突然决定接收选举、立法机构和我们更抽象和人为的西方制度的其他元素。我倾向于认为,如果制度变革更加渐进,如果代表制度是基于现有社会团体和利益而非基于普选的抽象概念之上,那将会好得多。从实际经验来看,这些政治抽象概念对中国人来说毫无意义。"Reinsch, *An American Diplomat in China*, p. 31. 然而,这些外国人只是个小插曲。

② 就严复而言,有人暗指他或多或少被迫向筹安会提供了自己的名字,但他从未积极宣传过。Schwartz, *In Search of Wealth and Power*, pp. 223-229;周振甫:《严复思想转变之剖析》,《学林》第13期(1941年1月),第113—133页。严复的学生侯毅报告说,严氏私下并不赞成筹安会。尽管严氏从根本上认为中国最适合成为君主立宪国家,但由于中国已经成为共和国,任何君主制的强加都相当于革命。此外,"维持君主制最重要的是统治者的魅力。但是今天统治者的魅力已经丧失殆尽了。贸然恢复旧制度,只会造成更大的混乱"。侯毅:《洪宪旧闻》第1册,第3a页。

杨度在 1915 年 4 月发表的论文《君宪救国论》中宣称："我们 ²⁴⁴
需要宪法制度来拯救国家，我们需要帝制来建立宪法体系。"①财
富和权力取决于宪政，但宪政只能来自帝制政府，而不是无法运
作的共和制。杨氏认为，共和主义不适合一个脆弱的国家。特别
是中国军队受到了自由与平等观念的伤害。日本和德国等强国
避免了共和主义，而只有法国和美国等富裕国家可以负担得起。
中国是一个位于日本和德国两个强大君主制之间的贫穷国家，它
需要它所能找到的所有力量。此外，共和主义阻碍了中国的致富
之路。企业家需要不受外国干预和国内骚乱的影响，而选举只会
加剧这种情况。杨氏认为，1913 年的"二次革命"证明了中国尚
未做好准备。在共和国，

> 大多数人民必须具有共同的道德和对共和政治的知识。
> 然后人民成为主要因素，总统和官员被人民赋予政府事务机
> 关。……我们怎么能说中国人达到了这个标准？大多数人
> 不知道共和国是什么，也不知道什么法律或各种自由与平等
> 理论。他们断然放弃了专制君主制，建立了共和国，现在他
> 们认为没有人可以限制他们，他们可以做任何想做的
> 事。……而且，由于皇帝被如此突然废黜，该中心的威望变
> 得微不足道，就像散落的沙子一样，无法重聚。无论是谁负
> 责，他都不会发现除垄断权力外的其他统一行政或安抚国家
> 的政策。②

杨度坚持认为，中国在精神上仍然保持专制。他还坚称自己
支持立宪主义，但立宪机构必须摆脱专制制度。专制制度对于促

---

① 杨度:《君宪救国论》,《杨度集》,第 573 页。
② 杨度:《君宪救国论》,《杨度集》,第 568 页。

进教育、工业和军事发展是必不可少的。杨氏引用孟子的说法是,只有一个统治者才能创造统一。[1] 一旦国家安定下来,宪法秩序就会出现。杨氏认为君主立宪制不应该是纯粹的专制政体。相反,君主将依靠民众的支持,而民众的支持又会对不断进步施加压力。1907 年,杨氏曾表示,中国的领土完整永远不会减弱,国体也不会改变,但其政体可能会有所调整。[2] 现在,他强调了自清末以来他对君主立宪制一贯的支持。[3] 在杨氏看来,他并不是要让中国重返传统的王朝体系,而是要建立一个强大的民族国家。

245

刘师培在一篇引人入胜的文章《君政复古论》中表达了对袁世凯的支持。[4] 刘氏未提及袁氏的名字,但他辩称,一个国家需要明智和强有力的领导者。文章使用准先验语言,预见到一种专门用于支持袁氏的更为传统的言辞,刘氏说:"'天'赋予普通百姓生命,若是没有统治者,他们将遭受混乱。"[5]刘氏将皇帝重新纳入宇宙秩序,并将王权的"德"与广泛的权力联系起来。[6] 他承认说,如果共和国运转正常,那么也许没必要"复辟"。但尽管如此,"王权一天也不应废除"。[7] 因此,"现在是重塑国家权力的时候了"。[8] 这项任务需要一个极富创造力的人,他将在危机时期被推举,并能恢复政治体系。[9]

---

[1] 杨度指的是《孟子》第一章第一节中的一句话。孟子建议国王如何平定世界:一个将通过仁政而不是杀戮来继承统治的人。

[2] 杨度:《金铁主义说》,《杨度集》,第 264 页。

[3] 杨度:《谈筹安会》,《杨度集》,第 613—614 页。

[4] 刘师培:《君政复古论》,《刘申叔先生遗书》第 55 册。

[5] 刘师培:《君政复古论》上,《刘申叔先生遗书》第 55 册,第 1a 页。

[6] 刘师培:《君政复古论》上,《刘申叔先生遗书》第 55 册,第 1a 页。

[7] 刘师培:《君政复古论》中,《刘申叔先生遗书》第 55 册,第 1a、2a 页。

[8] 刘师培:《君政复古论》上,《刘申叔先生遗书》第 55 册,第 3b 页。

[9] 刘师培:《君政复古论》中,《刘申叔先生遗书》第 55 册,第 1b 页。

梁启超领导了对袁世凯帝制的反对,尽管很多人——甚至是袁氏的前助手唐绍仪——都曾公开表过态。梁氏发现杨度的论点很熟悉,因为他最近也提出过同样的论点,但那是在革命之前。梁氏现在指控,改变宪法本质上是不稳定的。① 刚刚经历辛亥革命的中国人现在应该在共和国法律的范围内行事。经受了想说"我告诉过你"的诱惑后,梁启超补充道,正如他以前认为现存皇权系统更为可取而反对共和改革一样,这次,他认为改革共和体制比再兴起一场激烈的变革更为可取。换句话说,共和制远非完美,但再次改变国家政体会更糟。

袁世凯为他的行动做准备的几个月,给了反袁的谋划者们发 246 起反击的时间。随着帝制运动的进行,梁启超仍然担任袁氏的内阁成员,并为自己在天津的外国租界准备了一个避难所。去年12月,他去了上海,在那里他比在天津受到更好的保护,他可以利用上海的媒体来宣扬他的反对意见。12月底,蔡锷率领一支讨袁军从云南出发,迅速夺取了对袁氏大军的几场胜利。蔡锷曾于19世纪90年代后期在时务学堂学习,当时是梁启超的学生,后来跟随梁氏来到东京。② 蔡氏在日本学习军事科学,成为一名职业军人。他们的护国运动吸纳了贵州、广西和其他南部省份的军事分子。同盟会前领导人也参加了会议,但立宪派的作用至关重要,这不仅是因为他们比革命者更有社会地位,而且他们在省级军事部门的影响力要大得多。

《异哉所谓国体问题者》是梁启超对君主制的批判,于1915

---

① Zarrow, "Liang Qichao and the Notion of Civil Society in Republican China".
② 参见胡平生:《梁蔡师生与护国之役》;《护国文集》编辑组编:《护国文集》;张朋园:《梁启超与民国政治》,第64—90页。

年8月出版，并被广泛转载。① 梁氏的文章充满冰冷的逻辑、无拘无束的讽刺、情感的恳求和聪明的比喻。简而言之：革命是无法更改的，因为它摧毁了帝制的神话。梁氏认为，帝制取决于一种神奇的感觉。十年间来自共和的中伤破坏了皇帝的魅力，而革命摧毁了王权。一旦把偶像从神坛上赶下来，他的功效就会永远减弱。梁氏认为，共和国是混乱而低效的，但他认为解决方案是强有力的总统制。例如，他很乐意赋予总统解散议会并要求举行新选举的权力。梁氏以指控杨度是革命者为乐。他还详细列举了袁世凯完全虚构或至少是从他的省级官员身上创造政治支持的各种方式。最后，梁启超指责帝制主义者主张绝对君主制，而不是立宪君主制。

247 　如果杨度以近代化为由支持君主立宪制，而梁启超以稳定的名义支持共和国，那么袁氏的帝制也有传统主义的因素。请愿者和上奏者赞扬袁氏的神圣和圣贤的特质，还有他的功绩和美德以及他的变革能力。历史类比是推动袁氏事业的重要手段。近代制度运用选举和民众意志，而传统主义声称人民要求袁氏成为皇帝，但他们的意志是"天"的意志。一位上奏者写道："群众一致和恭敬地希望有秩序。"②另一位写道："陛下只知道以民族为前提，以人民的意志为目标。"③"人民"以商会、华侨、省代表和少数民族代表的形式出现。④ 他们一致认为，为了谋得长期稳定的统治

① 梁启超：《异哉所谓国体问题者》，《饮冰室合集》专集第33册，第85—98页。"好奇怪！所谓的国家政治问题"，语气中透着一丝遗憾，就好像梁氏仍希望袁世凯能够回到终身总统的正确道路上。正如孟祥才指出的，这篇文章可以被解读为一种抗议。孟祥才：《梁启超传》，第268—273页。
②《政府公报》第1304号（1915年12月25日），第987页。
③《政府公报》第1293号（1915年12月13日），第456页。
④《政府公报》第1299号（1915年12月29日），第713—714页。

以及建立新的国家体制，中国应该成为一个帝国。而帝国需要一位圣人来统治它。

1915 年 12 月，筹安会联合理事长杨度和孙毓筠（1869—1924）奏请袁世凯称帝。[①] 他们的奏折可以作为宣传运动的典范。他们说，袁氏成为皇帝会给予人民希望，因为只有杰出的圣贤才能"继续履行天命，成为皇帝"（继天立极）。[②] 袁世凯应该"居于正位"，"颁布自己的政令"（正位定名）。[③] 他的智慧是上天的恩赐，他的理解力是无限的，他拥抱了广阔的天地。"您的军事才能是奇迹，您的民事能力是明智的。您的思想早已与人民的思想联系在一起。"好像事件不受袁氏的个人控制，他的职责是"服从"天的意志，并"遵循"人民的"明确命令"。"优美的声音和谐地澎湃着。"上天给了袁世凯"圣人的宝座"，人民可以看到汉人官员的繁盛礼节。作为皇帝，袁氏将执行天的怜悯并接受天的力量（天威）。[④] 通过"定职"和"改正姓名"（定分正名），袁氏将成为"上天眷顾"（天心之眷）的典范。[⑤]

[①]《政府公报》第 1304 号（1915 年 12 月 25 日），第 990 页。奏折和诏书华丽复杂的散文难以翻译，但这种文学质量当然是刻意的效果。

[②] "继天立极"一词出自朱熹的《大学章句序》，指的是古代圣王"继承天子登上最高的皇位"。《谷梁传》用"继天"来形容统治者，《尚书》则用"立极"来形容统治者。Gardner（贾德讷），*Chu Hsi and the "Ta-hsueh"*, pp. 78 - 79.

[③] "正位"一词最早见于《孟子》第三章第二节，以"居于正位"之类的词来形容"伟人"——"坐在正确位置上的人"。Dobson（杜百胜），*Mencius*, p. 125. "定名"一词描述了权威的主张。

[④] "天威"一词经常出现在经典和非经典古籍中，指的是天的威力。参见如 *Book of Documents*（《尚书》）, trans. Legge（理雅各）, *The Chinese Classics*, Vol. 3, p. 475；*Guanzi*（《管子》）, trans. Rickett（李克）, *Guanzi*, Vol. 1, p. 341.

[⑤] "定分"是另一个与统治、规范和秩序相关的经典术语。"正名"是儒家政治和社会伦理的一个基本前提：经典是《论语》第一章第三节。孔子将"正名"与真正的知识和行政效能联系在一起。"天心之眷"不是一个经典术语，但听起来很像。"天心"的宇宙观非常古老。

天生具有或真正具有超凡魅力的统治这一概念是传统政治
话语中的一个突出主题，袁氏的支持者们并未忽视，尽管这非常
不符合当时的情况。杨氏和孙氏更新了古书，宣称袁氏的大美德
席卷了中国的 5 个民族，他的威信甚至给他带来了帝国主义势力
的信任。如果他拒绝皇位，世界将动荡不安，人民将变得不信任
和叛逆。整个国家都希望接近太阳和云层，并希望成为绕过极星
的恒星团（一种古老的皇帝比喻）。

> 陛下展示了神圣智慧的美德，并渗透了能量本身。您已
> 将六个方向铸造为金属，然后将其铸造为陶器。您又重新悬
> 浮了太阳和月亮，并重新组合了起点和星座。陛下创造了三
> 个力量[天堂、地球和人类]。您的强大力量就像夏日的阳光
> 一样照耀着整个世界。您的仁慈就像春天。……①

这种言辞模糊了天生具有的魅力与实际能力和成就之间的
界限。杨氏和孙氏说：“您的功绩如此丰富，您的作为如此伟大，
以至于人民找不到言语来形容。”袁世凯的“仁爱之心”（仁心）激
励他“富民立国”。尽管这似乎是将古典美德与对国家建设的近
代关注相结合，但这一言论也是对孟子的敬意，孟子已经将皇室
的仁慈与一系列古老的、有效的、基于法律的行动联系在一起。②
袁世凯本人则以简单的裁军来解决这个问题：

> 我以原先的身份（总统）有责任维持国家体制（国体）。
> 我已经一再解释，但人民不会接受这一观点。……既然国家
> 主权属于全体人民，那我怎么敢违反人民的意愿来维持自己

---

① 《政府公报》第 1293 号(1915 年 12 月 25 日)，第 988 页。
② 《孟子》第四章第一节。孟子在这里的观点是，仁是治理的必要不充分条件，统治包
　含积极的一面。从这个意义上说，这个典故是恰当的。

的见解？"天就像人们看到的那样；天就像人们听到的那样。"天不可避免地遵循人们的需求。根据历史文献，无论跟随还是违反天都是极其严重的。一个人看不见天，但一个人看得见人民的意志。①

但是上天从来没有组织过选举，袁氏的君主制沉没在迷雾笼罩的言论之下。如果说袁氏是上天的超凡魅力的选择，那为什么还要近代的代表仪式呢？他们也不必在意大多数的农民，尽管他们将特定的人——政治活动家——拒之门外，但大多数农民也不关心他们。袁氏实际上接受了政治近代性的基本前提。他认为替代皇帝的最合适、最有效的方法是独裁者，但他在没有议会的情况下很难进行统治。他唯一的榜样是帝国。袁氏帝制的失败也没有使共和制成功。但它表明了 1911 年的辛亥革命是不可逆转的。

儒家思想与共和主义

儒学家们满怀激动地迎接 1911 年的辛亥革命。他们担心社会和道德秩序的崩溃，实际上，他们在周围发现了这种崩溃的迹象。他们认为儒家思想将在民族复兴中发挥作用。这种信念似乎是相当典型的对革命变革的保守反应，这与 19 世纪法国的天主教徒对君主制的支持没有什么不同。但是 20 世纪10 年代的中国儒家经常热情地欢迎新共和国。许多人将革命

---

① 《政府报告》第 1294 号（1915 年 12 月 14 日），第 496 页。这段引文的经典出处，实际上是《尚书》的一句谚语，尽管这句话是通过孔子和孟子传播到大众意识中的。（此句谚语应是"天视自我民视，天听自我民听"，出自《尚书·泰誓中》，意思为天的视听是通过老百姓的视听来体现的。——译者注）

与大同乌托邦的到来联系在一起，以此来纪念儒学的高潮。对他们而言，国家的物质生存和民族文化紧密地联系在一起，而命运似乎同时是不稳定的和持续千年的。正如刘小枫指出的那样，20世纪10年代的今文经儒学思想家将古代革命（权力更迭）和近代革命进行了类比。[①] 如果说大同思想是通过康有为和今文经传统与历史进步联系在一起的，那么古文经和宋明传统也有助于民国初期的儒家乐观主义。熊十力（1885—1968）等儒学家批评这场革命未能实现民主与平等，而不是批判其目标。跟19世纪末期的改良派一样，熊氏认为，孔子的最终目标是民主。熊氏将儒家的天意与人民联系起来，所以天的权力（天命）通过圣贤代表来维持世界的秩序。在刘小枫看来，熊氏的观点具有乌托邦元素。天存在于人的思想和自然界中，甚至可以由个人发展到圣人的程度，这是新儒家思想的一部分，在王阳明学派中尤为突出。[②] 按照这种观点，权力（至少潜在地）存在于每个人或可供每个人使用的。但到了20世纪人们才发现，这可能是撬动社会改革的杠杆。

流行的儒家思想自然地在1911年的政治分水岭上持续存在，不仅在家庭环境中，而且在公众表达中。在大多数城镇，每年在庙宇和学校城墙内两次或三次为孔子进行庄严的祭祀，有时伴随着充满活力的街头节日。在城市地区，与祭祀孔子有关的仪式进行了自我意识的近代化，这主要是由当地精英进行的。儒学在以康有为和学者陈焕章（1881—1933）为首的儒家

---

① 刘小枫：《儒教与民族国家》，第100—115页。
② Wing-tsit Chan（陈荣捷），trans. and annot.，"Instructions for Practical Living"，pp. 96 - 98；Angle，*Sagehood*，p. 55.

协会(孔教会)中有强大的拥护者。① 陈氏是唯一拥有进士头衔和博士学位的人,他在哥伦比亚大学完成了关于儒家经济思想的长篇论文。该协会宣讲的学说既普遍又特殊。它认为儒学为人类提供了最好的未来,认为儒教是中国身份的标志。它对塑造东南亚的中文学校起了很大作用。在中国,它宣扬革命后必须进行道德复兴。②

儒家不想将他们的教导与其他典型的中国制度——帝制联系得太紧密。因此,他们认为,儒家在为私人利益服务时被误解和挪用,而它仍然是道德和文化的基础。③ 皇帝自私地垄断了对"天"的崇拜,经常统治着那些并不了解孔子传播的原始真理的学者。但是,对于近代儒家而言,如果帝国主义的统治压制了人民,那么必须记住,他们是在政治发展的早期阶段这样做的。儒家道德至少已经遏制了帝制最严重的过分行为。最重要的是,它维持了民族的团结和中华的文化(教化):它属于人民。这就是为什么根据民国初年儒学家们的说法,大众文化首先崇尚孔子。由于孔子的广泛影响,人民尊重道德,鄙视 *251*

---

① 孔教会成立于 1912 年 10 月。韩华:《民初孔教会与国教运动研究》;干春松:《康有为和孔教会》,《求是学刊》2002 年第 4 期;也见 Hsi-yuan Chen, "Confucianism Encounters Religion"; Goossaert(高万桑), "Republican Church Engineering", pp. 219 – 221。

② 参见《斥北京教育会破坏孔教之罪》,《时报》1913 年 4 月 12 日,第 6 页;《孔教新闻:申论徐氏绍桢祀天配孔议》,《孔教会杂志》第 1 卷第 4 号,第 6—7 页;《论蔡元培提议学校不祭孔子》,《时报》1912 年 7 月 20 日,第 1 页;张尔田:《与人论昌明孔教以强固道德书》,《孔教会杂志》第 1 卷第 5 号,第 21—24 页。

③ 《孔教会请愿书》,《孔教会杂志》第 1 卷第 6 号,第 13—14 页;陈焕章:《祀天以孔子配议》,《孔教会杂志》第 1 卷第 4 号,第 1—8 页;《斥北京教育会破坏孔教之罪》,《时报》1913 年 4 月 12 日,第 6 页;《发起孔孟正学会之宣言书》,《时报》1912 年 12 月 31 日,第 5 页;张尔田:《祀天非天子之私祭考》,《孔教会杂志》第 1 卷第 5 号,第 11—19 页;《孔教新闻:祀孔配天之舆论》,《孔教会杂志》第 1 卷第 4 号,第 1—6 号。

私人利益。按照这种观点,儒家思想在中国发挥的伟大历史作用在于它的节制。它在使人民过好生活的同时发挥了善意的影响。换句话说,儒家规范是天然的,已经植根于社会,并最终源于人性。

同时,他们适合共和时代。这并不是要放弃基于道德、出身、家庭关系、教育等所有的身份区分和等级划分,而是为了减少人类分裂的障碍。对于这些共和主义者的儒家来说,古老的皇帝们非法垄断了对"天"的崇拜,并隐晦地祭拜他们的祖先,从而"家庭化"了帝国(家天下)。但是,在今天的共和国,国家应作为共同财产(公天下),其公民(国民)是上天的人民(天民)。他们应该参加儒家的国家仪式。的确有人宣称,如果孔子和孟子重生,他们肯定会赞成共和主义。

这种乌托邦式的推论可能是短暂的,但它表明民国初年的儒家思想与当时的其他"主义"有共同之处。对康有为而言,儒家对共和国的重要性不亚于其对帝国的作用。他担心"如果我们废除儒教,我们将成为一个没有教化的国家,这个国家将根本无法生存"。[1] 为什么? 因为植根于自我修养的孝顺和忠诚是国家的基础。康氏坚称,古代的圣贤国王想准确地控制君主制来阻止独裁统治。[2] 然而,正如我们将看到的,康氏的共和主义不温不火。

袁世凯没有让儒家成为中国的官方宗教(国教),不过他支持孔教会。[3] 袁氏强调,儒家思想是随着时代的发展而发展的一种

---

[1] 康有为:《在宁垣学界演说》,汤志钧:《康有为政论集》第2册,第963页。
[2] 康有为:《为孔教为国教配天议》,汤志钧:《康有为政论集》第2册,第843页。
[3]《致祭先师纪盛》,《时报》1913年3月18日,第7页。

千变万化的制度。① 纵观到目前的历史,这一表述很准确。袁氏
还发现儒家思想和共和主义是完全兼容的。这印证了他希望公
立学校继续教授孔学。袁氏认为,既然儒家不是宗教,国家祭祀
绝不违反宗教自由原则。② 袁氏强调儒家功能或道德的方面,而
不是其精神的方面。适当的学习是政治进步的基础,而政治进步 *252*
是国家赖以生存的基础。次年,教育部命令中小学使用儒家教科
书,强调自我修养和道德修养。③ 1912 年的《临时约法》没有提到
儒家思想。1913 年的宪法草案规定义务教育为小学教育,并宣
布"在公民教育中,儒家思想(孔子之大道)是道德训练的基
础"。④

陈焕章是民国初年最不知疲倦的孔教支持者。与袁氏相反,
陈氏认为,儒学不仅包括人文主义(人道),而且包括精神世界(神
道),也是一种"宗教"。⑤ 在某种程度上,这是一个关于语义和翻
译的争论,即如何理解西方(英语)的"宗教"一词,以及这是否属
于儒家思想的范畴。在某种程度上,这是关于儒学在世界上的地
位的一种争论——在基督教和其他世界宗教同等的精神体系中,
儒教如何定位。⑥ 陈氏的政治观点是,孔教应该被制度化为中国

---

① 《命令》,《时报》1913 年 6 月 27 日,第 2 页;《大总统复学校祭孔命令》,《孔教会杂
志》第 1 卷第 6 号,第 11—12 页。
② 袁氏许可国家支持的在春季和秋季的丁日(以农历六十天为周期)祭祀孔子,由大
总统在北京主持,地方官员则在当地的仪式上主持。《命令》,《时报》1914 年 2 月
10 日,第 2 页;《政府公报》第 631 号(1914 年 2 月 8 日),第 205 页。
③ 《教育部宣示尊孔宗旨》,《时报》1914 年 7 月 2 日,第 3 页。
④ 《中华民国宪法案》第 3 部分第 19 条,张耀曾、岑德彰编:《中华民国宪法史料》。袁
世凯解散议会后,宪法草案成为一纸空文,尽管它影响了后来的宪法。后来的
1919 年宪法草案使用了相同的措辞。
⑤ 陈焕章的演讲当时发表在一系列文章中,《论孔教是一宗教》,《时报》1913 年 10 月
5 日至 27 日。
⑥ 参见陈熙远:《宗教——一个中国近代文化史上的关键词》,《新史学》第 13 卷第 4
期(2002 年),第 37—66 页。

的既定信仰,并得到政府的支持。陈氏和其他儒学家认为,儒家的礼仪和教义会使人民安居乐业并恢复秩序。他们提到孔子自己的话,指出政治的范围("法律和惩罚")总是有限的,而道德具有无限的力量。如果政府拥有民众的信任,那么富人会本着团结的精神来支持它,穷人会为此而努力,明智地为它提供建议,以及为之英勇奋斗。为了拯救共和国,有必要恢复民族道德;为了提高道德,必须弘扬民族文化和纪律(教化)。在另一个公式中,"品格矫正"(正心)将挽救民族。"正确的学习"提供了矫正品格的途径。反过来,正确学习的本质在于对自己责任的了解,将正确的东西置于利润之上,加强公共(公)和控制自我(克己)以及知道自己的位置。1912年,《时报》的一篇社论提到,中国长期作为一个国家存在的原因在于儒教:无论外国人入侵多少次,中国总是能复兴。礼仪是儒家思想的核心,它使无形的信仰和价值观切实可见。正是这些仪式塑造了普通百姓,而普通百姓在他们看来都是儒学家。[1]

陈焕章对功利主义论点不满意。他坚持认为,经典不仅传授了伦理学,而且还谈到了精神和宇宙的最终本质,即宗教。儒家思想教导说,行为的矫正要遵循道路,这又符合天赋予我们的人性。陈氏进一步提出,宗教对生活至关重要。在人类文化的逻辑上和实际发展中,宗教生活先于政治形式。陈氏说,儒家的教学特别强调了宗教和道德对善政的重要性,同时将行政手段("法律和惩罚")降为第二位。因此,宗教不仅仅是迷信,而是个人生活和社会生活的基础。孔教会的另一种观点只是认为,儒家是一种宗教,因为天相当于西方的上帝。[2] 宗教的仪式不同,但对天的

---

[1]《论蔡元培提议学校不祭孔子》,《时报》1912年7月20日,第1页。
[2] 狄郁:《孔教评议上篇》,《孔教会杂志》第1卷第4号,第29—36页。

尊重是一体的。① 但是，按照这种观点，儒家在道德与政治相结合的方式上是独特的。

对陈焕章而言，他的任务是恢复祭奠仪式，或对儒家进行礼节化，以表明其道德行为和共和制公民的神圣性。陈氏在《孔教会杂志》中指出，对孔子的献祭应与对天的献祭相辅相成，从某种意义上说，孔子的地位与天相似。② 就像清朝将儒家祭祀提升到大祭祀的水平一样，这将标志着传统宇宙学的突破。毕竟，孔子只是一个人。陈氏承认天创造了世界，但是如果人类能够与天形成一个整体，那么贤哲就向人类展示了这是怎么可能的。同样，对于古典学者和清朝官员张尔田（1874—1945）来说，孔子值得崇拜，因为像天一样，孔子最终赋予了生命的力量（也是中国人民的祖先）。③ 张氏说，儒家将民族文化与圣贤之王联系在一起：尧、舜、黄帝等，最终至孔子达到了顶点。不过，即使是圣王也比孔子逊色。因为孔子在经历了数百年的动荡和道德沦丧之后，恢复了 *254* 被他们遗忘的遗产。

20 世纪初期的儒学家认为，对天的崇拜由皇帝垄断，而孔子是一种流行的文化英雄，因此是民主时代适当的象征。但是他们对周围的道德堕落感到遗憾，并谴责激进的共和党人自私地夺权。道德堕落感如此普遍，以致几乎没有人论证问题存在或详细说明问题的实质；相反，都只是顺带提及。④ 不团结和冲突导致

---

① 狄郁：《孔教评议下篇》，《孔教会杂志》第 1 卷第 5 号，第 25 页。
② 陈焕章：《祀天以孔子配议》，《孔教会杂志》第 1 卷第 4 号。
③ 张尔田：《祀天非天子之私祭考》，《孔教会杂志》第 1 卷第 5 号。
④ 关于典型案例，参见《斥北京教育会破坏孔教之罪》，《时报》1913 年 4 月 12 日，第 6 页；《孔教新闻：申论徐氏绍桢祀天配孔议》，《孔教会杂志》第 1 卷第 4 号；《论蔡元培提议学校不祭孔子》，《时报》1912 年 7 月 20 日；张尔田：《与人论昌明孔教以强固道德书》，《孔教会杂志》第 1 卷第 5 号。

恶民的出现,他们不受任何惩罚的约束。习俗在消逝,"家庭革命"正在把孩子变成陌生人,"婚姻革命"导致离婚,军事化诱发了生活各个领域的暴力。没有人赡养寡妇、老人和弱者。官员们收受贿赂,士兵们结成帮派。仁义不再存在,人们不再有罪恶感或羞耻感,而是大肆实施恶行。

梁启超在1913年秋的祭孔演说中,将道德沦丧追溯到官员的行为。① 换句话说,他没有责怪人民或落后的民俗习惯。然而,解决方案仍然必须在于人民。因此,对梁启超来说,儒家思想的重点是发展品格,以培养正直的人为目标。这并未期望所有人都成为君子,但是梁氏用熟悉的术语辩称,善良的影响(风)总是在说服那些德性较低的人(草)。毫不奇怪,1913年孔教会请求确立孔教为国家宗教时,梁启超在《请愿书》上签了字。②

在整个20世纪10年代,有关某种建制的争执不断。应该指出的是,对这个问题的讨论绝非仅限于儒学家、知识分子和政治家。1913年,上海商会经过激烈辩论后投票赞成国教主义。③ 在那场辩论中,一位超保守派认为,儒教不能被认为是一种宗教,因为它远比任何一种宗教都重要。同时,由于儒学如此重要,他们反对宗教自由。根据《时报》1916年的分析,辩论的各个方面都与政治派别无关——个人议员对这个问题有自己的强烈看法。④ 在此分析中,一组人赞成在保持宗教自由的同时建立儒教。第二组人认为儒家首先不是宗教;如果这样成立,也将激怒中国的少

---

① 《本会纪事:总会》,《孔教会杂志》第1卷第8号,第2页。
② 《孔教会代表陈焕章严复夏曾佑梁启超王式通等情定孔教为国教呈文》,《时报》1913年8月18日至20日,第6页。
③ 《商人尊孔之一斑》,《时报》1913年11月4日,第8页。
④ 《孔教问题之三派观》,《时报》1916年12月26日,第2部分,第3页。

数民族。还有第三组人赞成妥协：虽然建立儒教太困难了，但它应该在教育中发挥正式作用。有趣的是，这种分析甚至没有提到激进的观点，即儒教本身就是邪恶的根源，尽管那些反对宗派主义的人本身也是儒学家。

新文化插曲

自称"新文化运动"的运动发起于 1915 年，这并非偶然：它是对袁氏帝制的一种反应。用贾祖麟（Jerome Grieder）的话来说，新文化知识分子认为共和主义正在遇到"系统性的抵制……对企图展开的政治手段的文化拒绝，对革命带来的政治创新的文化拒绝"。因此，许多知识分子"寻求建立文化和社会条件，以滋养可能及时治愈这种疾病的个人和集体性格的特质"。[1] 这些进步的知识分子以"科学与民主"的名义开展工作，以振兴中国的年轻人。从本质上讲，他们把袁世凯的专制倾向归咎于旧的思想习惯或儒学的枷锁。他们关注文化的转向只是对政治关注的暂时减弱，仅部分减弱且非常短暂。这实际上是一种试图通过非政治手段影响政治的尝试，进步的知识分子很快发现文化问题本质上是政治的。

与保守派相比，新文化知识分子像保守派一样瞧不起自己的同胞，但他们一直在努力扩大政治领域。1915 年 9 月，陈独秀（1879—1942）创办了《青年杂志》，不久后改名《新青年》。自世纪之交以来，陈氏一直是一名革命者（尽管他从未加入过同盟会），

---

[1] Grieder，*Intellectuals and the State in Modern China*，p. 204. 我无法在这里涉及新文化思想的全部内容，但将简要勾勒运动领导人对前几章核心问题的评论：帝国、革命和儒教改革。

并曾担任教师和记者。1917 年,蔡元培聘请他为北京大学文科学长。1916 年袁世凯去世后,蔡元培就被任命为北大的校长。蔡元培迅速扩充了旧教师队伍,增加了一批自由派和保守派学者,后者包括刘师培和辜鸿铭。

正如许多学者指出的那样,《新青年》标志着一种激进但国际化的情感的崛起。然而,运动的直接刺激是复古主义的幽灵引起的恐惧和厌恶。① 陈独秀之所以彻底谴责儒学,主要是因为他看到了袁世凯的帝制运动。陈氏认为,儒学本质上是一种等级制伦理,与近代共和主义伦理不相容。他以相信文明正在经历普遍阶段的方式来调和中国适应达尔文式社会的残酷竞争的需要。他的解决方案是:人类正在从专制和等级制社会发展为以尊重科学、人权和个人自治为标志的民主和平等主义的秩序。陈氏将合法国家定义为捍卫人民个人与集体权利的国家。国家是产生不可避免的权利斗争的舞台。一个进步的国家将产生一个稳定和民主的政府。对陈氏来说,权利既不是"天然的"(先于社会),也不是国家授予的;相反,它们是文明发展的一部分。个人具有意识,这使他们能够与过去决裂,成为自己的决策主体。陈氏否认这种个人主义会与社会或国家相抵触,相反,其适当地使个人主义有了良好的基础。拥有权利并因此具有自主性和独立性的个人对于建立强大的国家是必不可少的。通过这种方式,陈氏使集体与个人之间的冲突降到最小。

对陈氏来说,儒学与他所信仰的一切恰恰相反。儒学是古老的社会等级制度,对皇帝的忠诚和重男轻女的权威。它没有为建

---

① 参见陈来:《化解"传统"与"近代"的紧张》,林毓生主编:《五四》,第 169—170 页;Thomas C. Kuo, "Ch'en Tu-hsiu and the Chinese Intellectual Revolution, 1915 - 1919", pp. 42 - 43。

立民主、自由、平等主义和人权提供依据。陈氏在《青年杂志》第
1 期上发表的《敬告青年》，旨在唤醒中国青年与老朽社会作斗
争，从而变得独立、进步、大胆、国际化、务实和科学。[1] 这篇著名 ²⁵⁷
的文章将自主、平等和人权的价值与一种熟悉的论调——奴隶制
进行了对比。最惊人的是陈氏的乐观。历史的进步正在引导人
类朝向从压迫者那里解放"弱者"——政治、宗教、经济和性自由
的解放。陈氏将解放定义为获得完全自主和自由的人格，但前提
是人人平等。陈氏并没有声称孔子本人是邪恶或落后的人，有时
甚至认为孔子可能在历史上曾起过进步的作用。但陈氏的确有
理由认为，正是由于孔子是那个时代的人，他对封建制的价值观
完全沉迷，他的思想才可能不适用于当今时代。[2]

　　儒家思想与中国帝制有着密不可分的关系。[3] 陈氏不仅批
评儒家的道德观，还抨击儒家的宇宙论将统治权归因于宇宙的产
生力。[4] 1917 年中，陈氏指出，共和国的前途一片黯淡：

　　　　只因为此时，我们中国多数国民口里虽然是不反对共
　　和，脑子里实在装满了帝制时代的旧思想。欧美社会国家的
　　文明制度，连影儿也没有。所以口一张，手一伸，不知不觉都
　　带君主专制臭味……如今要巩固共和，非先将国民脑子里所
　　有反对共和的旧思想一一洗刷干净不可。[5]

_____

① 陈独秀：《敬告青年》，《青年杂志》1 卷 1 号（1915 年 9 月），第 21—26 页；译文见
　　Teng（邓嗣禹）and Fairbank（费正清），*China's Response to the West*，pp. 240 -
　　245。
② 陈独秀：《宪法与孔教》，《独秀文存》，第 107—111 页；也参见《复辟与尊孔》，《独秀
　　文存》，第 166—167 页。
③ 陈独秀：《驳康有为致总统总理书》，《独秀文存》，第 100 页；也参见《旧思想与国体
　　问题》，《独秀文存》，第 149—150 页；《复辟与尊孔》，《独秀文存》，第 162 页。
④ 陈独秀：《复辟与尊孔》，《独秀文存》，第 164—165 页。
⑤ 陈独秀：《旧思想与国体问题》，《独秀文存》，第 148、149 页。

陈氏似乎把争取权利的群众斗争看作历史的动力。它解释了适者生存如何带来整个人类的进步。人民获得了自己的权利，在不久前创造了民主，目前正在建立社会主义。陈氏还使用民主的概念来驯服国家主义。陈氏之所以批评国家主义，是因为它倾向于损害人民权利的过度行为。① 但是，国家主义的集体意识是民主运作所必需的。从历史上看，在封建制度和专制统治下，人民缺乏集体意识，这种"松散的沙子"在国家间的生存斗争中毫无用处。② 国家主义是前进道路上必不可少的阶段。

258

> 吾人非崇拜国家主义，而作绝对之主张：良以国家之罪恶，已发见于欧洲，且料此物之终毁。第衡之吾国国情，国民犹在散沙时代，因时制宜，国家主义，实为吾人目前自救之良方。
>
> 惟国人欲采用此主义，必先了解此主义之内容。内容维何？欧、美政治学者诠释近世国家之通义曰："国家者，乃人民集合之团体。辑内御外，以拥护全体人民之福利，非执政之私产也。"易词言之，近世国家主义，乃民主的国家，非民奴的国家。民主国家，真国家也，国民之公产也。以人民为主人，以执政为公仆者也。民奴国家，伪国家也，执政之私产也，以执政为主人，以国民为奴隶者也。真国家者，牺牲个人一部分之权利，以保全体国民之权利也。③

这可能是梁启超讲过的话。诚然，陈氏没有像梁启超那样重

---

① 陈独秀对民族主义最强烈的批评，参见《爱国心与自觉心》，《陈独秀著作选》第 1 册，第 113—119 页。

② 陈独秀：《今日之教育方针》，《独秀文存》，第 17—26 页（特别是第 22—24 页）。

③ 陈独秀：《今日之教育方针》，《独秀文存》，第 23 页。

视国家。他认为民主国家是解放的力量。但是像梁启超一样，陈氏认为"人民"是政治上定义的实体，而不是由种族、血统、文化、语言等定义的群体。在这种意义上，他谈到的不是个人的"自我意识"（自觉），而是人民的"自我意识"。[1]　人民聚在一起组成国家，以保护自己的权利，并为共同利益谋划。欧洲的先进模式是通过宪法条款规定人民的权利。但是，中国统治者始终以完全自私的原则来建立国家。甚至所谓的"贤明的统治者和有价值的长官"也将自己的利益放在首位。陈氏总结说，因此中国还没有能力制造出不会扭曲的爱国主义。爱国主义是一种情感，而"自我意识"是一种理智的理解——自我意识会引导民族理解其目的在于实现其成员的利益。当人们依赖他人时，他们变得"无意识"，这似乎意味着陈氏失去了自己作为决策者的能力。[2]　中国还没有经历过真正的民族运动，例如法国和美国革命以及明治维新，这都是人们团结起来推翻一个共同的敌人。陈氏抱怨说，最近的中国经历，包括辛亥革命在内，反而都仅仅是少数人为争夺权力而斗争，在没有多数人民支持的情况下，他们无法取得基本的进展。

对于中国人民，陈氏坦言称他们落后，迫切需要"自我意识"。这造成了两难选择。目的是创建一个近代国家，但这恰恰是中国人还没有做好的准备。陈氏担心，落后的人民会产生一个压迫的国家。然而与梁启超不同的是，陈氏不相信专制独裁，无论独裁者多么开明，都不能使国家强大。无论共和国出现什么问题，独裁政权都会使情况恶化，如果重新建立独裁政权，情况还将再次

259

---

[1] 陈独秀：《爱国心与自觉心》。参见丸山松幸：《中国近代の革命思想》，第201—206页。

[2] 陈独秀：《一九一六年》，《独秀文存》，第41—47页。

恶化。"盖一国人民之智力，不能建设共和，亦未必宜于君主立宪，以其为代议之制则一也。代议政治，既有所不行，即有神武专制之君，亦不能保国于今世。"① 为了应对独裁、腐败、贫困、不道德和自然灾害，陈氏呼吁爱国者勤奋、节俭、诚实、廉洁、真诚和守信。这些都是过于理想而不切实际的美德，它们直接取自儒家文本或与之兼容。② 尽管如此，陈氏并不是简单地尝试以梁启超的风格来培养私人道德作为公共利益的基础。他坚持认为，个人在逻辑和法律上都在集体之前，但是想象个人在集体社会存在之外是没有意义的。问题是，是什么样的集体？

一种可能的方法是重新考虑这个问题。如果国家只能由自由的人民建立，那么知识分子和政治精英都无法规定人民应该创造什么。正如李蕾（Leigh Jenco）所呈现的那样，章士钊（1881—1973）构筑了一个政治团体的概念，个人要在相互尊重的情况下共同努力解决分歧，即使未达成共识。③ 章氏是革命的早期支持者，但在 20 世纪 10 年代试图推动一个艰难的事业：在法律范围内建立民主制度，这实际上意味着接受袁世凯统治的合法性。他不认为资产阶级的自由秩序已经可以保证一定程度的宽容，而是主张中国人可以建立自己的秩序，将个人道德转变与持续参与的共同公共生活联系起来。章氏重视个人才华的潜在贡献，不仅限于精英。但是，10 年代末，另一种民主的民粹主义（平民主义），不是精确地规定性的，而是更加激进的，开始在政治话语中占据

---

① 陈独秀：《爱国心与自觉心》，《独秀文存》，第 117—118 页。
② 陈独秀：《我之爱国主义》，《独秀文存》，第 85—94 页。中国知识分子确实对童子军有好感。Grieder, *Intellectuals and the State in Modern China*, p. 224.
③ Jenco, *Making the Political*; Weston, "The Formation and Positioning of the New Culture Community".

主导地位。① 曾在日本受过教育的北京大学图书馆员李大钊
(1888—1927)是其最杰出、最乐观的支持者之一。对李氏而言，
民主精神在于使工人、农民和妇女能够"发展自己的个性并享受
其权利"。② 李氏在 1919 年第一次世界大战结束时写道：

> 现代生活的种种方面都带着 Democracy(民主)的颜色，
> 都沿着 Democracy 的轨辙。⋯⋯教育上有他，宗教上也有
> 他，乃至文学上、艺术上，凡在人类生活中占一部位的东西，
> 靡有不受他支配的。简单一句话，Democracy 就是现代唯一
> 的权威，现代的时代就是 Democracy 的时代。③

李大钊把同盟国的胜利看作互助、平等、自由和劳动的胜利。
他预测，随着时间的流逝，每个人都会成为平民，也就是工人。在
李氏的无政府主义者对俄国革命的解读中，布尔什维克主义宣告
了资本主义民族国家的终结，工人工会取代了政府。1911 年的
辛亥革命代表了中国民主的胜利，它的敌人注定要像袁世凯那样
遭到破坏。④ 随着时间的推移，传统的政府将被"工人政府"的
"管理"取代。像前人刘师培和章炳麟一样，李氏指出，资产阶级
民主制是有缺陷的，但他倾向于认为资产阶级民主制是不充分
的，而不是虚假的民主制。在他看来，近代国家的本质似乎暗示
着强大的民主力量的存在；当今的解放运动，包括殖民主义运动、
民族主义运动、农民运动、工人运动和妇女运动，从本质上都是民

---

① 关于这个转变，参见章开沅、罗福惠：《新文化运动》；Ying-shih Yu(余英时)，"The
　Radicalization of China in the Twentieth Century"；Meisner(迈斯纳)，*Li Ta-chao
　and the Origins of Chinese Marxism*。
② 李大钊：《战后之妇人问题》，《李大钊文集》上，第 635 页。
③ 李大钊：《劳动教育问题》，《李大钊文集》上，第 632 页。
④ 李大钊：《由平民政治到工人政治》，《李大钊文集》下，第 502 页。

261 主的。① 李氏声称，俄国的无产阶级专政不过是消灭资产阶级的过渡时期。李氏暗示，一旦社会仅由工人组成，其结构必然是民主的。他还把民主或民主思想本身视为历史力量。

> "平民主义"是一种气质，是一种精神的风习，是一种生活的大观；不仅是一个具体的政治制度，实在是一个抽象的人生哲学；不仅是一个纯粹的理解的产物，实在是濡染了很深的感情、冲动、欲求的光泽。②

> 由专制而变成共和，由中央集权而变成联邦自治，都是德谟克拉西(民主)的表现。德谟克拉西，原是要给个性以自由发展的机会，从前的君主制度，由一人专制压迫民众，决不能发展民众各自的个性，而给以自由。惟有德谟克拉西的制度，才能使个性自由发展。……

> Democracy 这个名词……含有"民治"(People' rule) 的意思。演进至于今日，德谟克拉西的涵义，已无复最初 Rule 之意了。Rule 云者，是以一人或一部分为治人者，统治其他的人的意思。一主治，一被治；一统制，一服从。这样的关系，不是纯粹德谟克拉西的关系。现代德谟克拉西的意义，不是对人的统治，乃是对事物的管理或执行。我们若欲实现德谟克拉西，不必研究怎样可以得著权力，应该研究管理事物的技术。③

---

① 参见李大钊：《平民主义》，《李大钊文集》下，第 596—600 页。
② 李大钊：《平民政治与工人政治》，《李大钊文集》下，第 569 页。
③ 李大钊：《由平民政治到工人政治》，《李大钊文集》下，第 502—503 页。也许李氏受费边主义和杜威的影响同受俄国革命的影响一样大。关于杜威在中国的讨论，参见 Tse-tsung Chow, *The May Fourth Movement*, pp. 228 - 232。

将故宫收归国有

　　尽管李大钊很乐观,但权力斗争仍在继续。北京吸引着饥饿的军阀。同时,随着溥仪皇帝的成长,残败的清廷继续在紫禁城的深处发挥作用。《清室优待条件》是清政府在 1912 年退位的协议,规定皇室和所有满人都将不受损害。皇帝被允许保留其头衔,甚至共和国要"按惯常给予外国君主的礼节"对待皇帝,仿佛清朝保留了主权地位。[①] 共和国将给予皇帝津贴,保护皇宫和陵墓,建成光绪皇帝的陵墓,并保护皇帝的私有财产。皇室将迁至颐和园,不得增加新的太监为其服务,其卫队(除皇帝的私人保镖外)应置于政府的控制之下。实际上,双方都没有遵守条款:政府只支付了皇室应得的少量津贴,而皇室没有任何迹象表明会迁入颐和园。皇室官员从未使用过共和日历,并且肯定参与了针对共和国的复辟阴谋。除朝廷外,某些阶层的精英人士(绝不仅是满人)在某种程度上仍然忠于清朝。[②] 北京的许多政治精英——军阀内阁、银行家和军官——都与他们的皇室朋友保持着亲密关系。一部分学术和文化精英也是如此。

　　1917 年,北方最大的军阀段祺瑞(1865—1936)与他的大多数同僚发生争执,政权分裂。7 月 1 日,驻徐州的将军张勋(1854—1923)向北进军,上演了清朝的复辟。[③] 众所周知,张氏

262

---

① Rhoads,*Manchus and Han*,esp. pp. 214 - 230;第 247—250 页讨论了 1924 年的清皇室被驱逐。喻大华的《"清室优待条件"新论》(《近代史研究》1994 年第 1 期)回顾了溥仪被驱逐的事件。

② 林志宏:《民国乃敌国也》。

③ 刘望龄:《辛亥革命后帝制复辟和反复辟斗争》,第 63—133 页。

从未剪辫子,也从未允许他的士兵剪辫子。袁世凯去世后,由于政局不稳,张氏将倒霉的黎元洪驱逐出了北京,不久,这座城市就被黄龙的彩旗装饰着。据说,人们都到当铺去寻找突然合乎情景的清袍和假辫子。康有为受到皇室的欢迎,尽管张勋无视他修改传统习俗的所有建议。但是强大的北方军很快进行了反击。到7月12日,张军已被遣走,共和国很快又恢复了,尽管掌握在军阀手中。有趣的是,在逃到外国使馆后,复辟派的领导人,包括张勋和康有为,都没有被控叛国罪,而是被允许回家。考虑到1917年复辟的讽刺意味,张勋的宣言(可能是康有为起草的)仍然具有一些说服力:

> 自从武昌起义和共和国建立以来,和平与秩序就随风而逝,善良可靠的人就消失了。无政府主义者占主导地位,无良之人垄断权力。强盗首领被称为英雄,死者被视为烈士。……名义上我们是一个共和国,但对公民一无所知。人们被称为公民,但他们对自己的国家一无所知……与此相比,君主制的持续统治可以使人们享有数十年或数百年的和平。两者之间的差异立现,如天壤之别。①

康有为反对袁氏帝制,主要是出于他对清朝的感情承诺。②但是他至少在最初对1917年的复辟表示过欢迎。在为复辟清朝而起草的一项法令中(尽管张勋不允许颁布),康氏回到了清末维新运动的主题:君主与人民团结,废除种族和民族划分,寻求新知识和新人才,使人民富足,提高风俗习惯和教育水平等。③ 与张

---

① 引自 Johnston, *Twilight in the Forbidden City*, pp. 137 - 138。
② 康有为:《请袁世凯退位电》,《康有为政论集》第 2 册,第 933—941 页。
③ 康有为:《拟复辟登极诏》,《康有为政论集》第 2 册,第 990—991 页。

勋不同,康有为不想将新国家称为"大清",而是"中华帝国"。在共和国成立的头几年,康氏提出了君主立宪制的理论,即无能为力或毫无行动的(无为)有名无实的领导者,但他仍会激发敬畏之心和促进国家稳定。① 这样的帝国将是一个联邦,而不是私人拥有的土地。② 康有为如何自欺欺人地以为张勋和溥仪可能会成为这样的联邦,这仍然是一个历史谜团。

杨度最初对 1917 年的溥仪复辟表示同情。但他很快就发现张勋的目标不是他认为的君主立宪制。随后,在三项旨在使中国成为君主立宪制国家的失败努力后,杨度宣布退出政治。③ 他的结论是,"时代"毕竟更适合共和主义。后来他加入了国民党,最后加入了共产党。总的来说,进步的知识分子对这次复辟感到恐惧。正如魏定熙(Timothy Weston)所描述的那样,北京大学的教授们对他们的城市突然出现龙旗和假辫子感到震惊。④ 蔡元培短暂辞去了大学校长职务。但张勋的迅速失败也令人放心。散文家、翻译和文学教授周作人(1885—1967)后来叙述了清龙旗取代五色共和党旗帜时他的厌恶,以及五色旗回到街上时他的喜悦。⑤ 他的结论是:复辟证明了中国需要进行"知识分子革命"——国家改革的任务尚未完成。⑥ 因此,君主制与新文化理想之间的辩证对抗继续存在。

_264_

---

① 康有为:《救亡论》,《康有为政论集》第 2 册,第 652—678 页。
② 康有为:《拟中华民国宪法草案发凡》,《康有为政论集》第 2 册,第 830—841 页。
③ 即晚清、袁世凯和溥仪复辟。杨度:《与王舒的谈话》,《杨度集》,第 624 页;杨度:《反对张勋复辟公电》,《杨度集》,第 620—621 页。参见李增辉:《从帝制祸首到中共党员》,《中学历史教学参考》2002 年第 9 期;江轶:《君宪乎? 共和乎?》,《船山学刊》2010 年第 1 期,第 182—183 页。
④ Weston, *The Power of Position*, pp. 128 - 131.
⑤ 周作人:《知堂回想录》第 2 册,第 228—229 页。
⑥ 周作人:《知堂回想录》第 2 册,第 222 页。

1924 年，清廷最终以惨败告终，但这并不是共和党的胜利。当时，两个名义上联盟的军阀因控制北京而受到打击。11 月初，冯玉祥(1882—1948)与其上司吴佩孚(1874—1939)背道而驰。冯氏长久以来表现出一些进步的倾向。[1] 他迅速下令将溥仪驱逐出紫禁城。冯氏表示自己首先是从不断的内战中拯救北京和整个国家，其次才是为了拯救共和国。[2]

这是中国帝国历史最后的不光彩的一章，是辛亥革命未竟事业的必然尾声。溥仪被驱逐出紫禁城、清朝仪式的停止以及传统历法的终止，都标志着帝制从中国土地上最终消失了。1924 年修订的《清室优待条件》取消了清朝的法律基础。溥仪放弃使用皇室头衔，将被视为普通公民。皇室将离开紫禁城，找到自己的住所。经修订的条款还承诺，政府将维持对皇室和贫困满人的部分津贴；共和国将继续保护清朝的祖庙和皇陵；皇室成员可以保留其私有财产，公共财产则归还给共和国。(最后一条特别含糊。)这些有争议的"修订"很快被清朝的忠诚拥护者谴责。他们激起了一场辩论，这场辩论的确是关于共和国性质的，但是修订并未被撤销。

整个事件在中国近代史上可以看作微不足道，近代史的真实洪流是由地区军队塑造的，或者发生在北京的街道、教室和茶馆，

---

[1] Sheridan(薛立敦)，*Chinese Warlord*. Waldron(林蔚)，*From War to Nationalism*，pp. 181 - 223.

[2] 冯玉祥在新军阀盟友的支持下，将段祺瑞带入了政府。段祺瑞曾是袁世凯的高级将领之一，在袁世凯死后，他担任了几届政府的总理(事实上的元首)。段祺瑞显然不赞成冯玉祥的行为，但仍于 11 月 24 日成为临时执政，赋予新政权一定程度的政治影响力。《清帝出宫后冯军接收印玺》，《盛京时报》1924 年 11 月 15 日，第 2 页；参见《清室条件发生问题》，《盛京时报》1924 年 12 月 3 日，第 1 页；也参见《段张对清室事件之表示》，《大公报》(长沙)1924 年 12 月 4 日，第 2 页；王庆祥：《溥仪交往录》，第 60 页。

广州的国民党总部,东京的内阁办公室,或紫禁城以外的任何地方。然而,驱逐确实受到相当大的压力,其象征意义受到当时受过教育的城市人民的赞赏。一些人为清廷遭受的"不公对待"感到遗憾。但是,那些代表冯玉祥发言的人指责溥仪计划复辟,不管是眼前的还是最终的。[①] 他们说,溥仪留在紫禁城就会鼓励复辟主义的阴谋和骚乱。他退位后的十三年,仍然表现得像个皇帝。他仍私藏着本应属于国家的艺术珍品。

265

关于驱逐的内容都记载在当时的报纸上以及随后出现的回忆录中,包括溥仪本人的回忆录。它们在细节上有所不同,但都描述了一个紧张的情况。11 月 5 日上午,溥仪收到离开的最后通牒,否则将对其开火。下午他离开前往其父亲的宅邸。冯玉祥的人控制了紫禁城中的财物。根据溥仪的回忆录,他说他期待成为普通公民。[②] 冯玉祥也是这样想的:

> 在中华民国的领土内,甚至在中华民国的首都所在地,竟然还存在着一个废清皇帝的小朝,这不仅是中华民国的耻辱,(稍明事理的人,此时无不以留着辫子为可耻;如今留着溥仪,即不啻为中华民国留了一条辫子,可耻孰甚?)且是中外野心家时刻企图利用的祸根。民六(1917 年)讨伐复辟的时候,我即极力主张扫除这个奇怪的现象,铲除这一个祸根,可是当时竟未如愿。这次入京,便决心以全力贯彻之。在商得摄政内阁的同意后,便令鹿瑞伯去执行。他带了几个卫士进宫,问溥仪道:

---

① 《出宫之经过》,《盛京时报》1924 年 11 月 11 日,第 2 页;《冯玉祥迫令宣统出宫之经过》,《大公报》(长沙)1924 年 11 月 13 日,第 3 页。

② 这些事件的描述参见爱新觉罗·溥仪:《溥仪自传》,第 158—161 页;翻译(略有删节)参见 W. J. F. Jenner, *From Emperor to Citizen*, pp. 146-149。

"你到底愿意做平民,愿意做皇帝?若愿做平民,我们有对待平民的办法,若是要做皇帝,我们也有对待皇帝的手段!"

溥仪赶忙答道:"我自然应该做平民,无奈许多人跟着吃我,他们迫着我在这里,要不然,我早就走了。"

瑞伯说:"既是如此,就请你立刻迁出宫去,从此做一个良善平民。"[1]

266　　　中国政治团体以及外国使馆都认为冯玉祥的举动造成了不稳定。荷兰、英国和日本(都是君主制)的大使拜访了新任外交部长,警告他要谨慎行事。[2] 冯氏以复辟主义威胁迫在眉睫为理由为他的行为辩护。[3] 他坚持认为,溥仪帝王地位的延续使共和国蒙羞。他指出,他只是在执行原始条款的第三条,即清帝退位后要离开紫禁城。[4] 最重要的是,帝国主义体系在北京留存"与(共和)政治体系的普遍看法有很大冲突"。[5] 冯玉祥的政府说自己的行为植根于忠诚(忠爱)。[6] 它向所有人保证溥仪仍然会受到良好对待。[7] 或如李石曾对准备返回政府的充满忧虑的段祺瑞所说:"路易十六在法国大革命中被杀害,无数国王在英国被杀。关于溥仪的优惠待遇不是外交关系问题。"[8]

---

[1] 冯玉祥:《我的生活》,第378页。

[2] 《逊帝被逼出宫续讯》,《盛京时报》1924年11月9日,第2页;也参见《冯玉祥迫令宣统出宫之经过》,《大公报》(长沙)1924年11月13日,第3页,该报告来源于外国的消息。

[3] 《关于清室事件之要电》,《盛京时报》1924年11月16日,第1页。

[4] 《北京通告溥仪出宫电》,《大公报》(长沙)1924年11月13日,第3页。

[5] 《出宫之经过》,《盛京时报》1924年11月11日,第2页。

[6] 《快信摘要》,《大公报》(长沙)1924年11月17日,第2页。

[7] Johnston, *Twilight in the Forbidden City*, pp. 387‐388.

[8] 《清室条件发生问题》,《盛京时报》1924年12月3日,第1页;《段祺瑞与优待清室问题》,《大公报》(长沙)1924年12月7日,第3页。

皇室保存的无价之宝引起了人们极大的兴趣。[①]（多年来，皇室一直通过艺术品的灰色市场销售来维持自己的地位。）李石曾被任命为清室善后委员会委员长。李氏说，法律学者和考古学家应该确定哪些物品属于清室，哪些属于国家。[②] 11 月 7 日，李石曾会见了新政府和皇室官员的代表，一起讨论程序。[③] 他们商定了 5 个任务：清点皇家印章；解雇下层的皇宫工人；允许皇宫居民仅移走其个人财产；允许溥仪和他的配偶带走日常用品；关闭目前正在进行装修的大厅和宫殿。李氏调用了北京大学、历史博物馆和首都图书馆的专家。报告还指出，警察扣押了太监试图偷偷带走的几件艺术品和古董。[④]

冯玉祥的政府仅持续了几周，但清朝的博物馆化是不可逆转的。12 月，一家报纸社论要求将整个紫禁城改建为艺术博物馆。[⑤] 社论强调了千年以来艺术的作用。帝王们收集了中国丰富的艺术传统的精品，这成为国家博物馆的基础，正如德国和法国的皇家博物馆。所有国家都需要艺术来提供精神支援。艺术甚至具有开悟的力量。毕竟，佛教的实际力量不是来自传教佛法或背诵经文，而是源于其艺术的动人能力。文艺复兴时期的基督教艺术引领了从军事争夺的破坏到数百年的文化和物质进步的道路。社论认为，中国的艺术不仅限于宗教表达，还代表着中国的文化精神，它可以通过在其中传播文化来启发民众。最终，留

267

---

① 《逊帝被逼出宫续讯》，《盛京时报》1924 年 11 月 9 日，第 2 页。

② 《冯玉祥迫令宣统出宫之经过》，《大公报》（长沙）1924 年 11 月 13 日，第 3 页。

③ 《清帝出宫后冯军接收印玺》，《盛京时报》1924 年 11 月 15 日，第 2 页。当然，李石曾自己是新政府的任命人。

④ 《清宫善后之续讯》，《盛京时报》1924 年 11 月 19 日，第 2 页。

⑤ 《改造清宫议》，《盛京时报》1924 年 12 月 17 日，第 1 页。这种观点很普遍，还可参见《教育界主张公开清室古物》，《大公报》（天津）1924 年 11 月 23 日，第 5 页；《清宫查封续闻》，《时报》1924 年 11 月 27 日，第 2 页。

下的皇家收藏的卷轴、玉雕、瓷器和数千种其他物品被纳入1925年开放的故宫博物院。①

但是,我们还应该注意到,实际上并非所有的清朝成员都是在11月5日离开的。最后剩下同治皇帝的两个遗孀,她们拒绝离开。她们说,她们仍在哀悼一位光绪皇帝的遗孀,她死于10月21日,葬礼仍在进行中。曾有关于她们死亡的谣言,在一份报告中,皇帝次日说:"我不知道在她们身上发生了什么……她们俩都威胁说如果动用武力,她们就会自杀。"②实际上,冯玉祥政府将她们留在了原地,因为他对溥仪及其皇后、妃子的驱逐暂时感到满意。报纸报道说,清宫的最后两名代表愿意在11月中旬离开紫禁城,但坚持不能对她们进行搜查。③李石曾说,委员会正在考虑此事。最终,在11月21日下午3时(算是头条新闻),这两位妇人未经搜查就离开了宫殿,进入一辆汽车,汽车的窗户用黄色丝绸覆盖。④她们在警察的护送下离开,为方便其出行,交通都中断了。但是有一份报告指出,较早搜查她们的行李时,警方扣押了部分物品,例如乾隆时期的大钟。⑤

同时,溥仪抱怨说,由于他的活动受到限制,实际上他没有获得跟普通公民一样的待遇。⑥溥仪坚持说:"正如我已经说过的,我现在是中华民国的一员。""由于我是中华民国成员,所以我应

268

---

① 一个很好的概述是 Barmé(白洁明),*The Forbidden City*,chaps. 5 and 6。另见 Hamlish(韩苔美),"Preserving the Palace";Lin-sheng Chang(张临生),"The National Palace Museum";Mingzheng Shi,"From Imperial Gardens to Public Parks"。

② Johnston,*Twilight in the Forbidden City*,391.

③《视察清宫》,《盛京时报》1924年11月21日,第1页。

④《清室两太妃出宫》,《时报》1924年11月22日,第1页。

⑤《瑜珺两妃出宫》,《盛京时报》1924年11月27日,第1页。

⑥《清帝出宫后冯军接收印玺》,《盛京时报》1924年11月15日,第2页。

享有(与任何公民一样)相同的权利。"关于修订条款的谈判仍在继续。① 据报道,段祺瑞于 11 月 24 日进入北京时,"清室重新获得了自由"。② 段祺瑞从溥仪父亲的宅邸附近撤走了部队,溥仪不久便前往日本在天津的租界。在段祺瑞解散了护卫溥仪的部队后,溥仪接受了采访:

> 长期以来,我不想继续住在皇宫里,而且长期以来,我主张完全废除《清室优待条件》。这是因为前皇帝退位却继续在这个光荣的宫殿中安静地生活,实际上成了共和体制的障碍。政府也已经有段时间不愿意执行这些条款了。尽管我们还有条款,但实际上它的好处已经消失了,因此完全取消条款似乎更好。此外,我得到了共和国人民的支持,加重了他们的负担,无所事事地领取薪水,对此我深表歉意。但是因为我被困在这种环境中,所以我无法表达自己的真实愿望。现在,将我们强行驱逐出宫殿可能有道德上的问题,但就我个人的立场而言,这确实给了我很大的机会……我已经决定彻底消除任何帝国的污点。③

关键不是溥仪不确定的诚意,而是溥仪助长了关于清室地位的公开辩论。知识分子对这个特殊的潮流并不陌生。有些人仍然呼吁处决叛徒溥仪。④ 对于章炳麟来说,溥仪早该被驱逐了。⑤

---

① 《溥仪出宫后之清室善后问题》,《大公报》(长沙)1924 年 11 月 23 日,第 3 页。
② 《清室复得自由》,《大公报》(天津)1924 年 11 月 26 日,第 4 页;《清室条件发生问题》,《盛京时报》1924 年 12 月 3 日,第 1 页。
③ 《溥仪先生与记者之谈话》,《盛京时报》1924 年 12 月 3 日,第 2 页。关于溥仪对当时采访的后来回忆,见下文。
④ 曾琦:《溥仪不杀何为》,转引自胡平生:《民国初期的复辟派》,第 414 页(最初发表于《醒狮周报》1924 年 11 月 12 日)。
⑤ 《章太炎对溥仪出宫复电》,《申报》1924 年 11 月 9 日,第 14 页。

在致新政府领导人的电报中，他祝贺他们将清宫的"首领"从宫殿中赶走并将其降级成了普通人。章氏认为，由于袁世凯的背叛，原来的《清室优待条件》过于慷慨。无论如何，条例在 1917 年的复辟中自动失效，复辟是一种叛国行为，使国家陷入动荡，应受到严厉的惩罚。允许溥仪活着离开宫殿已经是有利的待遇。章氏还强调，属于清室的庄园最初是被武力占用的，应归还给中国农民。[①] 民国成立 13 年来，人民还没有从任何"德政"中受益：现在是改善生活的机会。直到 12 月章氏仍在宣扬这种观点。[②] 他还警告说，反对驱逐不仅来自清朝的旧追随者，而且来自希望为自己夺取清朝财产的共和党官员。

胡适（1891—1962）的立场也许更令人惊讶。北京大学哲学系教授胡适作为新文化运动的首席发言人崭露头角。他给王正廷外长的通信简述如下："虽然我不支持清室保留皇室头衔，但《清室优待条件》代表着一种国际信任或条约的关系。条约可能会被修改或废除，但要利用软弱或虚弱的优势并用武力加以实现，确实是共和国历史上最大的耻辱。"[③]因而实际上，胡适的反对不是目的，而是手段，但这仍然是反对。胡适与皇帝的私人关

---

① 也参见《章太炎再致冯玉祥等电》,《申报》1924 年 11 月 13 日,第 9 页。

②《章太炎致易寅村一封书》,《大公报》(天津)1924 年 12 月 8 日,第 4 页。

③《清室问题与各方面》,《时报》1924 年 11 月 15 日,第 1 页。唐绍仪的立场——反对这种办法——也差不多。参见《唐少川论清室移宫事》,《时报》1924 年 11 月 8 日,第 4 页;《唐绍仪不赞成冯玉祥驱逐清帝》,《大公报》(长沙)1924 年 11 月 13 日,第 3 页。在张勋领导的 1917 年复辟后,唐绍仪是呼吁废除这些条款的人之一,见 Rhoads, *Manchus and Han*, p. 242。

系可能在这种思想中起了作用。① 他似乎认为,如果这位皇帝离开皇宫并出国留学,溥仪可能会成为新中国的象征。

并非所有观察者都同意这些条款具有条约义务的效力。在一篇经过深思熟虑的文章中,宁协万(1881—1946)作为一位辛亥革命家和受过日本训练的老律师,得出的结论是没有。② 根据定义,条约仅存在于国家之间,即拥有领土、人民和主权的政治实体之间。宁氏认为,清朝不可能被视为一个国家。溥仪只有一个"空头衔","清"没有领土,没有人民,没有主权,因此根据国际法没有地位。宁氏称,对欧洲近代史的引用很多,也许并不总是准确的,因此《清室优待条件》仅是国内法的问题,清室的地位仅取决于世袭头衔。跟章炳麟一样,宁氏还进一步指出,清朝在1917年的复辟中无论如何已经废除了这些条款。

可以预见,康有为的反应比胡适的反应还要强烈。③ 他也强调,《清室优待条件》作为一项国际条约具有约束力。康氏将中国 *270* 清室的地位与意大利梵蒂冈的地位进行了比较,或者就此而言,法国和荷兰对越南和爪哇当地国王的认可。④ 康氏还辩称,共和国应感激清朝,因为是清朝的军事力量平定了中国东北、西部和

---

① 溥仪的英文教师庄士敦(Reginald Johnston)向溥仪介绍了胡适的著作,当皇宫有了第一部电话后,溥仪给胡适打了电话,胡适后来就到皇宫谒见了。1924年11月,胡适还拜访了溥仪,鼓励他出国。爱新觉罗·溥仪:《溥仪自传》,第134—135、170—171页;Jenner, trans., *From Emperor to Citizen*, pp. 127, 157 - 158; Johnston, *Twilight in the Forbidden City*, pp. 275 - 276。据溥仪所说,在被驱逐后的私下会面中,胡适更特别讲到了冯玉祥的所作所为,"在欧美眼里,这都是东方野蛮"。《溥仪自传》,第170页。

② 宁协万:《清室优待条件是否国际条约》,《东方杂志》第22卷第2号,第13—15页,引自胡平生编:《复辟运动史料》,第319—322页。

③《康圣人因溥仪事大骂冯玉祥》,《大公报》(长沙)1924年12月5日至6日,第3页。

④ 宁协万采用了跟梵蒂冈的比较,但他认为梵蒂冈的地位是基于1871年的意大利法律,因此不是真正的主权(忽略了梵蒂冈在国际外交中的承认)。

蒙古，将其遗赠给了共和国。这强调了胜者的记忆，反对章炳麟对受害者受压迫的记忆的说法。康氏说，剥夺溥仪的宫殿、他的财富和他的皇室头衔是忘恩负义，违反了回报（报）恩惠的道德要求。实际上，对康氏来说，冯玉祥的举动甚至比忘恩负义更糟：他是一个小偷，专为自己窃取清室财物。这促使康有为指控冯玉祥是共产主义，而且在很多方面也指责孙中山。康氏最后警告说，蒙古人和（遥远西部的）穆斯林对《清室优待条件》有兴趣，而共和国面临丧失大量领土的风险。

唯一公开认可冯玉祥举动的政党是国民党。国民党领导人于 11 月 11 日给冯氏发了贺电。[1] 他们相信冯氏的举动将"永久切断任何复辟主义运动"，并制止"暴政"。在清室代表与孙中山取得联系并希望他支持维持现状后，孙中山本人终于在 1925 年 1 月发表声明。[2] 这样做的理由是，担任临时总统的孙中山在 1912 年批准了最初的《清室优待条例》。孙中山只是回答说，清朝多年来已经通过反复违反这些条款而使这些条款无效了。

* * *

中国的最后一个皇帝被武力废黜。可以这样计算：1912 年的溥仪；1916 年的袁世凯；溥仪分别于 1917 年和 1924 年再次被废黜。但是在每种情况下，军事力量都不是决定因素。相反，大众的想象力，或者至少是主流精英的想象力，不再将国家视为以皇帝为基础的。1911 年的辛亥革命几乎没有颠覆中国的社会。很快很明显地，"1911"的胜利充其量只是部分的，但这也是不可逆转的。无论新的国家如何发展，它都必须以革命为基础。

271

① 参见《清帝出宫后冯军接受印玺》，《盛京时报》1924 年 11 月 15 日，第 2 页。
②《中山与清室移宫事件》，《大公报》（长沙）1925 年 1 月 16 日，第 2 页。

　　1915 年,章炳麟在袁世凯的命令下被软禁。根据章氏的自传,他在得知袁世凯要成为皇帝时很高兴,因为"我知道袁的日子要到头了"。① 李石曾当时住在法国,他在那里找到了一个方案,即招揽中国学生和工人以拓宽他们的教育并帮助战争(他也忙于他的豆腐公司和中国餐馆)。当他得知袁氏帝制运动的消息时,李石曾给他的朋友蔡元培写信说,袁氏自取灭亡。② 对李石曾来说,帝制运动是可怕的。是的,它突出了中国人民的落后和革命的不足,但这是呼吁加倍努力进行教育的呼声。两年后,在 1917年推翻复辟之后,陈独秀说,皇帝只是另一个偶像,其力量源于人民对他的迷信。"一旦亡了国,像此时清朝皇帝溥仪、俄罗斯皇帝尼古拉斯二世,比寻常人还要可怜。这等亡国的君主,好像一座泥塑木雕的偶像抛在粪缸里,看他到底有什么神奇出众的地方呢!"③李石曾和陈独秀的判断似乎是正确的。1924 年,尽管政治和知识精英一片嘘声,一旦溥仪走出紫禁城,紫禁城就确定了走上博物馆化的道路。

---

① 章太炎:《太炎先生自订年谱》,第 25 页。革命成功时,章氏曾赞成一个强有力的总统,但他和袁世凯很快就相互不满。
② 李煜瀛:《李石曾先生文集》第 2 册,第 314 页。
③ 陈独秀:《偶像破坏论》,《独秀文存》,第 227—230 页。

结　论

272　　君主制还是共和制？晚清知识分子有时就这样直白地提问。当然,他们知道任何一种选择都有无数种变化,从一种选择变到另一种选择的过程中也会有中转站。但是国家基本形式的数量是有限的。君主立宪制通常被认为是一种中转站,它本身也是高度发展的国家形式。在 19 世纪初,除了帝国,人们想象不出其他的文明的治理体系。到 20 世纪初,绝大多数中国人仍然保持着这种理念,但是激进的精英们已可以想象出许多非帝国的体制。政治文化——统治者和统治者所处的社会关系领域的规范基础和无意识态度——似乎在 19 世纪已经萎缩,尽管士绅对公共事务的参与度有所提高。地方士绅和经济精英在公共领域的作用日益增强,这促使 19 世纪 90 年代的政治激进主义激增。

　　这种激进主义使得 20 世纪初革命性的国家建设合法化。从这个意义上讲,某些历史常识称 1911 年的辛亥革命只是漫长革命过程的一个阶段,1949 年共产主义革命达到革命的顶峰,或者说“1911”不如“1949”重要,这是一种误导。1912 年中华民国的成立,不论有着怎样的缺陷,都标志着近代中国民族身份的确立。我们可以从“中国人”“公民”这些词的使用和人们对民族国家的忠诚中看到,这一切都暗示着旧的社会政治制度的毁灭以及填补这一真空的模糊性。正如费约翰所表明的,这个过程需要“觉

醒"——自我、国家、群众的觉醒——我们也可以反过来补充说，
这取决于人们应该觉醒什么这一需要大量脑力劳动的问题。① 273
如果说近代中国人的身份被理解为一项工程，那么它并没有在
1912 年完成。

　　毫无疑问，正如孔飞力所言，19 世纪初的危机引发了一种新
的宪政思想。② 19 世纪 60 年代的自强运动通过将下层士绅甚至
平民纳入讨论范围，扩大了政治领域的范围。但是，这是在儒家
社会关系、儒家宇宙学以及儒家君主制框架内。自强者们是理性
主义者、现实主义者和坚强的人。一位空想的梦想家切断了儒家
宇宙学与政治秩序之间的联系，他通过将一小撮儒家思想推向极
致而导致了破裂。这就是康有为改良主义的结果。

　　我所说的儒家君主制只是一种似乎普遍的政治生命形式。
历史上，王权超越了宇宙学在轴心时代和前轴心时代的分裂。在
前轴心时代的魔法世界中，王权包括埃及和美索不达米亚帝国的
普遍王权，它们宣称神圣统治着所有土地。中国商代建立了相同
的政体。因此，中国古代君主制在中国轴心时代影响了儒家君主
制的建立。早期的儒家学派把国王对神性和祖先权力的主张与
对道德美德的主张结合在一起。王权的仪式围绕 3 个主题，凸显
了王国的统一和敌人的服从。第一，也许在最古老的层面上，是
声称拥有祖先固有的力量。第二，是对宇宙遗产或天命宇宙论以
及与宇宙运动相匹配的力量的主张。第三，是对在帝国末期通过
孝顺行为凸显的道德至上的主张。在宋代新儒家思想中，帝国意
识形态与中国精英阶层以家庭为中心的社会制度的宇宙根源感

---

① Fitzgerald, *Awakening China*.
② Kuhn, *Origins of the Modern Chinese State*, chap. 1（on "constitutional dilemmas", pp. 8 - 24）.

274 紧密相关。在通俗的想象中，宇宙秩序由像圣人、关帝和超自然生物等级之类的超越生命的人物所具有的力量所代表。在传统的普遍王权所想象的世界中，所有人类都或多或少地扮演着世袭的角色。社会现实从来没有如此纯粹，中国宇宙论从来没有否认过变化——的确，它不停在变化——但是很少有人质疑与宏观相对应的微观世界。帝国的仪式稳定，并在统治范围内得到统一，与天保持和谐。古老的颂歌唱道："普天之下，莫非王土。"这是直到 20 世纪士绅教育的堡垒。

跟多元帝国相适应地，清朝的意识形态体系也是多元的，但它对一元统治的主张是一致的。尽管存在不同的民族，天只有一个。科举制度提供了一个正统士绅迎合帝国意识形态的舞台，尽管清朝的文本权威从来都不是绝对的。清朝使 17 世纪对君主制的批判不复存在，但道德成为一种新的可以伤害官僚甚至皇帝的产物。到 19 世纪 60 年代，出现了一个新的公共领域，包括报纸、期刊和翻译、小说、学习社团以及有能力进行此类活动的学校。西学逐渐进入中国的知识体系。乍一看，人们发现平等和民主具有丑陋的内涵，并且源于已经被否决的中国古代思想流派。但是，随着建立近代国家的需求引发知识分子的忧心，公民权和民族概念使平等与民主重获新生。

晚清的"平等主义"并非指原子主义的、自给自足的人，这类人首先是个体，而不是他们的其他角色或地位。对晚清知识分子来说，公民仍然被嵌到各种群体之中，但是传统群体要通过两种方式进行修改：最直接的，民族国家优先；整体而言，是广义上市民的共同利益和行为。真实的、现有的学习社团和学校几乎没有等级制度（就像今天的大学一样），但是他们正在探索一种成员间对话的理想方式，即以技能和亲身参与意愿来衡量。这里所涉及的知识分子行为和生活经历都是非常无拘无束的。当然,许多学生和知识分子都感到失落和恐惧,而且新旧价值体系之间的紧张关系显而易见。19 世纪 90 年代后期的保守反应反映了这些紧张局势。但是,在梁启超的著作中,尤其是在 20 世纪初无政府主义者的著作中,已经清楚显现出个人和人民解放的主题。到新文化运动时期,这种情况已经非常普遍了。

在康有为的手中,今文经儒学具备了颠覆性的潜力。康氏发现了许多伪造品,以此抨击儒家君主制的文本基础。从 19 世纪 80 年代开始,康氏就开始指出孔子本人已经预言、证明并要求进行包括成文宪法和议会在内的体制改革。今天听起来很怪异,在当时听起来也同样怪异。然而渐渐地,康氏对文明稳步发展的愿景以及他对孔子作为圣王的更加神秘的愿景迎来了追随者。康氏的文献学以及他对历史的很多研究都是虚幻的,但他打破了帝国主义的堡垒。[1] 要把孔夫子从老师、甚至是圣贤之师转变成“素王”(最后一个准圣贤之王),就要提出政治主张。康氏从本质上将皇帝的魅力转移给了孔子,如果能够找到一个强大的改良主义的皇帝,那么孔子将使其合法化。强大的皇帝推动改革的愿景几乎与纯粹的民主愿景一样,都是对现有政治秩序的背离。

康氏对君主制的最终挑战是为了使君主制灭亡。他认为人类创造了自己的历史,尽管是沿着一个已知的方向(对康氏来说就是这样)。严复传达的社会达尔文主义强化了宇宙作为人类命运空间的概念。严氏对君主制的全面攻击是基于人类社会受自

---

[1] Elvin(伊懋可),“The Collapse of Scriptural Confucianism”.

然法则支配的假设。从来没有一个圣贤之王仁慈地创建文明机构，因为永远不可能有这样的机构。对严复来说，真实存在的皇帝显然是纯粹根据功利主义来判断。对康氏和严氏而言，中国领导人面临的任务基本上是通过必要的手段来使国家强大。这些手段将不可避免地扩大合法政治行动的范围，以将所有受过教育的人包括在内，这在当时是理所当然的。

276 　　1900年，梁启超在认识论上与儒家决裂得更清楚。梁启超写道："吾爱孔子，吾更爱真理"，他的意思是文明的进步取决于知识的自由。① 他将欧洲文艺复兴理解为对宗教束缚的抛弃。他在发现儒家思想的同时，也指责儒家对知识的追求受到限制。梁氏甚至拒绝了康氏的方法，因为它依赖于诠释学。梁启超已经勾勒出他对专制主义的彻底抨击，以及他计划用激进公民取代专制主义的计划。他一直努力树立民族精神，尽管他仍在研究今文经视角下的普遍公众意识。然后，在世纪之交后，梁启超对宪政有了更多的了解，并与革命者发生了冲突，他开始勾勒出固定在纪律国家框架内的公民身份的愿景。他坚称，中国君主制（即一个象征性的清朝皇帝）可以继续提供民族团结的象征。然而，最终的任务不是建立一个中华民族，而是一个新的公民国家。梁启超虽然认为人民利益和国家利益在各个方面都有着千丝万缕的联系，但他逐渐得出结论，民族主义充其量是国家建设的有用工具，而不是国家目标。他攻击革命者的狭隘民族主义，不是以康有为的儒学等普遍主义的名义，不是以空想无政府主义的名义，而是以国家的名义进行批判。

---

① 梁启超：《保教非所以尊孔论》，《饮冰室合集》文集第9册，第55页。梁氏在1902年写作时并没有否定儒学的所有方面，但他否认儒学在国家建设中的中心地位。

到这时,很显然国家是国际政治的产物,作为"大清"的"中国"是一个嵌入强制条约体系的项目。主权具有国内权力和国际地位的二重性这一概念是从国际法翻译而来的。梁启超戏称"开明的专制"可能会鞭策中华民族,但实际上,他把纪律国家设想为一种教育国家。无论其形式如何,国家都代表着最高的政治利益。像严复一样,梁启超也对中国从原始部落到军事国家的进化之路上的落后感到震惊。在最终转向"有机国家"的学说时,梁启超并没有为等级制度的版本辩解,这种等级制度将国王与头、平民和四肢联系在一起。相反,他的想象力被人民国家所有要素之间的生命联系感所占据:他持有平等主义者的愿景。社会契约是一个普遍的真理,它是具有约束力的契约,不能从中退出。

对 1898 年的那代人来说,政治是一场危险的游戏,他们所面 *277* 临的心理压力是巨大的。换句话说,他们不是在从事激动人心的新想法——或者不仅是在从事——而是将他们的生命系在上面。从 19 世纪 90 年代初开始,康氏就被指控为异端,到 1897 年,康氏和梁氏受到叛国的指控。至少在梁启超的案件中,指控是有道理的。在整个清朝时期,参与高层政治一直是有巨大风险的,19世纪 90 年代也是如此。即使没有受到生命威胁,改良派也始终能感到他们的政治承诺与对忠诚的需求之间的紧张。激进的改革派似乎并没有取得很高的地位,也没有得到他们自己的政治机构的支持。他们确实把自己当成了实现儒家最高理想的向皇帝进言的言官。他们以最早时期孔子和孟子重申的标准为榜样。但是,他们仍然无法避免给家人带来风险,更不用说履行自己的职责来照顾父母和其他家庭成员了。康有为的救世主意识让他看清了日后的道路,梁启超通过一生的努力来尝试制定出适合近代的新价值观。梁启超开始区分私人道德和公共道德。道德与政治之间的关系深深困扰着 20 世纪的思想家。① 对于那些担心中国即将解体的男女来说，这不是一个抽象的问题。

道德上的愤怒加剧了 19 世纪 90 年代保守派对改良派的反对。保守主义的反应不一，从张之洞的温和传统主义到一种真正保守主义，后者将自身崇尚的最深层价值观视为受到极大威胁。张氏支持许多改革项目，甚至保守派也开始支持对学校和官僚机构的改革。而他们不能容忍的是任何关于国家的言论，因为担心"民主"会推翻王朝——也许确实如此。毫无疑问，与三纲完全对立的平均主义正在浮出水面。1897 年和 1898 年的湖南反对派表达了比政治忠诚更深的恐惧。儒家文明和父系家庭的所有文化标志似乎都处于危险之中。保守派认为，社会不仅需要秩序，而且还依赖于从上到下的嵌套层次结构。如果中国失去皇帝，家庭将失去父亲。

与西方国家的保守派不同，晚清的保守派从来没有把国家视为最高的利益，显然教会也不是。一些更加不确定的东西濒临险境。历史告诉我们，朝代来来往往。忠诚当然是一种美德，但即使是抽象的(不分朝代)，它仍然不是最高的美德。相反，"礼乐"提供了一种将政治利益与整个社会结构相结合的方法，因为人们不能怀疑"治理与教育的统一"(政教合一)。但是，由于义和团运动的失败，保守派认为清朝的新政改革威胁到了他们。当清政府在 1905 年将科举制度扔到历史垃圾堆时，它就剥夺了其天然支持者的权利。

到 1900 年左右，革命运动开始吸引知识分子，尤其是学生。

---

① Angle, *Sagehood*, pp. 179 - 221.

改革由 3 个概念主导：一种线性和渐进的时间感，标志着社会的不断进步；基于种族文化意识的民族认同感；围绕"平等、民权、人权"的一系列关于好社会的观念。革命与改良主义之间的意识形态区分令人惊讶地模糊了数年，但革命者的主要问题显然是反满主义。如果你支持恢复汉人政权和推翻满人政权，那么你将支持革命、共和主义以及可能的某种社会主义；如果你认为满人不是中国面临的主要问题，那么你仍然可能会偏爱以汉人为主的共和国和社会主义，但你支持改革派实现这一目标的举措。不过，大多数情况下，改革派支持君主立宪制，因此被称为立宪派。（当然，革命者也赞成宪法，在某些只要是汉人君主的情况下也可能支持君主立宪制。）革命者倾向于将种族作为他们对国家看法的核心，将国家和民族区分开来。他们以种族科学和历史进步规律来支持自己的立场。他们追溯了从游牧部落（如满人）到有组织 *279* 的农业文明（如汉人），再到以西方列强和日本为代表的军事工业帝国主义社会的社会演变。

在对历史的研究中，像梁启超这样的革命者面临着一个问题，即为什么中国的进步似乎过早地停滞了。他们的答案是：满人。满人压迫汉人。实际上，这种观点并没有阻止革命者像梁启超那样严厉地谴责更长久的中国专制主义传统，尽管他们也试图将专制主义与蒙古等早期征服联系起来。专制主义是奴隶制，奴隶制是白人统治黄种人、满人统治汉人的种族威胁。革命者还声称专制国家是一个软弱的国家：当统治者将公众领域私有化时，国家变得更容易受到外国的接管。古代周朝的民主萌芽是汉人对革命者认同的宝贵标志。革命者将大部分的民主和平等思想植根于古代汉人文化和圣王们身上，这是族裔和政治家谱的结合。因此，刘师培对周朝的体制很感兴趣。

这样,革命者将他们对西方帝国主义的恐惧转移到了清朝上,使满人成了替罪羊,甚至在某种程度上认同了所谓文明程度更高的帝国主义势力。因此,他们转向西方和日本模式来重新考虑中国国家的本质,这是改良派已经开始的任务。革命者看到他们的破坏性任务是通过推翻清朝来恢复汉人政权,而他们的建设性任务则是建立与改良派所倡导的几乎没有什么不同的宪法制度。但是这两个阵营之间确实存在另一个主要区别:革命者想要建立一个真正的民族国家,而这个民族国家是以民族为基础的;改良派也这样考虑过,但从本质上认为国家将创造国民。两派都认为,在实践中有必要在人民中间开展大量的教育工作。有时甚至有人说革命的本质是教育。

大部分革命立场建立在 17 世纪满人带来的创伤记忆上,以种族的方式重写历史,并否认清朝的合法性。清朝即将灭亡的创伤已转移到明朝过去的灭亡上。如此众多的革命者的悲愤,尤其是革命者代表谭嗣同的痛苦,表现为过度修辞、殉难和自杀。痛苦和屈辱被一再表达,也许它们甚至被许多知识分子珍视为身份的一部分。① 但同样地,儒家的公共责任感所产生的道德要求促使知识分子不惜一切代价采取政治行动,这反过来又可能产生非常动态的自我修养过程。梁启超和宋教仁都展示了这一过程。

在随后的几年中,人们一直讨论、纠结,究竟是将辛亥革命视为通过暴力建立新国家,还是将其视为近代中国立宪主义发展的一个阶段。袁世凯的合法性源于清帝退位,这被认为是天和人民的意愿,他强调连续性。袁氏是一位君主立宪主义者,梁启超试图与他合作也就不足为奇了。但是共和政府提出了一个好坏参

① Jing Tsu, *Failure*, *Nationalism*, *and Literature*.

半的信息。作为对革命性变革的庆祝,新共和国的主要政治仪式是"双十"。袁氏能够抓住与新国庆有关的权力标志——特别是军队对中国社会和政治的新中心地位——但他失去了对其意义的控制。这在中华民国宪法中得到了体现。紧随革命进行了所有的政治调整之后,1912 年 3 月的临时约法规定:"中华民国是由中国人民组成","中华民国的主权由全体国民共有"。[1] 未提及任何天的意志或天与人民的关系。袁世凯倒台后制定的 1916 年宪法重申了这些原则。[2]

如果将书面宪法仅仅当作纸面上的文字来驳斥似乎很容易,但仍然必须承认,"双十"庆祝活动体现了一定的人民主权意识。新的历法虽然不是特别受欢迎,却是新的主权主张的最终象征。在共和国成立初期,"双十"庆祝活动几乎涵盖了城市居民的所有阶层。他们将类似庙会的活动与民族国家的新象征相结合,包括:国旗和其他 5 种民族包容性手势;民族歌曲;给革命烈士的献礼;最重要的是,我认为,游行队伍是各自独立的社会团体,同时标志着差异和相同性。国家以前将民众拒于高墙之外,现在变得可见了。"双十"表现出一种双重记忆:从圣王延伸而来的古老身份线,以及革命创造的共和政体的新颖性。在这种情况下,袁氏试图以任何形式恢复对天的献祭都是奇怪而徒劳的。在正式的平等主义、自我合法化的主权国家中,没有天的位置,或者至少没有明显的位置。作为进献的对象,天从未在帝国意识形态之外占有一席之地。

1915 年,袁世凯认为皇帝的意识形态和仪式在民众中仍会

_281_

---

① 《中华民国临时约法》,张耀曾、岑德彰编:《中华民国宪法史料》,第 1—2 条。
② 《中华民国约法》,张耀曾、岑德彰编:《中华民国宪法史料》,第 1—2 条。

引起共鸣是正确的。他只是错在认为群众的意见很重要——这对他这个位置的人来说是令人惊讶了。若是没有接受过西化课程教育并沉迷于激进政治论述的城市精英的支持，任何政权都无法宣称其合法性。在科学宇宙中，皇帝失去了意义。尽管围绕洪宪帝制充斥着很多溢美之词，但袁世凯似乎并没有表现出特别的善良、圣贤甚至是军事才能。袁氏是临时起意，他也失去了他的观众。两年后，1917年的张勋复辟充满了荒唐的讽刺意味。直到1924年溥仪被驱逐出紫禁城，忠君情感仍然是那些接受旧式教育人士的文化认同的标志。但是共和国的头几年也见证了文化身份演变的新标志：即将成为国立故宫博物院的紫禁城。如果说"双十"提出了新的政治身份形式，那么拥有清朝皇帝收藏物品的博物馆就标志着对文化伟大性的新的国家主张。帝国艺术已经死了；国家宝藏万岁。

我们也可以想象一下其他的历史版本，在这些历史中，袁氏的任期在政治上是稳定的，并且对天的新理解得以发展。但是它仍然必须脱离嵌套层次结构的宇宙学。没有皇帝占据人类秩序的首位，天在宇宙秩序首位的作用就开始缩小，甚至祖先在家族秩序中首要的地位也受到威胁。鉴于家庭的社会和经济功能，父亲不会消失，但他们的角色正在发生变化。

可以将1915年的新文化运动一定程度上看作知识分子对个人道德与共和政体之间关系的一种挣扎。由于共和机制未能扎根，这个问题似乎很紧迫。曾经的满人问题已经解决，政治问题却并未解决。许多新文化知识分子对袁氏君主制运动感到震惊，问中国人怎么了？一个答案是儒家思想，其以专制主义感染人民，陈独秀不是唯一对此予以遣责的人。甚至袁氏的消亡也不令人放心。新文化知识分子指责人们是儒家细菌的传播者。他们转向科学来寻找共和主义的宇宙学基础。这不是作为方法论甚至是认识论的科学，而是作为非儒学的科学。儒学还没有死。实际上，它正在经历自己的民主发展阶段。完全以儒家思想为基础，梁启超试图在袁氏政权下体现文明和政治上的正直。康有为的追随者以及其他儒学家也没有看到共同责任的伦理与共和制度之间的内在矛盾。在共和国成立的头几年，儒家和激进分子对社会的完美性或称近完美性都有着乌托邦式的信念。李大钊关于进步会导致以行政取代政治的预言是管理乌托邦主义（managerial utopianism）的一个例子。儒家和激进分子都有一种信念，即中国人民如果受到适当的纪律约束，就会成为好公民。但是实际上，构建新国家的任务几乎没有道德理论的指导。原来的等级已经消失了，因为儒家和激进分子都还没有完全理解。一种新的权利和义务语言将影响整个 20 世纪的政治叙事。

• • •

中国的帝国意识形态早就固定在一门神圣的知识典范上，而这与基督教或伊斯兰教的神圣知识不同，它一直与皇帝的理想联系在一起。[①] 从制度上讲，后来的皇帝及其大臣在某种程度上都 ₂₈₃ 遵循公元前 221 年建立的秦汉制度。6 世纪末隋朝完成了统一，中国在经历数百年的分裂后，再也没有在剧烈的王朝更迭时经历过超过一代人时间的分裂。帝国的中心地也再没有被两个以上的皇室瓜分过。在 14 世纪以后，帝国在最后两个王朝时期保持统一，并在清朝大为扩张。然而，帝国也并非完美无缺的。对帝国制度及其意识形态的批评是一脉相承的，对王权的批评最早可以追溯到庄子（传说方面可追溯到战国时期）。现实政治也有悠

---

① 我所说的"一直"，并不是说有停滞，而是断断续续的诠释学上的进化。

久的传统，这种传统在 18 世纪后期以官僚学校的形式得以复兴。但是直到 19 世纪后期，中国君主制才开始去神圣化。正如许多学者指出的那样，世俗化的过程始于儒家范畴。对康有为而言，这是最明显的，他有意识地尝试在这些范畴里工作。① 康氏还使用了非经典的古代思想流派和西方模式，但他通过将孔子神化来使皇帝世俗化。最值得一提的是章炳麟，他坚持认为古典典范实质上是一系列历史记录，从而将皇帝和孔子世俗化。也就是说，经典文献确实宏伟，但完全是人类机构的产物。18 世纪考据学派的学者们展示了如何用伪造品来散布这些经典作品(后来的著作被认为是古老的圣贤的)，但是这样做的目的是在教规中找到真相。章炳麟时期认识论上的转变几乎没有比这更彻底的了。

284　　因此，晚清的反满主义不仅是汉人知识分子无力直接抵抗西方而找的替身。更直接地，反满主义代表着国家体制改革的前进之路。尽管深深地根植于晚清中国的土壤，但反满主义其实是建设民族国家的反面。一个以民族为基础的国家会将帝国臣民变成感受到民族联谊的相互纽带的公民。或者说想象中是这样的。20 世纪 10 年代和 20 年代中央政府的消解也有助于复兴反帝主义。新文化运动从对民族主义的怀疑迅速发展为重申陷入困境的中国。尽管这本书并未涉及，但在这里必须指出的是，转向反帝国主义的民族主义认为理所当然应该建立民族国家。这是清末知识分子的杰出遗产。

　　许多新文化思想的普遍性使社会更加扁平化。在共和国成立之初，妇女没有选举权，但是在短短的一代人的时间里，妇女就

---

① 汪晖最近强调了康有为对宋代宇宙学原理的运用。汪晖：《现代中国思想的兴起》第 1 部下卷，第 744—765 页。

被接纳进入了公共领域。这个过程也有局限性，主要限于上层阶级的城市妇女。但是，在推翻君主制的过程中，1911年的革命者的确推翻了父权制，即使没有那么剧烈。孝道当然没有消失，但是平等婚姻和自由恋爱的新理念出现了。激进分子和国家建设者将流行宗教作为目标，因为他们认为流行宗教中含有传统的宇宙学等级制度。这场"反迷信"运动不仅攻击寺庙，而且攻击供奉祖先的祠堂。法律改革尽管生根缓慢，但标志着妇女和儿童权利的增长。

晚清知识分子在国家建设过程中引入了人权概念。权利讨论之所以迅速传播，是因为它以直观并令人满意的方式强调了清朝专制的缺点并想象任何近代国家的主要特征。中国知识分子以类似于两三个世纪前的北大西洋世界的某种方式，将对专制的恐惧与对国家建设的承诺结合在一起。新文化运动 ²⁸⁵ 以权利的名义谴责帝国主义和西方种族主义。然而，首先，新文化运动直接建立在清末的基础上，对后革命时期的政治保守主义和专制主义提出了批评，从而建立起自由反对的传统。但是，在国民党和共产党的革命意识形态中，双方虽然从未完全放弃权利的概念，却取消了某些人作为权利享有者的资格。①

尽管学界对中国传统中的权利问题已经有了广泛探讨，但中

---

① 中西方历史学家对中国权利思想起源有很多讨论。陈来提出在陈独秀思想中的一种紧张关系，一方面是"价值理性"（自由、人权等作为普遍理想的最高境界），另一方面是将强国放在首位的一种更加工具性的功利主义，见陈来：《化解"传统"与"近代"的紧张》，载于林毓生主编：《五四》，第155—158页。李泽厚在其经典著作中指出了"救亡"与"启蒙"之间的张力，见李泽厚：《启蒙与救亡的双重变奏》。关于中国人权的"本土化"，参见 Zarrow, "Anti-Despotism and 'Rights Talk'"。

国历史上的平等问题复杂且鲜为人知。① 乍看之下,这是因为儒家的仪式和等级制度几乎没有平等的空间。的确,在中国,与其他前近代复杂社会一样,除宗教思想外,人们对平等几乎没有兴趣。换句话说,政治、社会和经济平等的观念充其量在主流思想和实践的边缘位置。18 世纪的危机重新激发了人们探索士绅更多地参与治理的渠道,但这对平等对话毫无用处,对 19 世纪 70年代和 80 年代的自强者也没有用。平等对话要等到康有为和谭嗣同等人大力改革儒学。等到革命真的成为选择之一,围绕社会成员间水平纽带的社会定义将变得顺理成章。然而知识分子精英仍然急不可耐。代表民族发言的主张既基于国家的新观点,也基于民族的新观点。就像对民族提出的要求一样。

· · · ·

晚清知识分子试图以比儒家统治传统更加全面的方式进行改革和改造人民。在新政改革期间,许多官员开始构想一种新型的国家,包括:财政管理更加合理化,使用统计科学来记录人口,通过学校和军队等对人民进行训练。但是,重塑人民的总体图景286 仍然很抽象,国家没有能力支持纪律机构。清末的国家问题与主权问题,即统治权的来源和行使,密不可分。国家不能简化为皇帝,这是很清楚的。但是国家与民族、社会或公民之间的关系并非如此清晰。改良派和革命者都同意,宪法的关键意义在于其描述行使主权的能力。由于主权是在国内行使的,要想得到国际认可,这对清末知识分子来说不是一个小问题。乍一看,他们对宪法和政府宗旨的关注(例如三民主义),既不是人民的迫切关注,

---

① 然而,一部受马克思主义启发的对欧洲和中国跨越时代的考察,周仲秋的《平等观念的历程》涉猎广泛,具有启发性。

也不是治理人民的艰巨工作。但是，理论辩论塑造了政府的合理性和治理方式。国家主义的理念脱颖而出。

在整个 20 世纪，国家主义继续影响着中国的政治领导人。近代中国对民族有两种看法，要么将中国人视为多民族，要么将其视为一个民族。正如亨利·惠顿以律师身份所建议的那样，没有民族国家这样的东西：任何国家，无论是帝国还是近代国家，都从未完美地对应到一个民族上，无论严谨程度是高还是低。但是近代国家需要澄清谁属于谁，谁不属于谁。晚清知识分子开始确切地考虑谁算是华人，这个过程既包括强制的纳入，也包括排除。

1912 年之后，"五族共和"的概念一直不是很可信。在中国中部和南部沿海城市或农业中心地带，很少有汉人会认识非汉人的人。孙中山在 1912 年 1 月就任总统的就职演说中谈到 5 个民族团结在一起形成一个国家，统一形成一个民族。[1] 这是当时的言论，但在几年之内，孙中山就试图放弃它。他正确地指出，当显然还有更多的民族时，谈论"五族"是荒谬的。[2] 孙中山认为，与汉人相比，满人、蒙古人、回人和藏人都是少数群体，由于他们的领土被占领，即日本控制的"满洲"、俄国控制的蒙古、英国控制的西藏，汉人必须在中华民国的保护下帮助他们。[287] 孙中山感到了中国面临的帝国主义威胁，他在 20 世纪 20 年代对列宁主义也有了新的认识，这些促使他转向美国：同化的典范。到 1921 年，由于对共和国未能建立强大的中华民族感到不满，孙中山直接呼吁"使满、蒙、回、藏同化于汉族，成一大民

---

① 孙中山：《临时大总统就职宣言》，《国父全集》第 2 册，第 23—24 页。

② 孙中山：《修改章程之说明》，《国父全集》第 3 册，第 218 页。

族主义的国家"。①

矛盾的是，可以说孙中山的民族理论很强，却没有国家理论。1924年，孙中山在解释三民主义时声称，他的第一个主义，即民族主义，就是国族主义。② 他认为，国家与民族的这种融合是中国人独有的。在其他地方，国家由几个种族或民族组成，或者一个种族跨越几个国家。但是"中国自秦汉而后，都是一个民族造成一个国家"。③ 换句话说，中国人民在整个历史上都拥有统一的国家，而不管朝代如何变化。④ 这样说来，孙中山的主张似乎否认了中国人之间明显的民族和文化差异，也许看起来更合理，但也完全是重复的。中国＝中国人。孙中山在某种程度上认为，遗传和文化因素（例如同化）都可以解释中华民族的自然发展。孙中山因此得出结论，中国已经是一个国家：它只需要民族主义就可以摆脱其传统的宗族主义。无论孙中山对中国的描述对错与否，他都将国家与民族混为一谈。从这个意义上说，他确实有一个国家理论，但是可以得出结论，他直接把国家从民族中抽离出来，这似乎也对。

与孙中山不同，毛泽东从理论上思考国家。毛泽东在1940年的《新民主主义论》中强调了政治和经济学的重要性。他以列宁为例说："一定的文化（当作观念形态的文化）是一定社会的政治和经济的反映，又给予伟大影响和作用于一定社会的政治和经

---

① 孙中山:《三民主义之具体办法》,《国父全集》第3册,第227页。
② 孙中山:《三民主义》,《国父全集》第1册,第3页。参见刘华兴、张元隆:《孙中山与中国近代国家观念的发展》,载于江中孝、王杰编:《跨世纪的解读与审视:孙中山研究论文选辑》,第10—21页。
③ 孙中山:《三民主义》,《国父全集》第1册,第3页。
④ Fitzgerald,"The Nationless State",pp. 87 - 88.

济;而经济是基础,政治则是经济的集中的表现。"①作为马克思主义者,毛泽东认为国家的性质由其阶级结构决定:

> 因此,全世界多种多样的国家体制中,按其政权的阶级 [288] 性质来划分,基本地不外乎这三种:(甲)资产阶级专政的共和国;(乙)无产阶级专政的共和国;(丙)几个革命阶级联合专政的共和国。第一种,是旧民主主义的国家。……第二种,除苏联外,正在各资本主义国家中酝酿着。……第三种,殖民地半殖民地国家的革命所采取的过渡的国家形式。②

然而毛泽东认为有必要了解政府的具体机构及其经济基础。"所谓'政体'问题,那是指的政权构成的形式问题,指的一定的社会阶级取何种形式去组织那反对敌人保护自己的政权机关。"③在抗日战争的背景下,毛泽东认为中国国家是过渡性的。"新民主"的要点是包括所有反帝国主义阶级,甚至包括资产阶级。不过,即使抗战胜利后,毛泽东也没有转向"无产阶级专政"。1949年6月,毛泽东在《论人民民主专政》中指出,新政府将是专政的,也是民主的。④ 他的意思是,对阶级敌人将是专政的,但对人民而言是民主的。在理论上和实践上,这种民主专政都是国家主义的一种形式。

中华人民共和国成立于 1949 年,是一个多民族的国家;⑤而且不是作为一个民族国家,而是作为一个社会主义国家,成为世

---

① 《毛泽东选集》第 2 卷,第 663 页。Knight(奈特),"On Contradiction and On New Democracy"。
② 《毛泽东选集》第 2 卷,第 675—676 页。
③ 《毛泽东选集》第 2 卷,第 677 页。
④ 《毛泽东选集》第 4 卷,第 1468—1482 页。
⑤ 也就是说,由众多民族组成,其中人数最多的是汉族。

界革命进程中的一个更高级的阶段。毛泽东预见到国家将在未来被废除(这一观点某种程度上和列宁一样)。毛泽东的观点基于对国家作为阶级权力表达的理解——当阶级消失时,所有的"阶级斗争工具"也将消失。① 也就是说,政党和国家都没有必要。的确,达到这一点是工人阶级和共产党的任务。但是,"大同"的时间尚未到。作为"民主专政",中国国家将由"人民"组成,也就是"工人阶级、农民阶级、城市小资产阶级和民族资产阶级。这些阶级在工人阶级和共产党的领导之下,团结起来,组成自己的国家,选举自己的政府"。② 毛泽东也指出,在可预见的未来,中国必须遵守西方资本主义和帝国主义建立的国家主权领土体系。对毛泽东来说,国家机构与国际国家体系一样,都是建立在暴力基础上的,但最终随着国家的发展,其自身将消亡。

今天,中国也借鉴了西方的国家模式。这种模式主要基于19世纪的政治法律理论,其中伯伦知理就是一个很好的例子,这一点由清末民国知识分子进行了重新诠释。也就是说,国家是民族的代表,是历史进步的产物,是文明使命的代理人。尽管"文明使命"的概念与传统王朝改造人民的任务有很多共通之处,但今天的中国国家建立在技术能力和专业专长之上,而不是仪式之上。今天的国家始终处于社会地位之上,这不仅基于其文明使命,而且基于其提供科学管理和指导利益相关团体达到共同目标的公认需求。人们可以批评具体政策,但是国家主义实际上是不可挑战的。

20世纪末中国政府发展起来的技术专家治理的自我形象,

---

① 参见 Lenin(列宁),*The State and Revolution*。
②《毛泽东选集》第4卷,第1475页。

直接源自该世纪中叶的先锋性政党国家(vanguard party-state)。先锋性政党国家萌芽于晚清知识分子着手对旧帝国统治的破坏。这些知识分子开始不固定组合运用民族认同、人民主权和国家利益,建立一种新的国家理论。近代中国国家观念建立在西方和传统知识的基础上。技术治理的理想本身很大程度上可追溯到 10 世纪以来准精英官僚制的长期发展。① 然而传统的官僚制度仍然植根于宇宙秩序的社会政治等级制度之中。相反,今天的技术治理则是自我合法化的,因为实际上,它根植于国家。

·   ·   ·

国家主义可能会或可能不会提供稳定的统治基础。我们可以得出的结论是,在 20 世纪初,它促进了自下而上重建中国的规范和法律基础的尝试。它通过革命和制定宪法脱颖而出。这是一个完全世俗的事业:也就是说,这是人类为互惠互利建立制度的事情,也确实被视为如此。也许除非将单线性历史演变的阶段视为目的论,否则它没有先验原理的基础。的确,清朝官员和一些知识分子继续提到天,更真实的是,等级制宇宙秩序的概念并未在一夜之间被抹去。但是,将宪法的制定植根于这样的宇宙的尝试(见 1905 年至 1910 年的清朝宪政和 1915 年的袁世凯帝制运动)没有任何意义。主权的语言是世俗的。无论说主权属于"全民",还是说国家产生主权,它都同样是内在的。(中国的立宪派将目光投向了明治,但日本从未中断过的帝国主义路线永远不会适用于中国。)

中国的宪政主义展示了所谓的韦伯式主题:官僚和工具理性;分解(世俗化);社会与宇宙(甚至自然)的分离。我们还可以找到福柯的政府性:纪律和微权力的身体形式,以及法律和教育。

---

① Woodside,*Lost Modernities*;Elman,*A Cultural History of Civil Examinations*.

中国精英们将重塑大众主观性的工作揽到自己身上，使人们作为国家的一员：同时充满活力但又顺从，有创造力但善于接受，自我指导但勤奋。权力应该是要持续不断的循环流动，而不是强制的情景表达。宪政意味着：一种新的财政制度，使人民理解并接受纳税义务；一种新的家庭制度，母亲将担任公民"权利和义务"的老师；最重要的是，将国家与自身利益相结合。"社会"在概念上与国家并存，因为它们都植根于清末公共领域的机构。这里的公共领域是指由经过正式批准的士绅小团体，后发展成为参与公共事务的自认文化精英的更大团体。他们是或多或少独立的自治组织，或多或少地在各种媒体上自由交换意见，以及或多或少地在平等研究社团中行动。正如蒂莫西·米切尔（Timothy Mitchell）所论证的那样，国家很可能是一种"效应"，并且最终没有与社会区分开。① 但这当然是一种强大的影响（不仅仅是抽象层面的），清末官员希望加强这种影响，试图以一种包容社会的方式在宪政政府周围建立新的边界。就文化精英而言，他们看重宪政，因为它许诺为他们提供一个既可以组织又可以行使公民权的国家。国家将高于一切（超越性的），但仍将是所有人的共同财产（人民固有的）。

这种有远见的理想源于很少有人可以完全抵抗的那个时代的乌托邦主义。对中国来说，情况越糟，完全不同的未来前景越光明。历史学家指出了梁启超和其他人如何调和表面上对立的利益：地方和国家利益，贫富之间的矛盾，尤其是个人（自私）和集体（公益）的关系。孔飞力建议，这种对民族内部所有人和解的信

---

① Mitchell, "The Limits of the State"; "Society, Economy, and the State Effect", pp. 76 - 97. 区分国家与社会的"国家效应"是"近代政治秩序的决定性特征"（"The Limits of the State", p. 95）。

念充满了神秘主义。① 章炳麟的信念也是如此，他认为一种站在平等社会之上的超然国家可以与强大的官僚机构相结合（在某种程度上永远不会被专制）。② 我认为，我们可以进一步推动这种"神秘主义"。从某种意义上说，追随蒂莫西·米切尔的观点，国家神秘主义在任何地方都是有必要的。这在建国时最清楚。从另一种意义上说，尽管梁氏和章氏崇尚的政治体制不同，但梁氏和章氏的思想是相同的。梁氏对宪政秩序的混乱局面很感兴趣。章氏对权力的运作既感兴趣也有反感。然而，他们共同的是对近代民族国家的"整体"的一种（神秘的）感觉，反对传统帝国主义国家的冲突和分裂。具有讽刺意味的是，帝国的承诺恰恰是围绕一个清晰的中心来统一国家，梁氏和章氏以各自不同的方式试图恢复这个中心。但是，新宪政所许诺的"统一"，尽管它的某些言论来自旧的儒家思想，却与大众主权的神话有更多的共同点。即使对那些相信主权属于皇帝的人来说，统一的神话也是近代的，因为统一的目标是民族国家。尽管在某些方面仍然相信四书五经的功效，但立宪主义旨在取代过去声名狼藉的文本权威。最晚到1898 年，这种转变就发生了。传统道德可能有用，但它只在对公民国家有所贡献的时候有用。

中国的情况并非独特的。君王在世界各地都消失了。新国家经常称自己为共和国，而不论其机构是否是共和制。美国的立国文件和法国大革命产生的《人权宣言》在全球视野中产生了一个强大的神话——"从臣民到公民"。但是，向近代政治的过渡与其说是人民主权，不如说是对任何一种王权信仰的丧失。到了

---

① Kuhn, *Origins of the Modern Chinese State*, pp. 131 - 132.
② 柯娇燕提供了章太炎与梁启超二人在清代民族主义意识形态继承方面的一组令人兴奋的对比，参见 Crossley, "Chaos and Civilization"。

18世纪,人们对国家有了新的看法,即使绝不是纯粹的世俗形式,它也相当抽象,对国王的神圣恩典毫无任何感触。① 毫无疑问,这反映了中世纪后期以来社会的根本变化,在旧政权面临危机时采取了革命性的形式。② 从18世纪到20世纪,全球政治权威情况发生了巨大变化。正如埃德蒙·摩根(Edmund Morgan)指出的那样,在意识形态层面,"神权"是一种虚构,人们"只有在其是自己的代理人的情况下才应服从政府"的观念也是虚构——这些不是事实,而是"愿意中止的怀疑"。③ 但是,当晚清知识分子认为大众主权代表了当时的趋势时,他们是对的。从1905年到1912年,奥斯曼帝国、伊朗、墨西哥、葡萄牙和俄国都发生了革命,其他国家的民族和民主运动也取得了不同程度的成功。

293

不管晚清思想的神秘主义和复辟主义如何,它在破坏旧的政治和社会等级制度方面都是革命性的。在等级制度的破坏中,不可避免的是,必须根据其成员之间的水平联系重新建立社会,个人(理想的情况)具有与国家的独特关系。改革派官员、立宪派和革命家都使用了公共利益的语言。这不可避免地与民众参与有关。可以设想,皇帝将在象征先验国家的立宪政府中发挥作用,但该国仍必须代表人民。就立宪改良派甚至是官员而言,革命变革已经赢得了胜利,他们承认国家的基础是人民。在20世纪初,国家有机概念的吸引力在很大程度上归因于其表面上的逻辑和自然性。儒家的层次互补性宇宙基础的前提鼓励了向有机思维的过渡。按照这种逻辑,个人与社会群体之间的关系反映出宇宙

---

① Monad, *The Power of Kings*.

② Bendix, *Kings or People*; Moore, *Social Origins of Dictatorship and Democracy*; Skocpol, *States and Social Revolutions*.

③ Morgan, *Inventing the People*, pp. 13 - 15.

力的自然产生。但是,按照传统理解,社会达尔文主义严重损害了人们对宇宙秩序的信心。这为更多的、但并非绝对的平等社会打开了概念空间。近代中国国家的有机观念认为,在一个给定的社会中,不同的群体通过区分他们的职能而相互支持。规范有机体的是权利和义务,而不是孝顺和忠诚。

尽管有上述神秘的问题,新的中国国家还是不可避免地世俗化。在这种情况下,立宪主义和共和主义必须铲除宇宙学思想。因此,有据可查精英们尝试消除他们称之为"迷信"的做法。从 20 世纪初开始,对民间宗教的攻击绝对是国家建设的核心。[①] 帝国国家长期以来一直规范宗教活动,但也向民间宗教妥协。国家仪式和流行的宗教习俗所共有的共同本体论一直是帝国体系中的统一要素。随着新政改革,"迷信"被命名,也被视为倒退和原始的。一个好的国家应该消除迷信。近来的学者将这一转变视为国家对民间宗教战争的开始。[②] 除此之外,我们还可以补充说,国家——不同的政治精英们——正在寻求对自然秩序的新理解,这种理解可以作为促进其自身建立的基础。正如杜赞奇(Prasenjit Duara)指出的那样,虽然世界各地的殖民政治精英们将宗教视为民族认同和抵抗策略的表达,但由于中国从未完全被殖民化,因此中国的民族主义可以在另一种基础上建立。[③] 也许所有试图将国家主权置于民族的尝试最终都是神秘的,但是近代

294

---

① Duara, "Knowledge and Power in the Discourse of Modernity"; Goossaert, "1898"; Nedostup(张倩雯), *Superstitious Regimes*.

② 正如杨美惠(Mayfair Mei-hui Yang)指出的,"随着国家摆脱其古老的宗教和仪式机构,宗教的范畴开始被定位在它之外,作为帮助国家定义自己并加强其在近代性中的领导作用的目标",见"Introduction", in Mayfair Mei-hui Yang, ed., *Chinese Religiosities*, p. 17。

③ Duara, "Religion and Citizenship in China and the Diaspora".

中国以科学的名义放弃了宗教,并将国家理解为纯粹的人类建构。新的国家宇宙论,是人民主权中固有的。

清末民初的精英们基本上是在寻求建立新的民间宗教。他们的人类历史目的论强烈提出了一个共同的信念基础:对宪法政治安排之进步性的信念。① 在这种情况下,中国人民有创建强大国家的愿望,而中国国家同样具有创建强大国家的任务。宪政的仪式甚至精神成分包括从牺牲到革命烈士,从古老的爱国者到公民庆祝。自然地,任何新的民间宗教都会带来一种失落感和兴奋感。中国在帝国主义大国手中解体的恐惧——也许在今天看来是过度紧张,这可能是面对传统帝国创建的身份面临崩塌的一种心理恐慌。家庭和地方的身份,与科举制度等皇室机构所支持的文字传统密不可分。这些身份可能已经阻碍了国家的构建,但是它们也提供了保护。在仪式和文字传统中,皇帝声称自我力量与宇宙力量之间存在联系,而社会达尔文主义世界却很少提供这种安慰。许多知识分子都期待科举制度和君主制的灭亡,但是这些熟悉的机制真的可以被直接获得的主权取代吗? 随之而来的是整个"原始秩序"的危机感,或者至少是一种损失感,这不足为奇。② 然而,建设任务是乐观主义的强大力量。传统宇宙学的崩溃没有被视为更大的损失可能是因为,它直到 20 世纪后期才对大众产生了影响。

建立孔教的计划尽管在政治上没有成功,但仍然标志着精

① 当然,这与罗伯特·贝拉(Robert N. Bellah)在《美国的公民宗教》一文中提出的美国"公民宗教"的天命论不同。但我们可以看到,中国的进步精英并不完全是纯粹的世俗主义者。

② Yu-sheng Lin, *The Crisis of Chinese Consciousness*, pp. 11 - 18; Hao Chang, *Chinese Intellectuals in Crisis*, pp. 5 - 8.

英们对儒家思想（适当地改变本性）和立宪主义的相容性的广泛信仰。甚至嘲笑教堂式的知识分子也在寻求以儒家道德为基础建立近代公民身份的方法。只有一小部分激进分子完全不受这种信仰的影响。经典学习——传统帝国精英的粘合剂——进入了死亡漩涡，演变成历史、语言学、哲学和其他学科。儒家道德原则在家庭和学校的背景下发展起来。但是儒家必须承认国家的不同领域。这个问题并不是晚清知识分子如何像调鸡尾酒一样将传统思想的部分与西方思想的部分融合在一起，而是国际体系中的主权国家概念如何在 20 世纪初在中国爆炸式流行开来。19 世纪的全球政治文化基于种族和进步的破坏性意识形态。尽管它承认个人的本体论地位，但建立于 19 世纪的世界秩序仅使所谓的民族国家具有充分的合法性。它倾向于使家庭和氏族合法化，更不用说部落了。所有这些都反映在晚清知识分子的观点中。在建立近代国家的过程中，他们必须打造近代个人，无论他们在生活中的角色是什么。不再需要皇帝，或者至少皇帝不再是超然性的。没有人（或上帝）能够超越人民：只有国家本身才能做到这一点。然而，如果人类学家费孝通是对的，那么帝国意识形态的某些部分也影响了共产党。他在 20 世纪 80 年代的一次采访中说："人民的愿望和需要是为了这个（诚实和有能力的政府）。好皇帝的思想在共产党中得到了集中体现。"①在我看来这似乎有点过于简单。从某种意义上说，好皇帝的观念在全体人民中已经得到了集中体现。共产党谈到需要"为人民服务"，这是所有公民持有

---

① 费孝通（1910—2005）是中国人类学和社会学的奠基人。引自 Mazur（马紫梅），*Wu Han, Historian*, p. 341。

的理想。在共产党的领导下,公民首先是国家的一员,即致力于国家利益的民族共同体的一员。

296　　这种卢梭情结是中国近代革命传统的基础。这种观点的革命性之处不在于为人民服务的概念,而是个人对国家利益的认同,因为只有国家才有执行权力。毫无疑问,21世纪的中国技术治理体系受清朝的官僚制度影响。但是,它的规范基础已经得到重塑。

参考文献

中文文献

一手文献

爱新觉罗·溥仪:《溥仪自传》,台南:金川出版社,1976年。

蔡元培著,高平叔编:《蔡元培政治论著》,石家庄:河北人民出版社,1985年。

陈独秀著,任建树、张统模、吴信忠编:《陈独秀著作选》,上海:上海人民出版社,1993年。

陈独秀:《独秀文存》,上海:亚东图书馆,1927年。

《大公报》,天津,1924年。

《大公报》,长沙,1912—1925年。

丁宝书:《蒙学中国历史教科书》,上海:文明书局,1903年(1905?)。

《东方杂志》,上海,1904—1924年。

冯玉祥:《我的生活》,长沙:岳麓书社,1999年。

冯自由:《革命逸史》,上海:商务印书馆,1947年。

[英]傅兰雅口译,应祖锡笔述:《佐治刍言》,上海:上海书店出版社,2002年。

高步瀛、陈宝泉:《通俗国民必读》,上海:南洋官书局,1905年。

《格致汇编》,上海,1892年。

故宫博物院明清档案部编:《清末筹备立宪档案史料》,北京:中华书局,1979年。

《国粹学报》,上海,1905—1912年。

侯毅:《洪宪旧闻》,云在山房,1926年。

胡平生编:《复辟运动史料》,台北:正中书局,1992年。

黄宗羲:《明夷待访录》,台北:金枫出版社,1987年。

黄遵宪著,陈铮编:《黄遵宪全集》,北京:中华书局,2005年。

[美]惠顿著,何勤华编:《万国公法》,北京:中国政法大学出版社,

2003 年。

　　翦伯赞主编:《戊戌变法》,上海:神州国光社,1953 年。

　　《江苏》,台北:中国国民党中央委员会党史委员会,1968 年。

　　康有为:《大同书》,台北:龙田出版社,1979 年。

　　康有为著,蒋贵麟编:《康南海先生遗著汇刊》,台北:宏业书局,1976 年。

　　康有为:《康南海自订年谱》,台北:文海出版社,1966 年(出版年不详)。

　　康有为著,姜义华、吴根梁编:《康有为全集》,上海:上海古籍出版社,1987 年。

　　康有为著,汤志钧编:《康有为政论集》,北京:中华书局,1981 年。

　　康有为:《孔子改制考》,北京:中华书局,1958 年。

　　李大钊:《李大钊文集》,北京:人民出版社,1984 年。

　　李嘉谷:《蒙学修身教科书》,上海:文明书局,1905 年。

　　李煜瀛著,中国国民党党史委员会:《李石曾先生文集》,台北:中国国民党中央委员会党史委员会,1980 年。

　　梁启超著,葛懋春、蒋俊编:《梁启超哲学思想论文选》,北京:北京大学出版社,1984 年。

　　梁启超:《清代学术概论》,台北:台湾商务印书馆,1977 年。

　　梁启超:《饮冰室合集》,北京:中华书局,1995 年。

　　《临时政府公报》,台北:中国国民党中央委员会党史史料编纂委员会,1968 年。

　　刘大鹏:《退想斋日记》,太原:山西人民出版社,1990 年。

　　刘剑白:《小学修身教科书》,上海:文明书局,1903 年。

　　刘师培:《刘申叔先生遗书》,出版地不详,1934—1938 年。

　　刘师培:《刘师培全集》,北京:中共中央党校出版社,1997 年。

　　鲁迅:《鲁迅全集》,北京:人民文学出版社,1956 年。

　　毛泽东:《毛泽东选集》,北京:人民出版社,1991 年。

　　张继编:《民报》,北京:中国科学院历史研究所,1957 年。

　　《民立报》,上海,1910—1913 年。

　　钱宗翰:《绘图中国白话史》,出版地不详,1906 年。

　　璩鑫圭、唐良炎编:《中国近代教育史资料汇编:学制演变》,上海:上海教育出版社,1991 年。

　　《申报》,上海,1872—1949 年。

　　盛康编:《皇朝经世文续编》,台北:文海出版社,1972 年。

　　《盛京时报》,沈阳,1912—1924 年。

　　《时报》,上海,1904—1924 年。

　　宋教仁:《我之历史》,台北:文星书店,1962 年。

　　苏舆辑,杨菁编:《翼教丛编》,台北:"中央研究院"中国文哲研究所,

2005 年。

《苏报》,上海,1902—1903 年。

孙宝瑄:《望山庐日记》,上海:上海古籍出版社,1983 年。

孙中山著,秦孝仪编:《国父全集》,台北:近代中国,1989 年。

谭嗣同著,蔡尚思、方行编:《谭嗣同全集》,北京:中华书局,1990 年。

《天义报》,东京,1907—1908 年。

[日]富井政章著,陈海瀛、陈海超译:《民法原论》,北京:中国政法大学出版社,2003 年。

屠寄编:《中国地理教科书》,上海:商务印书馆,1905 年。

吴人达编:《法律通论》,太原:山西法政学堂,1907/1908 年。

《新青年》,上海,1915—1926 年。①

《新民丛报》,横滨,1902—1907 年。

新民社编:《清议报全编》,台北:文海出版社,1986 年。

徐念慈编:《中国地理:初级师范 学校教科书》,上海:商务印书馆,1906 年。

严复著,王庆成、叶文心、林载爵编:《严复合集》,台北:辜公亮文教基金会,1998 年。

杨度著,刘晴波编:《杨度集》,长沙:湖南人民出版社,1986 年。

杨廷栋:《法律学》,上海:中国图书公司,1908 年。

姚祖义、侃庆以:《最新高等小学中国历史教科书》,上海:商务印书馆,1904 年。

章太炎著,徐复注:《訄书详注》,上海:上海古籍出版社,2000 年。

章太炎:《太炎先生自订年谱》,香港:龙门书店,1965 年。

章太炎:《章太炎全集》,上海:上海人民出版社,1985 年。

张耀曾、岑德彰编:《中华民国宪法史料》,台北:文海出版社,1981 年。

张之洞著,李忠兴评注:《劝学篇》,郑州:中州古籍出版社,1998 年。

郑观应著,夏东元编:《郑观应集》,上海:上海人民出版社,1982 年。

《政府公报》,台北:文海出版社,1971 年。

周作人:《知堂回想录》,合肥:安徽教育出版社,2008 年。

邹容:《革命军》,北京:中华书局,1958 年。

作新译书局编纂:《新编法学通论(五编)》,上海(出版地不详):广智书局,1902 年。

二手文献

[日]阿部贤一:《邹容的〈革命军〉与西洋近代思想:以〈民约论〉及进化论为中心》,《近代中国》1984 年 8 月,第 159—168 页。

[法]巴斯蒂:《中国近代国家观念溯源》,《近代史研究》1997 年第 4 期,

---

① 原书《新青年》的版本标注为 1961 年东京版,似有误。——译者注

第 221—232 页。

曹美秀：《朱一新与康有以经学相关问题为讨论中心》，《中国文哲研究集刊》2006 年 3 月，第 219—256 页。

陈丰：《不谋而合："年鉴派"和梁启超的新史学思想》，《读书》1993 年（总第 177 期），第 42—47 页。

陈恒明：《中华民国政治符号之研究》，台北：台湾商务印书馆，1986 年。

陈来：《化解"传统"与"现代"的紧张：五四文化思潮的反思》，载于林毓生主编：《五四》，第 151—185 页。

陈鹏鸣：《梁启超学术思想评传》，北京：北京图书馆出版社，1999 年。

陈其南：《传统制度与社会意识的结构：历史与人类学的探索》，台北：允晨文化，1998 年。

陈熙远：《中国夜未眠——明清时期的元宵、夜禁与狂欢》，《"中央研究院"历史语言研究所集刊》第 75 本第 2 分（2004 年），第 283—329 页。

陈熙远：《"宗教"——一个中国近代文化史上的关键词》，《新史学》第 13 卷第 4 期（2002 年），第 37—66 页。

迟云飞：《清季主张立宪的官员对宪政的体认》，《清史研究》2000 年第 1 期，第 14—22 页。

迟云飞：《清末最后十年的平满汉畛域问题》，《近代史研究》2000 年第 5 期，第 21—44 页。

丁文江编：《梁任公先生年谱长编初稿》，台北：世界书局，1988 年。

丁文江、赵丰田编：《梁启超年谱长编》，上海：上海人民出版社，1983 年。

丁亚杰：《〈翼教丛编〉的经典》，《湖南大学学报（社会科学版）》2004 第 4 期，第 31—40 页。

董方奎：《清末政体变革与国情之论争：梁启超与立宪政治》，武昌：华中师范大学出版社，1991 年。

傅金泉：《中华民国开国典章》，《陕西文献》第 44 期（1981 年 1 月），第 4—5 页。

干春松：《康有为和孔教会：民国初年儒家复兴努力及其挫折》，《求是学刊》2002 年第 4 期，第 110—114 页。

甘怀真：《皇权、礼仪与经典诠释：中国古代政治史研究》，台北：台湾大学出版中心，2004 年。

高强、刘海玲：《论梁启超的"大民族主义"》，《宝鸡文理学院学报（社会科学版）》2002 年第 1 期，第 75—80 页。

郭世佑：《孙中山的反满民族主义思想别论》，《清史研究》1994 第 4 期，第 40—49 页。

韩华：《民初孔教会与国教运动研究》，北京：北京图书馆出版社，2007 年。

何汉文、杜迈之：《杨度传》，长沙：湖南人民出版社，1979 年。

贺凌虚:《孙中山所倡导的民族主义及其施行政策的演变》,《近代中国》1995 年 6—8 月,第 196—216、290—314 页。

何文辉:《失势的精英及其反抗:戊戌前后湖南新旧之争的政治学分析》,《北京行政学院学报》2004 年第 5 期,第 82—86 页。

胡平生:《梁蔡师生与护国之役》,台北:台湾大学文学院,1976 年。

胡平生:《民国初期的复辟派》,台北:台湾大学书局,1985 年。

黄爱平、黄兴涛主编:《西学与清代文化》,北京:中华书局,2008 年。

黄福庆:《清末留日学生》,台北:"中央研究院"近代史研究所,1983 年。

黄克武:《从追求正道到认同国族:明末至清末中国公私观念的重整》,载于张哲嘉编:《公与私:近代中国个体与群体之重建》,台北:"中央研究院"近代史研究所,2000 年,第 59—112 页。

黄克武:《梁启超与康德》,《"中央研究院"近代史研究所集刊》1998 年12 月,第 101—148 页。

黄克武:《一个被放弃的选择:梁启超调适思想之研究》,台北:"中央研究院"近代史研究所,1994 年。

黄敏兰:《梁启超〈新史学〉的真实意义及历史学的误解》,《近代史研究》1994 年第 2 期,第 219—235 页。

黄敏兰:《中国知识分子第一人:梁启超》,汉口:湖北教育出版社,1999 年。

黄彰健:《康有为戊戌真奏议》,台北:"中央研究院"近代史研究所,1974 年。

《护国文集》编辑组编:《护国文集》,石家庄:河北教育出版社,1988 年。

[日]石川祯浩:《20 纪初年中国留日学生"黄帝"之——排满、肖像、西方起源论》,《清史研究》2005 年第 4 期,第 51—62 页。

[日]石川祯浩:《辛亥革命时期的种族主义与中国人类学的兴起》,载于中国史学会编:《辛亥革命与 20 世纪的中国》,北京:中央文献出版社,2002 年,第 2 卷,第 998—1020 页。

蒋俊:《梁启超早期史学思想与浮田和民的〈史学通论〉》,《文史哲》1993 年第 5 期,第 28—32 页。

江轶:《君宪乎? 共和乎? 论杨度政治思想的嬗变》,《船山学刊》2020 年第 1 期,第 180—184 页。

姜义华编:《社会主义学说在中国的初期传播》,上海:复旦大学出版社,1984 年。

金冲及:《辛亥革命和中国近代民族主义》,《近代史研究》2001 年第 5 期,第 1—20 页。

金观涛、刘青峰:《观念史研究:中国现代重要政治术语的形成》,香港:香港中文大学出版社,2008 年。

孔祥吉编:《救亡图存的蓝图:康有为变法奏议辑证》,台北:联合报系文化基金会,1998 年。

孔祥吉:《康有为变法奏议研究》,沈阳:辽宁教育出版社,1988年。

孔祥吉:《戊戌维新运动新探》,长沙:湖南人民出版社,1988年。

雷中行:《明清的西学中源论争议》,台北:兰台出版社,2009年。

李春馥:《论梁启超国家主义观点及其转变过程》,《清史研究》2004年第2期,第46—60页。

李德龙、俞冰编:《历代日记丛钞》,北京:学苑出版社,2006年。

李华兴主编:《民国教育史》,上海:上海教育出版社,1997年。

李三宝:《〈康子内外篇〉初步分析》,《(台湾)清华学报》1975年第12号,第213—247页。

李孝悌:《清末的下层社会启蒙运动,1901—1911》,台北:"中央研究院"近代史研究所,1992年。

李喜所编:《梁启超与近代中国社会文化》,天津:天津古籍出版社,2005年。

李泽厚:《康有为谭嗣同思想研究》,上海:上海人民出版社,1958年。

李泽厚:《启蒙与救亡的双重变奏》,载于李泽厚:《中国现代思想史论》,第1—54页。

李泽厚:《中国近代思想史论》,北京:人民出版社,1986年。

李泽厚:《中国现代思想史论》,北京:人民出版社,1991年。

李增辉:《从帝制祸首到中共党员——杨度晚年思想转变原因》,《中学历史教学参考》2002年第9期,第39—40页。

梁台根:《近代西方知识在东亚的传播及其共同文本之探索——以〈佐治刍言〉为例》,《汉学研究》2006年第2期,第323—351页。

林明德:《清末民初日本政制对中国的影响》,In Yue-him Tam, ed., *Sino-Japanese Cultural Interchange: The Economic and Intellectual Aspects*. Hong Kong: Institute of Chinese Studies, Chinese University of Hong Kong, 1985, 3:187-213.

林学忠:《从万国公法到公法外交》,上海:上海古籍出版社,2009年。

林毓生主编:《五四:多元的反思》,香港:三联书店,1989年。

林志宏:《民国乃敌国也:政治文化转型下的清遗民》,台北:联经出版社,2009年。

刘广京:《晚清人权论初探——兼论基督教思想之影响》,《新史学》第5卷3期(1994年9月),第1—22页。

刘华兴、张元隆:《孙中山与中国近代国家观念的发展》,载于江中孝、王杰编:《跨世纪的解读与审视:孙中山研究论文选辑(1996—2006)》,天津:天津古籍出版社,2006年,第10—21页。

刘世昌:《中华民国国庆节之制定与第一个国庆节之纪念》,《"国立"编译馆馆刊》第1期(1971年10月),第113—122页。

刘望龄:《辛亥革命后帝制复辟和反复辟斗争》,北京:人民出版社,1975年。

刘小枫:《儒教与民族国家》,北京:华夏出版社,2007 年。

罗志田:《包容儒学、诸子与黄帝的国学:清季士人寻求民族 认同象征的努力》,《台大历史学报》第 29 期(2002 年 6 月),第 87—105 页。

罗志田:《思想观念与社会角色的错位:戊戌前后湖南新旧之争再思——侧重王先谦与叶德辉》,《历史研究》1998 第 5 期,第 56—76 页。

孟祥才:《梁启超传》,北京:北京出版社,1980 年。

[日]村田雄二郎:《康有为的日本研究及其特点——〈日本变政考日本书目志〉管见》,《近代史研究》1993 年第 1 期,第 27—40 页。

皮后锋:《中国近代国歌考述》,《近代史研究》1995 年第 2 期,第 260—271 页。

钱穆:《中国近三百年学术史》,上海:商务印书馆,1937 年。

饶宗颐:《中国史学上之正统论——中国史学观念探讨之一》,台北:宗青图书公司,1979 年。

桑兵:《清末新知识界的社团与活动》,北京:三联书店,1995 年。

沙培德:《"利于君,利于民":晚清官员对立宪之议论》,《"中央研究院"近代史研究所集刊》第 42 期(2003 年 12 月),第 47—71 页。

尚小明:《留日学生与清末新政》,南昌:江西教育出版社,2003 年。

沈松侨:《我以我血荐轩辕——黄帝神话与晚清的国族建构》,《台湾社会研究季刊》第 28 期(1997 年 12 月),第 1—77 页。

施建兴:《国际法的输入与中国近代国家主权观念的发轫》,《南平师专学报》2003 年第 1 期,第 46—50 页。

史文、许敏:《晚清时期对国家起源的思考和诠释》,《武汉大学学报(人文科学版)》2006 年第 1 期,第 56—61 页。

孙隆基:《清季民族主义与黄帝崇拜之发明》,《历史研究》2000 年第 3 期,第 68—79 页。

孙青:《晚清之"西政"东渐及本土回应》,上海:上海书店出版社,2009 年。

孙镇东:《"国旗国歌国花"史话》,台北,1981 年。

汤志钧:《改良与革命的中国情怀:康有为与章太炎》,台北:台湾商务印书馆,1991 年。

汤志钧:《近代经学与政治》,北京:中华书局,1989 年。

汤志钧:《康有为与戊戌变法》,北京:中华书局,1984 年。

汤志钧:《戊戌变法史论丛》,上海:上海人民出版社,1957 年。

汤志钧:《章太炎年谱长编》,北京:中华书局,1979 年。

唐作栋:《元年元旦开国史话》,《陕西文献》第 44 期(1981 年 1 月),第 2—4 页。

陶绪:《晚清民族主义思潮》,北京:人民出版社,1995 年。

田涛:《国际法输入与晚清中国》,济南:济南出版社,2001 年。

田涛:《19世纪下半期中国知识界的国际法观》,《近代史研究》2000年第2期,第102—135页。

王汎森:《古史辨运动的兴起:一个思想史的分析》,台北:允晨文化,1987年。

王汎森:《清末的历史记忆与国家建构:以章太炎为例》,《思与言》1996年第3期,第1—18页。

王汎森:《晚清的政治概念与“新史学”》,载于罗志田编:《20世纪的中国:学术与社会(史学卷)》,济南:山东人民出版社,2001年,第1卷,第1—30页。

王汎森:《章太炎的思想(1868—1919)及其对儒学传统的冲击》,台北:时报文化公司,1985年。

王更生:《我们的“国歌”》,台北:“中央”文物供应社,1981年。

王更生:《我们的“国旗”》,台北:“国立”编译馆,1981年。

汪晖:《现代中国思想的兴起》,4卷,北京,三联书店,2004年。

王俊中:《救国、宗教抑哲学?——梁启超早年的佛学观及其转折》,《中国历史学会史学集刊》第31期(1999年6月),第93—116页。

王明珂:《论攀附:近代炎黄子孙国族建构的古代基础》,《“中央研究院”历史语言研究所集刊》第73本第3分(2002年),第583—624页。

王庆祥:《溥仪交往录》,北京:东方出版社,1999年。

王人博:《宪政文化与近代中国》,北京:法律出版社,1997年。

汪荣祖:《康有为》,台北:东大图书公司,1998年。

汪荣祖:《康章合论》,台北:联经出版社,1988年。

汪荣祖:《晚清变法思想论丛》,台北:联经出版社,1990年。

汪荣祖:《“吾学卅岁已成”:康有为早年思想析论》,《汉学研究》1994年第2期,第51—62页。

王姗萍:《张之洞与晚清法律教育》,《贵州文史丛刊》2006年第2期,第17—20页。

王晓秋:《近代中日启示录》,北京:北京出版社,1987年。

王晓秋编:《戊戌维新与近代中国的改革:戊戌维新一百周年国际学术讨论会论文集》,北京:社会科学文献出版社,2000年。

王晓秋:《直说》,载于丁守和编:《辛亥革命时期期刊介绍》,北京:人民出版社,1982年,第1卷,第259—268页。

王晓秋、尚小明编:《戊戌维新与清末新政:晚清改革史研究》,北京:人民出版社,1998年。

王也扬:《康、梁与史学致用》,《近代史研究》1994第2期,第204—235页。

王樾:《谭嗣同变法思想研究》,台北:台湾大学书局,1990年。

吴经熊、黄公觉:《中国制宪史》,上海:商务印书馆,1937年。

吴伦霓霞:《香港反清革命宣传报刊及其与南洋的联系》,《香港中文大学中国文化研究所学报》第 19 期(1988 年),第 407—422 页。

熊秋良:《"翼教"派略论》,《湖南师范大学社会科学学报》第 28 期(1999年),第 90—94 页。

熊月之:《西学东渐与晚清社会》,上海:上海人民出版社,1994 年。

熊月之:《中国近代民主思想史》,上海:上海社会科学院出版社,2002 年。

许冠三:《新史学九十年》,香港:香港中文大学出版社,1989 年。

杨思信:《试论传统"大一统"观念对清末"排满"运动的影响》,《中州学刊》2000 年第 4 期,第 159—163 页。

杨肃献:《梁启超与中国近代民族主义:1896—1907》,《史原》第 7 期(1979 年),第 129—148 页。

杨云慧:《从保皇派到秘密党员:回忆我的父亲杨度》,上海:上海文化出版社,1987 年。

喻大华:《"清室优待条件"新论:兼探溥仪潜往东北的一个原因》,《近代史研究》1994 年 1 月,第 161—177 页。

张佛泉:《梁启超国家观念之形成》,《政治学报》第 1 期(1971 年 9 月),第 1—66 页。

张灏:《烈士精神与批判意识:谭嗣同思想的分析》,台北:联经出版社,1988 年。

张晋藩:《中国法律的传统与近代转型》,北京:法律出版社,1997 年。

张晶萍:《从〈翼教丛编〉看叶德辉的学术思想》,《湖南大学学报(社会科学版)》2004 年第 4 期,第 41—48 页。

章开沅:《"排满"平议:对辛亥革命前后民族主义的再认识》,《"国史馆"馆刊》第 16 期(1994 年 6 月),第 125—143 页。

章开沅:《辛亥革命时期的社会动员——以"排满"宣传为实例》,《社会科学研究》1996 年第 5 期,第 93—99 期。

罗福惠:《新文化运动:民主型政治文化的发展与转变》,载于中国社会科学院科研局、中国社会科学杂志社编:《五四运动与中国文化建设:五四运动七十周年学术讨论会论文选》,北京:社会科学文献出版社,1989 年,第 1卷,第 353—373 页。

张枬、王忍之编:《辛亥革命前十年间时论选集》,北京:三联书店,1963 年。

张朋园:《梁启超与民国政治》,台北:汉声出版社,1992 年。

张朋园:《梁启超与清季革命》,台北:"中央研究院"近代史研究所,1982年,1999 年。

张朋园:《立宪派与辛亥革命》,台北:"中央研究院"近代史研究所,1983 年。

张学继:《论有贺长雄与民初宪政的演变》,《近代史研究》2006 年第 3

期,第 54—75 页。

张玉法:《清季的革命团体》,台北:"中央研究院"近代史研究所,1975 年。

郑师渠:《晚清国粹派:文化思想研究》,北京:北京师范大学出版社,1993 年。

《中华民国史事纪要》编辑委员会编:《中华民国史事纪要》,台北:中华民国史料研究中心,1981 年。

周开庆:《行知集》,台北:长流半月刊社,1975 年。

周棉编:《中国留学生大辞典》,南京:南京大学出版社,1999 年。

周少元:《清末法学教育的特点》,《法商研究》2001 年第 1 期,第 138—144 页。

周小喜、肖红华:《论杨度君主立宪思想》,《长沙大学学报》2009 年第 4 期,第 53—54 页。

周振甫:《严复思想转变之剖析》,《学林》第 13 期(1941 年 1 月),第 113—133 页。

周仲秋:《平等观念的历程》,海口:海南出版社,2002 年。

朱浤源:《同盟会的革命理论:〈民报〉个案研究》,台北:"中央研究院"近代史研究所,1995 年。

朱浤源:《再论孙中山的民族主义》,《"中央研究院"近代史研究所集刊》第 22 期(1993 年 6 月),第 327—357 页。

外文文献

一手文献

Chambers, William, and Robert Chambers. *Political Economy for Use in Schools and for Private Instruction*. Bristol, Eng.: Thoemmes Press, 1999[1852].

Johnston, Reginald. *Twilight in the Forbidden City*. New York: D. Appleton-Century, 1934.

Kawana Kaneshirō 川名兼四郎. *Kaitai zōho minpō sōron* 改订增补民法总论. Tokyo: Kinshi hōryūdō, 1906.

Lenin, V. L. *The State and Revolution*. Peking: Foreign Languages Press, 1973.

Reinsch, Paul S. *An American Diplomat in China*. Garden City, NY: Doubleday, Page, 1922.

Shirakawa Jirō 白河次郎 and Kunibu Tanenori 国府种德. *Shina bunmei shi* 中国文明史. Tokyo: Hakubunkan, 1911.

Tomii Masaakira 富井政章. *Minpō genron* 民法原论. Tokyo: Yūhikaku, 1914[1906].

［日］富井政章:《民法原论》. Tokyo: Yuhikaku, 1914［1906］.

Wheaton, Henry. *Elements of International Law*, Richard Henry Dana, Jr., ed. Boston: Little, Brown, 1866, 8th ed.

二手文献

Agulhon, Maurice. *Marianne into Battle: Republican Imagery and Symbolism in France, 1789 – 1880*. Cambridge, Eng.: Cambridge University Press, 1981.

Anderson, Benedict. *Imagined Communities: Reflections on the Origin and Spread of Nationalism*. London: Verso, 1991.

Angle, Stephen C. *Human Rights and Chinese Thought: A Cross-Cultural Inquiry*. New York: Cambridge University Press, 2002.

——. *Sagehood: The Contemporary Significance of Neo-Confucian Philosophy*. Oxford: Oxford University Press, 2009.

——. "Should We All Be More English? Liang Qichao, Rudolf von Jhering, and Rights." *Journal of the History of Ideas* 61, 2(2000), 241 – 261.

Angle, Stephen C., and Marina Svensson, eds. *The Chinese Human Rights Reader: Documents and Commentary, 1900 – 2000*. Armonk, NY: M. E. Sharpe, 2001.

Arjomand, Said Amir. "Constitutions and the Struggle for Political Order: A Study in the Modernization of Political Traditions." *European Journal of Sociology* 33. 1(1992), 39 – 82.

Atwood, Christopher P. "'Worshiping Grace': The Language of Loyalty in Qing Mongolia." *Late Imperial China* 21. 2 (Dec. 2000), 86 – 139.

Ayers, William. *Chang Chih-tung and Educational Reform in China*. Cambridge, MA: Harvard University Press, 1971.

Barme, Geremie R. *The Forbidden City*. Cambridge, MA: Harvard University Press, 2008.

Bastid, Marianne. "Official Conceptions of Imperial Authority at the End of the Qing Dynasty." In Schram, ed., *Foundations and Limits of State Power in China*, 147 – 186.

——. "La 'position' le cérémonial d'État à la fin de l'Empire." *Extreme-Orient, Extreme-Occident* 18(1996), 51 – 69.

——. "Sacrifices d'État et légitimité à la fin des Qing." *T'oung Pao* 83 (1997), 162 – 173.

——. " Servitude or Liberation: The Introduction of Foreign

Educational Practices and Systems to China from 1840 to the Present. " In Ruth Hayhoe and Marianne Bastid, eds., *China's Education and the Industrialized World: Studies in Cultural Transfer*. Armonk, NY: M. E. Sharpe, 1987, 3 – 20.

——. "The Japanese-Induced German Connection on Modern Chinese Ideas of the State: Liang Qichao and the Guojia lun of J. K. Bluntschli. " In Fogel, ed., *The Role of Japan*, 105 – 124.

Bauer, Wolfgang. *China and the Search for Happiness: Recurring Themes in Four Thousand Years of Chinese Cultural History*. New York: Seabury, 1976.

Bell, Catherine. *Ritual Theory, Ritual Practice*. New York: Oxford University Press, 1992.

Bellah, Robert, N. "Civil Religion in America. " *Daedalus* 96. 1 (Winter 1967), 1 – 21.

Bendix, Reinhard. *Kings or People: Power and the Mandate to Rule*. Berkeley: University of California Press, 1978.

Bennett, Adrian Arthur. *John Fryer: The Introduction of Western Science and Technology into Nineteenth-Century China*. Cambridge, MA: EARC, Harvard University Press, 1967.

——. *Missionary Journalist in China: Young J. Allen and His Magazines, 1860 – 1883*. Athens: University of Georgia Press, 1983.

Benton, Lauren. *Law and Colonial Cultures: Legal Regimes in World History, 1400 – 1900*. Cambridge, Eng.: Cambridge University Press, 2002.

Bergere, Marie-Claire. *Sun Yat-sen*. Trans. Janet Lloyd. Stanford, CA: Stanford University Press, 1998.

Bernal, Martin. *Chinese Socialism to 1907*. Ithaca, NY: Cornell University Press, 1976.

——. "Liu Shih-p'ei and National Essence. " In Furth, ed., *The Limits of Change*, 90 – 112.

Biggerstaff, Knight. *The Earliest Modern Government Schools in China*. Ithaca, NY: Cornell University Press, 1961.

Boli-Bennett, John. "The Ideology of Expanding State Authority in National Constitutions, 1870 – 1970. " In John W. Meyer and Michael T. Hannan, eds., *National Development and the World System: Educational, Economic, and Political Change, 1950 – 1970*. Chicago: University of Chicago Press, 1979, 222 – 237.

Brown, Elizabeth A. R. *The Monarchy of Capetian France and Royal Ceremonial*. Aidershot, Eng.: Variorum, 1991.

Chadwick, Owen. *The Secularization of the European Mind in the Nineteenth Century*. Cambridge, Eng.: Cambridge University Press, 1975.

Chan, Sin-wai. *Buddhism in Late Ch'ing Political Thought*. Hong Kong: Chinese University Press, 1985.

——, trans. *An Exposition of Benevolence: The Jen-hsueh. of Tan Ssu-fung*. Hong Kong: Chinese University Press, 1984.

Chan, Wing-tsit, trans, and annot. *"Instructions for Practical Living" and Other Neo Confucian Writings by Wang Yang-ming*. New York: Columbia University Press, 1963.

Chang, Hao. *Chinese Intellectuals in Crisis: Search for Order and Meaning, 1890 - 1911*. Berkeley: University of California Press, 1987.

——. "Intellectual Change and the Reform Movement, 1890 - 8. " In Fairbank and Liu, eds., *The Cambridge History*, vol. Ⅱ, 274 - 338.

——. *Liang Ch'i-ch'ao and Intellectual Transition in Modern China*. Cambridge, MA: Harvard University Press, 1971.

Chang, Lin-sheng. "The National Palace Museum: A History of the Collection. " In Wen C. Fong and James C. Y. Watt, eds., *Possessing the Past: Treasures from the National Palace Museum, Taipei*. New York: Metropolitan Museum of Art, 1996, 3 - 25.

Chen, Jerome. *Yuan Shih-k'ai*, Stanford, CA: Stanford University Press, 1972.

Chen, Hsi-yuan. "Confucianism Encounters Religion: The Formation of Religious Discourse and the Confucian Movement in Modern China. " Ph. D. dissertation, Harvard University, 1999.

——. "The Revelations of the Sacred Scriptures: The Christian New/Old Testaments and the Reconstruction of the Confucian New/Old Text Schools in Modern China. " Paper presented at the conference "Encounters and Transformations: Cultural Transmission and Knowledge Production in a Cross-literary and Historical Perspective 1850 - 1960. " Cambridge University, Sept. 28 - 29, 2009.

Cheng, Anne. "Nationalism, Citizenship, and the Old Text/New Text Controversy in Late Nineteenth-Century China. " In Fogel and Zarrow, eds., *Imagining the People*, 3 - 38.

Cheng, Weikun. "Hairdressing and Ethnic Conflict: The Queue-Cutting Movement after the, 1911 Revolution. " *Chinese Historians* 4. 2

(June 1991), 1 - 26.

Chow, Tse-tsung. *The May Fourth Movement : Intellectual Revolution in Modern China*. Stanford, CA: Stanford University Press, 1960.

Chu, Samuel C. "China's Attitudes toward Japan at the Time of the Sino-Japanese War." In Akira Iriye, ed., *The Chinese and the Japanese : Essays in Political and Cultural Interactions*. Princeton, NJ: Princeton University Press, 1980, 74 - 95.

Chung, Yuehtsen Juliette. *Struggle for National Survival : Eugenics in Sino-Japanese Contexts, 1896 - 1945*. New York: Routledge, 2002.

Cohen, Paul A. *Between Tradition and Modernity : Tao and Reform in Late Ch'ing China*. Cambridge, MA: CEAS, Harvard University Press, 1987.

Cohen, Paul A., and Merle Goldman, eds. *Ideas across Culture : Essays on Chinese Thought in Honor of Benjamin I. Schwartz*. Cambridge, MA: CEAS, Harvard University Press, 1990.

Crossley, Pamela Kyle. "Chaos and Civilization: Imperial Sources of Post-Imperial Models of the Polity."Si yu yan 思与言 36. 1(1998. 3), 119 - 190.

——. *Orphan Warriors : Three Manchu Generations and the End of the Qing World*. Princeton, NJ: Princeton University Press, 1990.

——. "Review Article: The Rulerships of China." *American Historical Review* 97. 5(Dec. 1992), 1468 - 1483.

——. *A Translucent Mirror : History and Identity in Qing Imperial Ideology*. Berkeley: University of California Press, 1999.

de Bary, Wm. Theodore, trans. *Waiting for the Dawn : A Plan for the Prince—Huang Tsung-hsi's "Ming-i-tai-fang lu."* New York: Columbia University Press, 1993.

——. *The Liberal Tradition in China*. Hong Kong: Chinese University Press, 1983.

de Bary, Wm. Theodore, and Irene Bloom, eds. *Sources of Chinese Tradition*. New York: Columbia University Press, 1999, 2nd ed.

Dikötter, Frank. *The Discourse of Race in Modern China*. London: Hurst, 1992.

Dirlik, Arif. *Marxism in the Chinese Revolution*. Lanham, MD: Rowman & Littlefield, 2005.

——. *The Origins of Chinese Communism*. New York: Oxford University Press, 1989.

Dobson, W. A. C. H. *Mencius*. Toronto: University of Toronto Press, 1969.

Doleželová-Velingerová, Milena, and Oldrich Král, eds. *The Appropriation of Culture Capital: China's May Fourth Project*. Cambridge, MA: HUAQ Harvard University Press, 2001.

Drake, Fred W. *China Charts the World: Hsu Chi-yu and His Geography of 1848*. Cambridge, MA: EARC, Harvard University Press, 1975.

Duara, Prasenjit. "Knowledge and Power in the Discourse of Modernity: The Campaigns against Popular Religion in Early Twentieth-Century China." *Journal of Asian Studies* 50. 1(Feb. 1991), 67 – 83.

——. "Religion and Citizenship in China and the Diaspora." In Mayfair Mei-hui Yang, ed., *Chinese Religiosities*, 43 – 64.

——. *Rescuing History from the Nation: Questioning Narratives of Modern China*. Chicago: University of Chicago Press, 1995.

——. "Superscribing Symbols: The Myth of Guandi, Chinese God of War." *Journal of Asian Studies* 47. 4(Nov. 1988), 778 – 795.

Eastman, Lloyd. "Ch'ing-i and Chinese Policy Formation during the Sino-French Controversy, 1880 – 1885." *Journal of Asian Studies* 24. 4 (Aug. 1965), 595 – 611.

Edwards, Louise. *Gender, Politics, and Democracy: Women's Suffrage in China*. Stanford, CA: Stanford University Press, 2008.

Edwards, R. Randle, Louis Henkin, and Andrew J. Nathan. *Human Rights in Contemporary China*. New York: Columbia University Press, 1986.

Elliott, Mark C. *The Manchu Way: The Eight Banners and Ethnic Identity in Late Imperial China*. Stanford, CA: Stanford University Press, 2001.

Elman, Benjamin A. *Classicism, Politics, and Kinship: The Ch'ang-chou School of New Text Confucianism in Late Imperial China*. Berkeley: University of California Press, 1990.

——. *A Cultural History of Civil Examinations in Late Imperial China*. Berkeley: University of California Press, 2000.

——. *From Philosophy to Philology: Intellectual and Social Aspects of Change in Late Imperial China*. Cambridge, MA: CEAS, Harvard University, 1984.

——. "Naval Warfare and the Refraction of China's Self-strengthening

Reforms into Scientific and Technological Failure, 1865 - 1895." *Modern Asian Studies* 38. 2(May 2004), 283 - 326.

Elverskog, Johan. *Our Great Qing: The Mongols, Buddhism and the State in Late Imperial China*. Honolulu: University of Hawai'i Press, 2006.

Elvin, Mark. "The Collapse of Scriptural Confucianism." *Papers on Far Eastern History* 41(1990), 45 - 76.:

Esherick, Joseph W. *Reform and Revolution in China: The 1911 Revolution in Hunan and Hubei*. Berkeley: University of California Press,1976.

Fairbank, John K., ed. *The Cambridge History of China: Late Qing, 1800 - 1911*, vol. 10. New York: Cambridge University Press, 1978.

——. *The Great Chinese Revolution: 1800 - 1985*. New York: Harper & Row, 1987.

Fairbank, John K., and Kwang-ching Liu, eds. *The Cambridge History of China: Late Qing, 1800 - 1911*, vol. 11. Cambridge, Eng.: Cambridge University Press, 1980.

Feuchtwang, Stephan. *The Imperial Metaphor: Popular Religion in China*. London: Routledge, 1992.

——. "School-Temple and City God." In G. William Skinner, ed., *The City in Late Imperial China*. Stanford, CA: Stanford University Press, 1977, 581 - 608.

Feuchtwang, Stephan, and Mingming Wang. *Grassroots Charisma: Four Local Leaders in China*. London: Routledge, 2001.

Fitzgerald, John. *Awakening China: Politics, Culture, and Class in the Nationalist Revolution*. Stanford, CA: Stanford University Press, 1996.

——. "Nationalism, Democracy, and Dignity in Twentieth-Century China." In Sechin Y. S. Chien and John Fitzgerald, eds., *The Dignity of Nations: Equality, Competition, and Honor in East Asian Nationalism*. Hong Kong: Hong Kong University Press, 2006, 94 - 114.

——. "The Nationless State: The Search for a Nation in Modern Chinese Nationalism." *Australian Journal of Chinese Affairs* 33 (Jan. 1995), 75 - 104.

Fletcher, Joseph. "The Heyday of the Ch'ing Order in Mongolia, Sinkiang and Tibet." In Fairbank, ed., *The Cambridge History of China*, vol. 10, 351 - 408.

Fogel, Joshua A., ed. *The Role of Japan in Liang Qichao's Introduction of Modern Western Civilization to China*. Berkeley: Institute of East Asian Studies, University of California-Berkeley, Center for Chinese Studies, 2004.

Fogel, Joshua A., and Peter Zarrow, eds. *Imagining the People: Chinese Intellectuals and the Concept of Citizenships 1890 – 1920*. Armonk, NY: M. E. Sharpe, 1997.

Fung, Edmund S. K. *The Military Dimension of the Chinese Revolution: The New Army and Its Role in the Revolution of 1911*. Vancouver: University of British Columbia Press, 1980.

Furth, Charlotte, ed. *The Limits of Change: Essays on Conservative Alternatives in Republican China*. Cambridge, MA: Harvard University Press, 1976.

Gardner, Daniel K. *Chu Hsi and the "Ta-hsueh": Neo-Confucian Reflection on the Confucian Canon*. Cambridge, MA: CEAS, Harvard University Press, 1986.

Gasster, Michael. *Chinese Intellectuals and the Revolution of 1911*. Seattle: University of Washington Press, 1969.

——. "The Republican Revolutionary Movement (1900 – 13)." In Fairbank and Liu, eds., *The Cambridge History*, vol. 11, 463 – 534.

Geertz, Clifford. *Negara: The Theatre State in Nineteenth-Century Bali*. Princeton, NJ: Princeton University Press, 1980.

Gillis, John R., ed. *Commemorations: The Politics of National Identity*. Princeton, NJ: Princeton University Press, 1994.

Gladney, Dm. *Muslim Chinese: Ethnic Nationalism in the People's Republic*. Cambridge, MA: Harvard University Press, 1991.

Goossaert, Vincent. "1898: The Beginning of the End for Chinese Religion?" *Journal of Asian Studies* 65. 2(May 2006), 307 – 335.

——. "Republican Church Engineering: The National Religious Associations in 1912 China." In Mayfair Mei-hui Yang, ed., *Chinese Religiosities*, 209 – 232.

Grieder, Jerome B. *Intellectuals and the State in Modern China*. New York: Free Press, 1981.

Habermas, Jurgen. The *Structural Transformation of the Public Sphere: An Inquiry into a Category of Bourgeois Society*. Trans. Thomas Burger. Cambridge, MA: MIT Press, 1989.

Hamlish, Tamara. "Preserving the Palace: Museums and the Making of Nationalism(s) in Twentieth-Century China. " *Museum Anthropology* 19. 2(1995), 20 – 30.

Harrell, Paula. *Sowing the Seeds of Change: Chinese Students, Japanese Teachers, 1895 – 1905*. Stanford, CA: Stanford University Press, 1992.

Harrison, Henrietta. *The Making of the Republican Citizen: Political Ceremonies and Symbols in China, 1911 – 1929*. Oxford: Oxford University Press, 2000.

——. *The Man Awakened from Dreams: One Man's Life in a North China Village, 1857 – 1942*. Stanford, CA: Stanford University Press, 2005.

Hauf, Kandice. "The Community Covenant in Sixteenth Century Ji'an Prefecture, Jiangxi. " *Late Imperial China* 17. 2(Dec. 1996), 1 – 50.

Hazama, Naoki. "On Liang Qichao's Conceptions of Gong and Si: 'Civic Virtue' and 'Personal Virtue' in the Xinmin sbuo. " Trans. Matthew Fraleigh. In Fogel, ed., *The Role of Japan*, 205 – 221.

Hazama Naoki 狭间直树, ed. *Kyōdō kenkyū Ryō Keichō: Seiyō kindai shisō juyō to Meiji Nihon* 共同研究梁启超：西洋近代思想受容と明治日本. Tokyo: Misuzu shobō, 1999.

Hevia, James L. *English Lessons: The Pedagogy of Imperialism in Nineteenth-Century China*. Durham, NC: Duke University Press, 2003.

Hirschman, Albert O. *The Rhetoric of Reaction: Perversity, Futility, Jeopardy*. Cambridge, MA: Belknap Press, 1991.

Hō Takushū[Peng Zezhou] 彭泽周. *Chūgoku no kindaika to Meiji isshin* 中国の近代化と明治维新. Kyoto: Dōbōsha, 1976.

Hobsbawm, Eric, and Terence Ranger; eds. *The Invention of Tradition*. Cambridge, Eng.: Cambridge University Press, 1983.

Hofstadter, Richard. *The Paranoid Style in American Politics and Other Essays*. New York: Vintage Books, 1967.

Hon, Tze-ki. "From a Hierarchy in Time to a Hierarchy in Space: The Meanings of Sino-Babylonianism in Early Twentieth-Century China. " *Modern China* 36. 2(Mar. 2010), 139 – 169.

——. "National Essence, National Learning, and Culture: Historical Writings in Guocui xuebao, Xueheng, and Guoxue jikan. " *Historiography East and West* 1. 2(2003), 242 – 286.

——. "Zhang Zhidong's Proposal for Reform: A New Reading of the Quanxue pian. " In Karl and Zarrow, eds., *Rethinking the 1898 Reform*

Period, 77 – 98.

Horowitz, Richard S. "International Law and State Transformation in China, Siam, and the Ottoman Empire during the Nineteenth Century. " *Journal of World History* 15. 4(Dec. 2004), 445 – 486.

Howard, Richard C. "Japan's Role in the Reform Program. " In Jung-Pang Lo, ed., *K'ang Yu-wei*, 280 – 312.

——. "K'ang Yu-wei[1858 – 1927]: His Intellectual Background and Early Thought. " In Arthur Wright and Denis Twitchett, eds., *Confucian Personalities*. Stanford, CA: Stanford University Press, 1: 962, 294 – 316.

Howland, Douglas R. *Borders of Chinese Civilization: Geography and History at Empire' End*. Durham, NC: Duke University Press, 1996.

——. *Personal Liberty and Public Good: The Introduction of John Stuart Mill to Japan and China*. Toronto: University of Toronto Press, 2005.

——. " The Predicament of Ideas in Culture: Translation and Historiography. " *History and Theory* 42. 1(Feb. 2003), 45 – 60.

——. *Translating the West: Language and Political Reason in Nineteenth-Century Japan*. Honolulu: University of Hawai'i Press, 2002.

Hsiao, Kung-chuan. *A Modern China and a New World: K'ang Yu-wei, Reformer and Utopian, 1858 – 1927*. Seattle: University of Washington Press, 1975.

Hsiung, Ping-chen. "T'ang Chen and the Works in Obscurity: Life and Thought of a Provincial Intellectual in Seventeenth Century China. " Ph. D. dissertation, Brown University, 1983.

Hsii, Immanuel C. Y. *China's Entry into the Family of Nations*. Cambridge, MA: Harvard University Press, 1960.

Huang, Max Ko-wu. "Liang Qichao and Immanuel Kant. " In Fogel, ed., *The Role of Japan*, 125 – 155.

——. *The Meaning of Freedom: Yan Fu and the Origins of Freedom*. Hong Kong: Chinese University Press, 2008.

Huang, Philip. "Liang Ch'i-ch'ao: The Idea of the New Citizen and the Influence of Meiji Japan. " In David C. Buxbaum and Frederick W Mote, eds., *Transition and Permanence: Chinese History and Culture—A Festschrift in Honor of Dr. Hsiao Kung-chyuan*. Hong Kong: Cathay Press, 1972, 71 – 102.

Huang, Yu-chin. "National Identity and Ideology in the Design of Postage Stamps of China and Taiwan, 1949 – 1979. " Ph. D. dissertation,

School of Oriental and African Studies, University of London, 2007.

Ishikawa Hiroshi 石川洋. "Byōdō to shittoshin—Ryū Shibai no anakizumu ni tuite no ikkōsatsu" 平等と嫉忌心——劉師培のアナキズムについての一考察. *Chūgoku tetsugaku kenkyū* 中国哲学研究 (Tokyo University) 21(Nov. 2005), 1 - 27.

Ishikawa, Yoshihiro 石川禎浩. "Liang Qichao, the Field of Geography in Meiji Japan, and Geographical Determinism." In Fogel, ed., *The Role of Japan*, 156 - 176.

———. "Kindai Tō Ajia 'bunmeiken' no seiritsu to sono kyōdō gengo— Ryō Keichō ni okeru 'jinshu' o chūshin ni" 近代东アジア"文明圈"の成立とその共同语言——梁启超"人种"中心. In Hazama Naoki, ed., *Seiyō kindai bunmei to Chūka sekai* 西洋近代文明と中华世界. Kyoto: Kyōto daigaku gakaujitsu shuppankai, 2001, 24 - 50.

Jenco, Leigh K. *Making the Political: Founding and Action in the Political Theory of Zhang Shizhao*. Cambridge, Eng.: Cambridge University Press, 2010.

———. "'Rule by Man' and 'Rule by Law' in Early Republican China: Contributions to a Theoretical Debate." *Journal of Asian Studies* 69. 1 (Feb. 2010), 181 - 203.

Jenner, W. J. F., trans. *From Emperor to Citizen: The Autobiography of Aisin-Gioro Pu Yi*. Beijing: Foreign Languages Press, 1979.

Johnston, R. F. "Chinese Cult of Military Heroes." *New China Review* 3. 2(April 1921), 79 - 91.

Jones, Susan Mann, and Philip A. Kuhn. "Dynastic Decline and the Roots of Rebellion." In Fairbank, ed., *The Cambridge History of China*, vol. 10, 107 - 162.

Judge, Joan. "Citizens or Mothers of Citizens? Gender and the Meaning of Modern Chinese Citizenship." In Merle Goldman and Elizabeth J. Perry, eds., *Changing Meanings of Citizenship in Modern China*. Cambridge, MA: Harvard University Press, 2002, 2. 3 - 43.

———. *The Precious Raft of History: The Past, the West, and the Woman Question in China*. Stanford, CA: Stanford University Press, 2008.

Kamachi, Noriko. *Reform in China: Huang Tsun-hsien and the Japanese Model*. Cambridge, MA: Harvard University Press, 1981.

Karl, Rebecca E. "Creating Asia: China in the World at the Beginning of the Twentieth Century." *American Historical Review* 103. 4 (Oct. 1998), 1096 – 1118.

———. *Staging the World: Chinese Nationalism at the Turn of the Twentieth Century*. Durham, NC: Duke University Press, 2002.

Karl, Rebecca E., and Peter Zarrow, eds. *Rethinking the 1898 Reform Period: Political and Cultural Change in Late Qing China*. Cambridge, MA: HUAC, Harvard University Press, 2002.

Kelly, Duncan. "Revisiting the Rights of Man: Georg Jellinek on Rights and the State." *Law and History Review* 22. 3 (Fall 2004), 493 – 529.

Kertzer; David I. *Ritual, Politics, and Power*. New Haven, CT: Yale University Press, 1988.

Knight, Nick. "On Contradiction and On New Democracy: Contrasting Perspectives on Causation and Social Change in the Thought of Mao Zedong." *Bulletin of Concerned Asian Scholars* 22. 2 (April-June 1990), 18 – 34.

Koskenniemi, Martti. *The Gentle Civilizer of Nations: The Rise and Fall of International Law, 1870 – 1960*. Cambridge, Eng.: Cambridge University Press, 2002.

Kriegel, Blandine. *The State and the Rule of Law*. Trans. Marc A. LePain and Jeffrey C. Cohen. Princeton, NJ: Princeton University Press, 1995.

Kuhn, Philip A. *Origins of the Modern Chinese State*. Stanford, CA: Stanford University Press.

Kuo, Thomas C. "Ch'en Tu-hsiu and the Chinese Intellectual Revolution, 1915 – 1919." *Chinese Studies in History* 25. 3(Spring 1992), 40 – 56.

Kuo, Ya-pei. "'The Emperor and the People in One Body': The Worship of Confucius and Ritual Planning in the Xinzheng Reforms, 1902 – 1911." *Modern China* 35. 2(Mar. 2009), 123 – 154.

Kwong, Luke S. K. *A Mosaic of the Hundred Days: Personalities, Politics, and Ideas of 1898*. Cambridge, MA: CEAS, Harvard University Press, 1984.

———. "The T'i-Yung Dichotomy and the Search for Talent in Late-Ch'ing China." *Modern Asian Studies* 27. 2(1993), 253 – 279.

Laitinen, Kauko. *Chinese Nationalism in the Late Qing Dynasty: Zhang Binglin as an Anti-Manchu Propagandist*. London: Curzon, 1990.

Lam, Joseph S. C. *State Sacrifices and Music in Ming China:*

Orthodoxy，Creativity and Expressiveness. Albany：State University of New York Press，1988.

Lee，Haiyan. "All the Feelings That Are Fit to Print：The Community of Sentiment and the Literary Public Sphere in China，1900 – 1918." *Modern China* 27. 3(July 2001)，291 – 327.

Legge，James. *The Chinese Classics*. Taibei：SMC Publishing，1991.

Leibold，James. *Reconfiguring Chinese Nationalism：How the Qing Frontier and Its Indigenes Became Chinese*. New York：Palgrave Macmillan，2007.

Leonard，Jane Kate. *Wei Yuan and China's Rediscovery of the Maritime World*. Cambridge，MA：CEAS，Harvard University Press，1984.

Levenson，Joseph R. *Confucian China and Its Modern Fate*. Berkeley：University of California Press，1965.

——. *Liang Ch'i-ch'ao and the Mind of Modern China*. Berkeley：University of California Press，1970.

Lewis，Charlton M. *Prologue to the Chinese Revolution：The Transformation of Ideas and Institutions in Hunan Province，1891 – 1907*. Cambridge，MA：EARC，Harvard University Press，1976.

Li，Danke. "Popular Culture in the Making of Anti-Imperialist and Nationalist Sentiments in Sichuan." *Modern China* 30. 4(Oct. 2004)，470 – 505.

Li，San-pao. "K'ang Yu-wei's *Shihli kung-fa chuan-shu*：A complete book of substantial truths and universal principles." "中央研究院"近代史研究所集刊 7(June 1978)，683 – 725.

Li，Yu-ning. *The Introduction of Socialism into China*. New York：Columbia University Press，1971.

Liew，K. S. *Struggle for Democracy：Sung Chiao-jen and the 1911 Chinese Revolution*. Berkeley：University of California Press，1971.

Lin，Yu-sheng. *The Crisis of Chinese Consciousness：Radical Anti-traditionalism in the May Fourth Era*. Madison：University of Wisconsin Press，1979.

Liu，Lydia H. *The Clash of Empires：The Invention of China in Modern World Making*. Cambridge，MA：Harvard University Press，2004.

Lo，Jung-pang，ed. *K'ang Yu-wei：A Biography and a Symposium*. Tucson：University of Arizona Press，1967.

Lu, Weijing. True to Her Word: The Faithful Maiden Cult in Late Imperial China. Stanford, CA: Stanford University Press, 2008.

Lust, John, trans, and annot. *The Revolutionary Army: A Chinese Nationalist Tract of 1903*. The Hague: Mouton, 1968.

Lynch, Alan. "Woodrow Wilson and the Principle of 'National Self-Determination': A Reconsideration." *Review of International Studies* 28 (2002), 419 – 436.

Mair, Victor H. "Language and Ideology in the Written Popularizations of the Sacred Edict." In David Johnson, Andrew J. Nathan, and Evelyn S. Rawski, eds., *Popular Culture in Late Imperial China*. Berkeley: University of California Press, 1985, 325 – 359.

Marin, Louis. *Portrait of the King*. Trans. Martha M. Houle. Minneapolis: University of Minnesota Press, 1988.

Maruyama Masayuki 丸山松幸. *Chūgoku kindai no kakumei shiso* 中国近代革命思想. Tokyo: Kenbun shuppan, 1982.

Matten, Marc Andre. *Die Grenzen des Chinesischen—Nationale Identitdtsstiftung im China des 20. Jahrhunderts*. Wiesbaden: Harrassowitz-Verlag, 2009.

——. "The Worship of General Yue Fei and His Problematic Creation as a National Hero in Twentieth-Century China." *Frontiers of History in China* 6. 1(Mar. 2011), 74 – 94.

Mazur, Mary G. *Wu Han, Historian: Son of China's Times*. Lanham, MD: Lexington Books, Rowman & Littlefield, 2009.

McCann, I. L., and L. A. Pearlman. "Vicarious Traumatization: A Framework for Understanding the Psychological Effects of Working with Victims." *Journal of Traumatic Stress* 3(1990), 131 – 149.

McCord, Edward A. *The Power of the Gun: The Emergence of Modern Chinese Warlordism*, Berkeley: University of California Press, 1993.

McDermott, Joseph R, ed. *State and Court Ritual in China*. Cambridge, Eng.: Cambridge University Press, 1999.

McNally, Richard J. *Remembering Trauma*. Cambridge, MA: Belknap Press, Harvard University Press, 2003.

Meienberger, Norbert. *The Emergence of Constitutional Government in China (1905 – 1908): The Concept Sanctioned by the Empress Dowager Tz'u-Hsi*. Bern: Peter Lang, 1980.

Meisner Maurice. *Li Ta-chao and the Origins of Chinese Marxism*.

New York: Atheneum, 1973.

Meng, Yue. "Hybrid Science versus Modernity: The Practice of the Jiangnan Arsenal, 1854 - 1897," *East Asian Science, Technology, and Medicine* (Tübingen, Germany) 16(1999), 13 - 52.

Miles, Steven B. *The Sea of Learning: Mobility and Identity in Nineteenth-Century Guangzhou*. Cambridge, MA: HUAC, Harvard University Press, 2006.

Mitchell, Timothy. "The Limits of the State: Beyond Statist Approaches and Their Critics." *American Political Science Review* 85. 1 (Mar. 1991), 77 - 96.

——. "Society, Economy, and the State Effect." In George Steinmetz, ed., *State/Culture: State-formation after the Cultural Turn*. Ithaca, NY: Cornell University Press, 1999, 76 - 97.

Mittler, Barbara. *A Newspaper for China? Power, Identity, and Change in Shanghai's News Media, 1872 - 1912*. Cambridge, MA: HUAC, Harvard University Press, 2004.

Mizoguchi Yūzō 沟口雄三. *Chūgoku no kō to shi* 中国の公と私. Tokyo: Kenbun shuppan, 1995.

Monad, Paul Kléber. *The Power of Kings: Monarchy and Religion in Europe, 1589 - 1715*. New Haven, CT: Yale University Press, 1999.

Moore, Barrington, Jr. *Social Origins of Dictatorship and Democracy: Lord and Peasant in the Making of the Modern World*. Boston: Beacon, 1966.

Morgan, Edmund S. *Inventing the People: The Rise of Popular Sovereignty in England and America*. New York: W. W. Norton, 1988.

Mori Tokihiko 森时彦. "Minzokushugi to museifushugi—kokugaku kyō shi Ryū Shibai no kakumei ron"民族主义と无政府主义——国学の徒、刘师培の革命论. In Onogawa Hidemi and Shimada Kenji, eds., Shingai kakumei no kenkyu, 135 - 184.

Mosse, George L. "Caesarism, Circuses, and Monuments." *Journal of Contemporary History* 6. 2(1971), 167 - 182.

Murata Yūjirō 村田雄二郎. "Kō Yui to 'Tōgaku': 'Nihon shomoku shi' o megutte" 康有为と"东学"——《日本书目志》をめぐつて, *Chugokū kyōshitsu ronbunshū* 中国教室论文集 (University of Tokyo) 40 (1992. 5),1 - 42.

Murthy, Viren. *The Political Philosophy of Zhang Taiyan: The Resistance of Consciousness*. Leiden: Brill, 2011.

Nathan, Andrew J. *Peking Politics, 1918 – 1923: Factionalism and the Failure of Constitutionalism.* Berkeley: University of California Press, 1976.

Nedostup, Rebecca. *Superstitious Regimes: Religion and the Politics of Chinese Modernity.* Cambridge, MA: HUAC, Harvard University Press, 2010.

Ono Shinji 小野信尔. "Shingai kakumei to kakumei senden" 辛亥革命と革命宣伝. In Onogawa Hidemi and Shimada Kenji, eds., *Shingai kakumei no kenkyu*, 37 – 88.

Onodera Shird 小野寺史郎. "Shinmatsu minshu no kokki o meguru kōsō to kōsō: seiten hakujitsu ki to goshiki ki ni tsuite" 清末民初の国旗おめめぐる構想と抗争:清田白日旗と五色旗について. *Rekishigaku kenkyū* 历史学研究 803(2005. 7), 33 – 48.

Onogawa Hidemi 小野川秀美. "Ryū Shibai to museifushugi" 刘师培と无政府主义. *Tōhō gakuhō* 东方学报 36(1964), 695 – 720.

Onogawa Hidemi, and Shimada Kenji 岛田虔次, eds. *Shingai kakumei no kenkyū* 辛亥革命の研究. Tokyo: Chikuma shoten, 1978.

Ozouf, Mona. *Festivals and the French Revolution.* Trans. Alan Sheridan. Cambridge, MA: Harvard University Press, 1988.

Perdue, Peter C. *China Marches West: The Qing Conquest of Central Eurasia.* Cambridge, MA: Belknap Press, Harvard University Press, 2005.

Pillemer, David B. "Can the Psychology of Memory Enrich Historical Analyses of Trauma?" *History & Memory* 16. 2(Fall/Winter 2004), 140 – 154.

Platt, Stephen R. *Provincial Patriots: The Hunanese and Modern China.* Cambridge, MA: Harvard University Press, 2007.

Polachek, James. *The Inner Opium War.* Cambridge, MA: CEAS, Harvard University Press, 1992.

Price, Don C. "Constitutional Alternative and Democracy in the Revolution of 1911." In Cohen and Goldman, eds., *Ideas across Culture*, 234 – 260.

——. "Escape from Disillusionment: Personality and Value Change in the Case of Sung Chiao-jen." In Richard J. Smith and D. W Y. Kwok, eds., *Cosmology, Ontology, and Human Efficacy: Essays in Chinese Thought.* Honolulu: University of Hawaii Press, 1993, 217 – 236.

——. "From Might to Right: Liang Qichao and the Comforts of

Darwinism in Late-Meiji Japan. " In Fogel, ed., *The Role of Japan*, 68 – 102.

———. "Popular and Elite Heterodoxy toward the End of the Qing. " In Kwang-ching Liu and Richard Shek, eds., *Heterodoxy in Late Imperial China*. Honolulu: University of Hawaii Press, 2004, 431 – 461.

———. *Russia and the Roots of the Chinese Revolution, 1896 – 1911*. Cambridge, MA: Harvard University Press, 1974.

Pugach, Noel. "Embarrassed Monarchist: Frank J. Goodnow and Constitutional Development in China, 1913 – 1915. " *Pacific Historical Review* 42. 4(1973), 499 – 517.

Pusey, James Reeve. *China and Charles Darwin*. Cambridge, MA: CEAS, Harvard University Press, 1983.

Rankin, Mary B. *Elite Activism and Political Transformation in China: Zhejiang Province, 1865 – 1911*. Stanford, CA: Stanford University Press, 1986.

———. "Nationalistic Contestation and Mobilization Politics: Practice and Rhetoric of Railway-Rights Recovery at the End of the Qing. " *Modern China* 28. 3(July 2002), 315 – 361.

Rawski, Evelyn S. "The Creation of an Emperor in Eighteenth-Century China. " In Yung, Rawski, and Watson, eds., *Harmony and Counterpoint*, 150 – 174.

———. *The Last Emperors: A Social History of Qing Imperial Institutions*. Berkeley: University of California Press, 1998.

Reed, Christopher A. *Gutenberg in Shanghai: Chinese Print Capitalism, 1876 – 1937*. Vancouver: University of British Columbia Press, 2004.

Reynolds, Douglas R. *China, 1898 – 1912: The Xinzheng Revolution and Japan*. Cambridge, MA: CEAS, Harvard University Press, 1993.

Rhoads, Edward J. M. *Manchus and Han: Ethnic Relations and Political Power in Late Qing and Early Republican China, 1861 – 1928*. Seattle: University of Washington Press, 2000.

Rickett, W. Allyn. *Guanzi: Political, Economic, and Philosophical Essays from Early China*, vol. 1. Princeton, NJ: Princeton University Press, 1985.

Rowe, William T. "The Public Sphere in Modern China. " *Modern China* 16. 3(July 1990), 309 – 329.

Rudolph, Jenifer M. *Negotiated Power in Late Imperial China: The*

Zongli Yamen and the Politics of Reform. Ithaca, NY: Cornell University Press, 2008.

Sakamoto, Hiroko 坂元ひろ子. "The Formation of National Identity in Liang Qichao and Its Relationship to Gender. " In Fogel, ed., *The Role of Japan*, 272 – 289.

——. *Chūgoku minzoku shugi no shinwa : jinshu, shintai, jendd* 中国民族主义の神话：人种、身体、ジエンダー. Tokyo: Iwanami shoten, 2004.

——. "Chūgoku shijō no jinshu kannen o megutte" 中国史上の人种概念をめぐつて. In Takesawa Taiko 竹沢泰子, ed., *Jinshu kannen no futsūsei tout Seiyō teki paradaisu o koete* 人种概念の普遍性を问う：西洋的パラダイムを越えて. Kyoto: Jinbun shoin, 2005, 182 – 204.

Sanetō Keishū さねとう・けいしゆう. *Chūgokujin Nihon ryūgakushi* 中国人日本留学史. Tokyo: Kuroshio shuppan, 1981, 2nd ed.

Scalapino, Robert A., and Harold Schiffrin. "Early Socialist Currents in the Chinese Revolutionary Movement: Sun Yat-sen versus Liang Ch'i-ch'ao. " *Journal of Asian Studies* 18. 3(May 1959), 321 – 342.

Schäfer, Ingo. "The People, People's Rights, and Rebellion: The Development of Tan Sitong's Political Thought. " In Fogel and Zarrow, eds., *Imagining the People*, 82 – 112.

Schneider, Laurence A. " National Essence and the New Intelligentsia. " In Furth, ed., *The Limits of Change*, 57 – 89.

Schram, S. R., ed. *Foundations and Limits of State Power in China*. London: School of Oriental and African Studies, 1987.

Schwarcz, Vera. *The Chinese Enlightenment : Intellectuals and the Legacy of the May Fourth Movement of 1919*. Berkeley: University of California Press, 1986.

Schwartz, Benjamin. *In Search of Wealth and Power : Xen Fu and the West*. Cambridge, MA: Belknap Press, Harvard University Press, 1964.

Sheridan, James E. *Chinese Warlord : The Career of Feng Yu-hsiang*. Stanford, CA: Stanford University Press, 1966.

Shi, Mingzheng. "From Imperial Gardens to Public Parks: The Transformation of Urban Space in Early Twentieth-Century Beijing. " *Modern China* 24. 3(July 1998), 219 – 254.

Skocpol, Theda. *States and Social Revolutions : A Comparative Analysis of France, Russia, and China*. Cambridge, Eng.: Cambridge University Press, 1979.

Sommerville, John C. *The Secularization of Early Modern England :*

From Religious Culture to Religious Faith. Oxford: Oxford University Press, 1992.

Sōgō Masaaki 惣乡正明 and Hida Yoshifumi 飞田良文. *Meiji no kotoba jiten* 明治のことげ辞典. Tokyo: Tōkyōdō, 1998.

Spence, Jonathan. *To Change China: Western Advisers in China, 1620‐1960*. Boston: Little, Brown, 1969.

Spillman, Lyn. *Nation and Commemoration: Creating National Identities in the United States and Australia*. Cambridge, Eng.: Cambridge University Press, 1997.

Stråth, Bo, ed. *Myth and Memory in the Construction of Community: Historical Patterns in Europe and Beyond*. Brussels: PIE Lang, 2000.

Struve, Lynn A. "Confucian PTSD: A Teenager's Traumatic Memory of 1651‐1652. " *History & Memory* 16. 2(Fall/Winter 2004), 14‐31.

——. "Huang Zongxi in Context: A Reappraisal of His Major Writings. " *Journal of Asian Studies* 47. 3(Aug. 1988), 474‐502.

——. trans, and ed. *Voices from the Ming-Qing Cataclysm: China in Tigers' Jaws*. New Haven, CT: Yale University Press, 1993.

Sun, Lung-kee. *The Chinese National Character: From Nationhood to Individuality*. Armonk, NY: M. E. Sharpe, 2002.

Suzuki, Shogo. "China's Perceptions of International Society in the Nineteenth Century: Learning More about Power Politics?" *Asian Perspectives* 28. 3(Fall 2004), 115‐144.

Suzuki Shūji 铃木修次. *Nihon kango to Chūgoku: kanji bunkaken no kindaika* 日本汉语と中国：汉字文化圈の近代化. Tokyo: Chūōkōronsha, 1981.

Tang, Xiaobing. *Global Space and the Nationalist Discourse of Modernity: The Historical Thinking of Liang Qichao*. Stanford, CA: Stanford University Press, 1996.

Taylor, Charles. *Modern Social Imaginaries*. Durham, NC: Duke University Press, 2004.

——. *A Secular Age*. Cambridge, MA: Belknap Press, Harvard University Press, 2007.

Teng, Emma Jinhua. "Eurasian Hybridity in Chinese Utopian Visions: From 'One World' to 'A Society Based on Beauty' and Beyond. " *positions* 14. 1(Spring 2006), 131‐163.

Teng, Ssu-yü, and John K. Fairbank. *China's Response to the West: A*

Documentary Survey, *1839 - 1923*. Cambridge, MA: Harvard University Press, 1979.

Thompson, Laurence G. *Ta Tung Shu : The One-World Philosophy of K'ang Yu-wei*. London: George Allen & Unwin, 1958.

Trescott, Paul B. "Scottish Political Economy Comes to the Far East: The Burton-Chambers Political Economy and the Introduction of Economic Ideas into Japan and China." *History of Political Economy* 21. 3(1989), 481 - 502.

Tsin, Michael. "Imagining 'Society' in Early Twentieth-Century China." In Fogel and Zarrow, eds., *Imagining the People*, 212 - 231.

Tsu, Jing. *Failure, Nationalism, and Literature : The Making of Modern Chinese Identity*, *1895 - 1937*. Stanford, CA: Stanford University Press, 2005.

U, Eddy. "Reification of the Chinese Intellectual: On the Origins of Zhishifenzi." *Modern China* 35. 6(July 2009), 604 - 631.

Van Alstyne, Richard W. "Woodrow Wilson and the Idea of the Nation State." *International Affairs* 37. 3(July 1961), 293 - 308.

Wagner, Rudolf G. "The Eady Chinese Newspapers and the Chinese Public Sphere." *European Journal of East Asian Studies* 1. 1(2001), 1 - 33.

Wakeman, Frederick, Jr. "The Price of Autonomy: Intellectuals in Ming and Ch'ing Politics." *Daedalus* 101. 2(Spring 1972), 55 - 67.

Waldron, Arthur. *From War to Nationalism : China's Turning Point*, *1924 - 1925*. Cambridge, Eng.: Cambridge University Press, 1995.

Waley, Arthur. *The Analects of Confucius*. New York: Vintage Books, 1938.

Wallis, Roy. "Charisma and Explanation." In Eileen Barker, James A. Beckford, and Karel Dobbleaere, eds., *Secularization, Rationalism, and Sectarianism : Essays in Honour of Bryan R. Wilson*. Oxford: Clarendon Press, 1993, 167 - 179.

Wang, Chaohua. "Cai Yuanpei and the Origins of the May Fourth Movement: Modern Chinese Intellectual Transformations, 1890 - 1920." Ph. D. dissertation, University of California, Los Angeles, 2008.

Wang, Cheng-hua. "The Photographed Images of the Empress Dowager Cixi, ca. 1904." Unpublished paper.

——. "The Qing Imperial Collection, circa 1904 - 1925: National Humiliation, Heritage Preservation, and Exhibition Culture." In Hung

Wu, ed., *Reinventing the Past: Archaism and Antiquarianism in Chinese Art and Visual Culture*. Chicago: Center for the Art of East Asia, University of Chicago, 2010, 320 - 341.

Wang, David Der-wei. *Fin-de-Siècle Splendor: Repressed Modernities of Late Qing Fiction, 1849 - 1911*. Stanford, CA: Stanford University Press, 1997.

Wang, Dong. *China's Unequal Treaties: Narrating National History*. Lanham, MD: Lexington Books, Rowman & Littlefield, 2005.

Wang, Fan-shen. "Evolving Prescriptions for Social Life in the Late Qing and Early Republic: From Qunxue to Society. " In Fogel and Zarrow, eds., *Imagining the People*, 258 - 2. 78.

Wang Hui. "Zhang Taiyan, s Concept of the Individual and Modern Chinese Identity. " In Wen-hsin Yeh, ed., *Becoming Chinese: Passages to Modernity and Beyond*. Berkeley: University of California Press, 2000, 231 - 259.

Wang, Juan. "Imagining Citizenship: The Shanghai Tabloid Press, 1897 - 1911. " *Twentieth-Century China* 35. 1(Nov. 2009), 29 - 53.

——. "Officialdom Unmasked: Shanghai Tabloid Press, 1897 - 1911. " *Late Imperial China* 28. 2(Dec. 2007), 81 - 128.

Wang, Ke-wen, ed. *Modern China: An Encyclopedia of History, Culture, and Nationalism*. New York: Garland, 1998.

Webei, Max. *From Max Weber: Essays in Sociology*. Trans, and ed. H. H. Gerth and C. Wright Mills. New York: Oxford University Press, 1946.

——. "The Nature of Charismatic Authority and Its Routinization. " In S. N. Eisenstadt, ed., *Max Weber on Charisma and Institution Building*. Chicago: University of Chicago Press, 1968, 48 - 65.

Weston, Timothy B. "The Formation and Positioning of the New Culture Community. " *Modern China* 24. 3(July 1998), 255 - 284.

——. "The Founding of the Imperial University and the Emergence of Chinese Modernity. " In Karl and Zarrow, eds., *Rethinking the 1898 Reform Period*, 99 - 123.

——. *The Power of Position: Beijing University, Intellectuals, and Chinese Political Culture, 1898 - 1929*. Berkeley: University of California Press, 2004.

Wilentz, Sean, ed. *Rites of Power: Symbolism, Ritual and Politics since the Middle Ages*. Philadelphia: University of Pennsylvania

Press, 1985.

Wilhelm, Richard, trans. *I Ching : The Book of Change : The Richard Wilhelm Translation*. Trans. Cary F. Baynes. London: Routledge & Kegan Paul, 1983.

Williams, Raymond. *Keywords: A Vocabulary of Culture and Society*. New York: Oxford University Press, 1985.

Wong, Young-tsu. *Beyond Confucian China : The Rival Discourses of Kang Youwei and Zhang Binglin*. New York: Routledge, 2010.

——. "Philosophical Hermeneutics and Political Reform: A Study of Kang Youwei's Use of Gongyang Confucianism." In Ching-i Tu, ed., *Classics and Interpretations : The Hermeneutic Traditions in Chinese Culture*. New Brunswick, NJ: Transaction Publishers, 2000, 383 – 407.

——. *Search for Modern Nationalism : Zhang Binglin and Revolutionary China*, 1869 – 1936. Hong Kong: Oxford University Press, 1989.

Woodside, Alexander. *Lost Modernities : China, Vietnam, Korea and the Hazards of World History*. Cambridge, MA: Harvard University Press, 2006.

Wright, Mary Clabaugh. *The Last Stand of Chinese Conservatism : The T'ung-chih Restoration*, 1862 – 1874. Stanford, CA: Stanford University Press, 1957.

Wu, Hung. *Remaking Beijing : Tiananmen Square and the Creation of a Political Space*. London: Reaktion, 2005.

Yang, Fang-yen. "Nation, People, Anarchy: Liu Shih-p'ei and the Crisis of Order in Modern China." Ph. D. dissertation, University of Wisconsin, 1999.

Yang, Mayfair Mei-hui, ed. *Chinese Religiosities : Afflictions of Modernity and State Formation*. Berkeley: GAIA, University of California Press, 2008.

——. "Introduction." In Mayfair Mei-hui Yang, ed., *Chinese Religiosities*, 1 – 40.

Ye, Xiaoqing, and Lance Eccles. "Anthem for a Dying Dynasty: The Qing National Anthem through the Eyes of a Court Musician." *T'oung Pao* 93. 4/5(2007), 433 – 458.

Yoon, Seungjoo. "Literati-Journalists of the Chinese Progress (Shiwu bao) in Discord, 1869 – 1898." In Karl and Zarrow, eds., *Rethinking the 1898 Reform Period*, 48 – 76.

Young, Ernest P. *The Presidency of Yuan Shih-k'ai: Liberalism and Dictatorship in Early Republican China*. Ann Arbor: University of Michigan Press, 1977.

Yu, Ying-shih. "The Radicalization of China in the Twentieth Century." *Daedalus* 122. 2(Spring 1993), 125 - 150.

Yung, Bell, Evelyn S. Rawski, and Rubie S. Watson, eds. *Harmony and Counterpoint: Ritual Music in Chinese Context*. Stanford, CA: Stanford University Press, 1996.

Zarrow, Peter. *Anarchism and Chinese Political Culture*. New York: Columbia University Press, 1990.

——. "Anti-Despotism and 'Rights Talk': The Intellectual Origins of Modern Human Rights Thinking in the Late Qing." *Modern China* 34. 2 (April 2008), 179 - 209.

——. "Citizenship and Human Rights in Early Twentieth-Century Chinese Thought: Liu Shipei and Liang Qichao." In Wm. Theodore de Bary and Weiming Tu, eds., *Confucianism and Human Rights*, New York: Columbia University Press, 1998, 209 - 233.

——. "Constitutionalism and the Imagination of the State: Official Views of Political Reform in the Late Qing." In idem, ed., *Creating Chinese Modernity: Knowledge and Everyday Life, 1900 - 1940*. New York: Peter Lang, 2006, 51 - 82.

——. "Historical Trauma: Anti-Manchuism and Memories of Atrocity in Late Qing China." *History & Memory* 16. 2 (Fall/Winter 2004), 67 - 107.

——. "Liang Qichao and the Conceptualization of 'Race' in Late Qing China." "中央研究院"近代史研究所集刊 52(june 2006), 113 - 164.

——. "Liang Qichao and the Notion of Civil Society in Republican China." In Fogel and Zarrow, eds., *Imagining the People*, 232 - 257.

——. "The New Schools and National Identity: Chinese History Textbooks in the late Qing." In Tze-ki Hon and Robert J. Culp, eds., *The Politics of Historical Production in Late Qing and Republican China*. Leiden: Brill, 2007, 21 - 54.

——. "Old Myth into New History: The Building Blocks of Liang Qichao's 'New History.'" *Historiography East and West* 1. 2 (Dec. 2003), 204 - 241.

Zhang, Xiaoming, and Chunfeng Xu. "The Late Qing Dynasty Diplomatic Transformation: Analysis from an Ideational Perspective."

Chinese Journal of International Politics 1. 3(Summer 2007), 405 – 445.

Zhao, Gang. "Reinventing China: Imperial Qing Ideology and the Rise of Modern Chinese National Identity in the Early Twentieth Century." *Modern China* 32. 1(Jan. 2006), 3 – 30.

Zito, Angela. *Of Body & Brush: Grand Sacrifice as Text/ Performance in Eighteenth-Century China*. Chicago: University of Chicago Press, 1997.

索 引

（索引中的页码为英文原书页码，即本书边码）

394

---

① 原文有误，应为 father-son。

424

"海外中国研究丛书"书目